民法各论

MINFA GELUN

主　编　刘淑波
副主编　侯德斌　周秀娟

撰稿人
刘淑波　侯德斌　周秀娟　郑　路
于海斌　姜晓航　祁巨媛　王　海

中国政法大学出版社
2014 · 北京

图书在版编目（ＣＩＰ）数据

民法各论 / 刘淑波主编. —北京：中国政法大学出版社，2014.6
ISBN 978-7-5620-5353-8

Ⅰ. ①民…　Ⅱ. ①刘…　Ⅲ. ①民法—法的理论—中国　Ⅳ. ①D923.01

中国版本图书馆CIP数据核字(2014)第106717号

出 版 者　中国政法大学出版社
地　　址　北京市海淀区西土城路 25 号
邮寄地址　北京 100088 信箱 8034 分箱　邮编 100088
网　　址　http://www.cuplpress.com（网络实名：中国政法大学出版社）
电　　话　010-58908285(总编室)　58908334(邮购部)
承　　印　固安华明印业有限公司
开　　本　880mm×1230mm　1/32
印　　张　17.625
字　　数　410 千字
版　　次　2014 年 6 月第 1 版
印　　次　2014 年 6 月第 1 次印刷
定　　价　49.00 元

序

2002年，安德鲁·阿伯特教授在芝加哥大学开学典礼上做了一篇名为《教育的目的》的演讲，按照他的说法，大学教育既不会确保世俗的成功，也不会带来别的地方不能给的认知能力或综合能力，大学教育仅是提供了一种形式的智力训练。通过各种方式诱引学生进入这种教育的习惯，就跟禅师给新入门的僧人一个心印，以让他得道一样。禅宗的心印并不是道，而是得道的途径。大学所提供的训练并没什么特别的——分析推理，好的写作，批判思维，等等。教师只是希望通过这些训练给学生带来得道的灵感。从这个意义上来说，教育的目的仅仅是“教育”。

安德鲁教授对教育目的的反思，显然不是教育者对类似问题反思的起点。两千年前，儒家经典《大学》中即以“大学之道，在明明德，在亲民，在止于至善”阐释“大人之学”的目的。在先贤看来，“大人之学”不应当是与生存技能相联系的作训手段，也不应当是与荣华富贵相勾连的功利坦途，“大人之学”的目的在于使受教者学会自我反省，通过不断地追求真、善、美，最终止于至善，即所谓陶冶君子，教化生民。

为达到上述“教育”之目的，教者需躬身自省所教之内容与手段。教法殊途，孟子云："君子之所以教者五：有如时雨化之者；有成德者；有达财（才）者；有答问者；有私淑艾者。"其所同归，即"因材施教"，好的教育内容与方法总是根据受教者的自身事况，达成启迪心灵的作用，教科书作为连接教者与受教者的桥梁，也不能脱此窠臼。一本好的民法学教科书，应该既能够回答学生法律学习中的疑问，培养学生法律才能，又能够帮助学生树立法律信仰，启发学生自学法律的兴趣。

1982 年，由佟柔教授主编的改革开放后第一部统编民法学教科书《民法原理》出版，光阴荏苒，弹指一挥间，时光已经流转过 32 载。如今以全国统编教材为名目出版的民法学教科书种类繁多，各高校自己编著的民法学教科书则已逾百种。在学生有如此多选择的情形下，长春理工大学法学院窃不自揣，谋划编写本书，盖是因院校不同，学生偏好有别，"施教"有"因材"的需要。

本书根据教育部高教司颁布的《全国高等学校法学专业核心课程基本教学要求》编排，试图尽量做到满足培养学生法律能力的需要，回答学生在研习法律过程中可能存在的疑问。同时，本书在编写方式上作了大胆的尝试，试图打破原有教科书只注重民法学基本知识的讲述，不重视学生法律信仰和民法思维培养的实证主义教法，采用了平实的述讲风格，以便激发学生的学习兴趣；尽量做到知识结构层级化，使本着不同学习目的的学生能够各求所需；重视实例分析与剖析，探索启发式教学法的运用。概言之，本书融汇、凝练了长期从事教学工作的著作者们对民法学教育的阶段性思考与实践。

全书在体例上共分 4 编 19 章。第一编物权法主要介绍了物权法的基本理论、自物权、他物权、占有等内容；第二编债权法主要介绍了债法的基本理论、债的发生原因、债的履行情况、债的保全与担保以及合同法的相关内容；第三编人格权法主要介绍了人格权法的基本理论、物质性人格权和精神性人格权等内容；第四编侵权责任法主要介绍了侵权责任法的基本理论、特殊责任主体的侵权责任、特殊侵权责任等内容。本书的具体编纂分工如下：第一编由刘淑波、姜晓航、祁巨媛、郑路编写；第二编由侯德斌、于海斌、王海编写；第三编由周秀娟编写；第四编由郑路编写；全书由刘淑波教授统一审订。

本书在编写过程中，参考了民法学相关的教材、专著、期刊文献等资料，在此向有关作者表示衷心的感谢！本书的出版得益于长春理工大学及中国政法大学出版社的支持，在此一并表示诚挚的谢意！

由于作者水平有限，书中难免有疏漏之处，敬请广大读者批评指正。

长春理工大学民法学教科书编写组

2013 年 12 月 10 日于长春理工大学西校区

目 录

第三编　人格权法

第四编　侵权责任法

第一编 | 物权法

第一章

物权总论

第一节　物权概述

一、物权的概念和特征

早在罗马法时期即已确认了所有权、役权、抵押权、质权等具体的物权形式，但是罗马法中并没有明确的物权概念。1811 年的《奥地利民法典》首次正式使用物权的概念，该法第 307 条规定："物权，是属于个人财产上的权利，可以对抗任何人。"第 308 条规定："物之物权，包括占有、所有、担保、地役和继承的权利。"1896 年颁布的《德国民法典》第一次将"物权"作为民法典分则独立的一编，并系统地规定了所有权等物权。在我国，《中华人民共和国物权法》（以下简称《物权法》）颁布以前，民法上没有物权概念，《中华人民共和国民法通则》（以下简称《民法通则》）用的是"财产所有权和与财产所有权有关的财产权"。《物权法》在我国民事立法上首次正式采用物权概念，并且建立了健全的物权制度。《物权法》是一部确认财产归属以及如何利用和保护财产的基本法，其主要功能和价值在于明晰产权，定纷止争。《物权法》第 2 条第 3 款规定："本法所称物权，是指权利人依法对特定的物享有直接支配和排他的权利，包括所有权、用益物权和担保物权。"物权具有以下特征：

1. 物权是权利人直接支配标的物的权利。直接支配，是指物权人可以依自己的意思就标的物直接行使权利，无须他人的意思或者义务人的行为的介入。如房屋所有权人可依自己的意思居住、出租或者设立抵押，不需要他人的同意。

2. 物权是以特定物为客体的权利。物权的客体只能是物。《物权法》第 2 条第 2 款规定："本法所称物，包括不动产和动产。法律规定权利作为物权客体的，依照其规定。"可见，物权的客体主要是有体物，有体物包括不动产、动产以及电、气、光波、电磁波等物。权利成为物权的客体，仅限于法律有规定的特殊情况，如土地抵押权、权利质权等。

3. 物权是具有排他性的权利。排他性的含义包括两方面：一方面，物权人有权排除他人对物上权利行使的干涉，可以对抗一切不特定的人，所以，所有权是一种对世权。物权的排他性，不仅排除一般人的干涉，而且排除国家的干涉。另一方面，一物之上不得同时成立两个内容不相容的物权，如一物之上不能有两个所有权。当然，物权的排他性并不排斥在同一标的物上设立数个内容不相同的物权。如在所有权之物上设立抵押权、使用权、经营权等他物权。

二、物权的分类

（一）物权的法定种类

1. 近现代各国民法上的物权种类。1804 年的《法国民法典》确立的物权类型主要为所有权、用益权、使用权、居住权、役权或地役权、质权、抵押权、优先权、留置权、占有等。1896 年的《德国民法典》确立的物权类型主要为占有、所有权、地上权、役权（包括地役权、用益权和限制的人役权）、实际负担、抵押权、土地债务、定期金土地债务、质权（包括动产质权和权利质权）等。1898 年的《日本民法典》确立的物权类型主要为占有权、所有权、地上权、永佃权、地役权、留置权、先取特权、抵押权、质权等。1907 年的《瑞士民法典》确立的物权类型主要为所有权、役权及土地负担、不动产担保（包括不动产抵押、抵押担保附债务及定期金）、动产担保（包括动产质权、留置权、权利质权、当业质权）[1] 等。

2. 我国法律规定的物权种类。《物权法》确立的物权类型主要为所有权（包括国家所有权、集体所有权、私人所有权、业主的建筑物区分所有权、相邻关系、共有）、用益物权（土地承包经营权、建设用地使用权、宅基地使用权、地役权、探矿权、采矿权、取水权、养殖权、捕捞权）、担保物权（包括抵押权、动产质权和权利质权、留置权）和占有等。

（二）民法学上物权的分类

1. 自物权和他物权。这是根据物权的权利主体是否为财产的所有人所作的分类。自物权是权利人依法对自己的物所享有的全面支配的权利。所有权是唯一的自物权种类。他物权是指非所有人根据法律规定或者合同约定，在他人所有的物上享有的物权，也称限制物权。在物权中，所有权以外的其他物权就是他物权。

2. 动产物权、不动产物权与权利物权。这是根据物权的客体的不同所作的分类。以动产作为标的物的物权是动产物权，

---

〔1〕 参见江平：《民法学》，中国政法大学出版社 2011 年版，第 227 页。

如动产所有权、质权、留置权等。以不动产为客体的物权是不动产物权，如不动产所有权、土地承包经营权、宅基地使用权、建设用地使用权、永佃权、典权、不动产抵押权等。以权利为客体的物权为权利物权，如以建设用地使用权为标的而设立的权利抵押权、以知识产权为标的而设立的权利质权等。三者的取得方法、成立要件等各有不同。

3. 用益物权和担保物权。这是根据他物权的目的和功能的不同所作的分类。用益物权是指以物的使用收益为目的的物权，包括地上权、地役权、永佃权等。担保物权是指以担保债权为目的，即以确保债务的履行为目的的物权，包括抵押权、质权、留置权等。

4. 主物权和从物权。这是根据物权是否有独立性所作的分类。主物权是指能够独立存在的物权，如所有权、地上权、永佃权。从物权是指必须依附于其他权利而存在的物权。如担保物权中的抵押权、质权、留置权，是为担保债权而设定的。

5. 有期限物权与无期限物权。这是根据物权的存续有无期限所作的分类。有期限物权是指有一定存续期间的物权，如典权、抵押权、质权、留置权。无期限物权则是指没有一定存续期间而永久存续的物权，如所有权。

6. 意定物权与法定物权。这是根据物权成立原因的不同所作的分类。意定物权是指依当事人的意思而发生的物权，如土地承包经营权、建设用地使用权、地役权、抵押权、质权等。绝大多数物权都属于意定物权。法定物权是指依法律的直接规定而发生的物权。在我国只有留置权属于法定物权。

7. 登记物权与非登记物权。这是根据物权变动是否须经登记所作的分类。登记物权是指物权的变动非经登记不发生效力的物权，如不动产物权。非登记物权是指物权的变动只需交付无须登记即可生效的物权，如动产物权。

三、物权法的基本原则

物权法的基本原则主要有物权法定原则、公示原则和公信原则等，其中公示原则和公信原则将在本章第三节中阐述，在此从略。

（一）物权法定原则的内涵

《物权法》第5条规定："物权的种类和内容，由法律规定。"这就是《物权法》关于物权法定原则的规定。物权法定又被称为物权法定主义，是指物权只能依据法律设定，禁止当事人自由创设物权，也不得变更物权的种类、内容、效力和公示方法。[1]物权法定原则是物权法区别于合同法的重要标志。物权法定主义最早起源于罗马法，以后逐渐为大陆法系各国及地区所采纳。日本、中国台湾地区都以立法形式予以明确规定。《日本民法典》第175条规定："物权，除本法及其他法律所定者外，不得创设。"中国台湾地区"民法典"第757条也规定："物权除本法或其他法律有规定外，不得创设。"法、瑞、德等国民法虽无明文，但解释上莫不肯定此项主义。物权法定主义尽管已为近代各国及地区物权立法所普遍采纳，但对其解释却不尽相同。法国学者所解释的物权法定，仅指对物权类型和内容的限制；而德国学者所解释的物权法定，则不仅包括对物权类型和内容的限制，而且还包括对物权设立和移转形式的限制；至于日本和中国台湾地区学者对其立法上明文规定的对法定物权外的物权的"创设"的禁止规定中之"创设"的理解，则均认为是对物权种类和内容之任意创设的限制。

---

〔1〕 王利明：《物权法论》，中国政法大学出版社1998年版，第88页。

（二）物权法定原则的要求

1. 物权类型强制。物权的种类非经法律规定，当事人不得随意创设。如法律只规定了动产质权而没有规定不动产质权，如果当事人违背法律的规定设定不动产质权，则不发生担保债权的预期后果。

2. 物权类型固定。物权的内容非经法律规定，当事人不得随意创设。如法律规定质权要转移占有，当事人就不能约定不转移占有的动产质权，约定了也是无效的。

（三）违反物权法定原则的效果

当事人如果违反物权法定原则的要求，其行为一般不发生物权效力，但法律也可以用明文规定的形式承认其一部分效力，即部分违反物权法定原则的，违反的部分无效。

1. 法律有特别规定时，从其规定。《物权法》第 186 条规定：“抵押权人在债务履行期届满前，不得与抵押人约定债务人不履行到期债务时抵押财产归债权人所有。”第 211 条规定：“质权人在债务履行期届满前，不得与出质人约定债务人不履行到期债务时质押财产归债权人所有。”因此，当事人就不能约定抵押财产或质押财产归债权人所有，约定了也属无效。

2. 法律无特别规定时，当事人自由创设的应属无效。法律没有特别规定的，当事人自由设立物权种类和内容，属于违反法律的禁止规定。如超出法律规定，对土地所有权设定抵押权，就是违反法律禁止的行为，当然为无效。

（四）物权法定原则的局限性

物权法定原则通过法律限定物权种类和内容的做法，在法律观念上表现为对人的完全理性的认同，认为人有足够的能力认识世界。这样的法律观念使立法者确信，各种法定的物权能够包容未来社会发展的需要。但是，随着社会经济生活日新月异的发展，新情况、新问题层出不穷，而法律则表现出一定程度的滞后性，不能适应社会生活的新需要，人的认识能力的有限性与客观物质世界变化发展的无限性之间的矛盾使物权法定主义不可避免地带有一定的局限性。如何克服物权法定主义之局限，如何协调“于社会生活之长久酝酿，习惯之反复践行所生的新物权与物权法定主义之冲突”〔1〕乃成为一项重要课题。

第二节　物权的效力

在民法的权利体系中，物权因其具有排他性、绝对性、支配性的性质，通常被看作是“权利性”最强的一种权利，也就是说，物权在民法权利体系中具有较高的位阶。因此，在传统民法理论中，一般认为物权具有一些比较独特的效力，并据此而赋予物权较高的法律保护措施。

物权究竟具有何种效力，实际上是各种物权在不同的法律环节中所表现出的特殊问题，但传统物权理论认为这其中有一些共通性的现象是由物权性质所决定的。物权的效力一方面取决于对物权性质的认识，而另一方面又决定着物权救济体系的构造，反过来说，对于物权应当采取什么样的保护方式的认识，在一定程度上制约着对物权的效力的认知。因此，在学术界对于物权具有何种效力以及在各种物权效力的具体机能的认识上，有着较大的分歧。本书则采取传统民法理论的立场，为读者介绍我国的通说性观点，以全面了解各种效力的具体内容，并结合目前物权理论的动向，为大家深入思考该问题提供一些思路。

传统物权理论认为物权具有排他性、绝对性以及支配性，

〔1〕（台）谢在全：《民法物权论》（上），三民书局1999年版，第47页。

因此物权相应的就应当具有排他性效力、优先效力以及追及效力等。而这三种效力又主要具体体现在对物权的保护以及物权的对抗环节之中。

一、物权的排他性效力

由于物权原则上是依赖对物的排他性、支配性的占有而产生的，因此，以对物的排他性占有为内容的物权一旦在物上形成，就不可能容许相同内容的其他物权的存在。这就是物权的排他性效力，也叫做物权的“一物一权”原则。

由于物权的排他性效力实质上是为了解决对物的排他性占有，所谓“一物一权”与其说是物权的排他性效力的表现，不如说是为了保证物权的成立而作出的立法政策性选择。因此，在司法实践上，以占有为内容的物权之间，方才存在排他问题，而对于其他不以占有为内容的物权而言，有允许多个物权存在的可能性，并不互相抵触。

例如所有权和质押权，都是要求权利人保持对物的占有——尽管所有权人常常与其物相分离，但传统物权理论认为这是一种观念上的占有——因而体现出排他性的效力。另外如建设用地使用权等以占有为内容的用益物权之间，也会受到“一物一权”原则的限制。但是，如抵押权这类的不以占有抵押物为要求的权利，则可能会同时出现在一个物之上，这并不违背“一物一权”原则。

另外，从比较法的角度附言一点，日本民法理论认为“一物一权”原则不仅决定着同一物之上不能存在两个相同内容的占有，而且决定了物权的客体必须是一个独立的物，而不能是物的一部分。这对于我们理解从物伴随主物而一并转移等问题也有借鉴意义。

二、物权的优先效力

物权的优先效力，亦称为物权的优先权。基本含义是指同一标的物上有数个相互矛盾、冲突的权利并存时，具有较强效力的权利排斥较弱效力的权利的实现。物权的优先效力是为了在同一物上存在数个权利之时，解决权利之间的相互关系而存在的。其本质上依然是源于物权的排他性或支配性，即由于物权人具有这种对物上利益的独占性的享有，因此在其享受其权利时有排除他人低位阶权利而优先受益的效力。具体而言物权的优先效力体现在如下两个方面。

（一）物权优于债权的效力

传统的物权理论中，物权的优先效力是指物权优于债权的效力。在传统的民事权利体系中，物权由于具有支配、排他的性质而具有高于债权的位阶，因此在同一物上同时存在着物权和债权的情形下，物权人的权利要优先于债权人而实现。例如，针对同一个标的物，其所有人将其同时卖给甲和乙两个人，那么先完成了动产交付或者不动产登记的买方甲取得了物权，优于买方乙在买卖合同上的债权，而乙只能向出卖人请求合同上的债权救济。再如，债务人同时对数个债权人负有清偿义务的时候，在债务人的财产上拥有抵押权等物权担保的债权人，可以优先于其他的一般债权人受偿。这一般认为是物权的优先效力的体现。

但是，物权的优先效力也有例外。在租赁合同中，承租人对于租赁物所享有的承租权是基于合同的债权，当租赁物被转让后，其受让人所享有的所有权的性质应当是优于承租人的债权的，但根据《中华人民共和国担保法》（以下简称《担保法》）第48条、《中华人民共和国合同法》（以下简称《合同法》）第

229 条的规定，原租赁人依然可以依据原租赁合同对抗受让人，也就是说受让人依然要尊重承租人的承租权。这就是所谓“买卖不破租赁”的原则，实质上则是物权优于债权的一种例外情形。这种规定是出于保护租赁合同的稳定性而设立的，它广泛地存在于各个国家的法律制度当中，也已经超越了法系之间的障碍而达成了共识。

（二）物权相互间的优先效力

在我国民法理论中，物权的优先效力还常常被用来解释物权之间的先后顺序问题。同一标的物，有两个以上性质并不矛盾的多个物权存在时，成立在先的物权优先于成立在后的物权。也就是说，在同一物上存在着数个物权的情况下——当然是在不违背排他效力的前提下，如同一抵押物上存在多个抵押权的时候，其权利上的次序是由其成立的时间先后顺序所决定的。并且，这种物权之间的先后顺序不仅仅存在于同种权利之间，在不同的物权之间也是如此。例如地役权与抵押权之间存在冲突的时候，也是要看哪种权利成立在先。

不过物权之间的先后次序有一个重要的例外，就是限制物权即使成立在所有权之后，也是优于所有权的。现在的物权理论通说认为这是由于限制物权是基于所有权人的意志而产生的，是所有权人自己创设出来用以限制自己的所有权的，因此限制物权自然要优于所有权。

学术上对于物权的优先效力是否包含物权之间的先后顺序的问题，是存在争议的。所谓物权的优先效力，自然就是表现物权这一权利本身的效力问题，也就是说物权这种权利与其他权利相比较而体现的共通性问题，至于物权之间的先后顺序，并不是物权特殊于其他权利的效力。并且从逻辑上来讲，把物权之间的次序问题称之为物权的“优先效力”也确实不大妥当。

不过，这种学理上的分歧并不影响前文所阐述的物权之间的先后效力的认定，本书也就从通说而放在这里介绍了。

三、物权的追及效力

物权的追及效力也是从物权的支配性及绝对性衍生出来的一种效力，它是指物权的标的物无论辗转落入何人之手，除法律另有规定外，物权人皆可追及其物，向占有人主张权利，请求返还的效力。物权具有追及效力是相对于债权而言的，它是在与债权的比较中所确定的独有的效力。债权原则上不具有追及力，债权的标的物在没有转移所有权之前，由债务人非法转让或第三人非法占有时，债权人不得请求物的占有人返还财产，只能请求债务人履行债务和承担违约责任。

所谓追及效力，实质上是物权的保护的问题，是应该纳入物权救济体系构造部分讨论的问题。而实际上在司法实践中，物权的追及效力也主要是通过物权请求权而体现出来的，这是很多学者反对将追及效力作为物权效力单列的主要原因。

另外，物权的追及效力是原则性规定，在司法实践中会因善意取得等制度的影响而发生效力中断。

四、物上请求权

物上请求权是指当物权的圆满状态受到妨害或有可能发生妨害时，物权人为了使其物权恢复到圆满状态，请求妨害人为一定行为或不为一定行为的权利。物上请求权的概念和制度最早确立于《德国民法典》，该法典专门规定了“基于所有权的请求权”，并具体规定了请求权实现的种类，其中包括第 862 条和 1004 条的排除妨害或停止侵害请求权，第 985 条和 1861 条的返还财产请求权，第 989 条的财产损害请求权。物上请求权的内

容包括返还原物请求权、排除妨害请求权、消除危险请求权、恢复原状请求权。（详见本章第四节物权的保护方式）

物上请求权有两种行使方式：一种以诉讼的方式进行，另一种是以物权所有人的意思表示为之。这两种实施方式可根据具体的情形来决定，假如乙将车停放在甲的家门口致使甲不能正常的外出，那么甲有权向乙提出排除妨害，就可以省时省力更方便快捷地解决问题，而不必以诉讼方式为之。

第三节　物权的变动

一、物权的变动的概念

物权的变动，是物权的发生、变更和消灭的总称。就权利主体而言，为物权的取得、变更及丧失。就法律关系而言，是指人与人之间对于物之支配和归属关系的变化。

（一）物权的发生

物权的发生又称物权的取得，是指物权与特定主体相结合，即某一主体取得对某物的物权。根据《物权法》第7条的规定，物权的取得，应当遵守法律，尊重社会公德，不得损害公共利益和他人合法权益。物权的取得有原始取得与继受取得之分。

1. 原始取得。是指不以他人的权利及意思为依据，而是依据法律直接取得物权，如因生产、征收、先占、取得时效取得一物的所有权。

2. 继受取得。是指以他人的权利及意思为依据取得物权，例如因买卖、赠与取得物的所有权。

（二）物权的变更

这里主要是指狭义的物权的变更，即仅指物权内容的变更和物权客体的变更，而不涉及物权主体的变更。

1. 物权内容的变更。又称物权的质的变更，是指物权发生内容上的扩张或缩减、期限上延长或缩短等变化。如典权期限的延长、缩短，地役权行使方法的改变，抵押权顺位的协议变更等。

2. 物权客体的变更。又称物权的量的变更，指物权标的物在数量上之增减。如物权的标的因添附而增加或因毁损而减少。

（三）物权的消灭

物权的消灭，就权利人而言，为物权的丧失，即物权与其主体分离。物权的消灭，分为两种：

1. 绝对的消灭。指物权本身不存在了，物权的标的物，不仅与其主体相分离，而且他人也未取得其权利。如所有权、抵押权因标的物灭失而消灭，典权因期限届满而消灭。

2. 相对的消灭。指原主体丧失权利和新主体取得权利，如买卖。严格地说，物权的相对消灭并非物权消灭的问题，而是应当属于物权的继受取得或主体变更的问题。

二、物权的变动的原则

物权变动的公示、公信原则是现代物权变动的基本原则，二者相互联系，公示原则是公信原则的基础，公信原则是公示原则的表现，二者构成了物权变动基本原则的基础。

（一）公示原则

1. 物权公示原则的含义。公示原则是指物权变动行为须以法定公示方式才能生效的原则。公示是物权变动的形式要件，在不能满足法定的公示要件时，不能发生物权的变动效力。物权在变动时，物权的权利状态必须通过一定的公示方法向社会公开，使第三人在物权变动时知道权利的实际状态，以避免第三人遭受损害并维护交易的安全。

2. 物权变动的公示方法。《物权法》第6条规定：“不动产物权的设立、变更、转让和消灭，应当依照法律规定登记。动产物权的设立和转让，应当依照法律规定交付。”可见，在我国，不动产物权变动以登记为公示方法，动产物权变动以交付为公示方法。

（二）公信原则

1. 公信原则的含义。公信是指物权变动经过公示以后所产生的公信力。公信原则，是指当事人变更物权时，依据法律的规定进行了公示，即使依公示方法表现出来的物权不存在或存在瑕疵，但对于信赖该物权的存在并已从事了物权交易的人，法律仍然承认其具有与真实的物权存在相同的法律效果，以保护交易安全。公信原则最早适用于动产物权，以后逐渐扩展到不动产物权。《物权法》第106条关于善意取得制度的规定就是公信原则的体现。罗马法没有公信原则，因为罗马法上有“任何人不得以大于其自己所有之权利让与他人”的原则。日耳曼法采取了公信原则。因为日耳曼法上有“所有权人任意让与他人占有其物，则只能对于该他人请求返还”的原则。近代各国民法为保证动产交易的安全，舍弃了罗马法的做法而采取了日耳曼法的原则。公信原则旨在保护交易的安全，稳定社会经济秩序。但是，实行公信原则，可能会使真正的权利人的利益在某种程度上受到损害。因此，物权法对事后的补救措施作了相关规定。《物权法》第21条规定：“当事人提供虚假材料申请登记，给他人造成损害的，应当承担赔偿责任。因登记错误，给他人造成损害的，登记机构应当承担赔偿责任。登记机构赔偿后，可以向造成登记错误的人追偿。”

2. 公信原则的内容。第一，记载于不动产登记簿的权利人，在法律上推定为该不动产的权利人；动产的占有人推定为该动产的权利人。第二，基于不动产登记的公信力，即使登记错误或有遗漏，因相信登记正确而与登记名义人进行交易的善意第三人，其所得利益仍将受到法律的保护。基于动产占有的公信力，纵使占有人对其占有的动产无处分权，自占有人处受让动产的善意第三人的利益也受法律保护，即善意受让人不负返还义务。可见，公信原则赋予物权的公示以绝对的效力，保护信赖物权公示的善意第三人，维护交易的安全与快捷。

三、物权变动的原因

（一）物权的取得原因

买卖、互易、赠与、遗赠等民事行为是取得物权最常见的原因。取得时效、先占、添附、继承、合法生产、建造等事实行为以及人民法院、仲裁委员会的裁决等司法、准司法行为也是取得物权的重要原因。

（二）物权的消灭原因

1. 抛弃。抛弃是一种单方法律行为。但他物权的抛弃，须向因抛弃而得到利益的人为意思表示；不动产物权的抛弃，还需办理注销登记才发生效力。原则上物权一经权利人抛弃即归消灭，但是如果物权的抛弃会妨害他人的权利时，物权人不得任意抛弃其权利。

2. 合同。这是指当事人之间关于约定物权存续的期间，或约定物权消灭的意思表示一致的民事法律行为。在合同约定的期限届满或约定物权消灭的合同生效时，物权即归于消灭。如债务人将其土地使用权抵押后，经与抵押权人协商，用另一价值相当的房产作抵押，消灭原来的土地使用权抵押。

3. 撤销权的行使。法律或合同规定有撤销权的，因撤销权的行使会导致物权消灭。如土地承包经营权人长期连续弃耕抛荒的，发包人可以撤销其承包经营权。

4. 法定期间的届满。在法律对他物权的存续期间作了规定时，该期间届满，则物权消灭。我国《物权法》第202条规定："抵押权人应当在主债权诉讼时效期间行使抵押权；未行使的，人民法院不予保护。"这说明，在主债权诉讼时效期间未行使抵押权的，时效期间届满该抵押权消灭。

5. 混同。物权的混同是指两个物权同归于一人的事实。作为物权消灭的一种事由，物权的混同在德国民法、日本民法及我国台湾地区"民法"上有明确规定。然而，不知出于何种考虑，《物权法》却只字不提物权的混同规则。物权的混同有两种情形：一种是指所有权与他物权的混同，即指同一物的所有权与其他物权归属于同一人时，其他物权原则上因混同而消灭，如抵押权人购买了抵押物，则所有权与抵押权混同，抵押权消灭；另一种是指所有权以外的物权与以该权利为客体的物权混同，即所有权之外的物权与以该权利为客体的物权归属于同一人时，以该权利为客体的物权消灭。物权不因混同而消灭的例外是，物权发生混同时，如果其他物权的存续对于所有权人或第三人有法律上的利益，其他物权不消灭。

6. 标的物灭失。标的物不存在，因而该物的物权也就不存在了。如房子倒塌、拆迁，房屋所有权人丧失所有权。应注意的是，由于担保物权的物上代位性，在担保标的物灭失或毁损时，担保物权续存于保险金、赔偿金等在经济上为该标的物的替代物之上。

四、物权变动的模式

（一）基于民事行为引起的物权变动

1. 采债权意思主义的立法例。此主义以法国和日本为代表，其含义为物权的变动是债权行为的当然结果，债权行为一旦成立物权的变动也即宣告完成，登记或交付只发生对抗第三人的效力。《法国民法典》第1583条规定：“当事人双方就标的物及其价金相互同意时，即使标的物尚未交付、价金尚未支付，买卖即告成立，标的物的所有权即依法由出卖人移转于买受人。”日本民法与法国民法所持的立场基本相同，唯一有所区别的是，日本民法在引入法国民法债权意思主义的物权变动模式的同时，对其作了必要的改善和发展，那就是日本民法认为须以登记或交付为对抗第三人的要件。《日本民法典》第176条规定：“物权的设定和移转只因当事人的意思表示而发生效力。”依第177条、第178条的规定，物权变动，非经登记或交付，不得对抗第三人。这种模式的优点在于使交易程序简化，从而更有利于交易。但其缺陷是容易造成重复物权。

2. 采物权形式主义的立法例。此主义以德国为代表，其含义是：债权合同仅发生以物权产生、变更、消灭为目的的债权和债务，而物权变动的效力的发生，直接以登记或交付为条件，即在债权合同之外还有以直接发生物权变动为目的的物权行为，即认为物权要变动还必须有物权行为的存在。《德国民法典》第929条规定：“动产所有权的出让，必须由所有人将物交付于取得人，而且双方就所有权的移转，必须成立合意。”如取得人已经占有该物时，仅须就所有权的移转成立合意。有学者认为，物权变动的合意与登记或交付相结合才构成物权契约；而有的学者认为，物权变动的合意本身即是物权契约，登记或交付是契约以外的法律事实。

3. 采折中主义的立法例。也有称为债权形式主义立法例，此主义以瑞士和奥地利为代表，其做法介于上述意思主义与形式主义之间。如《奥地利民法典》在否认物权行为这一点上，与《法国民法典》相同，但依该法典的规定，除债权契约以外，还须交付或登记等形式要件才发生物权变动的效力，这又与《法国民法典》以登记和交付为对抗第三人要件的做法不同。可见，债权形式主义的物权变动模式之下，物权变动法律效果的发生，并非法律行为这一单一民事法律事实的作用，而是以债权合同这一法律行为与交付或登记这一事实行为的相互结合为根据。

4. 我国物权变动的模式选择。我国现行立法及司法实践已采折中主义物权变动模式，即采取了物权变动的债权意思主义与登记或交付相结合的模式。《物权法》第 15 条规定："当事人之间订立有关设立、变更、转让和消灭不动产物权的合同，除法律另有规定或者合同另有约定外，自合同成立时生效；未办理物权登记的，不影响合同效力。"从此条规定还可以看出，我国采取了债权行为与物权变动的区分原则，即不动产登记的效力与不动产变动的合同的效力是两个不同的法律问题。

（二）非基于民事行为所引起的物权变动

非基于民事行为的物权变动是指不以登记或交付等公示方法为要件，只要发生法律规定的事实，就会发生物权取得和变动的效果。这类物权变动主要有以下三种：

1. 因人民法院、仲裁委员会的法律文书或者人民政府的征收决定引起物权变动。《物权法》第 28 条规定："因人民法院、仲裁委员会的法律文书或者人民政府的征收决定等，导致物权设立、变更、转让或者消灭的，自法律文书或者人民政府的征收决定等生效时发生效力。"

2. 因继承或者受遗赠引起物权变动。《物权法》第 29 条规定："因继承或者受遗赠取得物权的，自继承或者受遗赠开始时发生效力。"

3. 因合法建造、拆除房屋等事实行为引起物权变动。《物权法》第 30 条规定："因合法建造、拆除房屋等事实行为设立或者消灭物权的，自事实行为成就时发生效力。"

根据《物权法》第 31 条规定："依照本法第二十八条至第三十条规定享有不动产物权的，权利人处分该物权时，依照法律规定需要办理登记的，未经登记，不发生物权效力。"

五、物权的公示方法

（一）交付

1. 交付的含义。所谓交付，是指将标的物或所有权凭证的占有移转给受让人的法律事实。因为交付就是占有的转移，故有时也被称为占有的交付。交付是动产物权变动的公示方法，也就是通过交付这样一种方式向社会公众显示物权变动的意思表示。

2. 交付的效力。现代民法关于交付的效力有以下两种立法例：

（1）交付要件主义。此主义以移转占有为物权变动的生效的要件，即在移转占有前，物权的变动不仅不能对抗第三人，也不产生动产物权让与的效力。如甲与乙订立了买卖合同，在甲将财产交付于乙之前，甲仍然享有财产的所有权。德国民法采此主义，《德国民法典》第 929 条规定："转让动产所有权需由所有权人将物交付于受让人，并就所有权的转移由双方成立合意。受让人已占有该物的，仅需转移所有权的合意即可。"我国在立法上采取的也是交付要件主义。《物权法》第 23 条规定："动产物权的设立和转让，自交付时发生效力，但法律另有规定的除外。"

（2）交付对抗主义。此主义以移转占有为物权的公示方法，即在移转占有前，动产物权的变动仅在当事人之间发生效力，但不产生对抗第三人的效力。例如，甲将财产出卖给乙，在交付前又出卖给丙，则乙不能要求丙返还财产，而只能请求甲交付财产或赔偿损失。法国民法和日本民法采此主义。

3. 交付的方式。动产交付包括现实交付和观念交付。现实交付又称为直接交付，是指动产的让与人将动产的占有直接移转给受让人。观念交付是指占有在观念上的转移而非现实的转移，主要包括以下三种：

（1）简易交付。即受让人已经占有动产，则于物权变动的合意成立时，视为交付。此种交付自转让所有权的协议达成之时，或者协议约定的时候，或者协议约定的条件成就时完成。《物权法》第25条规定："动产物权设立和转让前，权利人已经依法占有该动产的，物权自法律行为生效时发生效力。"如甲出借某钢琴给乙，而后乙又从甲购买该钢琴，在此场合，倘采现实交付，乙须将该钢琴返还给甲，甲再行交付钢琴给乙，这样徒增交易上的麻烦。为简化交易程序，节约交易成本，各国以法律明定，在受让人已占有动产的场合，仅须所有权让与的合意，即产生物权变动的效力。

（2）指示交付。即动产由第三人占有时，出让人将其对于第三人的返还请求权让与受让人，以代替交付。如出租人转让出租物的所有权，就可以以这种方式代替交付。《物权法》第26条规定：" 动产物权设立和转让前，第三人依法占有该动产的，负有交付义务的人可以通过转让请求第三人返还原物的权利代替交付。"如甲将一物交由丙代为保管，甲则以丙为占有代理人间接地占有该物，此时如甲将标的物出卖给乙，则甲将其对丙的所有物返还请求权转移给乙，由乙向第三人丙行使，以代替交付。

（3）占有改定。即动产物权的让与人与受让人之间特别约定，标的物仍然由出让人继续占有，在物权让与的合意成立时，视为交付，受让人取得间接占有。占有改定是依双方的协议将转让人的自主占有改为他主占有。《物权法》第 27 条规定：“动产物权转让时，双方又约定由出让人继续占有该动产的，物权自该约定生效时发生效力。”如甲出售某电脑于乙，若甲尚须继续使用该电脑，得与乙为让与合意，并订立使用借贷或租赁合同，由乙取得间接占有，以代替现实交付，从而完成电脑所有权的移转。

（二）登记

1. 登记的含义。登记作为不动产物权的公示方法，是指登记机构根据当事人的申请，将物权变动的事项记载于登记簿上的行为。

2. 登记的效力。现代民法关于登记的效力有以下两种立法例：

（1）登记对抗主义。依此主义，物权的变动，依当事人间的合意即产生法律效力。但是非经登记，不能对抗第三人。法国法采此主义。我国对船舶、航空器和机动车等特殊动产的物权变动规定也采登记对抗主义。《物权法》第 24 条规定：“船舶、航空器和机动车等物权的设立、变更、转让和消灭，未经登记，不得对抗善意第三人。”

（2）登记要件主义。此主义以登记作为不动产物权变动的要件。不动产物权的变动除了当事人间的合意外，还要进行登记。非经登记，不仅不能对抗第三人，而且在当事人间也不发生效力。德国法采此主义。我国对不动产的物权变动也采登记要件主义。《物权法》第 9 条规定：“不动产物权的设立、变更、转让和消灭，经依法登记，发生效力；未经登记，不发生效力，但法律另有规定的除外。依法属于国家所有的自然资源，所有权可以不登记。”

3. 登记的生效时间。《物权法》第14条规定：“不动产物权的设立、变更、转让和消灭，依照法律规定应当登记的，自记载于不动产登记簿时发生效力。”

4. 不动产登记机构及职责。《物权法》第10条规定：“不动产登记，由不动产所在地的登记机构办理。国家对不动产实行统一登记制度。统一登记的范围、登记机构和登记办法，由法律、行政法规规定。”根据《物权法》第12条的规定，登记机构应当履行下列职责：①查验申请人提供的权属证明和其他必要材料；②就有关登记事项询问申请人；③如实、及时登记有关事项；④法律、行政法规规定的其他职责。申请登记的不动产的有关情况需要进一步证明的，登记机构可以要求申请人补充材料，必要时可以实地查看。第13条规定：“登记机构不得有下列行为：（一）要求对不动产进行评估；（二）以年检等名义进行重复登记；（三）超出登记职责范围的其他行为。”

5. 更正登记、异议登记与预告登记。

（1）更正登记。是指对不动产登记簿上的瑕疵记载进行改正的登记。更正登记的目的是为了保护事实上的权利人的物权，许可真正的权利人或者利害关系人依据真正的权利状态对不动产登记簿记载的内容进行更正。更正登记可彻底地消除登记权利与真正权利不一致的状态，避免第三人依据不动产登记簿取得不动产登记簿上记载的物权。《物权法》第19条第1款规定：“权利人、利害关系人认为不动产登记簿记载的事项错误的，可以申请更正登记。不动产登记簿记载的权利人书面同意更正或者有证据证明登记确有错误的，登记机构应当予以更正。”

（2）异议登记。权利人或者利害关系人认为不动产登记簿的记载事项错误而提出异议，登记机关将该异议记载于不动产登记簿上，即为异议登记。异议登记的最基本法律效果是阻断登记公信力，避免登记簿记载的权利人滥用登记的公信力，损害真正权利人的利益。异议登记不是对物权变动状态本身所进行的登记。异议登记通过打破登记的公信力，避免存在产权争议的不动产为第三人善意取得，从而为其通过民事诉讼进行权利确认获取更多的证据，提供一种临时的保障。《物权法》第19条第2款规定："不动产登记簿记载的权利人不同意更正的，利害关系人可以申请异议登记。"由于异议登记给不动产物权交易造成了一种不稳定的状态，因此，《物权法》第19条第2款同时还规定，"登记机构予以异议登记的，申请人在异议登记之日起十五日内不起诉，异议登记失效。异议登记不当，造成权利人损害的，权利人可以向申请人请求损害赔偿。"

（3）预告登记。是指为确保债权实现，以保障将来取得不动产物权，限制债务人重复处分将来的不动产物权而为的登记。预告登记不是对现实物权的登记，因此，又被称为假登记。预告登记后，他人不能善意取得。《物权法》第20条规定："当事人签订买卖房屋或者其他不动产物权的协议，为保障将来实现物权，按照约定可以向登记机构申请预告登记。预告登记后，未经预告登记的权利人同意，处分该不动产的，不发生物权效力。预告登记后，债权消灭或者自能够进行不动产登记之日起三个月内未申请登记的，预告登记失效。"

第四节　物权的保护

一、物权保护的概念

物权保护，是指在物权遭到侵害的情况下，采用法律规定的维护物权人的利益、保障权利人不受侵害的各种保护方法。在我国，保护各种类型的物权，是宪法、行政法、刑法、民法等各个法律部门共同的任务。物权法第三章专门规定了“物权的保护”，规定了物权的保护方法和程序。《物权法》第 38 条规定：“本章规定的物权保护方式，可以单独适用，也可以根据权利被侵害的情形合并适用。侵害物权，除承担民事责任外，违反行政管理规定的，依法承担行政责任；构成犯罪的，依法追究刑事责任。”第 32 条规定：“物权受到侵害的，权利人可以通过和解、调解、仲裁、诉讼等途径解决。”

二、物权的保护方式

（一）确认物权

确认物权是指在物权归属或者内容发生争议时，利害关系人请求有关行政机关或人民法院等部门确认该物权的归属或者内容，以解决物权争议的行为。《意大利民法典》第 950 条规定了确定地界之诉：在相邻土地的地界未确定的情况下，每块土地的所有人都可以请求通过法律途径划定地界。允许通过任何方式进行举证。在没有其他证据的情况下，法官将根据地籍册标明的地界进行划定。第 1079 条规定了确认役权之诉：对否认役权之人，役权人可以提起确认役权之诉，通过判决确认自己享有的役权并且请求停止妨碍或干扰役权行使的行为。此外，除损害赔偿以外，役权人还可以请求恢复原状。《物权法》第 33 条规定：“因物权的归属、内容发生争议的，利害关系人可以请求确认权利。”

（二）返还原物

返还原物是指物权人请求现时的无权占有人返还其物。

返还原物请求权的构成要件有三：第一，请求人为物权人。第二，被请求人为现时的无权占有人。第三，原物尚存在。如无权占有物已经灭失，无返还原物请求权。《物权法》第34条规定：“无权占有不动产或者动产的，权利人可以请求返还原物。”

（三）排除妨害

排除妨害是指当他人以侵夺之外的方式妨害物权人行使物权时，物权人得请求妨害人除去妨碍，以回复物权的圆满状态。根据《物权法》第35条的规定，妨害物权的，权利人可以请求排除妨害。物权人请求排除妨害的权利，通常称为排除妨害请求权。

排除妨害请求权的构成要件有四：第一，请求人为物权人。第二，妨害人以无权占有以外的方式妨害物权的行使。妨害既可由妨害人的行为造成，亦可由妨害人的物件造成。例如，在他人土地上堆放垃圾、在他人车库门口停放汽车、不动产登记簿上因他人行为产生错误登记、制造超出容忍限度的噪音（震动、恶臭）、被大风刮断树木倒入邻人院内等。第三，妨害具有不法性或者超越了正常的容忍限度。第四，提出请求之时，妨害仍在持续中。

（四）消除危险

消除危险是指当他人的行为有妨害物权人行使物权的危险时，物权人得请求妨害人消除该危险。根据《物权法》第35条的规定，可能妨害物权的，权利人可以请求消除危险。物权人请求消除危险的权利，通常被称为消除危险请求权或预防妨害请求权。

消除危险请求权的构成要件有四：第一，请求人为物权人。第二，物权的行使具有受到妨害的现实危险。例如，邻人在自己房屋近旁挖坑，具有危及房屋安全的现实可能性。再如，邻人所有的大树欲倾倒于自己房屋上。第三，被请求人为对危险的除去具有支配力的人。第四，提出请求之时，危险仍现实存在。

（五）恢复原状

恢复原状是指通过修理等方式将被损坏之物恢复到被损坏前的状态。《物权法》第36条规定："造成不动产或者动产毁损的，权利人可以请求修理、重作、更换或者恢复原状。"

（六）损害赔偿

损害赔偿是指行为人侵害物权人的物权造成损害的，应当承担赔偿的责任。《物权法》第37条规定："侵害物权，造成权利人损害的，权利人可以请求损害赔偿，也可以请求承担其他民事责任。"

思考题：

1. 物权与债权不同的特征有哪些？
2. 物权的优先效力表现在哪些方面？
3. 如何理解物权变动的原则及原因？
4. 举例说明物权的追及效力？
5. 如何理解公示、公信原则？
6. 物权的保护方式有哪些？

第二章

所有权

第一节　所有权概述

一、所有权的概念和特征

所有权是所有权人在法律规定的范围内，对特定物全面支配和排他的权利。《物权法》第 39 条规定："所有权人对自己的动产或者不动产，依法享有占有、使用、收益和处分的权利。"所有权具有以下特征：

1. 所有权具有独占性，也称排他性。所有权是一种独占的支配权，所有人的所有权不允许任何人妨碍或侵害，非所有人不得对所有人的财产享有所有权。

2. 所有权具有全面性。所有权是所有人在法律规定的范围内对所有物加以全面支配的权利。所有人对所有物享有占有、使用、收益和处分的完整权利，是最完整、全面的一种物权形式。

3. 所有权具有存续性。所有权是无期限物权，法律不限制所有权的存续期限。

4. 所有权具有弹力性。财产所有权的各项权能可以通过法定的方式或合同约定的方式同作为整体的所有权相分离，例如设定他物权。

二、所有权的权能

所有权的权能是指所有人为利用所有物以实现其对所有物的独占利益，而于法律规定的范围内可以采取的各种措施与手段。所有权的权能包括占有、使用、收益和处分。

1. 占有。是指所有权人对于财产实际上的占领、控制。例如，所有人对于自己所有的房屋、家具、生活用品的占有，企业对于厂房、机器的占有等。

2. 使用。是指依照物的性能和用途，并不毁损其物或变更其性质而加以利用。使用是为了实现物的使用价值，满足人们的需求。例如，使用机器进行生产，使用电视机收看节目，居住房屋，乘坐汽车等。

3. 收益。是指收取所有物的利益，包括孳息和利润。孳息是指由原物所产生的额外收益，包括天然孳息和法定孳息。利润是把物投入社会生产过程、流通过程所取得的利益。根据《物权法》第40条的规定，所有权人有权在自己的不动产或者动产上设立用益物权。

4. 处分。是指决定物事实上和法律上命运。这是所有权问题的核心，是所有权的最基本职能。处分可以分为事实上的处分和法律上的处分。事实上的处分是指在生产或生活中使物的物质形态发生变更或消灭。法律上的处分是指依照所有人的意志，通过某种民事行为对物进行处理。

三、所有权的限制

《物权法》第7条规定：“物权的取得和行使，应当遵守法律，尊重社会公德，不得损害公共利益和他人合法权益。”法律对所有权的限制主要表现为以下几方面：

1. 基于相邻关系、善意取得制度和取得时效制度等对所有权进行限制（详见本章第二节、第四节）。

2. 基于保护耕地，保障生态环境和资源的合理利用对所有权进行限制。《物权法》第 43 条规定：“国家对耕地实行特殊保护，严格限制农用地转为建设用地，控制建设用地总量。不得违反法律规定的权限和程序征收集体所有的土地。”

3. 基于他物权的设立而对所有权进行限制。与其他所有权限制的种类比较，他物权对所有权的限制往往是所有权人主动、自愿接受的限制，设定他物权的实质就是所有权人行使所有权的具体表现。它通过所有权权能的分离与回复，适应民事活动需要，充分发挥财产的经济价值，从而实现经济效益和社会效益。

4. 基于征收、征用对所有权进行限制。《物权法》第 42 条规定：“为了公共利益的需要，依照法律规定的权限和程序可以征收集体所有的土地和单位、个人的房屋及其他不动产。征收集体所有的土地，应当依法足额支付土地补偿费、安置补助费、地上附着物和青苗的补偿费等费用，安排被征地农民的社会保障费用，保障被征地农民的生活，维护被征地农民的合法权益。征收单位、个人的房屋及其他不动产，应当依法给予拆迁补偿，维护被征收人的合法权益；征收个人住宅的，还应当保障被征收人的居住条件。任何单位和个人不得贪污、挪用、私分、截留、拖欠征收补偿费等费用。”根据《物权法》第 44 条的规定，因抢险、救灾等紧急需要，依照法律规定的权限和程序可以征用单位、个人的不动产或者动产。

四、所有权的种类

据我国《物权法》的规定，所有权分为国家所有权、集体所有权、私人所有权与法人所有权。

（一）国家所有权

在我国现阶段，社会主义全民所有制采取国家所有制形式，一切国家财产属于国家为代表的全体人民所有。《物权法》第45条第1款规定："法律规定属于国家所有的财产，属于国家所有即全民所有。"由此可见，国家所有权是全民所有制在法律上的表现，它是指中华人民共和国享有的对国家财产的占有、使用、收益、处分的权利。国家所有权具有以下特点：

1. 主体的特殊性。国家所有权的主体是国家。《物权法》第45条第2款规定："国家财产由国务院代表国家行使所有权；法律另有规定的，依照其规定。"由于我国幅员辽阔，经济领域广泛，国家财产数量巨大，种类繁多。因此，国家不可能直接或者亲自行使所有权的每项权能。在由国务院代表国家行使所有权的同时，依照法律规定，可以由地方人民政府等部门行使有关权利。同时，国家在行使所有权的过程中，也应当充分反映全体人民的利益。[1]

2. 客体的广泛性。《物权法》第41条规定："法律规定专属于国家所有的不动产和动产，任何单位和个人不能取得所有权。"国家财产所有权的范围十分广泛。根据《物权法》第46条、第50条、第52条第1款的规定，矿藏、水流、海域、无线电频谱资源、国防资产，属于国家所有。根据《物权法》第49条、第51条、第52条第2款的规定，法律规定属于国家所有的

---

〔1〕王利明等：《中国物权法教程》，人民法院出版社2007年版，第172页。

野生动植物资源、文物以及铁路、公路、电力设施、电信设施和油气管道等基础设施，属于国家所有。《物权法》第 47 条规定："城市的土地，属于国家所有。法律规定属于国家所有的农村和城市郊区的土地，属于国家所有。"第 48 条规定："森林、山岭、草原、荒地、滩涂等自然资源，属于国家所有，但法律规定属于集体所有的除外。"

3. 取得方式的特殊性。国家依法定条件并遵循法定程序，可以通过征收、没收、国有化等方式强制性地将普通民事主体的财产收归国有，并依其行政权强制性地征收税金而取得所有权。此外，《继承法》规定，除死者生前系集体组织的成员外，公民死亡后，无人继承又无人受领遗赠的财产归国家所有；《物权法》规定，遗失物自发布招领之日起 6 个月内无人认领的，归国家所有；拾得漂流物、发现埋藏物的，除文物保护法等法律另有规定外，参照拾得遗失物的有关规定。

4. 行使方式的多层次性。国家所有权由代表国家的专门机关或单位行使。《物权法》第 45 条第 2 款规定，国有财产由国务院代表国家行使所有权；法律另有规定的，依照其规定。第 53 条规定，国家机关对其直接支配的不动产和动产，享有占有、使用以及依照法律和国务院的有关规定处分的权利。第 54 条规定，国家举办的事业单位对其直接支配的不动产和动产，享有占有、使用以及依照法律和国务院的有关规定处分的权利。第 55 条规定，国家出资的企业，由国务院、地方人民政府依照法律、行政法规规定分别代表国家履行出资人职责，享有出资人权益。

5. 法律保护的优越性。《物权法》第 56 条规定："国家所有的财产受法律保护，禁止任何单位和个人侵占、哄抢、私分、截留、破坏。"第 57 条规定："履行国有财产管理、监督职责的机构及其工作人员，应当依法加强对国有财产的管理、监督，促进国有财产保值增值，防止国有财产损失；滥用职权，玩忽职守，造成国有财产损失的，应当依法承担法律责任。违反国有财产管理规定，在企业改制、合并分立、关联交易等过程中，低价转让、合谋私分、擅自担保或者以其他方式造成国有财产损失的，应当依法承担法律责任。”另外，根据有关司法解释，国家没有授权给公民或法人经营管理的财产受到损害的，不受诉讼时效的限制。

（二）集体所有权

集体所有权是指集体经济组织依法对集体财产享有的占有、使用、收益、处分并排除他人干涉的权利。集体所有权具有以下特点：

1. 集体所有权的主体是为数众多的劳动群众集体组织，具有多元性，而不像国家所有权那样具有主体的唯一性。集体所有权主要包括农民集体所有权和城镇集体所有权两类。《物权法》第 59 条第 1 款规定：“农民集体所有的不动产和动产，属于本集体成员集体所有。”第 61 条规定：“城镇集体所有的不动产和动产，依照法律、行政法规的规定由本集体享有占有、使用、收益、处分的权利。”

2. 集体所有权的客体范围受到一定的限制，具有有限的广泛性。《物权法》第 58 条规定：“集体所有的不动产和动产包括：（一）法律规定属于集体所有的土地、森林、山岭、草原、荒地、滩涂；（二）集体所有的建筑物、生产设施、农田水利设施；（三）集体所有的教育、科学、文化、卫生、体育等设施；（四）集体所有的其他不动产和动产。”

3. 集体所有权可以由集体组织直接行使，也可以由其代表行使，重要事项应依照法定程序经本集体成员决定。《物权法》

第 59 条第 2 款规定："农民集体所有权行使中的下列事项应当依照法定程序经本集体成员决定：（一）土地承包方案以及将土地发包给本集体以外的单位或个人承包；（二）个别土地承包经营权人之间承包地的调整；（三）土地补偿费等费用的使用、分配办法；(四) 集体出资的企业的所有权变动等事项；(五) 法律规定的其他事项。"第 60 条规定："对于集体所有的土地和森林、山岭、草原、荒地、滩涂等，依照下列规定行使所有权：(一) 属于村农民集体所有的，由村集体经济组织或者村民委员会代表集体行使所有权；（二）分别属于村内两个以上农民集体所有的，由村内各该集体经济组织或者村民小组代表集体行使所有权；(三) 属于乡镇农民集体所有的，由乡镇集体经济组织代表集体行使所有权。"第 62 条规定："集体经济组织或者村民委员会、村民小组应当依照法律、行政法规以及章程、村规民约向本集体成员公布集体财产状况。"第 63 条规定："集体所有的财产受到法律保护，禁止任何单位或个人侵占、哄抢、私分、破坏。集体经济组织、村民委员会或者其负责人作出的决定侵害集体成员合法权益的，受侵害的集体成员可以请求人民法院予以撤销。"

(三) 私人所有权

私人所有权是指私人对其不动产和动产享有的占有、使用、收益、处分的权利。私人所有权与过去实行生产资料公有化时期的个人所有权有以下区别：

1. 个人所有权的主体是以所有制为标准划分的，私人所有权的主体不仅是自然人个人，还包括私人投资设立的具有法人资格的独资企业，还有两个以上自然人及法人企业共同出资设立的合伙企业。

2. 个人所有权的客体限于生活资料，私人所有权客体不限于生活资料。《物权法》第 64 条规定：“私人对其合法的收入、房屋、生活用品、生产工具、原材料等不动产和动产享有所有权。”

值得强调的是，《物权法》在对不同主体的物权进行分类规定的同时，也坚持了“平等保护国家、集体和私人的物权”的原则。《物权法》第 3 条规定：“国家在社会主义初级阶段，坚持公有制为主体、多种所有制经济共同发展的基本经济制度。国家巩固和发展公有制经济，鼓励、支持和引导非公有制经济的发展。国家实行社会主义市场经济，保障一切市场主体的平等法律地位和发展权利。”第 4 条规定：“国家、集体、私人的物权和其他权利人的物权受法律保护，任何单位和个人不得侵犯。”第 65 条规定：“私人合法的储蓄、投资及其收益受法律保护。国家依照法律规定保护私人的继承权及其他合法权益。”第 66 条再次明确：“私人的合法财产受法律保护，禁止任何单位和个人侵占、哄抢、破坏。”

（四）法人所有权

法人所有权是指法人对其不动产和动产依照法律、法规及章程享有的占有、使用、收益、处分并排除他人干涉的权利。《物权法》第 67 条规定：“国家、集体和私人依法可以出资设立有限责任公司、股份有限公司或者其他企业。国家、集体和私人所有的不动产或者动产，投到企业的，由出资人按照约定或者出资比例享有资产收益、重大决策以及选择经营管理者等权利并履行义务。”第 68 条规定：“企业法人对其不动产和动产依照法律、行政法规以及规章享有占有、使用、收益和处分的权利。企业法人以外的法人，对其不动产和动产的权利，适用有关法律、行政法规以及章程的规定。”根据民法原理，企业的出资人将其财产投入企业后，出资人对其出资丧失了财产权，企业取得了法人财产权。根据“一物一权”原则，出资人对其投入企业的不动产和动产，丧失了所有权，企业取得了法人所有权。企业法人所有权是企业法人在法律和其章程规定的范围内，独占性地支配其不动产和动产的权利。出资人对其出资的企业享有出资者权益，包括资产收益、重大决策以及选择经营管理者等权利和义务。此外，《物权法》第69条规定：“社会团体依法所有的不动产和动产，受法律保护。”

第二节　所有权取得的特别规定

一、善意取得

（一）善意取得的概念

善意取得又称即时取得，是指无处分权人转让标的物给善意第三人时，善意第三人一般可取得标的物的所有权，所有权人不得请求善意第三人返还原物。多数学者认为，善意取得制度源于日耳曼法中的“以手护手”原则，根据此原则，权利人将自己的财产让与他人占有的，只能向占有人请求返还占有物，如果占有人将财产转让给第三人时，权利人不得请求第三人返还，而只能要求占有人赔偿损失。“以手护手”使受让人在受让财产时不需花费必要精力，对财产的来源进行调查，有利于交易的安全与便捷。《物权法》第106条第3款规定：“当事人善意取得其他物权的，参照前两款规定。”可见，善意取得不限于所有权，其他物权也可以善意取得。

（二）善意取得的构成要件

根据《物权法》第106条第1款的规定，善意取得的构成要件主要有：

1. 第三人受让该不动产或动产时是善意的。善意，是恶意的对称，指不知情。也就是说，善意是人的一种主观心理活动，不显于外部，难于猜测。由于善意是而且只是受让人在领受财产时的一种心理状况，这种心理状况又很难为他人所知，法律上要对其进行全面的求证和界定更是难上加难。在确定受让人是否善意时，一般采用“非恶意即善意”的推定方法，即除非有证据证明受让人主观上存在恶意，否则，就推定受让人在领受财产时不知，也不可能知道转让人无转让财产的权利。但是，采用这种推定方法确定受让人是否具有善意时，应考虑当事人从事交易时的一些相关因素，包括但不限于交易是否有偿、交易价格的高低、交易的场所和环境、转让人的形迹是否可疑等。具体而言，如果受让人受让物品的价格明显低于同类物品的市场价格，那么转让人很可能是无处分权人；如果受让人在非公开的场所，尤其是在“黑市”上购买二手货的，那么受让人可能是恶意的；如果转让人在转让财产时形迹可疑，那么往往表明其是无处分权人。

2. 以合理的价格转让。善意取得适用应以有偿取得为前提条件。因为，在许多情况下，无偿转让财产本身就表明财产的来源可能是不正当的，而一个诚实的、不贪图便宜的受让人在受让财产时，应当查明财产的来源，如果不经调查就无偿受让财产，则本身就是非善意的，或者说是有过失的。受让人在领受财产时，必须向让与人支付相应的财产或者金钱，无偿取得财产时，不能即时取得所有权。因为在市场经济条件下，财产转让一般是以对价为条件的，这是财产转让的一般规律，违反这一规律的财产转让，就可以引起人们对该项交易是否善意的合理怀疑。不仅如此，在有偿取得的前提下，其价格是否合理，也是衡量受让人受领财产时是否善意的标准之一。

3. 转让的动产或者不动产依照法律规定应当登记的已经登记，不需要登记的已经交付给受让人。学界通说认为，动产的公示以占有为原则，以登记为例外。不动产借助登记的公信力来达到维护交易安全的目的，这与采纳占有的公信力原则来维护交易安全的动产善意取得制度，相去甚远。因此，各国通例皆将善意取得制度的适用范围限定于动产。然而，《物权法》却没有采取各国通例，将善意取得制度的适用范围扩大到了不动产，甚至包括其他物权。《物权法》之所以将不动产纳入善意取得的范围，是因为不动产虽然采取登记的公示方法，相对于动产而言，受让人误认为占有人为所有人的概率要小得多。但是，由于我国正处在由计划经济向市场经济转型的过渡时期，许多不动产登记制度尚未完善，如在房屋预售的过程中，存在“一房二卖”，甚至“一房多卖”的情况，导致许多购房人的利益得不到保障。

（三）善意取得的效力

受让人取得不动产或者动产的所有权，原有权利消灭。根据《物权法》第 106 条第 2 款的规定，符合善意取得构成要件的，受让人取得该不动产或者动产的所有权。第 108 条规定：“善意受让人取得动产后，该动产上的原有权利消灭。”第 106 条第 3 款规定：“受让人依照前款规定取得不动产或者动产的所有权的，原所有权人有权向无处分权人请求赔偿损失。”这说明，善意第三人在符合上述条件时取得不动产或者动产的所有权，此时原所有权人无权请求善意第三人返还原物，而只能向无处分权人请求赔偿损失。

（四）遗失物、盗赃物与善意取得

《物权法》第 107 条规定：“所有权人或者其他权利人有权追回遗失物。该遗失物通过转让被他人占有的，权利人有权向无处分权人请求损害赔偿，或者自知道或者应当知道受让人之日起二年内向受让人请求返还原物，但受让人通过拍卖或者向具有经营资格的经营者购得该遗失物的，权利人请求返还原物时应当支付受让人所付的费用。权利人向受让人支付所付费用后，有权向无处分权人追偿。”可见，遗失物不适用善意取得制度。

《物权法》没有明确规定对于盗赃物是否适用善意取得，这主要是考虑到现实中，对于被盗、被抢的财物，一般所有权人可以通过司法机关依照刑法、刑事诉讼法等有关法律、法规的规定追回，如1996年2月6日，最高人民法院发布的《关于审理诈骗案件具体应用法律的若干问题的解释》第11条规定：“行为人将诈骗财物已用于归还个人欠款、贷款或者其他经济活动的，如果对方明知是诈骗财物而收取，属恶意取得，应当一律予以追缴；如确属善意取得，则不再追缴。”

二、拾得遗失物

（一）遗失物的概念

遗失物，是所有人遗忘于某处，不为任何人占有的物。遗失物只能是动产，不动产不存在遗失的问题。遗失物也不是无主财产，只不过是所有人丧失了对于物的占有，不为任何人占有的物。至于所有人丧失对于物的占有的情况，则有种种不同。一般是所有人自己因某种原因遗失，还有其他的情况，例如直接占有人将物丢失，对于间接占有人即所有人来讲，视为遗失物。

（二）拾得人的义务

1. 返还权利人。根据《物权法》第109条的规定，拾得遗失物，应当返还权利人。《物权法》第112条第3款规定：“拾得人侵占遗失物的，无权请求保管遗失物等支出的费用，也无权请求权利人按照承诺履行义务。”第113条规定：“遗失物自发布招领公告之日起六个月内无人认领的，归国家所有。”

2. 通知和送交。根据《物权法》第109条的规定，拾得人应当及时通知权利人领取，或者送交公安等有关部门。第110条规定：“有关部门收到遗失物，知道权利人的，应当及时通知其领取；不知道的，应当及时发布招领公告。”

3. 妥善保管。《物权法》第111条规定：“拾得人在遗失物送交有关部门前，有关部门在遗失物被领取前，应当妥善保管遗失物。因故意或者重大过失致使遗失物毁损、灭失的，应当承担民事责任。”

（三）权利人的义务

1. 支付必要费用。《物权法》第112条第1款规定：“权利人领取遗失物时，应当向拾得人或者有关部门支付保管遗失物等支出的必要费用。”

2. 履行承诺。《物权法》第112条第2款规定：“权利人悬赏寻找遗失物的，领取遗失物时应当按照承诺履行义务。”

三、发现埋藏物、隐藏物

（一）埋藏物、隐藏物的概念

发现埋藏物、隐藏物，是所有权的一种取得方式。埋藏物，是指包藏于其他物当中，不容易从外部发现的物。埋藏物以动产为限，不动产从其体积、固定性等方面来讲，一般不会发生埋藏等问题。埋藏物一般是埋藏于土地或者隐藏于他物之中而不易被发现之物；埋藏物是有主物，只是所有人不明，而非无主物。就是说埋藏于土地或其他物之中，年长日久，由于人为的或自然的原因，已经不易确定或不知为谁所有。所谓隐藏物，是指放置于隐蔽场所，不易被发现的物。如天花板上搁置的物、屏风中夹带的物，都是隐藏物。

（二）发现埋藏物、隐藏物的构成条件

所谓发现埋藏物、隐藏物，是指认识埋藏物或隐藏物的所在而予以占有的事实。发现埋藏物、隐藏物的性质与先占、拾得遗失物并无不同，也是一种事实行为。因此，发现人不要求必须有完全行为能力，只要具有意思能力即可。同时，发现人不以具有所有的意思为必要。其主要构成条件为：

1. 须为埋藏物。所谓埋藏物、隐藏物，是指埋藏或隐藏于土地和他物中，其所有权归谁所属不能判明的动产。

2. 须发现。所谓“发现”，即认识到埋藏物、隐藏物的所在。从“发现”的文义以及发现埋藏物、隐藏物之立法旨意的价值解释来看，没有必要把发现限制为偶然发现。至于发现在客观上是否以占有为必要，法国、瑞士、日本民法均规定仅仅发现即可，无须取得占有；但德国和我国台湾地区“民法”则要求不仅发现，而且还要占有，这就与拾得遗失物之“拾得”以占有为必要有着同样要求。因此，发现埋藏物、隐藏物制度强调的应该是“发现”本身，而不在于是否有后续占有事实。

（三）发现埋藏物、隐藏物的法律效果

《民法通则》第79条第1款规定：“所有人不明的埋藏物、隐藏物，归国家所有。接收单位应当对上缴的单位或个人，给予表扬或者物质奖励。”《最高人民法院关于贯彻执行若干问题的意见（试行）》第93条规定：“公民、法人对于挖掘、发现的埋藏物、隐藏物，如果能够证明属其所有，而且根据现行的法律、政策又可能归其所有的，应当予以保护。”《物权法》第114条规定：“拾得漂流物、发现埋藏物或者隐藏物的，参照拾得遗失物的有关规定。文物保护法等法律另有规定的，依照其规定。”第113条规定：“遗失物自发布招领公告之日起六个月内无人认领的，归国家所有。”可见，我国采纳的是国家取得所有权主义，即公有主义的立法例，发现人不得取得所有权，只可能受到一定的表扬或物质鼓励。当然，这并不是说埋藏物和隐藏物一经发现，都毫无例外的归国家所有。在埋藏物或隐藏物被发现后，如果埋藏或隐藏该物的人或其继承人能够证明其合法的所有权或继承权，应该将发现的埋藏物或隐藏物交还给埋藏或隐藏该物的人或其继承人，以保护合法财产权利。只有确实查证发现的埋藏物或隐藏物的所有人不明时，才归国家所有。而国外民事立法中就发现埋藏物、隐藏物的法律效果一般有三种立法例：国家取得所有权，发现人有条件取得所有权，报酬主义。我们认为，这种一概归属国家所有的立法例实在是高估和夸大了人的思想觉悟和道德水平，并由此对发现人提出了不恰当的要求，与实际也是脱离的，所以建议未来民事立法改采有条件的发现人取得所有权主义。

四、添附

以添附作为取得所有权的方法，是罗马法以来所公认的原则。添附，一般包括附合、混合与加工。最高人民法院《关于贯彻执行民法通则若干问题的意见》第 86 条对添附的归属做出了规定：“非产权人在使用他人的财产上增添附属物，财产所有人同意增添，并就财产返还时附属物如何处理有约定的，按约定办理；没有约定又协商不成，能够拆除的，可以责令拆除；不能拆除的，也可以折价归财产所有人；造成财产所有人损失的，应当负赔偿责任。”然而，《物权法》对添附却未作规定。

（一）附合

附合是指两个以上不同所有人的物结合在一起而不能分离，若分离会毁损该物或者花费较大，如用他人的建筑材料建造房屋。附合有两种情况：

1. 动产与动产的附合。这是指不同所有人的动产互相结合，非毁损不能分离或者分离费用较大。从我国的司法实践分析，动产与动产的附合应当由原所有人按照其动产的价值，共有合成物。如果可以区别主物和从物，或者一方动产的价值明显高于他方的动产，则应当由主物或者价值较高的物的原所有人取得合成物的所有权，并给对方以补偿。

2. 动产与不动产的附合。这是指动产附合于不动产，成为不动产的组成部分。罗马法中，这种附合主要是因建筑物或者种植而产生。一般的原则是建筑物或者种植物归土地所有人所有，至于双方的权利和义务，则视行为人是善意还是恶意而定。在我国司法实践中，动产与不动产的附合，由不动产所有人取得合成物的所有权，但应当给原动产所有人以补偿。

（二）混合

混合是指两个以上不同所有人的动产互相混杂合并，不能识别。混合发生在动产之间，它与附合的不同之处在于：附合（指动产的附合）的数个动产在形体上可以识别、分割，只是分离后要损害附合物的价值，出于社会利益考虑不许分割；而混合则是数个动产混合于一起，在事实上也不能也不易区别。

（三）加工

加工是指在他人之物上附加自己的有价值的劳动，使之成为加工物所有权的归属者。《法国民法典》及《日本民法典》以加工物属于材料所有人为原则，而在加工所增加的价值远远超过材料的价值时，才属于加工人为例外。而依《德国民法典》第950条规定，加工于他人动产者，以由加工人取得加工物所有权为原则，在加工的价值显然少于材料的价值时，由材料所有人取得加工物所有权为例外。我国司法实践的一般做法是，加工物的所有权原则上归原物的所有人，并给加工人以补偿。但是当加工增加的价值大于材料的价值时，加工物可以归加工人所有，但应当给原物所有人以补偿。需要说明的是，加工人必须出于善意才能取得加工物的所有权。

五、取得时效

（一）取得时效的概念

取得时效是时效的一种，它是指当事人因占有他人的物的事实状态经过一定时间，而取得该物所有权的法律制度。

（二）取得时效的构成要件

1. 须对他人的财产进行占有。时效取得所有权的标的物须为他人的动产或不动产，而且以占有人对财产有持续不断的占有为前提。对自己的财产占有不发生时效取得的问题。对无主财产的占有只会发生先占的问题。

2. 占有应为自主占有、和平占有及公然占有。自主占有，指以自己所有的意思占有标的物，即把自己当成所有权人占有标的物，它是取得时效的核心要件。至于占有人是不知无所有权而误信有所有权的善意占有人，还是明知无权占有而恶意占有的恶意占有人，法律在所不问。但保管人、承租人、借用人等对物的占有，因为内心状态是替所有权人占有标的物，属于他主占有，不管占有多长时间都不能产生时效取得的后果。和平占有，指非以暴力或胁迫的手段取得或维持的占有。如果是以抢劫、抢夺、胁迫等手段取得的占有或者在别人索要时以暴力手段维持自己的占有，则不能成为时效取得标的物。行为不轨的人哄抢、私占公共财产的行为也就根本不能构成时效取得。公然占有，是指不带隐秘瑕疵的占有，即将对标的物的占有事实向社会公开，不加隐瞒。

3. 占有须经过一定期间。取得时效制度的设立在于保护持续、永久占有动产或不动产的事实。因此，占有人虽然对标的物为自主占有、和平占有及公然占有，但如果占有没有经过法律规定的特定期间，仍不能依时效取得所有权。各国民法对此段期间的规定并不一致，但一般都规定动产时效取得的期间短于不动产时效取得的期间。

我国民法只规定了诉讼时效而没有规定取得时效。过去学者不赞成规定取得时效的主要理由有两点：第一，如果法律规定了取得时效制度，对于那些哄抢、私占公私财物的行为，可能起到鼓励作用，这与我国“拾金不昧”、“物归原主”的传统美德相矛盾。第二，近代以来，由于财产关系和调整财产关系的法律的变化，土地法的独立，民法不动产登记制度的发达和动产善意取得制度的确立，使取得时效已无存在的必要。

建立社会主义市场经济制度以来，多数学者转变此前所持的否定立场，建立我国的时效取得制度，成为学者的共识。理由如下：一是取得时效制度是以不背离社会的公序良俗为其出发点的，取得时效的一个重要构成要件，是占有人必须是善意地、和平地占有他人财产，恶意占有不能基于取得时效而取得财产，这就不存在为哄抢财物提供法律“空隙”和“违背中国拾金不昧、物归原主传统美德”的问题；二是如无取得时效制度，会出现一方已基于消灭时效的无请求权、另一方也无所有权的自然债状态，使物之所有处于不确定状态；三是取得时效可以“警示权利人主张其权利”，促进社会资源之利用；四是便于及时界定权利，特别是针对中国存在产权不明的状态，便于稳定经济秩序，及时解决权利纠纷。

六、先占

（一）先占的概念

先占，是指以所有的意思，先于他人占有无主的动产，而取得其所有权的法律事实。先占必须在事实上占有物，这种占有要有取得所有权的意思。先占制度的价值在于实现物有所归，有利于物尽其用。先占的性质属于事实行为。先占制度是最为古老的取得财产的“自然方式”之一，早在罗马法中已成为一项被罗马法学家深信不疑的原则。

（二）先占的构成条件

构成法律上的先占，一般须符合以下条件：

1. 先占的对象只能是无主物。所谓无主物是指该物不属于任何人，任何人都不对其享有所有权。

2. 先占的对象只能是动产。不动产一般价值较大，所以，各国一般都不承认不动产的先占制度。但是，也不是所有的无主动产都能依先占取得。例如，法律禁止流通的动产——枪支、毒品、反动宣传材料、医疗废物等就不能依先占取得。

3. 先占人必须以取得该物所有权的意思占有该物。如果仅仅是因为替他人照管财物或者是借用别人的财物而占有该物，则不能构成法律上的先占。另外，先占所要求的占有不以本人的占有为限，指示他人占有也可以产生先占的法律后果。

4. 先占行为必须合法。占有人的占有行为必须合法才能取得该物的所有权。例如，河里的鱼属于无主财产，可以适用先占制度取得所有权，但如果在禁渔期捕鱼，则由于占有行为本身是违法的，不能基于先占制度取得对鱼的所有权。

先占的法律后果就是先占人取得对无主动产的所有权，该无主动产上存在的权利和义务一概消灭。我国在立法上没有规定先占制度，然而从我国现实生活来讲，实际上存在着先占原则。对于抛弃的废旧物，先占者可以取得其所有权，物资回收企业也承认先占者的这种权利。我国法律应当从现实生活出发，确认先占制度，这样不仅有利于稳定社会经济秩序，还有利于充分发挥物的效用，促进社会经济的发展。

第三节　建筑物区分所有权

一、建筑物区分所有权的概念和特征

建筑物区分所有权是近现代各国民法上一项重要的不动产所有权。关于其名称，各国立法例不尽相同。德国法上称为“住宅所有权”；法国法称为“住宅分层所有权”；瑞士法称为“楼层所有权”；英美法称为“公寓所有权”；日本和我国台湾地区称为“区分所有权”；我国内地学者采纳了“建筑物区分所有权”概念。所谓建筑物区分所有权，指的是权利人即业主对于一栋建筑物中自己专有部分的单独所有权、对共有部分的共有权以及因共有关系而产生的管理权的结合。《物权法》第70条规定：“业主对建筑物内的住宅、经营性用房等专有部分享有所有权，对专有部分以外的共有部分享有共有和共同管理的权利。”建筑物区分所有权具有以下特征：

1. 客体具有整体性。建筑物区分所有权是建筑在整体的建筑物上区域所有的所有权形式。

2. 内容具有多样性。建筑物区分所有权由专有权、共有权和管理权（成员权）三个部分组成。

3. 专有权具有主导性。建筑物区分所有权的权利人拥有了专有权就必然拥有共有权、管理权。

二、建筑物区分所有权的内容

建筑物区分所有权的内容，包括区分所有建筑物专有部分的专有权、共有部分的共有权，以及因区分所有权人的共同关系所生的管理权。

（一）专有权

专有权是指业主对其专有部分享有的占有、使用、收益和处分的权利。专有所有权具有主导性。专有所有权的主导性表现在：专有所有权的产生、转让或消灭决定其余两个要素的产生、转让或消灭；专有所有权的大小，决定其余两个要素权利的大小；在区分所有权的登记上，只登记专有所有权，其余两个要素权利则不登记。专有部分是在一栋建筑物内区分出的独立的住宅或者经营性用房等单元。2009 年 3 月 23 日最高人民法院审判委员会第 1464 次会议通过的《最高人民法院关于审理建筑物区分所有权纠纷案件具体应用法律若干问题的解释》（以下简称《区分所有权解释》）第 2 条规定："建筑区划内符合下列条件的房屋，以及车位、摊位等特定空间，应当认定为物权法第六章所称的专有部分：（一）具有构造上的独立性，能够明确区分；（二）具有利用上的独立性，可以排他使用；（三）能够登记成为特定业主所有权的客体。规划上专属于特定房屋，且建设单位销售时已经根据规划列入该特定房屋买卖合同中的露台等，应当认定为物权法第六章所称专有部分的组成部分。"业主对其专有部分享有单独的所有权，即对该部分为占有、使用、收益和处分的排他性的支配权，性质上与一般的所有权并无不同。但此项专有部分与建筑物上其他专有部分有密切的关系，彼此休戚相关，具有共同的利益。因此，《物权法》第 71 条规定："业主对其建筑物专有部分享有占有、使用、收益和处分的权利。业主行使权利不得危及建筑物的安全，不得损害其他业主的合法权益。”此外，一些住户擅自将住宅改为商业用房，该做法在给自己带来经济利益的同时，也给邻居带来不便。《物权法》第77条规定：“业主不得违反法律、法规以及管理规约，将住宅改变为经营性用房。业主将住宅改变为经营性用房的，除遵守法律、法规以及管理规约外，应当经有利害关系的业主同意。”《区分所有权解释》第10条规定：“业主将住宅改变为经营性用房，未按照物权法第77条的规定经有利害关系的业主同意，有利害关系的业主请求排除妨害、消除危险、恢复原状或者赔偿损失的，人民法院应予支持。将住宅改变为经营性用房的业主以多数有利害关系的业主同意其行为进行抗辩的，人民法院不予支持。”第11条规定：“业主将住宅改变为经营性用房，本栋建筑物内的其他业主，应当认定为物权法第七十七条所称‘有利害关系的业主’。建筑区划内，本栋建筑物之外的业主，主张与自己有利害关系的，应证明其房屋价值、生活质量受到或者可能受到不利影响。”

（二）共有权

共有部分是指区分所有的建筑物及其附属物的共同部分，即专有部分以外的建筑物的其他部分。《区分所有权解释》第3条规定：“除法律、行政法规规定的共有部分外，建筑区划内的以下部分，也应当认定为物权法第六章所称的共有部分：（一）建筑物的基础、承重结构、外墙、屋顶等基本结构部分，通道、楼梯、大堂等公共通行部分，消防、公共照明等附属设施、设备，避难层、设备层或者设备间等结构部分；（二）其他不属于业主专有部分，也不属于市政公用部分或者其他权利人所有的场所及设施等。建筑区划内的土地，依法由业主共同享有建设用地使用权，但属于业主专有的整栋建筑物的规划占地或者城镇公共道路、绿地占地除外。”《物权法》第72条规定：“业主对建筑物专有部分以外的共有部分，享有权利，承担义务；不得以放弃权利不履行义务。业主转让建筑物内的住宅、经营性用房，其对共有部分享有的共有和共同管理的权利一并转让。”

对于建筑区划内的道路、绿地、物业服务用房以及车位、车库的归属，物权法作出了明确的规定。《物权法》第73条规定：“建筑区划内的道路，属于业主共有，但属于城镇公共道路的除外。建筑区划内的绿地，属于业主共有，但属于城镇公共绿地或者明示属于个人的除外。建筑区划内的其他公共场所、公用设施和物业服务用房，属于业主共有。”第74条规定：“建筑区划内，规划用于停放汽车的车位、车库应当首先满足业主的需要。建筑区划内，规划用于停放汽车的车位、车库的归属，由当事人通过出售、附赠或者出租等方式约定。占用业主共有的道路或者其他场地用于停放汽车的车位，属于业主共有。”

（三）管理权

基于区分所有建筑物的构造，业主在建筑物的权利归属以及使用上形成了不可分离的共同关系，并基于此共同关系而享有管理权。该管理权的内容为：

1. 业主有权设立业主大会并选举业主委员会。《物权法》第75条规定：“业主可以设立业主大会，选举业主委员会。地方人民政府有关部门应当对设立业主大会和选举业主委员会给予指导和协助。”第78条规定：“业主大会或者业主委员会的决定，对业主具有约束力。业主大会或者业主委员会作出的决定侵害业主合法权益的，受侵害的业主可以请求人民法院予以撤销。”

2. 业主有权决定区分建筑物的相关事项。《物权法》第76条规定：“下列事项由业主共同决定：（一）制定和修改业主大会议事规则；（二）制定和修改建筑物及其附属设施的管理规约；（三）选举业主委员会或者更换业主委员会成员；（四）选聘和解聘物业服务企业或者其他管理人；（五）筹集和使用建筑物及其附属设施的维修资金；（六）改建、重建建筑物及其附属设施；（七）有关共有和共同管理权利的其他重大事项。决定前款第（五）项和第（六）项规定的事项，应当经专有部分占建筑物总面积三分之二以上的业主且占总人数三分之二以上的业主同意。决定前款其他事项，应当经专有部分占建筑物总面积过半数的业主且占总人数过半数的业主同意。”

3. 区分所有建筑物及附属设施的管理。《物权法》第 81 条规定：“业主可以自行管理建筑物及其附属设施，也可以委托物业服务企业或者其他管理人管理。对建设单位聘请的物业服务企业或者其他管理人，业主有权依法更换。”第 82 条规定：“物业服务企业或者其他管理人根据业主的委托管理建筑区划内的建筑物及其附属设施，并接受业主的监督。”第 83 条第 2 款规定：“业主大会和业主委员会，对任意弃置垃圾、排放污染物或者噪声、违反规定饲养动物、违章搭建、侵占通道、拒付物业费等损害他人合法权益的行为，有权依照法律、法规以及管理规约，要求行为人停止侵害、消除危险、排除妨害、赔偿损失。业主对侵害自己合法权益的行为，可以依法向人民法院提起诉讼。”《区分所有权解释》第 15 条规定：“业主或者其他行为人违反法律、法规、国家相关强制性标准、管理规约，或者违反业主大会、业主委员会依法作出的决定，实施下列行为的，可以认定为物权法第八十三条第二款所称的其他‘损害他人合法权益的行为’：（一）损害房屋承重结构，损害或者违章使用电力、燃气、消防设施，在建筑物内放置危险、放射性物品等危及建筑物安全或者妨碍建筑物正常使用；（二）违反规定破坏、改变建筑物外墙面的形状、颜色等损害建筑物外观；（三）违反规定进行房屋装饰装修；（四）违章加建、改建，侵占、挖掘公共通道、道路、场地或者其他共有部分。”《物权法》第 79 条规定：“建筑物及其附属设施的维修资金，属于业主共有。经业主共同决定，可以用于电梯、水箱等共有部分的维修。维修资金的筹集、使用情况应当公布。”第 80 条规定：“建筑物及其附属设施的费用分摊、收益分配等事项，有约定的，按照约定；没有约定或者约定不明确的，按照业主专有部分占建筑物总面积的比例确定。”

4. 管理规约。《物权法》第 83 条第 1 款规定：“业主应当遵守法律、法规以及管理规约。”管理规约是全体业主承诺，用以指导、规范和约束所有业主、住户以及物业管理者的行为守则，管理规约对所有业主、住户、物业管理者都有约束力。管理规约的作用就是使大家共同地、自觉地遵守和维护公众利益和公共环境。管理规约是所有业主、住户自律的保证，也是实行业主自治的前提。管理规约应当对下列主要事项作出规定：①物业的使用、维护、管理；②专项维修资金的筹集、管理和使用；③物业共用部分的经营与收益分配；④业主共同利益的维护；⑤业主共同管理权的行使；⑥业主应尽的义务；⑦违反管理规约应当承担的责任。

第四节　相邻关系

一、相邻关系的概念和特征

相邻不动产的所有人或使用人在各自使用自己的合法权利时，都要尊重他方所有人或使用人的权利，相互间应当给予一定的方便或接受一定的限制，法律将这种相邻人之间的关系用权利和义务的形式确定下来，就是相邻关系。可见，相邻关系是指两个或两个以上相邻不动产的所有人或使用人，在行使占有、使用、收益、处分权利时因给对方提供必要便利而发生的权利义务关系。相邻关系，从本质上讲是一方所有人或使用人的财产权利的延伸，同时又是对他方所有人或使用人的财产权利的限制，反之亦然。这种财产权利的合理延伸和必要限制，对于充分发挥财产的效用，促进社会经济的发展，稳定社会秩序，具有重要意义。相邻关系具有以下特征：

1. 相邻关系的主体是两个以上相邻的不动产的所有人或使用人。相邻关系从本质上说是对所有权的一种限制，因为一人不可能构成相邻，所以单一的民事主体不可能发生相邻关系。相邻关系可以在公民之间，也可以在法人之间，或在公民与法人之间发生。

2. 相邻关系因种类不同而具有不同的内容。内容上基本上是相邻一方有权要求他方提供必要的便利，他方应给予必要的方便。所谓必要的便利，是指非从相邻方得到便利，就不能正常行使其所有权或使用权。当事人在行使相邻权时，应尽量避免和减少给对方造成损失，不得滥用其权利。

3. 相邻关系的客体是行使不动产权利所体现的利益。相邻各方在行使权利时，既要实现自己的合法利益，又要为邻人提供方便，尊重他人的合法权益。所以，相邻关系的客体是行使不动产的所有权或使用权所体现的财产利益和其他利益。

4. 相邻关系是依据法律规定产生的。法律为了维护相邻不动产权利人之间的和睦关系，防止在行使权利中的各种冲突，保障一方最基本的生产生活需要，从而规定了相邻一方应当给另一方提供必要的便利，在本质上体现了法律对不动产的干预，该规范原则上属于强行性规范，当事人一般不能通过约定加以排除。

二、相邻关系的处理原则

《物权法》第 84 条规定："不动产的相邻权利人应当按照有利于生产、方便生活、团结互助、公平合理的原则，正确处理相邻关系。"这是我国司法实践早已形成的经验的总结。《物权法》第 85 条规定："法律、法规对处理相邻关系有规定的，依照其规定；法律、法规没有规定的，可以按照当地习惯。"据此规定，在处理相邻关系时应坚持以下原则：

（一）有利生产和方便生活的原则

相邻关系是人们在日常生产、生活中，因行使不动产权利而产生的，与人们的生产、生活直接相关。法律规定相邻关系的目的就是为了充分发挥相邻不动产的使用效益，以满足相邻各方的利益需要。因此，在处理相邻关系时，应当从有利生产和方便生活的原则出发，妥善解决各方的利益需要，既要注意保护相邻各方的合法权益，又要注意有利于生产和方便生活。

（二）团结互助和公平合理的原则

相邻关系发生在相邻不动产的所有人或使用人之间，要求相邻各方在行使自己的权利时必须尊重相邻人的权利，为相邻他方行使权利提供方便。因此，处理相邻关系必须遵循团结互助的原则。在确认相邻各方的权利义务关系时，应当公平合理。相邻各方在获得便利时，也应当承担一定的义务，对受到损失的相邻各方给予赔偿。《物权法》第 92 条规定："不动产权利人因用水、排水、通行、铺设管线等利用相邻不动产的，应当尽量避免对相邻的不动产权利人造成损害；造成损害的，应当给予赔偿。"

（三）尊重历史和习惯的原则

不动产相邻关系往往不是一朝一夕形成的，而是有历史沿革和当地习惯因素的。因此，在处理相邻关系时就必须尊重历史和当地习惯，这也是各国处理相邻关系所普遍遵循的原则。例如，房屋滴水檐的设置、两房间距等往往有当地习惯，应当遵从；建筑物范围内历史形成的通道，一方不得堵塞而妨碍他人的通行。

三、相邻关系的种类

（一）相邻通行关系

《物权法》第87条规定："不动产权利人对相邻权利人因通行等必须利用其土地的，应当提供必要的便利。"相邻一方的建筑物或土地，处于邻人的土地包围之中，非经邻人的土地不能到达公用通道，或者虽有其他通道但需要较高的费用或十分不便的，可以通过邻人土地以达公用通道。但通行人在选择道路时，应当选择最必要、损失最少的路线，如只需小道即可，就不得开辟大道；能够在荒地上开辟道路，就不得在耕地上开辟。通行人应当尽量避免对相邻的不动产权利人造成损害，造成损害的，应当予以赔偿。历史上形成的通道，土地的所有人或者使用人无权任意堵塞或改道，以免妨碍邻人通行。如果确实需要改道，应取得邻人同意。

（二）相邻管线安设关系

《物权法》第88条规定："不动产权利人因建造、修缮建筑物以及铺设电线、电缆、水管、暖气和燃气管线等必须利用相邻土地、建筑物的，该土地、建筑物的权利人应当提供必要的便利。"但相邻人应当选择损害最小的地点及方法安设，相邻人还应对所占有的土地及施工造成的损失给予补偿，并于事后清理现场。

（三）相邻排污、防险关系

《物权法》第90条规定："不动产权利人不得违反国家规定弃置固体废物，排放大气污染物、水污染物、噪声、光、电磁波辐射等有害物质。"尤其是化工企业、事业单位，在生产、研究过程中，不得违反此规定。相邻他方对超标排放，有权要求相邻人排除妨害，即按国家规定的排放标准排放、治理，而且对造成的损害还有权要求赔偿。

《物权法》第91条："不动产权利人挖掘土地、建造建筑物、铺设管线以及安装设备等，不得危及相邻不动产的安全。"不得使邻地的地基受到危害，不得使邻地的建筑物受到危害；相邻一方的建筑物有倾倒的危险，威胁邻人的生命、财产安全，相邻一方应当采取防御措施，如加固、拆除；相邻一方堆放易燃、易爆、剧毒、放射、恶臭物品时，应当与邻地建筑物保持一定的距离，或者采取预防措施和安全装置。相邻一方在对方未尽此义务的情况下，有权要求排除妨害，赔偿损失。

（四）相邻用水、流水、截水、排水关系

《物权法》第86条规定："不动产权利人应当为相邻权利人用水、排水提供必要的便利。对自然流水的利用，应当在不动产的相邻权利人之间合理分配。对自然流水的排放，应当尊重自然流向。"在需要改变流向并影响相邻他方用水时，应征得他方的同意，并对由此造成的损失给予适当补偿。为了灌溉土地，需要提高上游的水位、建筑水坝，必须附着于对岸时，对岸的土地所有人或者使用人应当允许；如果对岸的土地所有人或者使用人也使用水坝及其他设施时，应按受益的大小，分担费用。自然水流经过的所有人或者使用人都可以使用流水，但应当共同协商、合理分配使用。如果来自高地段的自然水流，常为低地段的所有人或者使用人使用，即使高地段所有人或者使用人也需要此水，也不得全部堵截，断绝低地段的用水，以免给低地段的所有人或者使用人造成损失。低地的所有人或者使用人应当允许高地的自然水流经其地，不得擅自筑坝堵截，影响高地段的排水。相邻一方在为房屋设置管、槽或其他装置时，不得使房屋雨水直接泻于邻人建筑物上或土地上。

（五）相邻光照、通风、音响、震动关系

相邻人在建造建筑物时，应当与邻人的建筑物留有一定的距离。《物权法》第89条规定："建造建筑物，不得违反国家有关工程建设标准，妨碍相邻建筑物的通风、采光和日照。"相邻各方应当注意环境清洁、舒适，讲究精神文明，不得以高音、噪音、喧嚣、震动等妨碍邻人的工作、生活和休息。否则，邻人有权请求停止侵害。

（六）相邻竹木归属关系

相邻地界上的竹木、分界墙、分界沟等，如果所有权无法确定时，推定为相邻双方共有财产，其权利义务适用按份共有的原则。对于相邻他方土地的竹木根枝超越地界，并影响自己对土地的使用的，如妨碍自己土地的庄稼采光，相邻人有权请求相邻他方除去越界的竹木根枝。如果他方经过请求不予除去，相邻人可以自行除去。当然，越界竹木根枝如对相邻人的财产使用并无影响，则相邻人无权请求除去。

第五节　共有

一、共有的概念和特征

根据"一物一权"原则，一物之上不能同时存在两个所有权，但是一个所有权同时由数人享有，则为法律所允许。我国《民法通则》第78条第1款规定："财产可以由两个以上的公民、法人共有。"《物权法》第93条规定："不动产或者动产可以由两个以上单位、个人共有。共有包括按份共有和共同共有。"共有是指两个或两个以上的人对同一项财产共同享有一个所有权的一种法律关系，也就是一个所有权同时为数人共同享有。共有关系中，所有权人称为共有人，共有人可以是自然人，也可以是国家、法人与其他组织；标的物称为共有物。共有具有以下特征：

1. 共有的主体是多元的。一人单独享有所有权不发生共有，只有当两个或两个以上的人共同享有同一财产的权利，才能形成共有关系。因为所有权人为数人，由此产生了共有人之间的权利义务关系、共有人与第三人之间的外部关系以及共有物的管理分割等问题。

2. 共有的客体是一项统一的财产。这项财产可以是一个集合物，也可以是一个合成物，还可以是一个单一物。共有关系的客体无论是一个物或者几个物，是可分物或不可分物，在法律关系上均表现为一项尚未分割的统一财产。如果这项统一财产被几个主体分割，每个主体都成了他所分得的一分财产的所有权人，共有关系也就消灭了。

3. 共有的内容是各共有人对共有物共享权利、共负义务，各主体的权利、义务是平行的，而不是对应的。各共有人对共有物或者按一定的份额享受权利、负担义务，或者不分份额的按平等原则享受权利、负担义务。但是，无论按份额与不按份额，各共有人的权利义务都是互相平行的，即享受同样的权利，负担同样的义务。在多数情况下，共有财产权利的行使与义务的分担，须体现全体共有人的意志，并由全体共有人决定。

4. 共有是所有权的联合，不是一种独立的所有权类型。我国有国家所有权、集体所有权与私人所有权三种不同性质的所有权，共有不是与这三种并列的所有权类型。共有是同种或不同种类的所有权的联合。所谓同种的联合，如个人与个人的共有，单位与单位的共有；所谓不同种类的联合，如国家与单位的共有，单位与个人的共有，国家、单位及个人三者的共有等。共有并未违反“一物一权”原则，共有是共有人分享同一项所有权，而非在同一物上成立数项所有权。

根据我国《民法通则》第 78 条第 2 款和《物权法》第 93 条的规定，共有分为按份共有与共同共有。

二、按份共有

（一）按份共有的概念与特征

《日本民法典》和《德国民法典》所称共有，均指“按份共有”，而无共同共有。按份共有是指共有人按照确定的份额对共有财产分享权利和分担义务的共有。《物权法》第 94 条规定：“按份共有人对共有的不动产或者动产按照其份额享有所有权。”按份共有作为共有的一种形式，除具有共有的一般特征外，还具有以下特征：

1. 按份共有人之间的联系不以存在共同关系为必要。即按份共有人之间不需要存在特殊的团体性或身份关系，而且通常情况下，按份共有人之间原本并无共有的基础关系，他们之间的联系是偶然的。《物权法》第 103 条规定：“共有人对共有的不动产或者动产没有约定为按份共有或者共同共有，或者约定不明的，除共有人具有家庭关系等外，视为按份共有。”

2. 各共有人分别享有确定的份额。该份额通常称为各共有人的“应有部分”，一般由共有人协议决定。《物权法》第 104

条:“按份共有人对共有的不动产或动产享有的份额，没有约定或者约定不明确的，按照出资额确定；不能确定出资额的，视为等额享有。”

3. 按份共有人对其应有部分享有相当于所有权的权利。在法律或共有协议未作限制的情况下，按份共有人随时都可以要求分出、转让其应有部分或就其应有部分设定负担。

（二）按份共有的效力

1. 按份共有的内部关系。是指按份共有人相互间的法律关系，涉及按份共有人之间的权利和义务。

（1）共有物的使用、收益。在按份共有中，共有人按其应有部分对共有财产的全部享有使用、收益的权利。主要体现在三方面：第一，无论应有部分的多少，各共有人对于共有物的全部均有使用、收益权；第二，共有人对共有财产的使用、收益要受其他共有人应有部分的限制，并不得损害其他共有人的权利；第三，共有人的共有权如被其他共有人否认或侵夺，该共有人可以提起确认或恢复之诉。共有人未经协议或未获得其他共有人同意而对共有财产的全部或者一部分任意加以占有、使用、收益的，视为对其他共有人的所有权的侵害。

（2）共有物的处分。在按份共有中，共有人对共有物的处分包括两种：一是对其享有的份额的处分，二是对整个共有物的处分。按份共有人有权处分其份额。由于共有人的份额都是抽象的，而不是具体的，因此，共有人对其份额只能进行法律上的处分，即将其份额分出或者转让。所谓分出，是指共有人将自己存于共有物的份额分割出去。物权法规定，若没有约定或者约定不明确，按份共有人可以随时请求分割其份额。所谓转让，是指共有人将自己的份额转让给他人。由于各共有人的份额是所有权的量的一部分，具有所有权的效力，所以共有人对其份额可以转让，而不必征得其他共有人的同意。值得注意的是，共有人可以在合同中对共有份额的分出和转让进行限制。共有人无合同约定或者法律规定的正当理由要求分出或者转让其份额时，会构成对其他共有人的违约行为，要承担一定的责任。

《物权法》第101条规定："按份共有人可以转让其享有的共有的不动产或者动产份额。其他共有人在同等条件下享有优先购买的权利。"即在共有人转让其份额时，在价格等条件同等的情况下，其他共有人有优先于非共有人购买的权利。如果几个共有人都想购买这项份额，应由转让份额的共有人决定将其份额转让给哪一个共有人。共有人在不损害社会利益和他人利益的条件下，可以抛弃其应有份额，这是共有人行使其处分权的一种表现。但是，国家机关和国有企业、事业单位不得抛弃其占有的国家财产，当然亦不得抛弃其在共有关系中的份额。

按份共有人的处分权还包括对共有物的处分，包括：事实上的处分，如改变物的形状，毁坏共有物；法律上的处分，如将物转让（出卖、互易、赠与）他人，在物上为他人设定租赁使用权等债权或他物权。这种处分及于共有物的全部，涉及全体共有人的利益，因此，《物权法》第97条规定："处分共有的不动产或者动产以及对共有的不动产或者动产作重大修缮的，应当经占份额三分之二以上的按份共有人或者全体共同共有人同意。但共有人之间另有约定的除外。"

（3）共有物的管理及费用负担。《物权法》第96条规定："共有人按照约定管理共有的不动产或者动产；没有约定或者约定不明确的，各共有人都有管理的权利和义务。"可见，共有人得约定以其物之管理专属于共有人中之一人或指定各共有人之管理范围，如无特别约定，为共同管理时，应为下列三种管理行为之区别。

第一，保存行为。是指为防止共有物的毁损、灭失或其权利丧失，而维持其现状的行为（如简易修缮行为）。修补漏雨的房屋，更换破碎的玻璃等均属保存行为。由于这种行为是为了防止共有物及其权利遭受损害，只会给其他共有人带来利益，而且保存行为往往是比较急迫的行为，所以共有人可以单独进行。

第二，改良行为。这是指在不改变共有物性质的前提下，对共有物进行的加工、修理等行为，以增加共有物的效用或价值（如重大修缮行为）。这种行为不像保存行为那样急迫，而且多少会改变共有物的现状，所以不能完全由共有人单独进行，但它又不如处分行为那样重大，所以改良行为不必经全体共有人的同意，只要拥有共有份额 2/3 以上的共有人同意即可进行。

第三，其他行为。超过改良行为程度之变更，则应征得共有人全体同意。使用方法及收益分配方法，为管理方法的一种，其协议应依其规定为之。除法律另有规定外，应得到全体共有人同意。

对于共有物的管理费用，包括保存费用和改良费用，以及其他费用，如缴纳税款等，根据《物权法》第 98 条的规定，对共有物的管理费用以及其他负担，有约定的，按照约定；没有约定或者约定不明确的，按份共有人按照其份额负担。如果某一共有人支付上述费用超过其份额所应负担的部分，有权请求其他共有人按其份额偿还所应负担的部分。这种偿还请求权是一种债权，如果其他共有人不履行此项债务，应按债的一般规则处理。

（4）共有人之间的物上请求权。按份共有人的应有份额除了受其他共有人的份额的限制外，其余的都与所有权相同。因此，共有人之间应相互尊重他人的应有份额。如果其他共有人否认共有人的应有份额时，则共有人可以以该共有人为被告，提起确认其应有份额的诉讼。在其他共有人妨害共有权行使的时候，共有人也可以行使物上请求权。

2. 按份共有的外部关系。是指按份共有人与第三人之间的法律关系。主要包括：

（1）各个按份共有人基于应有部分的持分权可以向第三人提出请求。按份共有人的份额虽然是所有权的量的部分，但其应有部分是及于共有物的全部而非限于局部。因此，因共有的不动产或者动产产生的债权，共有人享有连带债权，但法律另有规定或者第三人知道共有人不具有连带债权关系的除外。例如，对于无权占有人可以请求返还原物，对于妨害共有物的行为可以请求排除妨碍，等等。共有人对外行使了连带债权之后，在共有人内部关系上，除共有人另有约定外，按份共有人按照份额享有债权，行使了债权的按份共有人应当向其他共有人偿还依据其各自的份额应当享有的部分。

（2）各个按份共有人的对外责任。因共有物所产生的对第三人的义务，如委托第三人保管共有物所产生的保管费债务，委托第三人修缮共有物所产生的报酬债务等，无论债务可分与否，依照《物权法》第102条的规定，因共有的不动产或者动产产生的债权债务，在对外关系上，共有人享有连带债权、承担连带债务，但法律另有规定或者第三人知道共有人不具有连带债权债务关系的除外；在共有人内部关系上，除共有人另有约定外，按份共有人按照份额享有债权、承担债务，共同共有人共同享有债权、承担债务。偿还债务超过自己应当承担份额的按份共有人，有权向其他共有人追偿。

三、共同共有

（一）共同共有的概念与特征

共同共有是指共有人基于共同关系，不分份额地共享共有物所有权的共有。《物权法》第95条规定：“共同共有人对共有的不动产或者动产共同享有所有权。”与按份共有相比，共同共有具有如下特征：

1. 共同共有以共同关系为基础，以共同关系的存在为前提。这种共同关系，如夫妻关系、家庭关系等，一般发生在互有特殊身份关系的当事人之间。作为共同共有之基础的共同关系消灭，共同共有关系一般也随之消灭。

2. 共同共有是不分份额的共有。共同共有关系中没有各共有人的应有部分之说。只要共有关系存在，共有人对共有的财产就不能划分自己的份额，只有在共同关系消灭时，才能确定各共有人的应有份额。

3. 共同共有人平等地享有权利和承担义务。在共同共有关系中，各共有人对于共有物，不分份额地平等地享有占有、使用、收益和处分的权利，也平等地承担义务。

至于共同共有的性质如何，理论上有不分割的共有所有权说、社员权说以及结合的共有权说三种观点。其中，不分割的共有所有权说为主流观点。这种学说认为，共同共有是没有应有部分的共有所有权。即使有应有部分，该应有部分也只是潜在地存在，仅在共同共有关系解散时才能实现。[1]

（二）共同共有的效力

1. 共同共有的内部关系。是指共同共有人相互间的法律关

---

〔1〕 梁慧星、陈华彬：《物权法》，法律出版社2005年版，第253页；郭明瑞等：《民商法原理（二）》，中国人民大学出版社1999年版，第149页。

系，主要包括以下内容：

（1）共同共有人的权利及于共有物的全部。共有人按照约定管理共有的不动产或者动产；没有约定或者约定不明确的，各共有人都有管理的权利和义务。如果根据法律的规定或合同的约定，某个或某些共有人有权代表全体共有人管理共有财产时，则该共有人可以依法或依合同对共有财产进行管理。例如，家庭共有财产的管理可以由家庭成员中推举出一人为之，而不必由全体家庭成员共同进行。

（2）处分共有的不动产或者动产以及对共有的不动产或者动产作重大修缮的，应当经全体共同共有人同意，但共有人之间另有约定的除外。

（3）共同共有人在享有权利的同时，对于共有物的管理费用及其他费用的负担，有约定的，按照约定；没有约定或者约定不明确的，共同共有人共同负担。因共有的不动产或者动产产生的债权债务，在对外关系上，共有人享有连带债权、承担连带债务，但法律另有规定或者第三人知道共有人不具有连带债权债务关系的除外；在共有人内部关系上，除共有人另有约定外，共同共有人共同享有债权、承担债务。

2. 共同共有的外部关系。是指共有人和第三人之间的法律关系，主要包括以下内容：

（1）共同共有人的物权请求权。即在共同共有关系存续期间，当共有物被他人非法占有、受到他人非法侵害或被妨害之时，任何共有人均可行使基于所有权的请求权，以保全共有物所有权的圆满状态。

（2）共同共有人的连带债权、连带债务。因共有物而使共同共有人与第三人产生的债权，各个共同共有人享有连带债权，共同共有人对因共有物所产生的各类债务，承担连带责任。例如，因对共有物管理不善而造成他人损害者，全体共同共有人应承担赔偿责任，又如在家庭共有和夫妻共有关系中，饲养的动物致人损害、共有的房屋坍塌致人损害等，都应由共有财产予以赔偿。

（三）共同共有的类型

1. 夫妻财产共有。这是共同共有的基本类型。根据《婚姻法》第17条的规定，除法律另有规定或夫妻另有约定的外，夫妻在婚姻关系存续期间所得的下列财产，归夫妻共同所有：工资、奖金；生产、经营的收益；知识产权所产生的收益；继承或赠与所得的财产；其他应当归夫妻共同所有的财产。夫妻对共同所有的财产，有平等的处分权。

2. 家庭财产共有。家庭共有财产是指家庭成员在家庭共同生活关系存续期间共同创造、共同所得的财产。家庭共有财产与家庭财产并不相同，家庭共有财产不包括家庭成员各自所有的财产。关于家庭共有财产的共有人范围如何确定，理论上有不同的认识。有的认为所有的家庭成员都是家庭共有财产的共有人，这样有利于稳定家庭关系，促进家庭的和睦团结。也有的认为仅限于对家庭共有财产的形成做出过贡献的家庭成员，并非每一个家庭成员都当然是共有人。我们赞成后一种观点，依此观点并不会产生无劳动能力的家庭成员生活无着的问题，因为法律上还有家庭成员间的抚养义务和监护人的职责等规定。[1]

3. 遗产分割前的共有。在遗产继承人有数人且继承开始后、遗产分割前，通常会发生遗产的共有。通说认为，这种共有为共同共有。但也有学者认为，在遗嘱继承中如果遗嘱已对继承

〔1〕郭明瑞等：《民商法原理（二）》，中国人民大学出版社1999年版，第153～153页；刘保玉：《中国民法原理与实务》，山东大学出版社1994年版，第297页。

人的范围及各继承人集成的财产或其继承份额作了明确指定，则在遗产分割前的共有应为按份共有而非共同共有。〔1〕

四、共有财产的分割

《物权法》第99条规定："共有人约定不得分割共有的不动产或者动产，以维持共有关系的，应当按照约定，但共有人有重大理由需要分割的，可以请求分割；没有约定或者约定不明确的，按份共有人可以随时请求分割，共同共有人在共有的基础丧失或者有重大理由需要分割时可以请求分割。因分割对其他共有人造成损害的，应当给予赔偿。"关于共有物的分割方式，《物权法》第100条规定："共有人可以协商确定分割方式。达不成协议，共有的不动产或者动产可以分割并且不会因分割减损价值的，应当对实物予以分割；难以分割或者因分割会减损价值的，应当对折价或者拍卖、变卖取得的价款予以分割。共有人分割所得的不动产或者动产有瑕疵的，其他共有人应当分担损失。"据此，共有人对共有物的分割可以达成分割协议，达不成协议时，可申请法院或仲裁机构进行裁判分割。不论是协议分割还是裁判分割，最终的具体分割方式不外以下三种：

1. 实物分割，即对共有物进行实体分割。实行这种分割的条件是共有物是可分物，分割后不能损害共有物的价值。实物分割后，各共有人取得自己的应有部分。

2. 变价分割，即拍卖、变卖共有物，所得价金由共有人按份额比例分配。这种方式一般在分割实物将严重损害共有物的价值或共有人都不愿意接受共有物的情况下进行。

3. 作价补偿，即由其中某个共有人取得共有物，并由该共

---

〔1〕 刘保玉：《中国民法原理与实务》，山东大学出版社1994年版，第288页。

有人向其他共有人补偿其应有部分的价值。实行这种分割后，共有物归一人所有。

五、准共有

所谓准共有，是指共有人按份共有或共同共有所有权以外的财产权的共有。

在现实生活中，存在着大量数人共有所有权以外的财产权的现象，如数人共享一项债权、他物权、著作权、商标权等。准共有的客体只能是所有权以外的财产权，而不能是有形的财产，也不能是人身权利。这种类型的共有与普通类型的共有即对有体物所有权的共有在性质上没有什么差别，所以，各国民事立法在规定了共有之后，一般也都附带对准共有作出规定。通行做法是，准共有除适用法律的特别规定外，得适用物权法关于共有的规定。我国《物权法》第105条规定："两个以上单位、个人共同享有用益物权、担保物权的，参照本章规定。"

思考题：

1. 什么是所有权？所有权权能有哪些？
2. 什么是建筑物区分所有权？包括哪些内容？
3. 所有权取得的主要方式有哪些？
4. 如何理解善意取得？
5. 不动产相邻关系应当在何种情况下适用？
6. 如何理解按份共有与共同共有的区别？

第三章

用益物权

第一节　用益物权概述

一、用益物权的概念和特征

根据《物权法》第117条的规定，用益物权，是指非所有人对他人之物所享有的占有、使用和收益的权利。“用”即使用，“益”即利益或者受益。随着人们对财产控制能力的增强和对财产利用程度的加深，不仅导致产生新的用益物权，而且也使用益物权的权能发生了变化，呈现出不断扩大的趋势。就具体的用益物权而言，各国法律都力图扩大用益物权的权能，以更好地满足权利人的需求。按照传统的地上权理论，地上权人只享有在土地上营造建筑物的权利，而不涉及地下或地上空间。但是，在现代社会，土地资源的利用已从地表向地下和空中发展，出现了土地利用的立体化趋势。用益物权具有以下特征：

1. 用益物权以对标的物的使用、收益为主要内容，并以对物的实际占有为前提。即是说，必须将标的物的占有（直接占有）移转给用益物权人，由其在实际上支配标的物。否则，用益物权的目的就无法实现。用益物权支配内容仅限于利用物的使用价值，这区别于担保物权利用物的交换价值的特点。《物权法》第 118 条规定：“国家所有或者国家所有由集体使用以及法律规定属于集体所有的自然资源，单位、个人依法可以占有、使用和收益。”第 120 条规定：“用益物权人行使权利，应当遵守法律有关保护和合理开发利用资源的规定。所有权人不得干涉用益物权人行使权利。”

2. 用益物权是他物权、限制物权和有期限物权。用益物权是非所有人根据法律的规定或当事人的约定对他人所有之物享有的使用、收益的权利，因而，用益物权属于他物权。用益物权只是在一定方面支配标的物的权利，没有完全的支配权，如不能进行处分，因而，是一种限制物权。用益物权还是一种有期限物权，在其存续期限届满时用益物权即当然归于消灭。

3. 用益物权主要以不动产为客体。在这一点上它与所有权和担保物权都不同。尽管《物权法》第 117 条规定，用益物权人对他人所有的不动产或者动产，依法享有占有、使用和收益的权利。虽然该条明确规定可以在动产上设立用益物权，但《物权法》并没有对动产用益物权作进一步的规定。这或许是为法律完善留下扩大空间，亦或许是为了允许其他法律设置动产用益物权，这却给司法实务带来了许多问题。就目前来看，动产之上不能成立用益物权。对于动产的使用可以通过借用合同来进行，借用合同的出借人将其财产的用益权转移给借用人。

二、用益物权的形成和发展

近现代大陆法系各国的用益物权制度基本上是在继受罗马法的用益物权制度的基础上，结合本国的实际情况而发展起来的。在中外法制史上，用益物权制度是一项古老的法律制度。

一般认为，用益物权制度起源于罗马法。从历史发展的进程来看，罗马法上的用益物权经历了从地役权到人役权，再到永佃权和地上权这样一个逐渐演变的过程。即罗马法的用益物权有役权（包括人役权和地役权）、永佃权和地上权三种类型。各国继受罗马法传统，在其民法典中均规定了用益物权制度。但各国对于用益物权的种类规定既有共性，也有差异性。《法国民法典》规定了四种用益物权类型，即用益权、使用权、居住权和地役权，其中用益权、使用权和居住权被称为人役权。用益权的概念不同于用益物权，用益权是指用益权人对他人之物进行使用和收益的权利。《法国民法典》规定，用益权可对各种动产或不动产设立。《德国民法典》则规定了地上权、土地负担及役权，其中役权包括地役权、限制的人役权、用益权、居住权，而其中的用益权又可分为物上用益权、权利用益权和财产用益权。《瑞士民法典》规定了地役权、用益权及其他役权、土地负担等。《日本民法典》规定了地上权、永佃权、地役权和入会权四种用益物权。入会权是指村落等一定地域的居民集团，对山林、原野、渔场、用水等所享有的管理、经营、使用及收益总有性支配权利。1966 年，日本通过入会权近代化运动，完善了入会山林原野，在推进合理的造林政策这一方针的同时，日本采取了消灭入会权，由所有权、地上权以及其他使用收益权替代入会权的政策。[1]《意大利民法典》规定了地上权、永佃权、用益权、使用权、居住权、地役权等。我国台湾地区“民法”上的用益物权有地上权、永佃权、不动产役权和典权。

我国《大清民律草案》规定了地上权、永佃权和地役权，《民国民律草案》规定了地上权、永佃权、地役权和典权，国民

〔1〕 参见［日］清水元：《新·民法学〈2〉物权法》，日本一粒社 2001 年版，第 158 页。

政府制定的民法典也规定了地上权、永佃权、地役权和典权。我国《物权法》规定用益物权包括土地承包经营权、建设用地使用权、宅基地使用权、地役权等。同时，根据《物权法》第123条的规定，依法取得的探矿权、采矿权、取水权和使用水域、滩涂从事养殖、捕捞的权利等特别法上的用益物权受法律保护。

第二节　土地承包经营权

一、土地承包经营权的概念和特征

根据《物权法》第125条的规定，土地承包经营权是指土地承包经营权人依法对其承包经营的农民集体所有或国家所有由农民集体使用的耕地、林地、草地等享有占有、使用和收益，以及从事种植业、林业、畜牧业等农业生产的权利。土地承包经营权具有以下特征：

1. 土地承包经营权的主体是农业生产者，且一般为本集体经济组织的成员。其他非从事农业生产的公民或者集体不能成为土地承包权的主体。根据《农村土地承包法》第3条第2款的规定，农村土地承包采取农村集体经济组织内部的家庭承包方式，不宜采取家庭承包方式的荒山、荒沟、荒丘、荒滩等农村土地，可以采取招标、拍卖、公开协商等方式承包。即此种情形承包经营权的主体不限于农村集体经济组织成员。

2. 土地承包经营权的客体仅限于农村土地，不含城市国有土地。根据《农村土地承包法》第2条的规定，农村土地，是指农民集体所有和国家所有依法由农民集体使用的耕地、林地、草地，以及其他依法用于农业的土地。

3. 土地承包经营权设立的目的是在集体所有或者国家所有的土地从事种植业、林业、畜牧业等农业活动。不以从事农业活动为目的而使用他人土地的，不得成立土地承包经营权。如以建造建筑物或其他工作物为目的而使用他人土地的，为建设用地使用权。

二、土地承包经营权的取得

（一）基于承包经营合同而取得

《物权法》第127条第1款规定："土地承包经营权自土地承包经营权合同生效时设立。"根据《农村土地承包法》第21条的规定，承包合同一般包括以下条款：①发包方、承包方的名称，发包方负责人和承包方代表的姓名、住所；②承包土地的名称、坐落、面积、质量等级；③承包期限和起止日期；④承包土地的用途；⑤发包方和承包方的权利和义务；⑥违约责任。

根据《物权法》第126条的规定，耕地的承包期为30年。草地的承包期为30年至50年。林地的承包期为30年至70年；特殊林木的林地承包期，经国务院林业行政主管部门批准可以延长。承包期届满，由土地承包经营权人按照国家有关规定继续承包。

《物权法》第127条第2款规定："县级以上地方人民政府应当向土地承包经营权人发放土地承包经营权证、林权证、草原使用权证，并登记造册，确认土地承包经营权。"

（二）通过招标、拍卖、公开协商而取得

根据《农村土地承包法》第3条第2款的规定，对于"四荒"土地，即荒山、荒沟、荒丘、荒滩等农村土地，可以采取招标、拍卖、公开协商等方式进行承包经营。

（三）土地承包经营权的流转

土地承包经营权流转，是指通过承包取得的土地承包经营权可以依法采取转包、出租、互换、转让或者其他方式流转。“土地承包经营权流转”最早是在1995年提出的，国发［1995］7号 国务院批转农业部《〈关于稳定和完善土地承包关系意见的通知〉的意见》中明确提出“建立土地承包经营权流转机制”。《物权法》第128条规定：“土地承包经营权人依照农村土地承包法的规定，有权将土地承包经营权采取转包、互换、转让等方式流转。流转的期限不得超过承包期的剩余期限。未经依法批准，不得将承包地用于非农建设。”第129条规定：“土地承包经营权人将土地承包经营权互换、转让，当事人要求登记的，应当向县级以上地方人民政府申请土地承包经营权变更登记；未经登记，不得对抗善意第三人。”

（四）土地承包经营权的继承

《农村土地承包法》第31条规定：“承包人应得的承包收益，依照继承法的规定继承。林地承包的承包人死亡，其继承人可以在承包期内继续承包。”第50条规定：“土地承包经营权通过招标、拍卖、公开协商等方式取得的，该承包人死亡，其应得的承包收益，依照继承法的规定继承；在承包期内，其继承人可以继续承包。”

三、土地承包人的权利和义务

（一）承包方的权利

根据《农村土地承包法》第16条的规定，承包方享有下列权利：

1. 依法享有承包地使用、收益和土地承包经营权流转的权利，有权自主组织生产经营和处置产品。使用和收益就是通过各种经营方式而获取利益。承包经营权人依照《农村土地承包法》的规定，有权将土地承包经营权采取转包、互换、转让等方式流转。《物权法》第 133 条规定：“通过招标、拍卖、公开协商等方式承包荒地等农村土地，依照农村土地承包法等法律和国务院的有关规定，其土地承包经营权可以转让、入股、抵押或者以其他方式流转。”

2. 承包地被依法征用、占用的，有权依法获得相应的补偿。《物权法》第 132 条规定：“承包地被征收的，土地承包经营权人有权依照本法第四十二条第二款的规定获得相应补偿。”

3. 法律、行政法规规定的其他权利。

（二）承包方的义务

根据《农村土地承包法》第 17 条的规定，承包方承担下列义务：

1. 维持土地的农业用途，不得用于非农建设。要保护和经营好承包的土地，不能随意改变承包地的用途。无论是承包人自己耕种还是转让给他人耕种，都不得擅自将农业用地改成非农业用地或在承包的土地上自行建房、办厂等。《农村土地承包法》第 60 条第 1 款规定：“承包方违法将承包地用于非农建设的，由县级以上地方人民政府有关行政主管部门依法予以处罚。”

2. 依法保护和合理利用土地，不得给土地造成永久性损害。《农村土地承包法》第 60 条第 2 款规定：“承包方给承包地造成永久性损害的，发包方有权制止，并有权要求承包方赔偿由此造成的损失。”

3. 法律、行政法规规定的其他义务。承包的土地转包、互换、转让过程中要依照法律的规定或集体经济组织依法所制定的有关章程进行，不得改变土地所有权的性质，流转期限不得超过承包期的剩余期限，不得损害集体和集体经济组织其他成员的合法权利。

四、发包方的权利和义务

（一）发包方的权利

根据《农村土地承包法》第13条的规定，发包方享有下列权利：

1. 发包本集体所有的或者国家所有依法由本集体使用的农村土地。这是发包方的发包权，是享有其他权利的前提。发包方可以发包的土地有两类：一类是本集体所有的农村土地；另一类是国家所有依法由本集体使用的农村土地。对于第二类土地发包人虽然不是所有人，也享有法律赋予的发包权。

2. 监督承包方依照承包合同约定的用途合理利用和保护土地。土地是一种宝贵的自然资源，是人类生存和生活的基本生活资料。随着我国人口数量的增长和经济的发展，有限的土地资源与无限的土地需求的矛盾日益突出。我国是一个人口众多的农业大国，耕地、林地和草地人均面积很少，必须合理利用和保护土地。因此，本条第2项规定发包人有权监督承包人依照承包合同约定的用途合理利用和保护土地。

3. 制止承包方损害承包地和农业资源的行为。土地必须被合理利用和保护，而损害土地和农业资源的行为必须予以制止。损害土地和农业资源的行为有许多表现，如在耕地上建房、挖土、挖沙、挖石、采矿，将耕地挖成鱼塘，毁坏森林、草原开垦耕地，将土地沙化、盐渍化，使水土流失和污染土地，围湖造田等。对于承包方的这些行为，发包方都有权制止。

4. 法律、行政法规规定的其他权利。有关农村集体经济组织、村民委员会以及村民小组对于土地以及其他相关方面的权利，除本法外，《农业法》《土地管理法》《森林法》《草原法》等法律以及国务院的行政法规都有涉及，发包人的权利不限于本条明确规定的三项。

（二）发包方的义务

根据《农村土地承包法》第14条的规定，发包方承担下列义务：

1. 维护承包方的土地承包经营权，不得非法变更、解除承包合同。《农村土地承包法》第24条规定，承包合同生效后，发包方不得因承办人或者负责人的变动而变更或者解除，也不得因集体经济组织的分立或者合并而变更或者解除。同时，《农村土地承包法》第25条规定，国家机关及其工作人员不得利用职权干涉农村土地承包或者变更、解除承包合同。《农村土地承包法》第26条规定，承包期内，发包方不得收回承包地。《农村土地承包法》第27条规定，承包期内，发包方不得调整承包地。

2. 尊重承包方的生产经营自主权，不得干涉承包方依法进行正常的生产经营活动。无法定事由不得在承包期内调整承包地，《物权法》第130条规定："承包期内发包人不得调整承包地。因自然灾害严重毁损承包地等特殊情形，需要适当调整承包的耕地和草地的，应当依照农村土地承包法等法律规定办理。"无法定事由不得在承包期内收回土地，《物权法》第131条规定："承包期内发包人不得收回承包地。农村土地承包法等法律另有规定的，依照其规定。"

3. 依照承包合同约定为承包方提供生产、技术、信息等服务。《物权法》第124条规定："农村集体经济组织实行家庭承包经营为基础、统分结合的双层经营体制。农民集体所有和国家所有由农民集体使用的耕地、林地、草地以及其他用于农业的土地，依法实行土地承包经营制度。”“统”的含义，就是要求集体经济组织要做好为农户提供生产、经营、技术等方面的统一服务。中央文件多次提出，要增强集体经济组织的实力，更好地为农户提供产前、产中、产后的服务。

4. 执行县、乡（镇）土地利用总体规划，组织本集体经济组织内的农业基础设施建设。土地利用总体规划是指在一定区域内，根据国家社会经济可持续发展的要求和当地自然、经济、社会条件，对土地的开发、利用、治理、保护，在空间、时间上所做的总体安排。执行这一规划是发包方必须履行的法定义务。农业基础设施建设对于农业的发展意义重大，也是“统一经营”的重要内容之一，并且与承包方有密切关系，农村集体经济组织有义务组织本集体经济组织内的农业基础设施建设。

5. 法律、行政法规规定的其他义务。有关农村集体经济组织对于土地以及其他相关方面的义务，除本法外，《农业法》《土地管理法》《森林法》《草原法》等法律以及国务院的行政法规都有涉及，发包人的义务不限于本条明确规定的四项。

五、土地承包经营权的消灭

土地承包经营权的消灭原因主要有：

1. 土地承包经营权的提前收回和交回。土地承包经营权的提前收回是指在土地承包经营合同约定的承包期届满之前，发包人在发生特定事由时将承包地提前收回，使土地承包经营权归于消灭的行为。土地承包经营权的提前交回，是指在土地承包经营合同约定的承包期届满之前，承包方将承包土地交回发包方，其土地承包经营权归于消灭的行为。

2. 承包期满且未续期。土地承包经营权的期限届满，土地承包经营权就归于消灭，承包方应将承包地交回发包方。

3. 承包地被依法征收。国家基于社会公共利益的需要而征收集体所有的农村土地时，在该土地上设立的土地承包经营权当然消灭。但国家在征收土地承包经营的土地时，应当给予承包方充分的、合理的补偿。

4. 承包地灭失或丧失使用价值。如果由于自然原因承包地灭失或丧失使用价值的，则存在于该承包地上的土地承包经营权归于消灭。

第三节　建设用地使用权

一、建设用地使用权的概念和特征

建设用地使用权是指建设用地使用权人依法利用国家所有的土地建造建筑物、构筑物及其附属设施的权利。《物权法》第135条规定："建设用地使用权人依法对国家所有的土地享有占有、使用和收益的权利，有权利用该土地建造建筑物、构筑物及其附属设施。"建设用地使用权具有以下特征：

1. 建设用地使用权是以保存建筑物或其他工作物为目的的权利。这里的建筑物或其他工作物是指在土地上下建筑的房屋及其他设施，如桥梁、沟渠、铜像、纪念碑、地窖，建设用地使用权即以保存此等建筑物或工作物为目的。

2. 建设用地使用权的标的一般情况下为国有土地，少数情况下为集体所有的土地。根据《物权法》第135条的规定，建设用地使用权的标的一般为国有土地。《物权法》第151条规定："集体所有的土地作为建设用地的，应当依照土地管理法等法律规定办理。"本规定属例外情形。

3. 权利客体的部位可以是地表、地下、地上。《物权法》

第 136 条规定："建设用地使用权可以在土地的地表、地上或者地下分别设立。新设立的建设用地使用权，不得损害已设立的用益物权。"可见，建筑物及其附属设施，不仅限于构建于地表，也可构建于地上空间和地下空间。19 世纪末 20 世纪初，特别是 20 世纪五六十年代以来，国外建筑空中走廊，架设高压电线、空中电缆、地下通道、地下停车场及地下街的现象相继出现，此等建筑物独立存在于离开地表的空中或地中，且有独立的利用价值和经济价值，空间权法理也因此建立起来。

二、建设用地使用权的取得和流转

（一）建设用地使用权的取得

《物权法》第 137 条第 1 款规定："设立建设用地使用权，可以采取出让或者划拨等方式。"

1. 建设用地使用权的出让。建设用地使用权的出让，是指国家以土地所有者的身份将建设用地使用权在一定期限内让与土地使用者，并由土地使用者向国家支付建设用地使用权出让金，土地使用者取得建设用地使用权。

《物权法》第 137 条第 2 款规定，工业、商业、旅游、娱乐和商品住宅等经营性用地以及同一土地有两个以上意向用地者的，应当采取招标、拍卖等公开竞价的方式出让。《物权法》第 138 条规定："采取招标、拍卖、协议等出让方式设立建设用地使用权的，当事人应当采取书面形式订立建设用地使用权出让合同。建设用地使用权出让合同一般包括下列条款：（一）当事人的名称和住所；（二）土地界址、面积等；（三）建筑物、构筑物及其附属设施占用的空间；（四）土地用途；（五）使用期限；（六）出让金等费用及其支付方式；（七）解决争议的方法。"

协议是由市、县土地管理部门（代表国家作为出让方），与土地使用权人按照平等、自愿、有偿的原则协商一致后，签订建设用地使用权出让合同。

招标和拍卖，应当先由市、县土地管理部门发出招标、拍卖公告，通过招标、拍卖程序，签订建设用地使用权出让合同。

《物权法》第 139 条规定："设立建设用地使用权的，应当向登记机构申请建设用地使用权登记。建设用地使用权自登记时设立。登记机构应当向建设用地使用权人发放建设用地使用权证书。"

2. 建设用地使用权的划拨。《城市房地产管理法》第 23 条第 1 款规定："土地使用权划拨，是指县级以上人民政府依法批准，在土地使用者缴纳补偿、安置等费用后将该幅土地交付其使用，或者将土地使用权无偿交付给土地使用者使用的行为。"可见，划拨的方式有两种：一是县级以上人民政府依法批准，在土地使用者缴纳补偿、安置等费用后，将国有土地交付给建设用地使用权人使用；二是县级以上人民政府依法批准，将土地使用权无偿交付给建设土地使用权人使用。

《物权法》第 137 条第 3 款规定："严格限制以划拨方式设立建设用地使用权。采取划拨方式的，应当遵守法律、行政法规关于土地用途的规定。"《土地管理法》第 54 条规定："建设单位使用国有土地，应当以出让等有偿使用方式取得；但是，下列建设用地，经县级以上人民政府依法批准，可以以划拨方式取得：（一）国家机关用地和军事用地；（二）城市基础设施用地和公益事业用地；（三）国家重点扶持的能源、交通、水利等基础设施用地；（四）法律、行政法规规定的其他用地。"

（二）建设用地使用权流转

建设用地使用权流转，是指土地使用人将建设用地使用权再转移给他人，如转让、互换、出资、赠与等。《物权法》第144条规定：“建设用地使用权转让、互换、出资、赠与或者抵押的，当事人应当采取书面形式订立相应的合同。使用期限由当事人约定，但不得超过建设用地使用权的剩余期限。”第145条规定：“建设用地使用权转让、互换、出资或者赠与的，应当向登记机构申请变更登记。”

三、建设用地使用权的内容

（一）建设用地使用权人的权利

1. 对土地的占有、使用和收益权。此为建设用地使用权设立的主要目的所在。建设用地使用权人对土地的使用权，应当依照其自然属性和法律属性，依其法定和约定的用途范围进行使用。

2. 享有所建造的建筑物及其他附属设施的所有权。《物权法》第142条规定：“建设用地使用权人建造的建筑物、构筑物及其附属设施的所有权属于建设用地使用权人，但有相反证据证明的除外。”

3. 将建设用地使用权转让、互换、出资、赠与或者抵押的权利。《物权法》第143条规定：“建设用地使用权人有权将建设用地使用权转让、互换、出资、赠与或者抵押，但法律另有规定的除外。”第144条至147条规定，建设用地使用权转让、互换、出资、赠与或者抵押的，当事人应当采取书面形式订立相应的合同。使用期限由当事人约定，但不得超过建设用地使用权的剩余期限。建设用地使用权转让、互换、出资或者赠与的，应当向登记机构申请变更登记。建设用地使用权转让、互换、出资或者赠与的，附着于该土地上的建筑物、构筑物及其附属设施一并处分。建筑物、构筑物及其附属设施转让、互换、出资或者赠与的，该建筑物、构筑物及其附属设施占用范围内的建设用地使用权一并处分。这体现了处分中的房地一体主义。

4. 建设用地使用权被提前收回时获得补偿的权利。《物权法》第148条规定："建设用地使用权期间届满前，因公共利益需要提前收回该土地的，应当依照本法第四十二条的规定对该土地上的房屋及其他不动产给予补偿，并退还相应的出让金。"

（二）建设用地使用权人的义务

1. 依照法律规定以及合同约定支付土地出让金。《物权法》第141条规定："建设用地使用权人应当依照法律规定以及合同约定支付出让金等费用。"

2. 合理利用土地，不得改变土地用途；需要改变土地用途的，应当依法经有关行政主管部门批准。《物权法》第140条规定："建设用地使用权人应当合理利用土地，不得改变土地用途；需要改变土地用途的，应当依法经有关行政主管部门批准。"

四、建设用地使用权的消灭

建设用地使用权的消灭，是指有效设立的建设用地使用权，因某种行为或事实而导致其在法律上不复存在，建设用地使用权的各项权能复归土地所有权的事实。《物权法》第150条规定："建设用地使用权消灭的，出让人应当及时办理注销登记。登记机构应当收回建设用地使用权证书。"

建设用地使用权消灭的原因主要有：

1. 建设用地使用权期限届满。《城镇国有土地出让和转让暂行条例》第12条规定，土地使用权的最高年限按下列用途确定：居住用地70年；工业用地50年；科技、文化、卫生、体育用地50年；商业、旅游、娱乐用地40年；综合或其他用地50

年。《物权法》第 149 条规定："住宅建设用地使用权期间届满的，自动续期。非住宅建设用地使用权期间届满后的续期，依照法律规定办理。"因此，住宅建设用地不存在期限届满而消灭的问题。《城市房地产管理法》第 23 条第 2 款规定："依照本法规定以划拨方式取得土地使用权的，除法律、行政法规另有规定外，没有使用期限的限制。"

2. 建设用地使用权被提前收回。根据《土地管理法》第 58 条和《物权法》第 148 条的规定，建设用地使用权期间届满前，因公共利益需要使用土地的，或者为实施城市规划进行旧城区改建，需要调整使用土地的，国家可以提前收回该土地，但应当对该土地上的房屋及其他不动产给予补偿，并退还相应的出让金。

3. 建设用地使用权被撤销。《城市房地产管理法》第 26 条规定："以出让方式取得土地使用权进行房地产开发的，必须按照土地使用权出让合同约定的土地用途、动工开发期限开发土地。超过出让合同约定的动工开发日期满一年未动工开发的，可以征收相当于土地使用权出让金百分之二十以下的土地闲置费；满二年未动工开发的，可以无偿收回土地使用权；但是，因不可抗力或者政府、政府有关部门的行为或者动工开发必需的前期工作造成动工开发迟延的除外。"

4. 土地灭失。《城市房地产管理法》第 21 条规定："土地使用权因土地灭失而终止。"

第四节　宅基地使用权

一、宅基地使用权的概念和特征

宅基地使用权是指农村集体经济组织的成员依法享有的在

农民集体所有的土地上建造住宅及其附属设施以供居住的权利。《物权法》第152条规定:“宅基地使用权人依法对集体所有的土地享有占有和使用的权利,有权依法利用该土地建造住宅及其附属设施。”宅基地使用权具有以下特征:

1. 宅基地使用权的主体只能是农村集体经济组织的成员。宅基地通常是与成员权联系在一起的,只能是本集体经济组织的成员,集体经济组织以外的人员则不能享有这种权利。城镇居民不得购置宅基地,除非其依法将户口迁入该集体经济组织,这就说明了农村宅基地使用权主体的限定性。

2. 宅基地使用权的用途仅限于村民建造个人住宅及其附属设施。个人住宅包括住房以及与村民居住生活有关的附属设施,如厨房、院墙等。当然还可以建造牲畜的棚舍,但不可以建设商用设施或工厂之类的。《土地管理法》第62条第2款规定:“农村村民建住宅,应符合乡(镇)土地利用总体规划,并尽量使用原有的宅基地和村内空闲地。”

3. 宅基地使用权实行严格的“一户一宅”制。根据《土地管理法》第62条第1款规定:“农村村民一户只能拥有一处宅基地,其面积不得超过省、自治区、直辖市规定的标准。”国土资源部在2004年11月下发的《关于加强农村宅基地管理的意见》中强调,要坚决贯彻“一户一宅”的法律规定,农村村民将原有住房出卖、出租或赠与他人后,再申请宅基地的,不得批准。

4. 宅基地使用权的初始取得是无偿的。农村宅基地使用权的取得是无偿的,是国家给农民的一种福利。只要符合法定的申请条件,就可以取得宅基地使用权,而且使用权人不需要支付使用费。

二、宅基地使用权的取得

根据《物权法》第 153 条的规定，宅基地使用权的取得，适用《土地管理法》等法律和国家有关规定。根据《土地管理法》第 62 条第 3 款规定，农村村民住宅用地，经乡（镇）人民政府审核，由县级人民政府批准，但如果涉及占有农用地的，应依照《土地管理法》的有关规定办理审批手续。

三、宅基地使用权的内容

（一）宅基地使用权人的权利

1. 有权依法利用宅基地建造住宅及其附属设施。如宅基地使用权人在宅基地上建造住宅，以及厕所、猪圈、鸡舍等配套设施，也包括在宅基地上种植竹木和蔬菜等。

2. 依法转让宅基地。宅基地使用权人有权将宅基地使用权依法转移给其他公民、法人及其他组织。根据《物权法》第 153 条的规定，宅基地使用权的转让，适用土地管理法等法律和国家有关规定。转让包括出售、交换、赠予、继承等方式。基于宅基地的特殊性，法律应当严格限定受让主体，应当将房屋及宅基地使用权转让给本集体经济组织内符合申请宅基地条件的成员。转让人转让房屋及其宅基地使用权的，转让房屋及宅基地使用权后，宅基地使用权主体发生变化，并涉及受让人取得新的宅基地，故应当依法办理转让登记手续。

（二）宅基地使用权人的义务

1. 接受政府和乡村统一规划。因国家、集体统一规划需要变更宅基地时，宅基地使用权人不得阻挠，但是因变更宅基地给使用权人造成困难或损失时，应依法给予补偿。

2. 按照规定用途使用宅基地。农村宅基地是用来建造房屋供作居住的，使用权人必须按照规定的用途来使用宅基地，不得随意变更宅基地的用途。另外，宅基地使用权人必须在规定的期限内在宅基地上建造房屋，否则土地所有权人有权收回宅基地使用权。

3. 无偿且永久使用权。农村宅基地使用权属于无偿使用，且没有时间限制，只要属于本集体经济组织成员的身份不变，就可以无偿使用。只有在符合《土地管理法》第65条规定的特殊情况时，在经过原批准用地的人民政府批准后，可以收回宅基地使用权。

四、宅基地使用权的消灭

宅基地使用权的消灭原因主要有：

1. 宅基地被收回或者征收。《土地管理法》第65条规定："有下列情形之一的，农村集体经济组织报经原批准用地的人民政府批准，可以收回土地使用权：（一）为乡（镇）村公共设施和公益事业建设，需要使用土地的；（二）不按照批准的用途使用土地的；（三）因撤销、迁移等原因而停止使用土地的。依照前款第（一）项规定收回农民集体所有的土地的，对土地使用权人应当给予适当补偿。"

2. 宅基地的抛弃。宅基地使用权人转让、出租其宅基地上的住宅及其附属设施的，导致宅基地使用权消灭。《土地管理法》第62条第4款规定："农村村民出卖、出租住房后，再申请宅基地的，不予批准。"

3. 宅基地的灭失。《物权法》第154条规定："宅基地因自然灾害等原因灭失的，宅基地使用权消灭。对失去宅基地的村民，应当重新分配宅基地。"第155条规定："已经登记的宅基地使用权转让或者消灭的，应当及时办理变更登记或者注销登记。"

第五节 地役权

一、地役权的概念和特征

地役权是指不动产使用人为提高自己不动产的效益而使用他人不动产的权利。其中享受便利的不动产称为需役地，提供便利的不动产称为供役地。相应地，为自己不动产的便利而使用他人不动产的一方称为需役地人或地役权人，将自己的不动产供他人使用的一方称为供役地人。《物权法》第156条规定："地役权人有权按照合同约定，利用他人的不动产，以提高自己的不动产的效益。前款所称他人的不动产为供役地，自己的不动产为需役地。"《法国民法典》第637条规定："役权系为另一所有权人的不动产的使用及需要对另一不动产所加的负担。"《德国民法典》第1018条规定："一块土地为了另一块土地的现时所有人的利益，得设定权利，使需役地的所有人得以某种方式使用该土地，或使在该土地上不得实施某种行为，或排除本于供役地的所有权对需役地行使权利（地役权）。"《瑞士民法典》第730条规定："甲地所有人为乙地的利益，得允许乙地所有人进行某些特定方式的侵害，或为乙地所有人的利益，在特定范围内不行使自己的所有权，以使自己的土地受负担。"我国台湾地区"民法典"第851条规定："称地役权者，谓以他人土地供自己土地便宜"之用之权。地役权具有以下特征：

1. 地役权是存在于他人不动产之上的物权。地役权既然存在于他人的不动产之上，客观上即为对他人权利的限制。《物权法》第162条规定："土地所有权人享有地役权或者负担地役权的，设立土地承包经营权、宅基地使用权时，该土地承包经营权人、宅基地使用权人继续享有或者负担已设立的地役权。”第163条规定：“土地上已设立土地承包经营权、建设用地使用权、宅基地使用权等权利的，未经用益物权人同意，土地所有权人不得设立地役权。”

2. 地役权是为需役地的效益而设的物权。这里的效益，可由当事人自行约定。但不得违反法律、行政法规的强制性规定。效益，不以经济价值或者财产价值为限，也包括精神上或情感上的利益。前者如通行地役权、放牧地役权、汲水地役权，后者如眺望地役权。

3. 地役权具有从属性。地役权的从属性是指地役权依附于需役地所有权或者使用权而存在，与需役地不可分离。地役权是为特定需役地的便利而设定的，其存续需以需役地存在为前提。地役权的从属性表现在以下两方面：

（1）地役权不得与需役地分离而单独转让。需役地的所有人或使用人不能自己保留需役地的所有权或使用权而将地役权转让给他人，也不能将需役地的所有权或使用权转让给他人，而自己保留地役权，或将需役地的所有权、使用权与地役权分别转让给他人。《物权法》第164条规定：“地役权不得单独转让。土地承包经营权、建设用地使用权等转让的，地役权一并转让，但合同另有约定的除外。”

（2）地役权不得与需役地的所有权或使用权相分离，作为其他权利的标的，如不得单独将地役权作为抵押的标的。《物权法》第165条规定：“地役权不得单独抵押。土地承包经营权、建设用地使用权等抵押的，在实现抵押权时，地役权一并转让。”

4. 地役权具有不可分性。不可分性是指地役权存在于需役地和供役地的全部，不能分割为各个部分或仅仅以一部分而单独存在。地役权不可分性表现在以下两方面：

（1）地役权不因需役地的分割或者部分转让而受有影响。《物权法》第166条规定："需役地以及需役地上的土地承包经营权、建设用地使用权部分转让时，转让部分涉及地役权的，受让人同时享有地役权。"

（2）地役权也不因为供役地的分割或者部分转让而受有影响。《物权法》第167条规定："供役地以及供役地上的土地承包经营权、建设用地使用权部分转让时，转让部分涉及地役权的，地役权对受让人具有约束力。"

二、地役权的设立

（一）基于民事行为而取得地役权

1. 地役权合同。《物权法》第157条规定："设立地役权，当事人应当采取书面形式订立地役权合同。地役权合同一般包括下列条款：（一）当事人的姓名或者名称和住所；（二）供役地和需役地的位置；（三）利用目的和方法；（四）利用期限；（五）费用及其支付方式；（六）解决争议的方法。"第161条规定："地役权的期限由当事人约定，但不得超过土地承包经营权、建设用地使用权等用益物权的剩余期限。"

2. 地役权登记。《物权法》第158条规定："地役权自地役权合同生效时设立。当事人要求登记的，可以向登记机构申请地役权登记；未经登记，不得对抗善意第三人。"可见，地役权登记不是合同的生效要件，也不是地役权的生效要件，只是地役权的对抗要件。

（二）基于法律行为以外的原因取得地役权

主要是指因时效取得和继承而取得地役权。需役地权利人死亡时，需役地的权利既然由继承人继承，则其权役地亦当然由其继承人继承。但通过继承取得地役权的，非经登记不得处分。[1]

三、地役权的内容

（一）地役权人的权利义务

1. 地役权人的权利。

（1）使用供役地。地役权是为需役地的便利而设立的权利，因此，地役权人当然享有使用供役地的权利。使用方式，包括通过积极行为对供役地加以利用，也包括以消极不作为的方式限制供役地人对供役地的使用。使用时应按照《物权法》第160条规定，即“地役权人应当按照合同约定的利用目的和方法利用供役地，尽量减少对供役地权利人物权的限制”。

（2）为必要的附属行为与附属设施。地役权人为了达到地役权的目的或实现地役权的内容，享有为必要的附属行为与附属设施的权利。所谓必要，是指非如此地役权就不能实现，也就是选择对供役地损害最小的处所及方法进行，不得由此增加供役地负担。如为了行使在供役地上取水的地役权，地役权人可以在供役地上设置水井等取水装置。

（3）物上请求权。地役权人在设定目的范围内，既有以他人不动产供其不动产使用便利的权利，则基于其享有的物权，对于无权占有或侵夺其地役权者，可请求返还；对于妨害其地役权者，可请求除去；对于有妨害其地役权之虞者，可请求防止。即地役权人可准用所有权的物上请求权，以排除他人的不法侵害或妨害，回复其权利的圆满支配状态。

---

〔1〕（台）谢在全：《物权法论》（中册），台北三民书局2004年版，第216页。

2. 地役权人的义务。

（1）对供役地的使用应当选择损害最小的地点及方法为之。从供役地的角度讲，地役权是一种负担或义务，是对供役地人权利的限制。基于诚实信用原则，地役权人在行使或维持其权利时，应尽可能避免对供役地的损害。关于地役权人的此项义务，《法国民法典》《德国民法典》《瑞士民法典》《意大利民法典》和我国台湾地区“民法典”均有规定。《德国民法典》第1020条前段规定：“行使地役权时，地役权人应尽可能保全供役地所有权人的利益。”我国台湾地区“民法典”第854条亦规定：“地役权人，因行使或维持其权利得为必要之行为，但应择于供役地损害最少之处所及方法为之。”即地役权人应选择损害最少的方式行使其权利，尽量地保全供役地人的利益，以体现法的公平价值。该损害最少的方式实际为供役地人所负容忍义务的限度，如果地役权人超出上述限度，滥用其权利，造成供役地损害的，应回复原状并赔偿损失。

（2）维护附属设施的义务。地役权人为实现利用目的，有权在供役地上设置并保有工作物，但应以行使或维持其权利所必要者为限，并对该工作物负有维持义务，避免因工作物的毁损而损害供役地人的利益。同时，在不妨碍地役权行使的范围内，应当允许供役地人使用上述工作物，避免重复设置造成浪费，提高工作物的利用效率。例如，地役权人甲为行使其通行权，在乙的土地上修建了道路，则甲在行使权利过程中，应对该道路进行维护修理，并且不得拒绝供役地人乙在该道路上通行。

（3）支付租金的义务。在有偿设定的情况下，支付对价是地役权存在的基础，也是供役地人负容忍及不作为义务的交换条件。地役权人应按双方约定支付相应的对价，以补偿供役地人因此所受限制，维持双方利益的平衡。

（二）供役地人的权利义务

1. 供役地人的权利。

（1）收取租金的权利。在地役权有偿设立的情况下，供役地人有权要求地役权人支付对价。

（2）供役地的使用场所与使用方法的变更请求权。供役地人因使用土地的需要，可在不影响地役权设立目的的前提下，请求变更供役地的利用场所及方法。

2. 供役地人的义务。

（1）容忍与不作为。在地役权人利用供役地时，多多少少会给供役地权利人带来不便。对于供役地权利人来说，必须要按照合同的约定，向地役权人提供土地，并要容忍供役地上的负担。这些负担包括允许他人利用自己土地，对自己行使土地的权利进行某种限制，放弃部分使用自己土地的权利，有时甚至还必须容忍对供役地造成某种程度上的损害，不得妨害地役权人行使权利。地役权人为利用供役地，实现地役权的内容，在权利行使的必要范围内，有权在供役地上修建必要的附属设施或者从事某项必要的附属行为，此时的供役地权利人就不得妨害地役权人行使这些权利。《物权法》第 159 条规定："供役地权利人应当按照合同约定，允许地役权人利用其土地，不得妨害地役权人行使权利。"

（2）分担维护附属设施的费用。供役地人使用地役权人设置的附属设施的，应当按照其受益程度，与地役权人分担该附属设施的维持费用。

四、地役权的消灭

（一）地役权期限届满

在当事人约定地役权期限的情况下，期限届满而又未再续期的，地役权合同的效力自然消灭，地役权也随之消灭。

（二）约定的消灭事由发生

在地役权合同中当事人约定的地役权事由成就时，地役权归于消灭。

（三）供役地人依法解除合同

《物权法》第168条规定："地役权人有下列情形之一的，供役地权利人有权解除地役权合同，地役权消灭：（一）违反法律规定或者合同约定，滥用地役权；（二）有偿利用供役地，约定的付款期间届满后在合理期限内经两次催告未支付费用。"

（四）目的事实不能

供役地因自然属性的变化而不能实现地役权的目的时，地役权已无存续的必要的，地役权消灭。如汲水地役权因供役地水源枯竭而消灭。

（五）抛弃地役权

地役权人抛弃地役权的，地役权从被抛弃时消灭。如果地役权是有偿取得的，地役权人必须在向供役地人支付地役权剩余期间的租金以后，才能抛弃；如果是无偿取得的，则地役权人可以随时抛弃。

（六）供役地或需役地灭失

地役权以供役地和需役地同时存在为其成立与存续要件。地役权不但会因供役地的灭失而消灭，也会因需役地灭失而消灭。《物权法》第169条规定："已经登记的地役权变更、转让或者消灭的，应当及时办理变更登记或者注销登记。"

思考题：

1. 如何理解用益物权的概念与特征？我国用益物权类型有哪些？

2. 土地承包经营权的特征和性质是什么？

3. 建设用地使用权的概念和法律特征是什么？

4. 宅基地使用权的特征有哪些？如何理解宅基地使用权流转？

5. 地役权的概念及特征是什么？如何理解地役权的内容？

第四章

担保物权

第一节　担保物权概述

一、担保物权的概念和特征

担保物权制度源起于古希腊。作为一种物权制度，其主要在罗马法和日耳曼法中发展比较成熟，并且对近代的担保物权制度产生了重大的影响。近代民法中的担保物权制度的产生是以《法国民法典》为标志，其后的《德国民法典》也对此进行了规定。担保物权，是指为确保债权的实现，在债务人或者第三者的物上设定的以直接取得或者支配其交换价值为内容的权利。担保物权具有以下特征：

1. 从属性。担保物权的从属性，是指担保物权必须从属于债权。担保物权与用益物权完全不同，担保物权不能单独成立，从而具有从属性，其成立以债权的成立为前提，并因债权的转移而转移，因债权的消灭而消灭。不能与债权分离而转让，也不能与债权分离而成为其他债权的担保。

2. 不可分性。担保物权的不可分性，是指被担保的债权在债务履行期间届满后，债务未全部受偿前，担保物权人可以就担保物的全部行使权利。被担保的债权即使经过分割、部分清偿或者消灭，担保物权为了担保各部分的债权或者剩余的债权而仍旧存在；担保物即使经过分割或者一部分灭失，各部分或者余存的担保物仍为担保债权而存在。确定担保物权的不可分性，宗旨在于确定担保物权的效力。在实践中，当事人可以通过特别的约定加以排除或者限制，这种特别约定因为改变了担保物权的通常属性，所以只有经过登记才能对抗第三人。

3. 物上代位性。担保物权的物上代位性，是指担保物权因灭失、毁损而获得赔偿金、补偿金或者保险金的，该赔偿金、补偿金或者保险金成为担保物的代位物，权利人有权就其行使担保物权。法律确立担保物权的物上代位性，是因为设立担保物权就是为了通过对标的物交换价值加以直接地支配以保障债权，所以只要标的交换价值依然存在，则无论其附着在何种载体之上，仍应继续为担保物权的效力所及。

二、担保物权的功能

（一）保障债权圆满实现

担保物权的基本社会功能是保障债权的圆满实现。担保物权的产生是债权与物权的结合，当债务人不履行债务，或者发生当事人约定实现担保物权的情形，债权人可以就担保物的交换价值优先受偿，实现其担保物权，亦实现了债权，据此，债权安全系数就得到了大大提高。

（二）媒介融资

担保物权的另一重要社会功能是媒介融资。企业筹措资金最为便捷的方式是向金融机构融资，金融机构考虑到贷款的风险，通常要求企业提供各种担保，其中设定担保物权是融资机构最乐于接受的方式。因此，企业获得融资需要以财产设定担保物权。并且以担保物权为手段获得融资后，因债务人的清偿责任加重，责任感加强，多数债务人会尽快将融资转为投资，扩大生产，从而获得利润用以清偿债务，保障债权的实现。

三、担保物权的类型

关于担保物权的种类，各国规定不尽相同。法国民法规定了质权、优先权和抵押权。其中，质权包括动产质权和不动产质权，优先权包括一般优先权，动产优先权和不动产优先权，抵押权包括法定抵押权、裁判上的抵押权和协议抵押权，同时还规定动产上不得设定抵押权。德国民法规定抵押权、土地债务〔1〕、定期金债务〔2〕、动产质权和权利质权。德国民法还首创了最高额抵押权，没有规定不动产质权，也不认为优先权和留置权为担保物权。日本民法认为留置权为担保物权，另外还规定了优先权、质权和抵押权。瑞士民法规定了不动产抵押权、债务证券、定期金证券、土地负担、动产质权、权利质权等。我国理论界对担保物权的分类主要有以下几种：

（一）法定担保物权与约定担保物权

依据担保物权发生的原因不同，可以将担保物权分为法定担保物权与约定担保物权。前者是依据法律规定的构成要件而发生的一种担保物权，例如留置权及优先权等；后者是通过当事人之间设定物权的意思表示而设定的担保物权，例如抵押权、

〔1〕关于土地债务《德国民法典》第1191条规定：“土地，得以因设定负担而向受利益的人就土地支付一定金额的方式设定负担。前项负担也得以有此金额和其他就该土地的以给付支付利息的方式设定之。”

〔2〕关于定期金债务，《德国民法典》第1191条规定：“（1）土地债务得以就土地定期支付一定金额的方式设定之。（2）设定定期金债务时，应确定金额，使定期金额债务得因支付该金额而得到清偿。此项赎回金额应在土地登记账册中载明。”

质权等。

（二）留置性担保物权与优先清偿性担保物权

以担保物权的法律效力不同，担保物权为留置性担保物权和优先清偿性担保物权。担保物权的主要法律效力，一是优先受偿，二是留置财产。优先清偿效力是担保物权得以发挥其债权担保作用的利器。以担保物权的优先受偿效力作为其基本内容的担保物权，就是优先受偿性担保物权。在债务未全部受偿前，担保物权人有权留置标的物，以迫使债务人清偿债务，这样的担保物权就是留置性担保物权。前者以抵押权为典型代表；后者以留置权为典型代表。还有兼具留置效力与优先受偿效力两种性质的担保物权，如质权。

（三）占有担保物权与非占有担保物权

以是否转移担保标的物的占有为标准，可以将担保物权分为占有担保物权和非占有担保物权。占有担保物权系以标的物转移给债权人占有，为其成立和存续要件的担保物权，质权、留置权属于这种担保物权。非占有担保物权是不以标的物转移给债权人占有为条件，担保人仍可继续使用、收益担保标的物的担保物权，抵押权属于这种担保物权。非占有担保物权的标的物仍在担保人手中，因此担保权人对于担保标的物如何用益，原则上无权干预和过问。正因为如此，非占有担保物权担保物的交换价值和用益价值仍具有完全意义，但对于担保权人而言，则无法控制这种担保物的价值。因此，在选择非占有担保物权时，应当对此加以特别规定。

（四）典型担保和非典型担保

此种分类是依据担保制度是否属于民法上已有规定的类型为标准而做出的，在我国，典型担保就是法律已有规定的担保物权，即抵押权、质权、留置权。非典型担保是由于社会经济生活的发展而产生的一些新型的担保物权，虽然现行法律没有具体规定，但是在实践中已经实际存在并正在发挥作用，例如所有权保留、让与担保和优先权。

四、担保物权的竞合

（一）担保物权竞合的概念

担保物权的竞合亦称为物的担保的竞合，是指在同一标的物上存在不同种类的担保物权，担保物权人不为同一人，此时应以何类担保物权的效力优先的问题。

（二）担保物权竞合的类型

在因同一法律事实而产生数个请求权竞合时，权利人为同一人，也正因为权利人为同一人，权利的目的是同一的，权利的行使仅能择一为之。权利人若行使了其中一项请求权，则不能再行使其他请求权。而在物的担保的竞合中，享有担保物权的权利人并非同一人，即是不同的人。各个担保权人均行使自己的权利，由于权利的标的物是同一的，这就发生何种权利人优先行使权利的问题。正是从这个意义上说，物的担保的竞合仍为物上担保的冲突。

1. 动产抵押权与动产质权的竞合。若该抵押权属于可不予登记即成立，而当事人又未办理抵押权登记的，则因未登记的抵押权不具备对抗第三人的效力，未登记的抵押权虽成立在前，质权的效力也应优先于抵押权。若当事人将该抵押权进行了登记，该抵押权的效力自然优先于质权的效力。《最高人民法院关于适用〈中华人民共和国担保法〉若干问题的解释》（以下简称《担保法解释》）第 79 条前半部分规定，同一财产法定登记的抵押权与质权并存时，抵押权人优先于质权人受偿。法定登记的抵押权优先于质权的理由是：抵押权经过登记，具有公示性和对抗力，应当优先于质权，以维护抵押权人的利益及登记机关的权威。

2. 动产抵押权与留置权的竞合。《担保法解释》第79条后半部分规定，同一财产抵押权与留置权并存时，留置权人优先于抵押权人受偿。根据《物权法》第239条规定：“同一动产上已设立抵押权或者质权，该动产又被留置的，留置权人优先受偿。”留置权应优先于抵押权，理由如下：①留置权是由法律直接规定而产生的物权，应当优先于通过约定产生的抵押权。②留置权所担保的债权通常是因履行加工承揽、货物运输、仓储保管等合同而产生。在履行这些合同时，留置权人往往要提供一些材料和劳务服务，且其费用也往往都由留置权人预先支付。③留置权人行使留置权，主要目的是为了获取修理费、承揽费、运输费等，而该费用往往数额较小；拍卖、变卖留置物以后所获得的价款，在扣除了上述费用以后常常会有很大的剩余，抵押权人可以就这些剩余的价值受偿。④留置权人所承担的风险要大于抵押权人所承担的风险。在留置期间，留置物或者抵押物会发生毁损灭失以及被分割等危险，留置权人要承担所有的风险；而由于法律赋予抵押权以不可分性和物上代位性，抵押权人的风险则是有限的。

3. 留置权与动产质权的竞合。质物由质权人占有期间，质权人将质物交由第三人直接占有，而自己间接占有时，第三人得基于留置权的成立事由而取得留置权。例如，质权人将质物交由第三人保管，保管人得于具备留置权条件下取得留置权。于此情形下，发生留置权与质权的竞合，留置权的效力优先于质权。因为留置权是基于维护或者保存标的物的价值的行为而发生的债权，并且标的物由留置权人直接占有，质权人仅为间接占有人。根据《物权法》第239条规定：“同一动产上已设立抵押权或者质权，该动产又被留置的，留置权人优先受偿。”这一规定体现了法定担保物权优先原则。

4. 物的担保与人的担保的并存。物的担保与人的担保的并存是指，同一债权，既有以担保物权的形式的担保债权，又有以第三人与债权人订立保证合同的形式的担保债权。对这种物保与人保并存的情况，在理论上称混合共同担保。根据《物权法》第176条的规定，被担保的债权既有物的担保又有人的担保的，债务人不履行到期债务或者发生当事人约定的实现担保物权的情形，应当按以下三种情形分别处理：

（1）在当事人对物的担保和人的担保的关系有约定的情况下，应当尊重当事人的意思，按约定实现。

（2）在没有约定或约定不明确，债务人自己提供物的担保的情况下，应当先就物的担保实现担保权，保证人只承担补充责任。

（3）在没有约定或约定不明确，第三人提供物的担保，又有人的担保的情况下，应当允许债权人选择其一。提供担保的第三人承担担保责任后，有权向债务人追偿。

此外，根据《担保法》第28的规定，同一债权既有保证又有物的担保的，保证人对物的担保以外的债权承担保证责任。如果债权人放弃了物的担保，不论物的担保由债务人提供，还是由第三人提供，保证人在债权人放弃权利的范围内免除保证责任。

第二节　抵押权

一、抵押权的概念和特征

各国民法多将抵押权视为最典型的担保物权。《法国民法典》规定抵押权是："为用于清偿债务而对不动产设定的物权"。《德国民法典》将不移转占有的担保限于不动产担保，规定了抵押权、土地债务和定期金债务三种形式。日本民法主要将抵押权视为一种保全性的担保物权，即是一项具有附属性、不可分性和物上代位性的权利。

我国通说认为，抵押权是指债权人对于债务人或第三人不转移占有而提供担保的财产，在债务人不履行债务时，依法享有的就担保的财产变价并优先受偿的权利。抵押权是抵押权人直接对抵押财产享有的权利，可以对抗财产所有人及第三人，因此抵押权是一种担保物权，其目的在于担保债权的履行，而不在于对物的使用和收益。抵押权具有以下特征：

1. 抵押权的标的物是债务人或者第三人提供的物或者财产权利。抵押标的物主要是不动产。抵押权是在债务人或者第三人提供的抵押物上设立的，须债权人与债务人或者第三人就抵押物设定抵押权进行约定。在这一点上，它与依法律规定当然产生的留置权有所不同。

2. 抵押权不移转标的物占有。抵押权的成立不以标的物的移转占有为条件，而由债务人或第三人继续对抵押物进行使用、收益、处分，发挥物的作用。

3. 抵押权功能在于就抵押财产所卖得价金优先受偿。抵押权人在债务人不履行债务时，有权依法以抵押物折价或者从抵押物的变价所得的价金中优先得到清偿，即抵押权人得排除无抵押权的债权人就抵押物优先受偿，数个债权人都办理抵押登记的，顺序在先的抵押权人比顺序在后的抵押权人优先受偿。

4. 抵押权的性质属于担保物权。抵押权是一种在所有权之上再设置的他物权，用以担保债权的实现，其性质属于担保物权，不失其物权属性，权利人对抵押财产具有支配效力。

二、抵押权设立

抵押权依抵押行为而设立。抵押行为是当事人以意思表示为基础设立抵押权的双方民事行为，其具体表现形式为抵押合同。

（一）抵押合同

1. 抵押合同的内容。当事人签订的抵押合同一般包括以下内容：①被担保的主债权的种类和数量；②债务人履行债务的期限；③抵押物的名称、数量、质量、状况、所在地、所有权权属或者使用权权属；④抵押担保的范围；⑤当事人认为需要约定的其他事项。

2. 抵押合同的效力。

（1）抵押合同不成立：①双方意思表示不一致；②未采用书面形式订立抵押合同；③抵押担保主债权种类或者抵押财产无法确定。

（2）抵押合同生效：抵押合同成立即生效，当事人另有约定或者法律特别规定除外。

（3）抵押合同无效：①主债权债务合同无效；②抵押物不合法；③抵押人无处分权。

（二）抵押登记

由于抵押权的设立，其法律效果不仅直接涉及抵押人和抵押权人，而且还及于抵押人的一般债权人和其他与抵押物有利害关系的人。因此，法律对抵押权的设立，要求具体严格的形式要件。

1. 法律规定必须办理抵押登记的财产。根据物权法的规定，下述财产的抵押，应当办理抵押登记，抵押权自登记时设立：①建筑物及其土地附着物；②建设用地使用权；③以招标、拍卖、公开协商等方式取得的荒地等土地承包经营权；④正在建造的建筑物。

上述抵押合同签订后，抵押人违背诚实信用原则拒绝办理抵押登记致使债权人受到损失的，抵押人应当承担赔偿责任。

当事人在同一天中不同的法定登记部门办理抵押登记的，视为顺序相同。因登记部门的原因致使抵押物进行连续登记的，抵押物第一次登记的日期，视为抵押登记的日期，并依此确定抵押顺序。当事人办理抵押手续时，因登记部门的原因致使其无法办理抵押登记的，抵押人向债权人交付权利凭证的，可以认定债权人对该财产享有优先受偿权。但是，未办理抵押登记的，不得对抗第三人。当抵押登记记载的内容与抵押合同约定的内容不一致的，以登记记载的内容为准。

2. 自愿办理抵押登记的财产。当事人以法律规定必须办理抵押登记的财产之外的其他财产抵押，可以自愿办理抵押登记。抵押权自抵押合同成立时设立；未经登记，不得对抗善意第三人。这一类的抵押物种类包括：①生产设备、原材料、半成品、产品；②交通工具；③正在建造的船舶、飞行器。

当事人办理抵押登记，应当向登记部门提交主合同和抵押合同以及抵押物所有权或使用权证书等文件或其复印件。登记部门登记材料的资料，应当允许查阅、摘抄或者复印。

三、抵押权效力

（一）抵押权对担保物权的效力

抵押权所担保的债权范围，是指抵押权担保的债权及其涉及的其他债权利益。就抵押权人而言，该范围是指抵押权人实现抵押权时能够优先受偿的范围；对于债务人、抵押人或取得抵押财产第三人的效力范围，则是使抵押权消灭时所必须清偿的债务。

（二）抵押权对抵押财产的效力

抵押权对抵押财产的效力即抵押权所及标的物的范围，是抵押权人实现抵押权时可以进行折价、拍卖或者变卖，并优先受偿的财产范围。抵押权作为通过支配标的物交换价值，旨在确保债务清偿的优先权，其标的物的范围与所有权标的物的范围应当是同一的。其效力范围包括：

1. 从物。依照“从随主”原则，对主物的权利应当及于从物。对于抵押权设定前为抵押财产的从物，抵押权的效力及于抵押财产的从物。对于抵押权设定之后成为抵押财产的从物，法律对此没有具体规定。

2. 添附物。就抵押财产因添附行为出现新的抵押物，在所有权人不变的情况下，抵押权效力及于附合物、混合物或加工物。由于添附行为导致抵押财产成为共有物，抵押权效力及于共有物的份额。除此以外，可能因添附导致所有权为第三人所有，抵押权的效力及于补偿金。

3. 从权利。以主权利或者其所附属标的物为抵押时，抵押权的效力也及于其从权利。

4. 孳息。抵押权原则上不及于孳息。只有当债务人不履行到期债务或者发生当事人约定的实现抵押权的情形，致使抵押财产被人民法院扣押的，自扣押之日起抵押权人有权收取该抵押财产的天然孳息或者法定孳息。但抵押权人未通知应当偿还法定孳息的义务人的除外。抵押权人收取上述孳息，应当先充抵收取孳息的费用。

5. 抵押财产的代位物。物权法规定，抵押财产因毁损、灭失或者被征用等情形取得的保险金、赔偿金或者补偿金，抵押权人可以优先受偿。因此，抵押财产的代位物也是抵押财产。

（三）抵押权对抵押权人的效力

抵押权对抵押权人的效力，是指抵押权人所享有的具体权利。主要有：

1. 保全抵押财产的权利。《物权法》第193条规定：“抵押人的行为足以使抵押财产价值减少的，抵押权人有权要求抵押人停止其行为。抵押财产价值减少的，抵押权人有权要求恢复抵押财产的价值，或者提供与减少的价值相应的担保。抵押人不恢复抵押财产的价值也不提供担保的，抵押权人有权要求债务人提前清偿债务。”

2. 抵押权人的处分权。抵押权人有权对其享有的抵押权进行处分。由于抵押权是从属于主债权的权利，当主债权转让时，抵押权必然随同其所担保的主债权一并转让。《物权法》192条明确规定，抵押权不得与债权分离而单独转让。抵押权人还可以放弃抵押权，以不损害其他抵押权人的利益为条件。

（四）抵押权对抵押人的效力

抵押人作为抵押财产的所有人，依然可以享有对抵押财产进行使用、收益和处分的权利。不过，由于抵押人的所有权是设定了负担的所有权，必然要受到抵押权的制约。

1. 出租抵押财产的权利。在抵押关系存续期间，抵押人可以出租抵押财产。《物权法》第190条规定：“订立抵押合同前抵押财产已出租的，原租赁关系不受该抵押权的影响。抵押权设立后抵押财产出租的，该租赁关系不得对抗已登记的抵押权。”

2. 转让抵押财产的权利。在抵押关系存续期间，抵押人经抵押权人同意转让抵押财产的，应当将转让所得的价款向抵押权人提前清偿债务或者提存。转让的价款超过债权数额的部分归抵押人所有，不足部分由债务人清偿。抵押期间，抵押人未经抵押权人同意，不得转让抵押财产，但受让人代为清偿债务消灭抵押权的除外。

3. 在抵押财产上多次设定抵押权的权利。抵押财产后，该财产的价值大于所担保债权的部分，可以再次抵押。即抵押人为担保数个债权以同一财产设定抵押，导致同一抵押财产上存在数个抵押权的情形，但数个抵押权所担保的债权总额不超过抵押财产的总价值，这就是禁止超额抵押规则。

4. 在抵押财产上设定用益物权的权利。不动产抵押人作为所有权人，有权在抵押的不动产上再设定用益物权。但是我国现行法律框架下，由于土地只能归属于国家或者集体所有且禁止抵押，加之现行法认可的用益物权多为从土地所有权派生出来的各类土地使用权，因而我国不动产抵押人基本上无法在抵押财产上再设定用益物权。唯一例外是在抵押的房屋上可以设定典权。

四、抵押权实现

抵押权实现是指抵押权人就抵押物受偿的行为。抵押权的实现是发挥抵押权作用的方式和途径。

（一）抵押权实现的要件

抵押权的实现，必须具备以下要件：

1. 抵押权有效存在。抵押权要实现，抵押权必须有效存在。如果抵押权无效，例如法律规定登记设立的抵押权未登记，或者抵押权已经消灭，或者抵押权人已经抛弃抵押权，则抵押权不能实现。

2. 须债务已届清偿期。抵押权只是担保债务履行的方法，在债务清偿期未到，债务人还不必履行债务时，抵押权人自然没有实现其抵押权的权利。如果债务已届清偿期，债务人已经如期履行债务，抵押权所担保的债权消灭，抵押权自应随之消灭。只有在债务已届清偿期，债务人不履行债务时，抵押权人才可以实现其抵押权。

（二）抵押权实现的方法

我国物权法规定，债务人不履行到期债务或者发生约定实现抵押权的情形，抵押权人可以与抵押人协议以抵押财产折价或者拍卖、变卖该抵押财产所得的价款优先受偿。协议损害其他债权人利益的，其他债权人可以在知道或者应当知道撤销事由之日起1年内请求人民法院撤销该协议。抵押权人与抵押人未就抵押权实现方式达成协议，抵押权人可以请求人民法院拍卖、变卖抵押财产。抵押财产折价或者变卖的，应当参照市场价格。据此，抵押权的实现方式，有以下几种：

1. 拍卖。抵押权人在债权已届清偿期而未受清偿时，可以依一定的程序拍卖抵押物，就其所卖的价金进行受偿。拍卖抵押物所得的价金，在扣除拍卖费用以后交付抵押权人。如果抵押权人有数人时，适用抵押权登记规则。

2. 折价。在债权清偿期届满后，抵押权人可与抵押人订立合同，由抵押权人取得抵押物的所有权，但应由第三人对抵押物价值进行评估，从而确定该抵押权人应当返还抵押人的价款数额，以免损害其他抵押权人的利益。同时抵押权人在债务履行期届满前，不得与抵押人约定债务人不履行到期债务时，抵押财产移转为债权人所有。

3. 变卖。这是在抵押权人不愿意拍卖抵押物，也不愿意取得抵押物的所有权时，可以用一般的买卖方法，将抵押物出卖，就获得的价金优先受偿其债权。

抵押权实现后，抵押人对于抵押物的所有权消灭。如果抵押物是由债务人自己提供的，抵押权随债权消灭而消灭；如果抵押物是由第三人提供的，该第三人是物上保证人，其抵押物所有权因拍卖等方式消灭时，本质是第三人代替债务人履行债务，那么该第三人有权在其代为清偿范围内，向债务人进行追偿。

(三) 抵押权的实现与诉讼时效

抵押权所担保的债权，其请求权因时效而消灭时，而一些国家认为承担担保债务履行的抵押权仍然存在，但其行使应受到一定的限制。

这种限制主要有两种方法：一是规定抵押权得因除权判决而消灭，如《德国民法典》第1170条、第1171条规定，在宣告除权判决后，抵押人向抵押权人交付的抵押权证书丧失其效力。二是规定抵押权的除权期间。如我国台湾地区“民法典”第880条规定：“以抵押权担保之债权，其请求权以因时效而消灭。如抵押权人于消灭时效完成后，五年间不行使其抵押权者，其抵押权消灭。”

我国《物权法》规定抵押权人应当在主债权诉讼时效期间行使抵押权；未行使的，人民法院不予保护。抵押权人未依法及时行使抵押权的，不仅丧失人民法院的公力保护，更可能导致抵押权的消灭。并且当事人约定或者登记部门要求登记的抵押权存续期间不得与《物权法》的规定相违背。

五、特殊抵押权

(一) 共同抵押权

共同抵押是为同一债权就数个物设定抵押。共同抵押又称总括抵押，设定抵押的数个物可以属于同一个人，也可以分别属于不同的人。在共同抵押中，数个物并不是本身结合而视为一物，而是在担保同一债权的目的上互相结合担保同一债权。所以共同抵押与一般抵押不同，是一种特殊的抵押。

共同抵押所担保的债权已届清偿期而未清偿时，债权人可以就担保的抵押物进行优先受偿。债权人的这种优先受偿的权利因是否限定各个抵押物的负担金额而有不同：

1. 如果限定了各个抵押物的负担金额，应当按照当事人之间的约定，就各个抵押物的卖得价金分别就其担保金额进行清偿。这种限定各个抵押物负担金额的抵押，严格地讲，不是真正的共同抵押，因为各个抵押人间没有连带关系，各个抵押物对于同一债权是分别担保，与可分之债相似。

2. 如果未限定各个抵押物的负担金额，抵押权人原则上可以任意就设定共同抵押的部分或者全部抵押物实现抵押权。连带抵押加强了抵押权的效力，对抵押权人有利。在我国司法实践中，同一债权有两个以上抵押人的，当事人对其提供的抵押财产所负担金额没有约定或者约定不明的，抵押权人可以就其中一部分或者全部抵押财产行使抵押权。抵押人承担担保责任以后，可以向债务人追偿，也可以要求其他抵押权人清偿其应当承担的份额。

（二）动产浮动抵押权

1. 动产浮动抵押的概念。动产浮动抵押，又称“浮动担保”，是指抵押权人对抵押人提供担保的现有的以及将有的动产，在债务人不履行到期债务或者发生当事人约定的实现抵押权的情形，有权就实现抵押权时的动产优先受偿。浮动抵押虽然具有抵押权共性，但其特殊属性也不容忽视。

首先，浮动抵押的标的物在设立抵押时是不特定的。抵押人可以现有的或者将来可能取得的生产设备、原材料、半成品、产品进行抵押，即是说，在浮动抵押设立时抵押动产只是确定了是抵押人已有或者将有的动产这样一个范围，至于具体包括哪些动产还没有确定，并且在抵押期间的动产还会不断发生变化，从其价值上来讲是浮动的。只有当出现约定或者法定事由实现抵押权时，抵押动产才能特定化。

其次，在浮动抵押期间，抵押人处分抵押的动产不必经过抵押权人的同意，抵押权人对抵押人在抵押期间处分的抵押动产没有追及的权利。直到当事人约定或者法定的事由发生，即抵押权人实现抵押权的条件具备的时候，抵押人的处分权才受到限制。

2. 动产浮动抵押的设立。由于浮动抵押的特殊性质，设立浮动抵押应当符合以下条件：

（1）浮动抵押的抵押人只限于企业、个体工商户、农业生产经营者。在立法例上，有对浮动抵押的主体进行限制的，如英国只有公司才可以设立浮动抵押，日本则进一步限定为只有股份有限公司才有权设立浮动抵押。我国确立浮动抵押制度，主要目的是为了解决中小企业、个体工商户以及农民融资的困难，因此我国物权法规定的浮动抵押的主体范围较为宽广。其中企业，可以是国有独资企业、个人独资企业、三资企业，当然还有有限责任公司和股份有限公司等，个体工商户是以个人或者家庭为主体注册为个体工商户的经营单位。而农业生产经营者则主要指农村承包经营户，也可以是其他从事农业生产经营活动的组织。除此之外，国家机关、事业单位、非从事生产经营活动的自然人不得设立浮动抵押。

（2）浮动抵押的标的限于生产设备、原材料、半成品、产品，除此之外的动产、不动产均不得设立浮动抵押。浮动抵押的设立必须签订书面协议，该协议一般包括担保债权的种类和数额、债务履行期间、抵押标的范围、实现浮动抵押的条件等。

3. 动产浮动抵押的登记与效力。浮动抵押的设立，应当向抵押人住所地的工商行政管理部门办理登记。但是登记只是浮动抵押的对抗条件，即浮动抵押自抵押合同生效时设立，未经登记的，不得对抗善意第三人。

4. 动产浮动抵押财产的确定。浮动抵押的标的在抵押时是不特定的，以现有及将来可能取得的动产进行抵押，在抵押时是不确定的。即使是以现有的动产抵押，在抵押期间抵押的动产由于抵押人为进行正常的生产经营活动所作的处分还会不断地发生变化，只有当约定或者法定的事由发生时，抵押动产才能够得到确定。这些事由有：

（1）债权履行期届满，债权未实现。此时已经到了浮动抵押权实现的时间，抵押财产应当予以确定，抵押人不得再处分抵押财产。

（2）抵押人被宣告破产或者被撤销。此时尽管债务履行期还没有届满，但已经具备抵押权实现的条件，抵押财产随之得到确定。

（3）当事人约定的实现抵押权的情形。例如当事人约定抵押人抵押的库存总量低于一定比例时可以提前实现抵押权，一旦发生了当事人约定的实现抵押权的情形，抵押财产即得到确定。

（4）严重影响债权实现的其他情形。由于社会生活的纷繁复杂，严重影响债权实现的情形比较广泛，难于一一列举，例如抵押人放弃其到期债权、无偿转让财产或者以明显不合理的低价转让财产致使其财产明显减少，抵押人为逃避债务隐匿、转移财产、抵押人经营情况恶化、严重亏损等。

（三）财团抵押权

财团抵押权的标的不是某一个物，也不同于共同抵押，而是将企业现有的财产，包括动产、不动产及其他财产权利视为一个整体，于其上成立抵押权。企业财团是由众多具体财产构成的财产的集合体，这个集合体尤其具有独立的、特殊的价值，往往高于各个财产单独价值的总和。

财团抵押与浮动抵押的主要区别是，浮动抵押成立时确定了标的物的范围，但是标的物不特定，标的物具有浮动性，包括现有的和将有的物。财团抵押成立时标的物是现有的，是特定的。

《物权法》第 180 条第 1 款规定抵押标的的范围，第 2 款规定“抵押人可以将前款所列财产一并抵押”。据此可以认为《物权法》没有排除设定财团抵押，但是法律还没有具体规定财团抵押。

（四）最高额抵押权

1. 最高额抵押权的概念。最高额抵押是指对于一定期间内将要连续发生的债权，预先规定一个最高的限度而设定的抵押权。《物权法》第 203 条规定：“为担保债务的履行，债务人或者第三者对一定期间内将要连续发生的债权提供担保财产的，债务人不履行到期债务或者发生当事人约定的实现抵押权的情形，抵押权人有权在最高额债权限度内就该担保财产优先受偿。”一般抵押权是先有债权，然后再设定抵押权，而最高抵押额是为将来的债权而预先设定了抵押权。不过将来发生的债权，其债权额有的现在确定，如附延期条件的债权，为这种债权设定的抵押权本质是仍是一般抵押权。但有的将来发生的债权，其债权现在尚未确定，对这种债权的担保，是预先确定一个最高额作为抵押物担保的范围标准，这才是最高额抵押。我国物权法规定的最高额抵押，是抵押人与抵押权人达成协议，在最高债权限度内，以抵押物对一定期间内连续发生的债权作担保。

2. 最高额抵押的债权确定。最高额抵押，可以为借款合同或者债权人与债务人就某一项商品在一定期限内连续发生交易的合同而发生的债权设定。其设定需要当事人之间订立抵押合同。因为最高额抵押并不是实际担保的债权额，因而在实行抵押权时，应当确定实际担保的债权数额，确定该数额的时间即决算期。如果抵押合同没有约定决算期，一般是债权关系终了时确定债权额。另外，如果抵押合同约定了最高额抵押的存续期间，该期间就是决算期。最高额抵押的设定，亦须进行登记。

最高额抵押所担保的债权，只有在决算期届满才能确定其数额，此时如果债权额超过最高额时，即以该最高额为抵押权所担保的数额，其超过部分应视为无抵押担保的债权；如果决算期届满时债权额比最高额低时，就以实际发生的债权额为抵押权所担保的数额。最高额抵押权所担保的债权范围，不包括抵押物因财产保全或者执行程序被查封后发生的债权，或者债务人、抵押人破产后发生的债权。但是我国物权法规定，最高额抵押设定前已经存在的债权，经当事人同意，可以转入最高额抵押担保的债权范围。

《物权法》规定，最高额抵押权人的债权在下列情形下确定：①约定确定债权期间届满；②没有约定确定债权期间或者约定不明确，抵押权人或者抵押人自最高额抵押权设立之日起满 2 年后请求确定债权的；③新的债权不可能发生；④抵押财产被查封、扣押；⑤债务人、抵押人被宣告破产或者被撤销；⑥法律规定确定债权的其他情形。

基于最高额抵押自身的一些特殊性，物权法规定最高额抵押担保的债权确定前，部分债权转让的，最高额抵押权不得转让，但当事人另有约定的除外。另外，最高额抵押担保的债权确定前，抵押权人与抵押人可以通过协议变更确定债权的期间、债权的范围以及最高债权额，但变更的内容不得对其他抵押权人产生不利影响。

最高额抵押除了法律对其特别规定以外，应当适用法律关于抵押权的一般规定。

（五）中国式按揭

1. 中国式按揭的概念及特征。按揭（Mortgage），起源于英美法系，与大陆法系的让与担保近似，系将债务人对标的物的权利让与债权人以达到担保债权目的。比如，债务人将自己房屋的所有权过户到在债权人名下，担保其按期偿还债务。按揭担保在我国主要运用于商品房按揭贷款，在商品房买卖中以按揭形式作为付款方式的购房者不在少数。我国商品房买卖按揭法律关系中涉及购房者、开发商、银行三方，本质上，这种按揭属于“名为按揭，实为不动产抵押”的担保形式，区别于英美法系的按揭，也不同于大陆法系的让与担保，可称为“中国式按揭”。中国式按揭具有以下特征：

（1）中国式按揭与英美法系中的权利证书占有式按揭近似，银行不满足于购房人以其所购房屋抵押作为担保，还要占有购房人购房合同正本以及此后办理的产权证，形成“权利凭证占有式按揭”。

（2）我国没有法律直接规定按揭关系，按揭涉及买卖合同、借款合同、抵押合同等多个法律关系，当事人权利义务较之典型的担保关系复杂。

2. 中国式按揭涉及的法律关系。中国式按揭性质上是抵押，又具有英美法系按揭的特征，其存在的主要法律关系有：

（1）按揭房屋买卖合同和借款合同之间的关系。购房者选择按揭付款方式后，必须按照开发商的要求与指定的按揭银行签约借款合同，由按揭银行向购房人发放贷款并应购房人的委托直接将贷款划转给开发商。由于按揭银行是与开发商存在约定的特定银行，购房人不能与其他银行做按揭，借款的目的就是为了支付购房款，开发商和银行之间存在一对一的销售和融资合作关系。

（2）按揭借款合同与房屋抵押合同之间的关系。“中国式按揭”的实质是抵押贷款，购房人在与银行签订借款合同的同时，还须与银行签订抵押合同，以所购房屋为抵押物。抵押合同与借款合同之间的关系属于《担保法》规定的主从合同，抵押合同是借款合同的从合同，借款合同无效、被撤销、解除的，抵押合同也随之无效。

（3）财产保险合同与抵押合同的关系。购房人向银行抵押房屋时，应银行的要求须向保险公司投保，以防止房屋在按揭期间出现毁损、灭失造成银行损失。抵押权具有代物性。

第三节　质权

一、质权的概念和特征

质权，是指为了担保债务的履行，债务人或者第三人将其动产或者财产权利移交债权人占有，当债务人不履行清偿债权的义务，或者发生当事人约定的实现质权的情形时，债权人有就其占有的财产优先受偿的权利。绝大多数国家民法都规定了质权。例如《法国民法典》规定，质权合同为债务人将作为债务担保的物交付于其债权人的合同，并规定了动产质权和不动产质权。在动产质权中，除一般动产之外，还包括无形动产，如股票、债权等。由于《法国民法典》将债、著作权、营业质权、定期金、股权等视为动产或无形动产，故法国没有单独规定权利质权。德国民法规定了动产质权和权利质权两种，主张不动产只设定抵押权而不设定质权。《日本民法典》规定了动产质权、不动产质权和权利质权，关于不动产质权，认为其是一种用益质权，质权人可依不动产质权标的物的用途予以使用、收益，但不动产质权人不得请求其债权的利息，存续期间不得超过10年。我国把质权认为是一种动产物权，对不动产不能设定质权。除此以外，法律、行政法规禁止转让的动产也不得设定质权。财产权利也可以成为质权的标的物的一种，称为权利质权。质权具有以下特征：

1. 质权是为了担保债权的实现而设定的担保物权。质权以担保债权的实现为目的，与所担保的债权之间具有从属关系。被担保的债权为主权利，而质权为从权利。因而质权具有从属性，表现在质权以主债权存在为前提，随主债权的转让而转让，随主债权的消灭而消灭。

2. 质权是在债务人或者第三人提供的特定财产或者权利上设定。质权的标的物只能是动产或者可转让的财产权利。

3. 动产质权以债权人占有债务人或者第三人提供的动产为必要条件。动产质权须以质权人占有质押财产作为生效条件，当事人之间设定动产质权必须转移标的物的占有，即由质权人占有质押财产。

4. 质权人在债务人履行债务前对质押财产享有留置的权利。由于质权以转移标的物的占有为要件，质权人得占有标的物，因而在质权所担保的主债权清偿前，质权人有权留置质押财产而拒绝质押财产所有人的返还请求，清偿期限届满，债务人不履行债务时，或者发生当事人约定的实现质权的情形，质权人有权以质押财产的变价款优先受偿。

二、动产质权

（一）动产质权的概念与特征

《物权法》第208条规定：“为担保债务的履行，债务人或者第三人将其动产出质给债权人占有的，债务人不履行到期债务或者发生当事人约定的实现质权的情形，债权人有权就该动产优先受偿。”明确规定动产质权制度。动产质权具有以下特征：

1. 动产质权是在债务人或者第三人提供担保的动产上设立的权利，不能是质权人的财产。即质权是于他人的财产上设立的权利，质权属于他物权。

2. 动产质权为担保物权。债权人设立质权不是为了对质押财产进行使用、收益，而是为了确保债权的实现。以直接支配质押财产的价值并排除他人干涉为内容，只要质押财产的价值存在并为质权人控制，动产质权也就存在。

3. 动产质权是由债权人占有质押财产的担保物权。质权人移交质押财产于债权人是质权的成立条件。而且在质权存续期间质押财产也须由债权人占有。

（二）动产质权的标的物

动产质权的标的物即质押财产。动产质权以质权人占有质押财产为质权生效和存续的要件，质权人实现质权时需要对质押财产变价，因此，动产质权的标的物应当符合以下两个条件：①须为可转让且法律不禁止流通的动产。②须为特定的动产。质押财产须为特定物，以可代替物为质押财产的，必须将其特定化，未特定化可代替物不能为质押财产。

（三）动产质权的设立

动产质权的设立是动产质权的创设取得方式。除动产质权的设立外，还可以通过继承、受让等方式取得质权，此时质权取得方式为继受取得。可以说，没有质权的设立，也就不会发生质权。当事人设立质权的行为也就是质押法律行为，亦即质权合同。

1. 质权合同的内容。依《物权法》第210条第2款，质权合同一般应当包括以下内容：①被担保债权的种类和数量；②债务人履行债务的期限；③质押财产的名称、数量、质量、状况；④担保的范围；⑤质押财产交付的时间。依《担保法》第65条第2款，质权合同不完全具备上述内容的，并不影响质权合同的效力，当事人可以对合同的内容予以补充、修正。质权合同经当事人补正的，以补正的内容为准。

2. 动产质权的成立与生效。《物权法》第212条规定："质权自出质人交付质押财产时设立。"这一规定修改了《担保法》第64条中关于"质押合同自质物移交于质权人占有时生效"的规定，确认动产质权以转移质押财产的占有为成立要件，就质权合同来说，当事人就设立质权达成合意即可成立，只要符合《合同法》规定的合同有效的条件，就当然有效。但质权合同生效并非意味着质权的成立。只有在出质人依质权合同的约定将质押财产交付给质权人占有时，质权才能成立，或者说质权人才能取得质权。如果出质人不按照质权合同的约定交付质押财产，由此而给质权人造成损失的，出质人应承担赔偿责任。

质权的成立不以质押财产的完全移交为必要条件。出质人与质权人共同占有质押财产的，质权也可成立。但是，质权人不能让出质人代替自己占有质押财产。也就是说，质押财产的交付不能采用占有改定的方式。因为若仍由出质人占有质押财产，一方面，无法公示质权的存在，另一方面，也会使质权失去留置的效力。因此，《担保法解释》第87条第1款规定："出质人代质权人占有质物的，质押合同不生效；质权人将质物返还出质人以后，以其质权对抗第三人的，人民法院不予支持。"

（四）动产质权的效力

1. 动产质权对所担保的债权的效力。质权所担保的范围包括主债权及违约金、损害赔偿金、质物保管费用和实现质权的费用。质权合同另有约定的，从其约定。主债权被分割或者部分转让的，各债权人可以就其享有的债权份额行使质权；主债务被分割出质人仍以其质物担保数个债务人履行债务。但是，第三人提供质物的，债权人许可债务人转让债务未经出质人书面同意的，出质人对未经其同意转让的债务不再承担保证责任。出质人与质权人可以协议设立最高额质权。除适用《物权法》第 17 章第 1 节动产质权的规定外，参照《物权法》第 16 章第 2 节最高额抵押权的规定。

2. 动产质权对质权标的物的效力。作为质押财产的动产为质权的效力所及。此外为了维护质押财产的经济效用与其交换价值，同时兼顾双方当事人的利益，对质押财产以外的物或权利，在一定条件下也应纳入质权的效力所及的标的物的范围。这些物或权利有：

（1）添附物。质物因附合、混合或者加工使质物的所有权为第三人所有的，质物的效力及于补偿金；质物所有人为附合物、混合物或者加工物的所有权人的，质权的效力及于附合物、混合物或者加工物；第三人与质物所有人为附合物、混合物或者加工物的共有人的，债权的效力及于出质人对共有物享有的份额。

（2）从物。动产质权的效力及于质物的从物。但是，从物未随同质物交付于质权人占有的，质权的效力不及于从物。

（3）孳息。质权人有权收取质押财产的孳息，但合同另有约定的除外。收取的孳息应当先充抵收取孳息的费用。

（4）代位物。质权因质押财产的灭失、毁损、征收所得的保险金、赔偿金、补偿金等，是质押财产的代位物，应当作为抵押财产。

3. 质权对质权人的效力。

（1）质权人的权利。

第一，占有质物。对质物的占有，既是质权的成立要件，也是质权的存续要件，质权人有权在债权受清偿前占有质物，并对质物的全部行使其权利。质权人将质物返还给出质人后，即不可以其质权对抗第三人。但是因不可归责于质权人的事由而丧失对质物的占有的，质权人可以向不当占有人请求停止侵害、恢复原状、返还质物。

第二，收取孳息。质权人有权收取质物的孳息，但质押合同另有约定的除外。质权人取得的孳息应当先充抵收取孳息的费用，其次用于主债权的利息、主债权的清偿。

第三，质权的担保。因不能归责于质权人的事由可能使抵押财产损毁或者价值明显减少，足以危害质权人权利的，质权人有权要求出质人提供相应的担保；出质人不提供担保的，质权人可以拍卖、变卖质押财产，并与出质人通过协议将拍卖、变卖所得的价款提前清偿债务或者提存。

第四，优先受偿。债务人不履行到期债务或者发生当事人约定的实现债权的情形时，质权人可以与出质人协议以抵押财产折价，也可以就拍卖、变卖质押财产所得的价款优先受偿。质权财产折价或者变卖的，应当参照市场价格。质物被折价、拍卖或者变卖以后，其价款超过债权数额的部分归出质人所有，不足部分由债务人清偿。在质物灭失毁损或者被征用的情况下，质权人可以就该质物的保险金、赔偿金或者补偿金优先受偿。如果质物灭失、损毁或者被征用，质权所担保的债权又未届清偿期的，质权人可以请求法院对保险金、赔偿金、补偿金采取保全措施。

第五，转质。质权人在质权存续期间，为担保自己的债务，经出质人同意，以其所占有质物为第三人设定质权的，应当在原质权所担保的债权范围之内，超过的部分不具有优先受偿的效力。转质权的效力优先于原质权。质权人在质权存续期间，未经出质人同意，为担保自己的债务，在其所占有的质物上为第三人设定的质权无效。质权人在质权存续期间，未经出质人同意转质，造成质押财产毁损、灭失的，应当向出质人承担赔偿责任。

第六，放弃质权。质权人可以放弃质权。债务人以自己的财产出质，质权人放弃该质权的，其他担保人在质权人丧失优先受偿权益的范围内免除担保责任，但其他担保人承诺仍然提供担保的除外。

（2）质权人的义务。

第一，质押财产的保管义务。《物权法》第 215 条第 1 款规定："质权人负有妥善保管质押财产的义务；因保管不善致使质押财产毁损、灭失的，应当承担赔偿责任。"

第二，返还质押财产的义务。《物权法》第 219 条第 1 款规定："债务人履行债务或者出质人提前清偿所担保的债权的，质权人应当返还质押财产。"此种情形，质权当然消灭，质权人丧失占有质押财产的根据，即应将质押财产返还。质押财产的返还以出质人为相对人。

4. 质权对出质人的效力。

（1）出质人的权利。

第一，出质人在质权人因保管不善致使质物毁损灭失时，有权要求质权人承担民事责任。质权人的行为可能使质物毁损、灭失的，出质人可以要求质权人将质物提存，或者要求提前清偿债务并请求返还质物。在此种情况下将质物提存的，提存费用由质权人承担。同时，出质人提前清偿债权的，应当扣除未到期部分的利息。在质权存续期间，质权人未经出质人同意，擅自使用、处分质物，因此给出质人造成损失的，出质人有权要求质权人承担赔偿责任。

第二，出质人可以请求质权人在债务履行期届满后及时行使质权；质权人不行使的，出质人可以请求人民法院拍卖、变卖质押财产。

第三，债务履行期届满，债务人履行债务的，或者出质人提前清偿所担保的债权的，出质人有权要求质权人返还质物。

第四，出质人如果是债务人以外的第三人，该第三人代为清偿债权或者因质权行使丧失质物的所有权时，有权向债务人追偿。

第五，债务履行期届满，出质人请求质权人及时行使权利，而质权人怠于行使权利致使质物价格下跌，由此造成的损失，出质人有权要求质权人予以赔偿。

（2）出质人的义务。因质押财产存在隐蔽瑕疵而致质权人遭受损害时，应由出质人承担赔偿责任。但是，质权人在质押财产转移时明知质押财产有瑕疵而予以接受的除外。

（五）动产质权的实现

动产质权的实现，是指质权所担保的债权已届清偿期，债务人未履行债务的，质权人与出质人协议以抵押财产折价，或者依法拍卖、变卖质押财产并就所得的价款优先受偿的行为。依照《物权法》第 219 条第 2 款的规定，动产质权的实现条件有三点：①动产质权有效存在；②债务人不履行到期债务，或者发生当事人约定的实现质权的情形；③作为质权人的主债权人未受清偿。

动产质权实现的方式有三种：折价、拍卖和变卖。其中拍卖是主要方法。质权财产拍卖、变卖的变价款，质权人有权优先受偿。质押财产折价、拍卖或者变卖后，其价款超过债权数额的部分归出质人所有，不足部分由债务人清偿。

（六）动产质权的消灭

除担保物权的共同消灭原因，如混同、抛弃、没收等会导致动产质权消灭之外，以下几项原因也会导致动产质权的消灭：

1. 质押财产的返还。由于动产质权以质押财产的占有作为生效要件与存续要件，当质权人将质押财产返还给出质人时，因其已经丧失对质押财产的占有，无法通过占有向外界展示动产上存在的质权，为防止第三人蒙受不测的损害，质权归于消灭。

2. 质押财产的灭失。质权因质押财产的灭失而消灭。物权因标的物的灭失而归于消灭，动产质权作为一种担保物权，自然也因质押财产的灭失而消灭。灭失，应当指绝对灭失，不包括相对灭失。因质押财产灭失而获得的保险金、赔偿金作为质押财产的代替物，仍为质权人效力所及。

三、权利质权

（一）权利质权的概念与特征

权利质权是指为了担保债的履行，在债务人所享有的财产权利上设定的质权。权利质权除了一些特殊问题外，准用动产质权的规定。因此，权利质权是一种准质权。权利质权的标的物是财产权利，但不是说任何财产权利都可以作为权利质权的标的物。能够作为权利质权的标的物的权利，具有下列特征：

1. 必须是财产权。财产权包括物权、债权及无体财产权等可以用金钱估价的权利。自然人、法人的人格权、身份权等人身权，不能转让，也就不能作为权利质权的标的物。

2. 必须是可让与的财产权。财产权有可让与的，有不可让与的，只有可让与的财产权才可以作为权利质权的标的物。设定权利质权，目的是就该权利受偿，如果该权利不能让与，就不能以该财产权利的变卖价金受偿，也不能由质权人取得财产权利，这样的权利质权就毫无意义。

3. 必须是不违背质权性质的财产权。质权是动产质权，不动产原则上不能设定质权，因此不动产物权，如建设用地使用权，不能设定权利质权。

（二）权利质权的设立

作为权利质权的设立，具体地讲有以下几类：

1. 汇票、本票、支票、存款单、仓单、提单。以这些权利中任意财产权利出质的，当事人应当订立书面合同。质权自权利凭证交付质权人时发生效力。没有权利凭证的，质权自有关部门办理出质登记时发生效力。

以已载明兑换或者提货日期的汇票、本票、仓单、提单出质的，其兑换或者提货日期先于债务履行期的，债权人可以在债务履行期届满前兑换或者提货，并与出质人协议将兑换的价款或者提取的货物用于提前清偿所担保的债务或者向与职权人约定的第三人提存；其兑换或者提货日期后于债务履行期的，质权人只能在兑换或者提货日期届满时兑换款项或者提取货物。

以汇票、支票、本票等票据或者公司债券出质的，出质人与质权人没有背书“质押”字样的，这种票据或者债券的质权不可以对抗第三人。

以票据、债券、存款单、仓单、提单出质的，质权人再转让或者质押的无效。

以存款单出质的，签发银行核对后又受理挂失并造成存款流失的，银行应当承当民事责任。

2. 依法可以转让的基金份额、股权。以基金份额、股权出质的，当事人应当订立书面合同。以证券登记结算机构登记的债权出质的，质权自证券登记结算机构办理出质登记时设立。

基金份额、股权出质后，不得转让，但经出质人与质权人协商同意的除外。出质人转让基金份额、股权所得的价款，应当向质权人提前清偿债务或者提存。

以依法可以转让的基金份额、股权出质的质权的效力及于基金份额、股权的法定孳息。

3. 依法可以转让的注册商标专用权、专利权、著作权等知识产权中的财产权。以上知识产权的出质应当订立书面合同，质权自有关主管部门办理出质登记时设立。

上述知识产权出质后，出质人不得转让或者许可他人使用，但经出质人与质权人协商同意的可转让或者许可他人使用。出质人由此所得的转让费、许可费应当向质权人提前清偿所担保的债务，或者向与质权人约定的第三人提存。出质人未经质权人同意而转让或者许可他人使用已出质的权利的，应当是无效行为。因此给质权人或者第三人造成损失的，由出质人承担责任。

4. 应收账款。以应收账款出质的，当事人应当订立书面合同，质权自信贷征信机构办理登记时设立。应收账款出质后，不得转让，但经出质人与质权人协商同意的除外。出质人转让应收账款所得的价款，应当向质权人提前清偿债务或者提存。

5. 法律、行政法规规定可以出质的其他权利。权利质权除适用《物权法》第17章第2节权利质权的规定外，还适用《物权法》第17章第1节动产质权的规定。

（三）权利质权的效力

1. 权利质权对担保的债权和质押财产的效力。

（1）权利质权对担保的债权效力。权利质权对债权的担保范围，大体与动产质权的担保范围相似。但是有些权利质权的设定并不需要转移占有只需办理登记即可，即使有些权利质权需要转移权利凭证，但不存在支出标的物的保管费用。所以权利质权担保的债权范围仅包括主债权、利息、违约金、损害赔偿金以及实现质权的费用。

（2）权利质权对质押标的物的效力。就权利质权效力所及的标的物范围而言，应当准用关于动产质权的有关法律规定。但是权利质权与动产质权也存在差别，以股权设立质权的效力与动产质权相比，尤其明显，有以下差别：

第一，权利质权的标的物属于无形资产，不存在毁损的可能。即使有些权利必须负载在票据之上，也并不因该票据的毁损而导致票据权利的消灭，权利人可以通过挂失止付、公示催告等特定方式获得票据权利，此时重新获得的票据权利与先前的票据权利二者具有同一性而非代位物。因此，不存在作为质权标的代位物的问题，其仍然是质权的标的物。

第二，权利质权标的物的灭失情形多种多样，有时候权利的灭失所获得的财产既非赔偿金、也非保险金，而正是属于权利内容之一。例如，公司股东将股权抵押后不久，公司宣告破产，股东享有在公司破产后的剩余财产索取权，行使该权利获得的财产并不是股权的代位物，而是股权的内容之一，仍然是质权的标的物。

2. 权利质权对质权人的效力。《物权法》第229条规定，权利质权准用动产质权的有关规定，因此权利质权人的权利义务基本上与动产质权人相同。例如，质权人享有占有或者留置权利凭证、收取质押财产孳息的权利、变价质押财产的权利以及优先受偿的权利。权利质权设定后，质权人负有妥善保管质押标的物和返还质押标的物的义务。其特殊之处在于：

（1）股票质权人有保全股票价值的权利。股票市场瞬息万变，当质权人接受股票质权时将面临的一个严峻的问题就是由于基金、股票的价格经常变动，因而极有可能因股票价值在债权存续期间内急剧下跌而减少股票质权的担保功能。这时，质权人出于保全质押财产价值的考虑，经出质人同意，可以转让基金份额或股权，以保全股票价值。

（2）质权人转让标的物的限制。质权人就质押财产享有的仅为质权而非所有权，因此质权人也不得随意将作为质押财产的股票进行转让。

出质人对已经质押的商标专用权以及专利权、著作权中的财产权的转让，也受到限制，即不得转让或者许可他人使用，仅在与质权人协商同意时才可以转让。限制的原因在于，以商标专用权、专利权以及著作权中的财产权设立质权发生效力的条件只是办理登记即可，出质人无须也无法转让权利凭证，所以出质人完全有可能将这些已经设立质权的权利再次转让或者许可他人使用。此种转让或许可很可能导致质押财产价值下降，有害于债权人的合法权益，所以必须加以限制。

（3）质权人转质标的物的禁止。在动产质权中，质权人享有转质权。但是，由于股票、债券、存款单、仓单、提单等多属于记名证券，质权人无法进行承诺转质，所以，在司法实践中，以股票、债券、存款单、舱单、提单出质的，质权人再行质押的无效。只有在无记名证券质押中，在质权人征得出质人同意的情况下，才可能将证券再行设立质权，成立转质。

3. 权利质权对出质人的效力。

（1）出质人的权利。质权人不能尽善良管理人的注意义务，而导致权利凭证可能灭失或损毁的，出质人有权要求质权人将权利凭证提存，也有权提前清偿债权而消灭权利质权，以取回设立质权的权利凭证。

此外，权利质权设定后，无论质押物是否有灭失或者毁损的危险，出质人均有权提前清偿所担保的债权，以消灭权利质权。权利质权因出质人提前清偿而消灭的，出质人有权取回质押的权利凭证或者注销权利质权的登记。

出质人为债务人以外的第三人，而以其财产权利设立质权的，出质人有权在债权人实现质权后对债务人进行追偿。同时该物上保证人也有权代债务人提前清偿债务以消灭权利质权，以取回质押的权利凭证或者注销质押登记。

（2）出质人的义务。出质人在将其享有的权利出质后，并非丧失对权利的处分权，但由于该权利已经成为质权的标的物，如果仍然允许出质人随意加以处分，必然危害质权人对该标的物交换价值的支配权，权利质权所具有的担保功能将丧失殆尽。例如，出质人通过法律行为使质权消灭。所以在权利质权中对出质人处分权作出更加严格的限制。各国法律通常是禁止出质人在未经质权人同意的情况下通过法律行为将质押权利消灭。

我国《物权法》虽未作出此种规定，但是仍依照权利的不同而对出质人的处分权进行相应的限制，由于在权利质权设立部分已经叙述，在此不再重复。

第四节　留置权

一、留置权的概念和特征

留置权，作为债权人现有的一种担保性质的权利，比较典型的留置权模式有德国民法中债权效力模式的留置权和瑞士民法中担保物权模式的留置权。前者将留置权看作债权的效力之一，相对人未履行债务前，债权人可以拒绝应为之给付，属于给付拒绝权，这种模式称为债权效力模式。后者规定留置权属于法定担保物权，即担保物权模式。这种观点认为，当留置物与债权之间存在牵连关系时，债权人在其债权受清偿前，可以留置标的物，强调债权与物之间的牵连关系。大陆法系留置权在民事留置权与商事留置权规定上存在不同。上述德国民法的债权效力模式留置权和瑞士民法的担保物权模式留置权，在理论上称为民事留置权或者一般留置权，源于罗马法上的债权抗辩权，属于对人的抗辩权。商事留置权是指商人之间因营业发生的债权债务关系，债权人在其债权未受清偿前，就所占有的债务人的物行使留置权。其源于中世纪意大利商人团体习惯法，故商事留置权的成立较民事留置权宽松。我国在民事立法上采用民商合一原则，物权法规定的留置权属于一般留置权，但是内容上对商事留置权也有所体现，如《物权法》第231条所规定的“企业之间留置”的留置权类型。留置权是指债权人合法占有债务人的动产，在债务人逾期不履行债务时，有权留置该动产以迫使债务人履行债务，并在债务人仍不履行该债务时就该动产优先受偿的权利。留置权具有以下特征：

1. 留置权是动产担保物权和占有性担保物权。首先，留置权是动产担保物权，其标的物为动产，其在标的物范围限定上与抵押权、质权均有不同。其次，留置权是占有性担保物权，只有留置权人占有动产，留置权才能成立。

2. 留置权是具有二次效力的担保物权。留置权作为担保物权，具有担保物权的共性，即从属性、不可分性、物上代位性等。但与其他担保物权不同的是，留置权具有二次效力性。留置权的第一次效力为留置效力，即债权人在债务人清偿债务前，有权就其占有的留置物继续占有，并得对抗债务人对标的物的返还请求权。债务人欲使留置权人返还其标的物，非先清偿债务不可，此留置效力也具有同时履行抗辩权的性质。留置权的第二次效力是优先受偿效力，即当债务人不履行到期债务，经催告后仍不履行的，留置权人有权拍卖、变卖留置物，或以留置物折价以使自己与留置物有牵连关系的债权优先受偿。

3. 留置权是一种法定担保物权。符合一定的条件时，依法律的规定，当然发生债权人的留置权，而无须合同事先约定。

二、留置权的成立

留置权的成立，也就是留置权的发生、留置权的原始取得。留置权是法定担保物权，当具有一定条件时，即依照法律规定当然成立，发生留置权的效力，而不能以当事人的约定而产生。按照《民法通则》和《物权法》的规定，留置权成立要件分为积极要件和消极要件。

（一）留置权取得的积极要件

留置权取得的积极要件，主要有以下几项：

1. 须债权人占有债务人的动产。留置权的目的，在于担保债的履行，因此享有留置权的应当是债权人。至于债权的发生原因，依《担保法》第84条规定，因保管合同、运输合同、加工承揽合同发生的债权，债务人不履行债务的，债权人有留置权。

留置权的取得，债权人须合法占有债务人的财产，其占有方式是直接占有还是间接占有均可。但单纯的持有，例如雇佣人操持家务，其在工作中使用家中的器具，是持有而不是占有，故不能成立留置权。债务人代债权人占有留置物的，留置权不能成立。

债权人合法占有债务人交付的动产时，不知道债务人无处分该动产的权利的，债权人仍可以依法享有留置权。

2. 须债权已届清偿期。债权人虽占有债务人的动产，但在债权尚未届清偿期时，尚不发生债务人不履行债务的问题，不发生留置。只有债权已届清偿期，债务人仍不履行债务时，债权人才可以留置债务人的动产。

债权人的债权未届清偿期，其交付占有标的物的义务已届清偿期的，不能行使留置权。但是，债权人能够证明债务人无支付能力的除外。

3. 债权人留置的动产，应当与债权属于牵连法律关系。学理上通常用“牵连关系”，而不用“同一法律关系”。牵连关系比同一法律关系的范围广。例如，甲将其物交给乙保管，因物的瑕疵造成乙的损害，乙有权请求甲损害赔偿；甲不赔偿的，乙有权留置该担保物。这是基于保管合同产生的留置权。再如，散会后二人拿错了对方的雨伞，从而各自对对方的雨伞有留置权。这是基于纯粹的事实关系发生的留置权，二人错拿对方的雨伞之前没有法律关系存在。

由于留置权所担保的债权与留置权有牵连关系，故而与留置权有牵连关系的债权，都在留置权所担保的范围之内，包括原债权、利息、实行留置权的费用及因留置物的瑕疵给留置权人造成的损失。而留置权的范围，除了留置物本身外还包括其从物、孳息和代位物。

（二）留置权的消极条件

1. 对动产的占有不是因为侵权行为取得。留置权的取得，以对债务人的动产的占有为前提，但其占有必须是合法占有。如果是因侵权行为占有他人的动产，不发生留置权。例如盗贼即使对被盗窃物品支出了必要费用，也不享有留置权。

2. 法律规定不得留置的动产，不得留置。同时对动产的留置不得违反公共利益或者善良风俗。如留置他人待用的殡丧物，违反善良风俗，债权人不能为之。

3. 对动产的留置不得与债权人的义务相抵触。债权人留置债务人的动产如果与其所承担的义务相抵触时，亦不得为之。例如承运人有将货物运到指定地点的义务，在运送途中，不得以未付运费而留置货物。

4. 对留置的财产与对方交付财产前或者交付财产时所为的指示不得相抵触。债务人交付财产于债权人之时或者之前，明确指示债权人于第三人不履行义务时，将标的物交还给债务人的，债权人不得留置。

三、留置权的效力

（一）留置权对留置权人的效力

1. 留置权人的权利。

（1）留置标的物。在债务人不履行债务时，债权人就可以留置标的物，拒绝债务人交付标的物的请求。留置物为不可分物的，留置权人可以就留置物的全部行使留置权；但留置物为可分物的，留置物的价值应当与债务的金额相当，即债权人只能留置与自己的债权额相当的部分，其余部分应当交付债务人。债权人将留置物返还债务人后，即不可以其留置权对抗第三人。但是因不可归责于债权人的事由而丧失对留置物的占有的，债权人可以向不当占有人请求返还留置物。

（2）收取留置物的孳息。收取的孳息，应先充抵收取孳息的费用。

（3）请求偿还费用。债权人因保管留置物所支出的必要费用，有权向债务人请求返还。

（4）就留置物优先受偿。留置权所担保的范围包括主债权和利息、违约金、损害赔偿金、留置物保管费用和实现留置权的费用。债务人可以请求留置权人在债务履行期届满后行使留置权，留置权人不行使的，债务人可以请求人民法院拍卖、变卖留置财产。留置物被折价或拍卖、变卖后，其价款超过债权数额的部分归债务人所有，不足部分由债务人清偿。

2. 留置权人的义务。

（1）保管留置物。留置权人负有妥善保管留置财产的义务，因保管不善致使留置物财产毁损、灭失的，应当承担赔偿责任。在留置权存续期间，债权人未经债务人同意，擅自使用、出租、处分留置物，因此给债务人造成损失的，债权人担当承担赔偿责任。

（2）返还留置物。在留置所担保的债权消灭，或者债权虽未消灭，债务人另行提供担保，债权人同意接受此担保时，应返还留置物给债务人。

（二）留置权对债务人的效力

1. 债务人仍享有对留置财产的原有权利。留置财产所有人仍对留置财产享有所有权，留置财产合法占有人仍对留置财产享有相应的权利。债务人依其权限范围可以处分留置财产，或出卖，赠与或转让，留置权并不因此而受影响，留置权仍对留置财产发生效力，债权人的留置权也不消灭，留置财产也不转移占有，只是留置权人与留置财产的受让人之间产生留置权法律关系，受让人成为新的债务人。原债务人与受让人转让留置财产的权属，受让人成为新的债务人，成为留置权关系的当事人，原债务人是否还为债务人，应依原债务人与新债务人之间的约定。如果双方约定转移债务，且留置权人同意的，则受让人成为债务人，应当承担债权人的债权。作为相反约定，不转移债务的，受让人不成为债务人，原债务人仍为债务人；如果未作明确约定，则推定不转移债务。受让人与原债务人共同作为债务人，担保债权人的债务。当债务人履行债务后，债权人向受让人履行给付留置财产的义务。如果债务人逾期不履行义务，则由留置权人实现留置权，优先受偿，剩余部分或者不足部分，由对应的债务人享有或者承担。

2. 债务人对留置财产行使权利受到限制。留置权成立以后，债务人对留置财产的权利仍然存在，但受到限制。首先，受到限制的是占有、使用及收益权，债务人丧失对留置财产的占有，也无法使用，这两项权能受到了完全限制。收益的权能则部分受到限制，因为留置财产的孳息，经债务人承诺而发生的收益，均由留置权人收取，但权属仍归于债务人。其次受限制的是处置权。从理论上说，债务人如果是留置财产的所有权人，有权将留置财产出质并设定质权，但因质权以质押财产的占有为要件，虽债务人可以将其对留置权人的返还请求权让与质权人，使其取得间接占有而使质权成立。但由于该项返还请求权已因有留置权的存在而不完整，自不会有人愿意接受而成立质权。因而，处置权受到限制。最后，债务人的租赁权受到限制，其可以把留置财产出租，与承租人签订租赁合同，但由于无法交付租赁物，从而债务人的租赁权实现受到限制。

3. 不得干扰、阻碍留置权人行使留置权。留置财产被留置以后，债务人有两种选择，或者及时清偿债务而要求返还留置财产，或者承认留置权人的留置，待其对留置财产变价后优先受偿。债务人无论做何种选择，都必须尊重留置权人行使留置权的事实，不得干扰、阻碍留置权人行使权利，必要时尚需予以协助。债务人不履行这一义务，盗回、抢回或者毁损留置财产，构成对留置权的侵权行为，应当承担侵权责任，赔偿留置权人的损失。盗、抢留置财产而使留置权人丧失占有的，不发生留置权人对留置财产占有的中断，债务人应承担恢复债权人占有留置财产的义务，应将留置财产返还留置权人，或者提供相应的担保。

4. 偿付因留置财产而支出的必要费用。留置财产被留置后，由于其所有权等权属未变，因而债务人对于保管、维护留置财产的一切费用均应承担。对此，留置权人与债务人之间产生新的债权债务关系，并且受到留置权的担保。同时，债务人对于留置财产的隐蔽瑕疵负有责任，如果因此而致留置权人或者他人损害，亦应承担赔偿责任。上述费用应以必要数额为限，超出必要范围的额度支出，债务人不予负担。

四、留置权的实现

《物权法》第236条规定："留置权人与债务人应当约定留置财产后的债务履行期间；没有约定或者约定不明确的，留置权人应当给债务人两个月以上履行债务的期间，但鲜活易腐等不易保管的动产除外。债务人逾期未履行的，留置权人可以与债务人协议以留置财产折价，也可以就拍卖、变卖留置财产所得的价款优先受偿。"《担保法》第87条规定："债权人与债务人应当在合同中约定，债权人留置财产后，债务人应当在不少于两个月的期限内履行债务。债权人与债务人在合同中未约定的，债权人留置债务人财产后，应当确定两个月以上的期限，通知债务人在该期限内履行债务。债务人逾期仍不履行的，债权人可以与债务人协议以留置物折价，也可以依法拍卖、变卖留置物。"比较《物权法》和《担保法》关于留置权人行使留置权的规定，两者之间存在一定区别，按照《物权法》第178条的规定，《物权法》优先适用，因此，留置权人或者债务人应当按照《物权法》第236条规定的条件和程序，正确行使留置权。

（一）留置权的实现条件

留置权人行使留置权的法定条件是债务清偿期间届满。因留置权属于法定担保物权，债权人与债务人不存在协商留置权的行使条件问题，因此债权人仅能按照法律规定的条件行使留置权。与抵押权、质权的条件不同，法律规定留置权行使条件不是被担保的债务到期，而是留置权人与债务人之间的债务清偿期间届满。所谓“留置权人与债务人约定的债务清偿期间”，即债务人财产被留置后，债权人与债务人约定的清偿债务的宽限期。该宽限期在债务到期之后，期限长短由债权人与债务人约定，法律不作限制。如果债权人与债务人没有约定期限或者约定不明确的，按照《物权法》第236条第1款的规定，“留置权人应当给债务人两个月以上履行债务的期间，但鲜活易腐等不易保管的动产除外”。

上述期间自何时开始起算，对留置权人和债务人均非常重要。当事人对其没有约定或者约定不明时，此期间起算时间只能根据法律的规定合理确定。鉴于留置权成立于债务到期之日，债务人对债务到期为明知，对留置权成立日也就明知，因此以留置权成立之日起算2个月的债务清偿期间，既符合债权人与债务人对自身权利义务的合理预期，也符合平衡双方权益的需要。基于此，留置权人与债务人没有约定债务清偿期间或者约定不明确的，自债务到期、留置权成立之日起2个月为债务清偿期间，期间届满债务人未履行债务的，留置权人有权行使留置权。

（二）留置权的实现程序与方式

1. 留置权人实现留置权的程序与方式。留置权人实现留置权与质权人实现质权的程序、方式相同，均属于自力救济，无须通过司法程序。首先，留置权人可以与债务人协议以留置权人折价抵偿债权；其次，留置权人可以依法拍卖、变卖留置物，以留置物变现价款优先受偿，无须通过司法机关。留置权人折价或者拍卖、变卖留置物，不以先与债务人协商为必要，只要留置权实现条件成就，留置权人即可以自行拍卖、变卖留置物，留置物的所有权人不得妨碍留置权人实现权利。留置权人在约定或者法律规定的期限届满之前实现留置权的，留置权人应对由此造成的债务人的损失承担民事赔偿责任。

2. 债务人请求留置权人实现留置权的程序和方式。留置权作为担保物权，通说认为不适用诉讼时效的规定，我国物权法也未规定留置权的存续期间，故留置权可以长期存在，留置权人可以一直占有留置物。留置物在留置权人占有期间，债务人和留置权人均不能对留置物使用、收益，留置物价值得不到发挥，对债务人和留置权人均无益处。《物权法》第 237 条对此规定："债务人可以请求留置权人在债务履行期届满后行使留置权；留置权人不行使的，债务人可以请求人民法院拍卖、变卖留置财产。"

（1）债务人的督促权。依照物权法的规定。债务人与留置权人约定债务清偿期的，在期间届满后，债务人即可行使对留置权人的督促权；未约定债务清偿期或者约定不明确的，债务到期后，债务人即可行使对留置权人的督促权，不必等到《物权法》第 236 条第 1 款规定的 2 个月法定债务清偿期的届满。因为，法定债务清偿期的规定是出于对债务人的保护，相当于债务人的期限利益，债务人可以放弃。

债务人行使督促权是指直接请求留置权人行使留置权。法律对债务人"请求"的方式未作规定，债务人可以自行选择，发函、传真、电话、电子邮件等方式均可。鉴于《物权法》第

237 条将债务人请求留置权人行使留置权作为债务人“请求人民法院拍卖、变卖留置财产”的前提，故债务人“请求”的方式以能够被证明为宜。然而，即便留置权人以债务人未先行行使督促权为由对法院依债务人的请求拍卖、变卖留置财产提出异议的，也不能实际发生阻止拍卖、变卖的作用，法院认为留置权人异议成立的，可以暂停拍卖、变卖程序，给留置权人和债务人一个合理的协商期，双方协商不成的，拍卖、变卖程序继续进行。

（2）债务人请求人民法院拍卖、变卖留置财产的申请权。当留置权人不行使留置权时，为发挥留置物的价值，物权法赋予债务人启动司法程序拍卖、变卖留置物的权利，该权利在性质上属于债务人享有的启动非诉讼执行程序的申请权。法院收到债务人的申请后，按照非诉讼执行程序予以处理，其步骤和内容与抵押权人请求法院实现抵押权的程序相同。

五、留置权的消灭

留置权的消灭原因与其他担保物权基本一致，如留置权因被担保的债权消灭而消灭、因留置物的灭失且无代位物而消灭、因留置权人实现留置权或者放弃留置权而消灭等。除此之外，留置权还有其特殊消灭原因。依照《物权法》第 240 条和《担保法》第 88 条的规定，留置权的特殊消灭原因有留置权人丧失对留置物的占有和留置权人接受债务人另行提供的担保。

（一）留置权因留置权人丧失对留置物的占有而消灭

债权人占有留置物是留置权成立要件之一，也就是留置权的公示方式，留置权人丧失对留置物的占有的，留置权消灭。留置权人丧失对留置物的占有区分为两种情况，一种情况是留置权人依自由意志丧失对留置物的占有，比如主动返还留置物；

另一种情况是留置物因被侵夺而丧失占有。前一种情况下，留置权人主动、自愿放弃对留置物的占有，留置权自留置权人丧失对留置物的占有时消灭，债权人对留置物不再享有优先受偿权。但此后债权人再占有留置物时，留置权得以再生，成立新的留置权；后一种情况下，留置权人虽丧失对留置物的占有，但留置权不消灭，债权人根据《物权法》第245条规定的占有返还请求权，“自侵占发生之日起一年内”，请求侵占人返还留置物。留置物返还后，留置权继续存在。比如，留置物被债务人或者第三人窃得，留置权人行使占有返还请求权获得胜诉，债务人或者第三人返还留置物与债权人，债权人再占有留置物后留置权继续存在。

留置权人将留置物出租、出质、出借、委托第三人保管，视为留置权人间接占有留置物，留置权不消灭，但未经留置物所有权人同意的，对由此造成的损失，留置权人承担赔偿责任。《日本民法典》第302条即规定有此内容〔1〕。《物权法》对此未作规定，但依通说，应采上述见解〔2〕。

（二）留置权人接受债务人另行提供的担保

留置权可以被债务人提供的其他担保所代替，留置权在债权人接受债务人提供的其他担保后消灭。比如，债权人同意第三人为债务人提供保证担保的，自保证合同签订后，留置权消灭。又如，债权人接受债务人提供的其他动产质押的，自债权人接受动产质物时，留置权消灭。债务人提供其他担保，不被留置权人接受的，留置权不消灭。即便债务人提供的担保与债权额相当，而留置物的价值远远大于债权额的，债务人也无权

〔1〕［日］近江幸治：《担保物权法》，祝娅等译，法律出版社2000年版，第29页。

〔2〕（台）史尚宽：《物权法论》，中国政法大学出版社2000年版，第520页。

要求留置权人必须接受新的担保以替代留置权担保，此时，债务人如欲取回留置物，可以通过清偿债务的方法消灭留置权，取回留置物。

思考题：

1. 担保物权的概念和特征是什么？
2. 如何处理担保物权的竞合？
3. 抵押权的概念和特征是什么？
4. 什么是动产浮动抵押权？
5. 质权的概念和特征是什么？
6. 权利质权的优势在哪里？
7. 抵押权与质权有什么区别？
8. 如何理解留置权的成立要件及效力？

第五章

占有

第一节　占有概述

一、占有的概念和特征

占有是指占有人对不动产或者动产的实际控制。占有制度是现代民法中的一项重要制度，纵观各国立法，诸多国家或者地区都对占有制度有明确的规定，如《德国民法典》把占有制度置于物权编之首；《瑞士民法典》将占有和登记制度与所有权、他物权制度并列，作为物权法三大部分内容之一；《日本民法典》直接确定了占有权，并置于物权之首。但在我国，占有制度一直受到冷遇。《物权法》出台以前，占有只是作为所有权的权能之一，被规定于《民法通则》第 71 条。直到《物权法》颁布，占有才被作为一项独立的法律制度得到确立。《物权法》将占有独立设为一编，与所有权、用益物权、担保物权并列加以规制，这体现了占有制度在《物权法》中的独立地位和重要作用。但是从法条的数量和规定的内容来看，《物权法》对占有制度的规定非常简略，占有编仅有五个条文（第 241 条至 245

条），其中仅涉及占有的调整范围、无权占有情形下的损害赔偿责任、原物及孳息的返还以及占有的保护等问题。[1] 关于占有制度的一些相关特征，主要反映在对占有的成立与否的认定标准的层面上。一般说来，占有具有以下特征：

1. 占有是一种法律保护的事实。对于占有的含义，在理论上有不同的见解。主观说认为，占有的要素包括心素和体素，心素是所有的内在意思，体素则是占有的事实，占有就是以所有人的意思控制某物的状态或以自己的名义为自己的利益而事实上支配物。客观说认为，占有是一种单纯的事实状态。"私有财产的真正基础，即占有，是一个事实，是不可解释的事实，而不是权利。只是由于社会赋予实际占有以法律的规定，实际占有才具有合法占有的性质，才具有私有财产的性质。"[2] 占有究竟是事实还是权利，罗马法上就有争论，各国的立法例也不一致。如果说我国是属于客观说支配下的立法例，那么日本民法关于占有权的规定则是比较典型的主观说。但是，即便是在如日本的主观说的立法例中，在司法实践中关于主观心素是否成立的判断上，实际上也是非常宽泛的。

2. 占有的客体仅限于物。按照《物权法》的规定，占有的客体仅限于物，包括动产和不动产。占有制度的构造所针对的是对物的事实支配，也就是说占有制度并不包括对权利的占有。传统民法理论体系中，也有将针对有体物的支配状态的保护，称为占有，而对于物之外的"权利"的支配状态，称为"准占有"的分类方法。对于不以物的占有而成立的财产权，如地役权和专利权等，不得成立占有，而成立准占有。从比较法角度

[1] 胡康生：《中华人民共和国物权法释义》，法律出版 2007 年版，第 512 页。

[2] 《马克思恩格斯全集》（第 1 卷），人民出版社 1956 年版，第 382 页。

来说，在日耳曼法等立法例中，也有将针对权利的准占有一并列入占有制度加以规制的立场。但是我国民法中并没有构建关于针对权利的“准占有”制度，从对法律条文的直接的文义解释来看，我国民法中的占有制度应该仅限于对物的支配状态。

3. 占有是人对物具有事实上的管领力。这种管领力，就是人对物具有实际的控制和支配能力。空间、时间和法律上的结合是判断事实上管领力的标准。空间上的结合表明特定物在特定人的控制下，时间上的结合要求这种控制有一定的连续性，法律上的结合强调控制的效力而非直接控制。如工厂雇佣一个卡车司机为自己运货，虽然司机自己一时支配着卡车，但是也并不意味着工厂放弃了自己的占有。所以，在社会实践中，有些情形下，虽然占有人将对物的占有暂时交给了他人，使得他人暂时替代占有人而事实上支配着该物，但是对于这种暂时的占有并没有通过法律保护的必要。对于这种情况，我们认为这个“他人”——即事实上的支配者并没有取得占有，也就是说占有人对物的占有没有变化，而仅仅是“通过”他人进行占有而已。对于这种情况下的这个事实上的支配者，我们称之为“占有辅助者”，或者“占有机关”。这种占有辅助者，实践中往往是与占有者具有一定附属关系的人，因此，占有者暂时将支配物的权利交给他们，只是通过他们对物进行占有，而并没有放弃对物的权利。所以，在司法实践中，这个在事实上支配着物的人，究竟是“占有辅助者”，还是真正的占有人，其定性决定着谁可以受到法律的保护，所以如何认定是很重要的问题。

4. 占有的主体相对比较广泛，可为物权人，也可为非物权人。也就是说，物权人对于标的物的占有是属当然，但占有人并不以物权人为限。占有制度与物权制度之间虽然有联系，但并不存在包容关系，在立法上有着相对独立的地位。正是由于这一点，才把占有放入物权法，使占有在物权法中占有一席之地。占有只要是基于法律行为，或基于合同（合同内容不得违背法律）行为，就是合法占有，就应当得到保护。曾经有一个案例，一个被告人，潜入交通管理部门，将自己已经被交通管理部门扣押的车辆偷偷开走，其后被以盗窃罪判处刑罚。此案引起较大争议，很多人认为开走的是自己所有的车辆，还被按盗窃罪判刑，从法理上讲不通，但是从占有角度就可以理解为什么要对该人判处刑罚。

二、占有制度的意义和功能

占有制度是物权的起点，是物的秩序的基础。一方面，占有是人类对物进行支配的基础。人类为了生存和发展，必须对物进行占有以满足自己生存需要；另一方面，占有制度是其他物权制度的基础与逻辑起点。

（一）占有制度的意义

1. 占有制度有利于稳定现实的占有关系，维护占有人的利益。占有人可基于事实上的占有，对抗一切人的侵害和妨碍。占有制度还将举证责任归于主张权利的人，占有人之占有在被主张权利的人证明为非法占有之前，占有制度一律推定其为合法占有，任何人不得妨碍占有人行使权利。占有制度对物的现实占有人是否享有所有权或者他物权在所不问，即使有人对占有人的占有提出异议，其占有是否合法的举证责任也不由占有人负担，而由异议人负担。

2. 占有制度有利于维护商品交易安全，促进商品经济的发展。从某种意义上讲，占有制度是一种倾向于社会利益，以社会公众之利益要求为价值目标的法律制度，它关心的是秩序和交易安全。占有制度简单地将静态的控制状态作为占有成立之唯一要件，然后“不加分辩”地予以保护，求得时间和效率的最佳谐和，发挥着不可忽视的作用。

3. 占有制度有利于维护社会的正义与和谐。在民法的各项制度中，占有制度最能体现民法的诚实信用和公平原则。按照占有制度的规定，保护善意占有人的利益、公平解决本权人与善意占有人的纷争，就能发扬诚实信用与公平的观念，维护社会的正义与和谐。

（二）占有制度的功能

1. 占有具有保护对物的事实支配秩序的功能。对于人类社会而言，物的归属秩序是整个财产秩序的基础，占有制度的确立，在一定程度上确认了占有者对物支配的状态，避免了无序的争夺对物的权利的混乱，对社会的稳定和财产秩序的有序运行有一定的积极作用。在传统的大陆法系民法理论中，对于所有权人的自力救济是持有否定性倾向的，即便是肯定自力救济的立场一般也对其行使多有限制。因此，一旦占有秩序形成后，即便是物的原所有人也不能随意的通过自力救济侵夺占有人对物的占有。

2. 占有制度对于真正对物拥有本权的人，具有减轻其证明责任的作用。我国学者常常将其表述为表彰本权的功能。由于占有其物的人常常就是实质上拥有本权的人，所以承认和保护对物的占有状态，实质上可以起到对本权人的保护作用。我们日常所拥有的一些物品，如果发生权利纠纷的话，往往所有人证明其所有权并不是一件很容易的事。比如你现在正在使用的钢笔，你至多只能证明你是从某人手中购买的，可是谁又能证明卖家就一定拥有合法的所有权呢？如果我们仔细思考一下，会发现你想要证明你拥有这根钢笔的所有权是一件非常困难的事（在传统民法理论中把这种现象称为“恶魔的证明”）。而确立了占有制度后，在一定程度上减轻了所有人的这种证明责任。

3. 占有制度有通过占有而取得本权的功能。这是我国民法学者常常提及的，即在传统的物权民法理论中，例如取得时效、先占以及关于埋藏物、遗失物的取得等，在满足一定条件下，通过占有物品而取得本权的制度设计。因此，虽然占有制度本身并不是为了取得所有权等本权而创设的物权取得制度，但是实际上，占有制度有连接占有和本权的功能是可以得到认可的。但是在我国现行的物权实体法律体系中，实际上并没有规定这些类似的制度。例如四川彭州市村民在河道中发现乌木一案中，村民是否可以通过占有该物进而取得所有权，在我国现行的民法体系中是持否定态度的。有学者以我国物权法中免除了善意占有人的赔偿责任，或者赋予其请求已支出的必要费用的权利等规定为由，认为我国物权法也在一定情况下承认占有可以取得部分本权。笔者认为，这实际上是在一定情况下参照了无因管理的情形进行了处理，与占有和本权的连接相去甚远。

除此之外，由于传统的大陆法系民法理论否认物权请求权适用于物权之外的其他权利保护的功能，因此，占有制度的存在可以让基于债权性权源而占有物的占有人，利用占有制度来保护他对该物的占有。这也是传统大陆法系民法理论承认的占有制度的一个重要功能。

三、占有的种类

在学理层面上，占有可以分为诸多种类。

（一）有权占有与无权占有

占有人可以是依法有权占有不动产或者动产，如根据租赁合同在租期内占有对方交付的租赁物。占有人也可能是无权占有他人的不动产或者动产，如借他人的物品，过期不还。我们在前面介绍过“本权”的概念，它是指一切可以产生占有的权利，也就是说一切以权利人合法的占有标的物为其表象的权利。所以，本权的概念与我们所接触到的其他法律权利概念略有不同，可以说本权是专门为了占有制度而创设的一个特殊的概念，用以区别占有者是否具有合法的占有的基础。所以，只要是能给占有者带来合法的占有基础的权利，都可以成为本权，无论它是像所有权那样的物权，还是基于合同而获得的使用租赁物的债权。因此，以占有者是否拥有本权为标准，我们可以把占有区分为有权占有和无权占有。用益物权人、动产质权人、留置权人对于不动产或者动产的占有，即为有权占有。租赁权人对于租赁物的占有、借用人对于借用物的占有、保管人对于保管物的占有、承运人对于托运货物的占有，也都属于有权占有。恶意侵占他人动产或不动产，属于无权占有。区分有权占有和无权占有的实益主要在于对二者的保护的不同。我们前面提到，占有制度的功能中，有表彰本权的功能，这主要就是针对有权占有而言的。实际上，如果我们思考一下会发现，有权占有这个概念其实是个在逻辑上有重复嫌疑的概念。既然占有人有法律上所许可之原因，那么他对物的占有其实完全可以依据那个“法律上之原因”来保护就可以了，往往并不需要占有制度。《物权法》第 241 条规定：“基于合同关系等产生的占有，有关不动产或者动产的使用、收益、违约责任等，按照合同约定；合同没有约定或者约定不明确的，依照有关法律规定。”其实说的就是这个道理。因此，有权占有实际上只有在本权由于各种原因难以证明或者难以保护权利人时起到一些辅助作用，其适用范围也是很有限的。尤其是考虑到占有的效力问题时，占有的效力主要有权利的推定和占有诉权两个方面，而对于有权占有来说，其效力主要也就局限于权利的推定方面，而占有诉权对于有权占有来说就显得有些画蛇添足了。

（二）善意占有与恶意占有

善意占有和恶意占有是在无权占有领域中的进一步的分类，也就是说只有无权占有才涉及善意或恶意的问题。众所周知，所谓善意和恶意的概念在民法理论中一般是指法律主体是否“知道”，而在占有制度中，二者区别标准就在于占有者对自己“无权占有”的事实是否知情。占有人不知道自己是无权占有的，为善意占有；明知自己属于无权占有的，为恶意占有。例如，小张偷偷地拿走同事的手机或者在路上拾得一个手机，而据为己有，那么这就是恶意占有；而如果小张错把同事的手机当成自己的拿走，那么这就是善意占有。但是事实上，从举证角度来说，占有者本身是否知情，是一个比较难以证明的情况，所以也有学者提出在没有反证的前提下，应以推定占有者是善意占有为常态。目前关于这个问题尚未有成文法层面的规范，从立法理论来说，这种观点有一定道理。

区分占有人是善意占有还是恶意占有，从我国实体法层面来讲具有重要的意义，因为我国物权法中明确区分了善意占有和恶意占有的情形，对不同情形下的占有人采取了不同的处理方法，详细内容我们留到“占有的效力”部分再进行讨论。

（三）自主占有与他主占有

所谓自主占有，顾名思义就是为自己而进行的占有，也就是说，占有人是基于所有的意思而为的占有。相反的，如果占有人并没有“据为己有”的意思，就是他主占有。这里需要厘清的是：所谓的“所有该物的意思”究竟是什么样的意思，也就是什么样的情形才算作是自主占有。

我们首先要明确的是，自主占有的“所有的意思”，并不一定是占有人认为自己拥有合法的所有权，只要占有人有“据为己有”的意思就可以了。那么，实际上自主占有就可能包含着下面的三种类型：一种是占有人就是物的合法的所有者；还有一种情形是占有人误以为自己是所有者而占有物，比如我们前面设例中占有人误拿了别人的手机；最后，还有一种情形是占有人明知自己没有所有权而据为己有，比如前文设例中的小偷，也是一种典型的自主占有，或者现实中可能有些遗失物的拾得者不懂法律而认为“谁捡到了就归谁”，也可以划为此类。

关于自主占有和他主占有的分类，如前文所述涉及我们判断直接占有和间接占有的一些问题，另外，从传统物权法理论来说，也涉及了取得时效和先占等占有连接本权的问题，这里不再赘述。另一方面，自主占有和他主占有实际上与我们认识物权理论中的自物权与他物权概念也有所关联，值得我们进一步思考。

（四）直接占有和间接占有

我们说占有是保护占有人支配物品的事实状态的法律制度，可能会给人带来一种错觉，似乎占有就是在物理上对物的直接支配，而如果占有人并没有在物理上直接支配占有物，就脱离了占有制度的本意。事实上并不是这样的。占有制度包括占有人对物的直接的事实支配状态，也包括占有人通过他人对物的间接的支配状态，即社会性支配。前者一般被称为直接占有，例如，质权人、承租人、保管人、借用人的占有为直接占有。后者则为间接占有，间接占有人虽未直接占有某物，但依据一定的法律关系而对于直接占有人享有返还占有请求权，从而对该物间接管领和控制。二者均可以通过占有制度而请求保护。例如，甲把自己盗窃而得来的手机——当然，如果是甲自己的手机也无妨，这里只是为了让设例更加鲜明——送去乙处修理，或者把该手机质押给乙，那么对该手机实际物理上进行占有的人变成了乙，因此乙被称为“直接占有人”；而甲则变成了通过乙而间接占有该手机的人，即“间接占有人”（或者占有代理人）。而这种间接占有的关系的发生，是甲基于某种原因将自己对物的直接占有转移给了乙，因此，实际上是由于这种转移了占有物的法律关系的存在，才使得间接占有得以发生，否则，甲的占有则直接丧失了，变成了甲乙之间的占有回复之争。因此，这种法律关系被称为“占有代理关系”或者“占有媒介关系”。

占有代理关系可以是基于合同而形成的债权关系，也可以是例如因担保等情形而形成的物权关系，甚至于即使这种代理法律关系本身无效，也并不影响间接占有的形成。也就是说，占有代理关系的存在仅仅表示直接占有人对间接占有人负有返还该占有物的义务，如果该义务成立，那么间接占有人的占有也就成立了。解释的再直白一些：间接占有人基于一个“占有代理关系”而把自己占有的东西给了另一个人——直接占有人，那么只要证明存在这样的一个关系就可以证明间接占有人并没有放弃占有，直接占有人迟早还是要把东西还给间接占有人的，即使这样一个法律关系最后变得无效了，结果也是一样的。当然，这里隐含的条件是直接占有人得愿意承认该关系存在，愿意把东西还给间接占有人，否则他就变成了占有人（尽管很可能是无权的），而间接占有人就变成了失去占有的原占有人，他们之间就可能要面临着一场围绕占有回复的诉讼。有学者总结间接占有要求直接占有人必须是他主占有，或者间接占有人必须拥有返还原物请求权，说的就是这个意思。

第二节 占有的取得和消灭

一、占有的取得

（一）原始取得

占有人事实上取得了对某物的支配，就可以认为占有人建立了对该物的原始占有。与继受取得不同的是，原始取得是占有人自身所创设的，而不以他人的占有为基础。如前文所述，占有人取得占有可以是合法的，也可以是非法的，并不影响占有的成立。另外，我们在前面占有的认定部分也曾提到，占有人可以是自己直接取得占有，也可以是通过占有辅助者取得占有，并且，占有人也可以是通过占有代理人而取得间接占有。

（二）继受取得

在占有物发生转移的情况下，占有人地位也可能会在不同主体之间发生转移。例如，甲一直占用着邻人乙的房屋，而邻人乙外出打工经年不归，当甲死亡后权利人乙也没有主张权利，那么甲的继承人丙可能会继续占用该房屋。这种情况下，我们可以认为丙是取得了一个新的占有，也可以认为丙是从甲手中继承了对该房屋的占有。由于我国物权法把占有看作是事实而非权利，谈及占有的继承是有些奇怪的，但我国学术界通说认为可以把占有的继承看作是一种法律上的拟制，即继受占有人继承了对占有物的事实上支配的利益。

占有人继受取得了对物的占有，究竟是取得了一个新的占有，还是对占有的继承，对该问题如何认识，实际上并不影响我们对占有的保护，也就是说并不影响占有的效力。但是从传统物权理论来说，这个问题的答案可能会影响到取得时效的成立等问题。所以，在传统大陆法系的物权理论中，一般容许继受占有人自己做出选择，如果占有人选择继受取得，那么占有期间视为没有中断，在取得时效等问题上更加有利一些。但是，与此同时继受取得就意味着继受占有人要承担原占有人的瑕疵。在传统理论上占有人选择继受取得被称为占有的合并，而选择后者的场合则被称为占有的分离。

二、占有的消灭

（一）直接占有的消灭

虽然物权法没有明确的规定，但从占有的取得要件我们可以推导出以下引起直接占有消灭的情形。

1. 占有人放弃占有。占有人放弃对占有物的占有，会导致占有意思的缺失而使占有消灭。尽管我们在前文介绍过，占有的心素要件已经趋于消亡，但这并不影响占有人主动放弃其对占有物的占有。

2. 占有人丧失对占有物的占有。占有制度所保护的是占有人对被占有物的事实上支配的事实，也就是占有人对被占有物的支配力，所以如果占有人已经在现实上丧失了对物的占有，那么也就失去了对其保护的基础和意义。例如，被占有物丢失，或者因自然腐烂等原因消失，那么占有人的占有自然也就消灭了。但是，并不是占有人一旦失去了对物的占有就会立即导致占有的消灭，否则就失去对占有制度保护的目的了。如果占有人失去占有只是暂时的，而占有人通过占有回复之诉又重新取得（或者说取回）了占有，那么一般意义上我们认为占有人并没有失去对物的占有，并且占有期间是应当持续计算的。

（二）间接占有的消灭

间接占有的占有人是通过直接占有人而维系其占有关系的，

因此间接占有的消灭与直接占有的关系比较密切，总体来说有如下的几种情形。

1. 间接占有人对占有物的返还请求权消灭。间接占有人如果自己放弃了通过直接占有人而进行占有，或者罹于时效等原因，造成间接占有人失去了通过直接占有人而对物进行支配的地位，那么间接占有也就随之消亡了。

2. 直接占有人明确表示不再为间接占有人进行占有。这主要是指直接占有人做出明确意思表示，从某一时点起为自己或者第三人进行占有，而否定为原来的间接占有人进行占有的情形。比如甲把占有的汽车借给乙使用，到了约定的期限乙拒绝归还，决定自己侵占该汽车，或者由于种种原因而决定把汽车还给甲的前妻，都属于这种情形。

3. 直接占有人失去了对物的支配。与直接占有的消灭类似，如果直接占有人已经在事实上失去了对物的支配，那么间接占有人通过直接占有人进行占有的意图也就无法得以实现，这样间接占有也就随之消灭了。这里需要再次提醒的是，所谓直接占有人失去对物的支配指的是事实上的支配，而如果直接占有人仅仅是丧失了占有的权源，则并不导致占有的消灭。如前例中，乙撞毁了汽车，会导致间接占有的消灭，但如果是乙借用的合同到期，这仅仅是占有代理关系的问题，并不对占有产生影响。

第三节　占有的效力

如果占有人对物的这种事实上的支配被认定为“占有”，究竟有何意义，会带来什么样的法律后果，这属于占有制度的效力问题。占有的效力主要涉及两方面内容：一是占有的推定效力问题；二是占有人与回复权利人之间的法律关系。

一、占有的推定效力

推定意指“假定”“预设”，是指基于一定的法律规则，从原则性、常态性生活事实和经验出发，对于法律现象所做的一种假定和预设。这种假定和预设并非终极性的，如果有相反的事实或证据，是可以被推翻的。占有的推定，在维护交易秩序、保护交易安全等方面具有重大意义。占有的推定是占有效力的重要内容。占有的推定效力包括占有的事实推定和占有的权利推定。遗憾的是《物权法》既没有规定占有的事实推定也没有规定占有的权利推定规则。

（一）占有的事实推定

占有的事实推定是占有效力的重要内容之一。占有的事实推定主要是法律基于对社会实际生活的判断而对社会常态的一种承认，即这种占有事实的推定与社会生活中的真实情况基本一致。占有的事实推定，使占有人就其主张的占有事实，无须举证，而其相对人欲推翻其主张时，必须负举证责任。占有的事实推定与善意取得、时效取得、先占、占有人的权利、占有人的责任、占有人的费用偿还请求权等密切相关，十分重要。占有事实各有不同，效力各异。依照我国民事诉讼法的一般原理，主张某事实存在，必须负举证责任。但是对占有事实的举证非常困难，如果使占有人就各种占有事实的存在均负举证责任，那么法律关于占有脱离本权而受独立保护，以维持物的秩序和社会平和的目的就难以实现。鉴于此，各国或地区的立法例都承认占有事实的推定，以区别于占有的权利推定。占有的事实推定一般包括：当占有究竟是自主占有还是他主占有不易判断时，推定为自主占有；当占有究竟是善意占有还是恶意占有，或者究竟是公然占有还是隐秘占有不易判断时，推定为善意占有和公然占有；当占有人先前曾经占有，现在也依然占有时，推定为连续占有。对于占有推定，我国《物权法（草案）》第4条曾做了如下规定：“……动产的占有人是该动产的权利人，但有相反证据证明的除外……”第260条规定：“不动产或者动产的占有，除有相反证据证明外，推定有权占有。”第261条规定：“无权占有，包括善意占有和恶意占有。无权占有，除有相反证据证明外，推定善意占有。”但关于占有推定的相关规定在物权法草案提交全国人大审议前都删掉了。这是我国《物权法》占有制度的一大缺陷。因而，亟待立法完善占有的推定制度，以充分发挥它对占有人的保护作用。

（二）占有的权利推定

占有的权利推定，是指当某人占有某物并在其上行使权利时，通过占有这种外观而推定占有人是合法地享有该项占有。如主张无权利者，应负举证责任。占有权利的推定起源于日耳曼法上的占有，是基于占有的表彰本权的功能而产生的。占有人只要证明自己是占有人，即可受权利推定的保护，异议者必须举出相反证据才能推翻此推定。占有的权利推定被相反证据推翻后，主张自己的占有为有权占有且享有对于该占有物所行使的权利者，应负举证责任。因为占有的权利推定制度对保护财产秩序有极其重要的作用，所以现代各国民法大多采纳该制度，如《德国民法典》第1006条第1款规定：“为动产占有人的利益，推定其为物的所有人。”梁慧星主编的《中国物权法草案建议稿》第419条曾对占有的权利推定作了规定：“占有人于占有物上行使的权利，推定为其合法享有。”但是我国《物权法》最终没有采纳该项制度。

关于占有的权利推定效力，还有一个重要的原则需要掌握：占有人不得以权利推定效力为由证明其拥有合法的本权。这是因为，占有推定规则只具有消极作用，并不具有积极作用。所谓消极作用就是指法律仅保护占有人合法的占有事实状态，可以对抗第三人的侵害和权利对抗，但法律并不推定占有人享有确定的本权，占有人也不能仅仅以占有为依据，要求确认其具有某项物权，并办理相应的登记手续。这是因为，占有的权利推定规则只是维持现有的临时财产状态，而不是确认最终的财产归属。因此，占有人也不能基于占有事实状态要求法院确认其享有合法的占有本权。《物权法》第 33 条规定："因物权的归属、内容发生争议的，利害关系人可以请求确认权利。"这是我国第一次在法律上确定了确权请求权。但是，占有人在请求确认物权归属时，仅仅依据自己合法占有某物，就要求重新确权，就此，占有人还必须提出其他证据证明其对某物享有物权。例如，甲的房屋被乙占有，甲要求乙返还，乙主张自己是基于合法的租赁合同而占有该房屋的。那么这种情况下，乙必须要证明自己所主张的租赁合同成立，而不能以"我已经占有了该房屋"为由，主张适用占有的推定效力。又如，一栋权属不明的房屋被甲占有，甲也不能以自己占有了该房屋为由，主张自己拥有所有权，要求房产登记部门予以登记。这个原则看起来和我们前面所说的占有的"权利推定效力"是矛盾的，明明前文说我们可以推定其具有合法的本权，可是现在又说占有人不能以占有推定来证明，到底是什么意思？这里我们要理解，占有的推定效力主要是立足于对占有状态的保护层面，而并不是基于占有就认定了实质上的权利归属。说得通俗一点儿，就是在一定程度上，我们可以对占有人对抗第三人给予其相应的保护，免除其一定程度上的证明责任，但是占有人不能因此顺势就认为他已经取得了合法的权利，如果他想要主张自己的占有是合法的，还是要继续寻找相应的证明的。

二、占有人与回复请求权人的关系

如前所述，占有的种类是多种多样的，占有的原因也是纷繁复杂的，占有人未必就一定是权利人，因此，当真正的权利人即“回复请求权人”通过本权之诉或者其他方式确实恢复了对物的占有，而原来的占有人的占有由于没有本权等原因不再受到法律保护的时候，应该怎么解决双方当事人之间的法律关系呢？

例如，甲将自己所有的房屋出租给了乙，而乙擅自将房屋转租给了丙，获得租金5000元，丙邀请朋友丁来该出租屋喝酒，二人一言不合吵了起来，丁一气之下打碎了房门，造成损失2000元。这时甲得知此事，要求乙返还房屋，乙又拒绝返还房屋，甲提起诉讼要求乙返还房屋。那么在这种情况下我们究竟应该如何处理这些当事人之间的关系呢？首先，占有人乙要将对物的占有转移给回复权利人甲，在本案中这没有什么争议。但是围绕着该房屋，还产生了占有物的孳息的问题，即转租的租金5000元。而且，该房屋还受到了损害，从而产生了损害赔偿金的问题。因此，围绕着占有物的返还，实际上在占有人和回复权利人之间存在着一系列的法律关系需要我们来处理。

（一）占有人的权利

1. 占有物的使用、收益权。《物权法》第241条规定：“基于合同关系等产生的占有，有关不动产或者动产的使用、收益、违约责任等，按照合同约定；合同没有约定或者约定不明确的，依照有关法律规定。”

2. 费用偿还请求权。根据《物权法》第243条：“不动产或者动产被占有人占有的，权利人可以请求返还原物及其孳息，但应当支付善意占有人因维护该不动产或者动产支出的必要费用。”这就是说占有物所产出的所有的孳息，其归属是与该物的归属相同的。如前例中房屋被转租的租金，是应当与房屋的归属一并转移给权利人甲的。物权法将占有人分为了善意占有人和恶意占有人，如果是善意占有人，他为了维修养护占有物而支出的必要的费用，是可以向权利人请求的。当然，我们在前面占有的种类里也说明过这个问题，所谓善意恶意之分是针对无权占有而言的。如果是有权占有，自然有合同法或者其他法律规定来处理，无须援引物权法来解决。在这里，占有人支出的费用问题，可能会与不当得利制度的相关规定发生冲突。从外形上来讲，其实无论占有人是善意占有人还是恶意占有人，他在占有期间所支出的这些“必要费用”，对回复权利人来讲都会构成不当得利。但是我国物权法很明显在这里根据占有人的主观善意或恶意而采取了立法上的不同价值取向，通过对善意占有人请求必要费用的认可而排除了恶意占有人的请求，所以，有学者认为《物权法》第 243 条的规定排除了民法通则关于不当得利的相关适用，本书也赞同这种立场。

（二）占有人的义务

1. 返还占有物。根据《物权法》第 243 条的规定，不动产或者动产被占有人占有的，权利人可以请求返还原物及其孳息。因此，前面案例中乙应当将房屋返还给甲。此外，本案可以参照合同法的相关规定进行处理，我们在前文介绍过，这也是占有制度一个比较特殊的地方，就是占有的回复请求权被认为是一种债权性质的请求权，有时会与民法中其他制度所规定的请求权发生重合，所以物权法中也明确了这一点，当这种请求权可以基于占有人和回复权利人之间的合同，或者是其他法律关系如无因管理或不当得利等来进行处理的时候，可以参考这些其他的法律规定来处理。

2. 占有物灭失、毁损的赔偿责任。《物权法》第 242 条规定:“占有人因使用占有的不动产或者动产，致使该不动产或者动产受到损害的，恶意占有人应当承担赔偿责任。”在这里涉及对占有人使用被占有物的过程中，造成该物的损害的问题。占有人对被占有的物的使用，是占有人在占有了物之后的延续行为，甚至可以说是占有人必然的行为，因其使用行为所造成的占有物的损害，在物权法上应该适应该条规定。此外，《物权法》第 244 条规定:“占有的不动产或者动产毁损、灭失，该不动产或者动产的权利人请求赔偿的，占有人应当将因毁损、灭失取得的保险金、赔偿金或者补偿金等返还给权利人；权利人的损害未得到足够弥补的，恶意占有人还应当赔偿损失。”即在占有物损害或灭失的情形下，善意占有人应当将保险金、赔偿金等具有物上代位性的赔偿金返还给权利人，而恶意占有人还需要进一步赔偿其不足部分。我国物权法理论中也有学者分析所谓使用造成的损害，与《物权法》第 244 条所规定的占有物的损毁、灭失的情形之间的区别。除了第 242 条更加强调占有者的积极的使用行为之外，占有物的“损害”和“损毁”之间的区别也是很明显的。

第四节　占有的保护

对现实社会中存在的占有予以保护，有利于维持社会平和稳定的秩序。《物权法》第 245 条明确规定了对占有的物权性保护方法。另外，因为他人的侵占或者妨害行为造成占有物损害的，占有人也有权请求损害赔偿。

一、占有人的自力救济权

自力救济权，是指公民、法人不依国家规定的救济手段，以自己的力量对不法侵害实施救济的权利。我国物权法没有规定占有人享有自力救济权。物权人以自己的力量对正在进行的侵害其占有的行为实施救济的权利，可包括自力防御权和自力夺回权。自力防御权是指物权人对于正在进行的侵夺、妨害其占有的行为，可以以自己的力量实施防御的权利。自力夺回权又称自力取回权，是指物权人对于已被侵夺的占有物，可以以自己的力量当场夺回的权利。例如，提包被人抢夺，被抢人可以追贼夺回，并有权将抢夺人扭送公安机关。

占有正在被侵害时，完全靠公力救济有时难解近渴，使物权人蒙受难以挽回的损失，故允许物权人在危迫中私力防卫。自力防御、自力夺回应具备五个要件：①需有侵害占有的行为。该行为是非法的。若是合法行为，如司法机关没收非法财物，则不允许当事人自力防御和自力夺回。②需是正在进行的侵害占有行为，这种行为包括已经发生和正在继续中的侵害。尚未发生或者实施完毕的侵害占有行为，不得为自力防御、自力夺回。③需是来不及请求公权力救济。④需是对侵害人实施防御或者夺回行为，不能殃及第三人。⑤救济行为需是适度的，以能够防止侵害占有为限度。超越此限度，行为则违法。

二、占有保护请求权

占有保护请求权，是指在占有人的占有被侵夺、妨害或者有被妨害的危险时请求侵害人为一定行为或不为一定行为的权利。《物权法》第 245 条第 1 款规定：“占有的不动产或者动产被侵占的，占有人有权请求返还原物；对妨害占有的行为，占有人有权请求排除妨害或者消除危险；因侵占或者妨害造成损害的，占有人有权请求损害赔偿。”返还原物、排除妨害与消除危险这三种占有保护方法，一般被称为占有的回复效力，早期物权理论也称之为占有之诉。占有之诉是否有存在的必要，在学术界是存在争论的。按照传统的大陆法系民法理论，对于权利人本身的自力救济是应当予以严格排除的，因此占有人可以基于占有之诉排除权利人夺取占有物或者妨害占有的行为。目前我国民法学界对自力救济抱有比较宽容的态度，因此在司法实践中，针对权利人的占有之诉基本上是被排除在外的。实际上，例如采取严格排除自力救济立场的日本民法理论界，虽然禁止权利人以本权为由对抗占有人的占有回复之诉，但从最终结果来看，也不得不承认在占有之诉的适用中，占有人是很难以其对抗权利人的自力救济的。而占有人针对权利人之外的第三人提起的占有之诉，也可以进一步分为两种情形，一是占有人为有权占有的情形，另一种是占有人为无权占有的情形。

占有人为有权占有的情形下，实际上占有人可以基于其合法的占有权源提起相应的诉讼，正如《物权法》第 241 条规定所设定的情况，并没有必要适用占有之诉。严格来讲，占有人在有权占有的情形下，例如占有人合法的租赁他人房屋被第三人夺取或者妨害其使用时，占有人可以基于合同上所拥有的权利进行保护，也可以基于占有进行保护，这是两个不同的诉因，在前一种诉因没有得到法院认可的时候，可以基于第二种诉因再次提起诉讼，因而对有权占有的占有人来讲，可以得到更完善的法律保护。可是由于我国《物权法》第 241 条的存在，而且我国《物权法》中规定了所谓的权利确认的条款，所以在现实的司法实践中，这种情况几乎不可能出现。而占有人为无权占有的情形下，占有之诉才真正具有适用的可能性。

（一）占有保护请求权的内容

根据《物权法》第 245 条第 1 款的规定，占有保护请求权包括占有物返还请求权、占有妨害除去请求权和占有物损害赔偿请求权三方面内容。这三种保护方法很显然是从物权请求权中脱胎而来的，二者的适用条件也应当一致，不过由于我国的物权请求权本身就没有明确的成立要件，所以这三种占有的保护方法的发动要件，其实也不是很明确。另外，前文说过，我国目前的物权理论通说是将占有作为事实来看待，而不承认占有的权利性质。但另一方面对于这样的一个“事实”却给予了类似物权的强有力的保护措施，不得不说是比较奇特的现象。占有之诉的适用范围，无外乎两种情况：一是针对实质上的权利人，二是针对权利人之外的第三人。占有人于其占有物被侵夺时，可以请求返还其占有物，称为占有物返还请求权。它的行使，以占有物被侵夺为要件，比如占有的动产被抢被盗、不动产被霸占等，以有外表可见的积极行动为必要。一般认为，以占有被侵夺为由而请求返还占有物时，仅占有人始得行使此项权利。此谓占有人，除直接占有人外，尚包括间接占有人，其有无本权，在所不问。占有被妨害时，占有人可以请求除去其妨害，称为占有妨害除去请求权。占有被妨害，指以侵夺以外的方法妨碍占有人管领其物。占有被妨害，占有人并未丧失占有，妨害人也未取得占有，只不过是对占有人现实的占有状态加以妨害。比如占有人所占有的房屋的一部分被邻居堆放杂物，就是占有之妨害。损害赔偿请求权是占有保护的债权保护方法，占有物受到侵占或者妨害，占有人产生侵权损害赔偿的请求权。

（二）占有保护请求权的行使期间

占有的侵害经过一定的期间后已形成稳定状态，如果占有随时都可获得保护，不利于维护社会秩序与和平，不符合占有制度的宗旨。私力救济要求即时进行，占有保护请求权则有法律拟制期间的限制。《物权法》第 245 条第 2 款规定："占有人返还原物的请求权，自侵占发生之日起一年内未行使的，该请求权消灭。"《物权法》只规定了占有人返还原物的请求权，对排除妨碍、消除危险及损害赔偿没有规定，这里应当理解为只要有妨碍、危险及损害赔偿发生，就可以依照民法相关规定，保护自己的权利，不必拘泥于占有请求权除斥期间的规定。

思考题：

1. 占有的概念和特征是什么？
2. 如何理解占有的分类及意义？
3. 占有的效力有哪些？
4. 如何理解占有的保护？

第二编 | 债权法

第六章

债法基本理论

第一节　债之关系的结构分析

一、债是什么

我国法理学通说认为法律是由概念、规则、原则三要素构成的。概念是法律规范的最基本元素。规则将一系列概念有机组合起来，是法律规范的一般表现形式。大陆法系国家（包括我国）在编纂法典的过程中，为了保证法律用语的简洁，避免重复，往往把具有类似特点的规则汇编在同一章节中，这就是法典编纂过程中的体系化。

法典体系化在不同国家、不同时代做法不尽相同。依所调整法律关系（或者权利）的性质，将调整同类法律关系的规则放置在法典同一部分，这是德国民法的原创。《德国民法典》将调整“债务关系”的规则统一放置在“债务关系法”[1]中，这应是我们现在所称“债法”的滥觞。此后，大陆法系国家多采

〔1〕关于债法的翻译问题请参见陈卫佐译注：《德国民法典》，法律出版社2006年版，第81页。

取德国的做法，将债法独立成编。我国至今没有编纂《民法典》，传统民法中所称的“债”的相关内容，散见于《中华人民共和国民法通则》（以下简称《民法通则》）、《中华人民共和国合同法》（以下简称《合同法》）、《中华人民共和国侵权责任法》（以下简称《侵权法》）等部门法中。

《民法通则》第 84 条规定，债是按照合同的约定或者依照法律的规定，在当事人之间产生的特定的权利和义务关系。享有权利的人是债权人，负有义务的人是债务人。这个“债”的概念并不清晰，从这一概念出发我们很难界定“债”究竟是一种什么样的法律关系，物权关系、亲属关系、继承关系也是一种“在当事人之间产生的特定的权利和义务关系”，我们为何不将其称为债呢?

我们先看如下引例，思考债是如何形成的，何为广义债之关系及狭义债之关系，并说明债的发生原因：

例 1，甲委托乙开发电脑程序，约定月薪 1 万，乙不得在外兼职。

例 2，乙患病昏迷途中，甲送其赴医院救治，支出医药费 2000 元。

例 3，甲的羊跑到了乙的羊圈中。

例 4，乙驾车不慎将路人甲撞伤。

法律规范调整的是人与人之间的关系，在上述引例中，四种行为分别形成了四种人与人之间的关系。为了研究上的方便，自古罗马开始，学者们对这四种行为和由此形成的法律关系作了概念的界定，第一种情况中形成的人与人之间关系的行为，被学者们称为契约行为（《民法通则》第 85 条）；第二种情况中形成的人与人之间关系的行为，被学者们称为无因管理行为

（《民法通则》第 92 条）；第三种情况中形成的人与人之间关系的行为，被学者们称为不当得利行为（《民法通则》第 93 条）；第四种情况中形成的人与人之间关系的行为，被学者们称为侵权行为（《民法通则》第 117 条）。

以上四种行为形成了四种甲与乙之间的关系，具体来说，在第一个案例中，甲应当按照契约支付薪金，乙应该按照契约提供服务，我们称其为契约关系；在第二个案例中，乙应当返还甲所支出的一切费用，甲应当作为善良管理人妥善管理乙的事务，我们称其为无因管理关系；在第三个案例中，乙应当返还甲的羊，我们称其为不当得利关系；在第四个案例中，乙应当赔偿甲所遭受的一切损失，我们称其为侵权关系。

学者们分析这四种关系的特点后认为，无论是上述哪种关系，都有一个共同之处，即一方当事人可以向另一方当事人请求相应的给付。这种一方当事人依照约定或者法律规定向另一方当事人请求给付的关系就被称为债之关系，简称债。此后，不断有新的符合这一特征的法律关系被纳入到债的范围内，包括因为单独行为引起的请求给付的关系（如悬赏广告）等，债的范围逐渐扩大。但现代民法的人文化发展方向逐渐将自然人地位抬升，侵权行为有去债法化的趋势，这一趋势备受我国学者推崇，可以预见在不久的将来，调整侵权法律关系的规范将不再被债法所包容。

综上所述，债并不是当事人之间固有的某种关系，而是研究者为了研究方便将某些具有相同因素的关系归结在一起，将它们称为债（之关系）。在债之关系中负有给付义务的人称为债务人，其相对方称为债权人。因此，也有学者将债之关系称为债权关系、债务关系、债权债务关系，有时为了方便还有学者直接用债权、债务来指称债（比如说甲和乙之间的债权、债务，实际是指甲与乙之间的债权、债务关系），这一点对于初学者应当注意。

二、狭义的债之关系与广义的债之关系

我们在初习法律的过程中，往往会将债之关系拆分为多个单一的请求给付关系。比如，技术开发合同中受托人向委托人请求给付报酬的关系。这种单一的请求给付关系就是所谓的狭义的债之关系。与此相应，由许多单一给付关系复合在一起构成的完整的债之关系被称为广义的债之关系。例如，技术开发合同中，可以请求委托人给付固定的薪水，还可能请求委托人给付必要的工作防护条件，乃至必要的保险费用。此外，在委托人违反合同时，受托人还可以请求解除合同关系，返还原物、恢复原状等。委托人则可以请求受托人保守商业秘密，还可以请求受托人不得从事与委托人有竞争的业务活动等。我们经常所称的技术开发合同关系、买卖合同关系等等就是从这个意义上概括的债之关系。

三、对债之关系不同角度的观察

在债之关系中居于给付两端的分别是债权人和债务人，从债权人角度观察债之关系首先是一种请求权，也就是说对债权人来说，债之关系首先是请求给付。这种给付既包括作为也包括不作为。其次，债之关系对于债权人的另外一重含义是，债权人可以依法保有给付物，而不受追夺。从债权人的角度观察是多数解读债法的人所采取的视角，人们也将债法称为债权法就是这个道理。其实，从另一个角度来说，债法无疑也可以被称为债务法，对于债务人来说，债就是一种给付的负担。

第二节　从债权角度观察债之关系

一、债权在调整社会关系中如何发挥作用

法律是维持社会运转的规则，为使法律具有普遍的适用性，法律规则必须将社会的普世价值作为其调整人与人之间关系的准则。在古代，法律也许会将维护引例中甲利益的任务置于政府肩上，比如在古代很多国家法律规定，合同不履行政府应以刑罚惩罚违约者，而无论对方当事人的意思如何。到了近代，这种维护私权的责任落到了个人肩头，如果个人不主张权利，受益者完全可以坦然受益，国家决计不会出面干涉。国家不出面直接干涉私人之间的利益争执，并不是国家置社会正义于不顾，而是一种新的维护当事人利益的模式（即个人提出请求—中立机构裁判—国家强制执行）已经被设计出来，国家的角色有所改变。

在这一模式中，法律就是个人提出请求，中立机构裁判的依据。由于社会中的利益争端各式各样，而法律规定基于抽象性，不能一一具其细节之详，于是法律在归纳了某些人与人之间关系的共同点的基础上，将其总结为某种法律关系，比如物权关系、债权关系等，并从中抽取出双方具体的权利、义务，即我们法律所规定的物权、债权。

那么什么是债权？简单地说，债权债务关系中权利人的权利就是债权，它可能是比较简单和单一的权利，比如引例 4 中甲向乙请求返还医药费的权利，也可能是比较复杂的权利约束。

二、债权的性质

债权人虽然拥有很多具体的权利，但是这些权利都有着某

些相同的性质：

1. 这些具体的权利都是债务人给债权人某些物品或服务，我们称为给付。

2. 这些权利都具有请求的性质，而不具有支配性质，也就是说，债权人既不能支配债务人，也不能直接支配标的物。这种给付都是由债权人向债务人请求以后，债务人才负有了法律上不可推卸的给付责任，此时，债务人不给付，债权人可请求国家强制执行。如果债权人未请求给付，国家不能依职权保护债权人。

3. 债权作为一种请求权，所请求给付的物品或服务必须原非债权人所有。请求权根据德国民法的定义，是一种请求他人作为或不作为的权利，可以说请求权是债权的上位概念，债权就是债法上的请求权。但请求权并不限于债权，除债权之外我们在物权法、亲属法、继承法等法律中也可以看到它的踪影，比如物的返还请求权。债权作为一种请求权与其他请求权有什么区别呢？笔者认为债权是要求对方给付原本不属于权利人的物品或服务，从根本上说是请求变更标的物上原有的权利义务关系。而物的返还请求权的作用在于，维护原来就存在的权利义务关系。详言之，债权请求权的作用是将原本属于甲的东西流转给乙，而物权中的请求权的作用是将原本属于甲的东西归还于甲。虽然同为请求，但请求的内容不同。

综上所述，债权是一种请求权，请求的内容是对方给付（原不属于请求权人的）物品或服务。

三、债权的相对性和平等性

债之关系是一种特别结合关系，在一个国家的法律制度中，许多规范都是指向一切人的，如不得致人死亡、不得伤害他人等，只要没有违背这些规范的行为存在，那么在受规范保护的人与法律规范指向的人（所有其他的人）之间就不存在法律上的结合关系。但如果有人违反了这种法律规范，情况就不同了，在这种情况下，受规范保护的人和法律规范指向的人就被特定下来，并且两者之间基于法律的特殊规定（比如侵权者赔偿受害者损失的法律规定）结合在一起，就形成了特别的结合关系〔1〕。

学者们将这种仅特定债权人得向特定债务人请求给付的法律关系称为债权（债之关系）的相对性。通俗地讲也就是在没有具体的债之关系之前，我们任何人都不负有向债权人给付的义务。对于这种具有相对性的权利，民法中称为相对权，债权就是相对权。而物权、人身权则是绝对权。

与物权的绝对性对应的是债权的相对性，而与物权的排他性对应的则是债权的平等性，物权的排他性要求在一个标的物上只能存在一个所有权和内容不相冲突的限制物权。债的平等性则使一个标的物上可以并存数个债权，且不论先后顺序均具有相同效力，例如甲于2007年2月、6月、12月分别欠乙、丙、丁各1万元。现乙、丙、丁同时起诉甲，甲仅有财产1万元，则应如何处理？

四、债权相对性的突破——债权的物权化和债的涉他关系

（一）债权的物权化——整个一项债之关系或者一整个债权可以对抗任何第三人

债权本身具有相对性，即使第三人侵犯了债权仍然应当依据债权的相对性，将此关系分为两段处理，一段为侵权人与债

〔1〕 参见［德］迪特尔·梅迪库斯：《德国债法总论》，杜景林等译，法律出版社2004年版，第4页。

务人的关系，另一段为债务人与债权人的关系。往往债权人与侵权人不会产生直接的关系。但是，在某些情况下，为了特别维护债权人的利益，有必要为这种债权提供特殊保护，使之可以对抗任意第三人。学者们将这些法律现象称为债权的物权化。

最为常见的包括两种情况：一是预告登记制度（《物权法》第20条）；二是买卖不破租赁的规定（《合同法》第230条）。在这两种情况下，无论第三人是否真正知道有债之关系的存在，该关系都对第三人发生作用。第三人不得以债的相对性为由主张排除原债权人的权利。而且是整个债的关系或者整个债权均可以对抗第三人。当然债权的物权化仅仅是对债权相对性的突破，并不见得是某种债法的发展趋势。

（二）债的涉他关系——一项债务关系或者一个债权仅在某个方面对第三人发生效力

1. 为第三人利益签订的合同中，债务人应当向第三人为给付，第三人也享有给付的请求权。其中最为典型的例子是保险合同。

2. 附保护第三人作用的合同中，未参与订约的第三人对于自己因一定违约、侵权行为所发生的损害可以请求赔偿。例如，李某与某公司签订房屋租赁合同一份，李某夫妇住进房后不久，饮水引发中毒，经查，系因该公司出租的公寓楼的生活用水严重违反标准。李某夫妇要求该公司承担违约责任。

债的涉他关系还有其他的体现，比如第三人的代为清偿等。

五、债权的实现（债之关系的实现、债权的权能）

债权人为实现债权，首先要向债务人发出请求，因此，请求权能是债权实现的首要权能。债权人一发出请求，债务人就适当履行债务，债权自然可以顺利实现，但如果债权人发出请求后，债务人置之不理，债权又如何实现呢？为了确保这种情况下债权能够实现，民法在请求权能之外还为“债”设置了其他权能。这些权能包括：

（一）普通债权

1. 可诉请履行。即当债务人不自愿给付的情形下，债权人可以提起诉讼或仲裁，请求法院或仲裁机构裁判给付（不限于金钱，还包括服务等）。

2. 可执行。在行使上一权能仍无法实现债权的情况下，债权人可以要求人民法院依《民事诉讼法》对债务人采取行动。古罗马的债务人如不能偿债，要受到人身惩罚，近代民法保留了一些人身惩罚手段，如对拒不履行判决的人采取司法强制措施，但多数情况下奉行的是对物执行主义，不再将人身作为执行的标的。

3. 可自力实现。在某些情况下，当事人无法获得公力的迅速救济，此时法律允许一定条件下的自力救济。此外，债权人还有一种独特的自力救济方式就是抵销，债权人只需要做出意思表示就能够完成对自己的救济。

4. 处分权能。债权人可以对自己的债权进行处分，包括但不限于免除、让与、设质等。

5. 保有给付。无论是基于什么原因，一旦债务人履行了债务，债权人均可以保有该给付不受追夺。这就是《民法通则》第 92 条所称的“合法依据”。因此，超过诉讼时效债务的给付不得以不当得利为由请求返还。

（二）不完全债权

如果债权人只享有以上所述 6 种权能的一种或几种，则可将这种债权称为不完全债权。

1. “自然债务”。有些情况下（比如打赌、赌博，有的国家和地区还包括婚姻居间行为），债务由于违反了法律规定或者善良风俗而无效，一些学者将这些债务称为“自然债务”。由于自然债务排除了债的基本权能即请求权能，所以多数学者认为“自然债务”不属于债务，以债务相称实在容易引起混淆。[1]

2. 可诉请履行力的排除。例如，婚约。

3. 可执行力的排除。例如，人身性质的债务不能依照《民事诉讼法》强制执行。

4. 处分权能的排除。例如，债务人与债权人约定，债权人不得将债权让与他人，但基于债的相对性，这种处分权能的排除一般不能对抗第三人。

第三节　从债务角度观察债之关系

对于债权人来说，债是权利，这种权利使债权人可以请求债务人为一定的给付。而对于债务人来说，债恰似一条锁链使其受到束缚，这些束缚用法律语言表述就是债务人的义务，那么在一个债之关系中，债务人究竟有哪些义务呢？

一、给付义务

（一）给付的含义

债之关系中所谓的给付就是特定人之间请求特定的作为或者不作为的行为。给付并不以财产为限。债法上的给付具有双重含义既可指给付行为也可指给付效果，在前种意义上使用的给付，比如甲受雇于乙在山上种梨树，无论梨树是否结果，只

---

〔1〕关于自然债务性质、自然债务中双方当事人的权利义务、自然债务的处理方式请参见（台）王泽鉴：《民法学说与判例研究》（第2册），中国政法大学出版社1998年版，第119页。

要甲是按照规程栽种了树木就算完成了给付；在后种意义上使用的给付，比如甲向乙购买了家具若干，乙在将家具运往甲家的途中，发生车祸，家具损毁，则此时乙虽然做出了行为，但是没有结果仍然不被视为给付，乙也丧失了对待给付请求权。区分给付内容的实益就在于判断债务是否被恰当的履行。具体的债务关系中的给付义务究竟为行为还是结果，需要结合具体案例分析，比如医生按照程序的救治行为和包医中的给付就不同。

（二）给付义务的具体分析

1. 主给付义务。所谓主给付是指债之关系中必备的、固有的，债权实现不可缺少的基本义务，例如，物的出卖人交付标的物并转移其所有权的义务，买受人支付价金及受领标的物的义务；出租人交付租赁物给承租人使用、收益的义务，承租人交付租金的义务等。债之关系不同其主给付义务也不相同。

2. 从给付义务。除主给付义务以外，根据法律的规定，或当事人的约定，或基于诚实信用原则及契约的解释规则产生的给付义务叫作从给付义务。比如受托人应将受托事务的进展情况向委托人报告的义务（《合同法》第401条）；甲企业收购乙企业的合同中规定乙企业提供其在全省的经销商名单的义务；名马的出卖人交付马血统证明文件的义务等。

二、附随义务

为保证债权人的债权顺利实现，除上述给付义务外，债务人还需承担通知、协助、保密等义务。比如，赛鸽出卖人应告知鸽子习性的义务；电脑工程师不得泄露所开发产品的机密的义务；医生不得泄露患者隐私的义务等。

这些遵循诚实信用原则，根据合同的性质、目的和交易习惯履行的通知、协助、保密等义务被称为附随义务（《合同法》第 60 条第 2 款）。给付义务与附随义务的区分颇为困难，例如，买卖合同中买受人受领标的物的义务是给付义务还是附随义务就存有争论（通说认为是给付义务，因为买受人不受领标的物不仅会造成受领迟延，而且会造成出卖人的给付迟延），德国通说认为给付义务与附随义务区别的标准是看是否能独立提起针对该义务的诉讼。

区别附随义务与给付义务的实益：

1. 在双务合同中，一方当事人在另一方当事人履行主给付义务（以及部分影响债之目的的从给付义务）之前可主张同时履行抗辩。而附随义务原则上不发生履行抗辩的问题。

2. 因给付义务的不履行，债权人有权解除契约，相反，附随义务的不履行债权人往往仅可主张损害赔偿而不能解除契约。

总的来说，法律规定附随义务是为了保证给付义务顺利实现，以满足债权人因给付获得的利益，或者是为了维护对方当事人人身、财产上的利益。附随义务是诚实信用原则在民法具体制度中的体现。

三、不真正义务（负担性义务）

不真正义务是一种强度较弱的义务，其主要特征在于相对人通常不得请求履行该义务，而且违反不真正义务也不会导致相对人获得损害赔偿，仅仅是使违反义务人承受某种权利减损或者不利益而已。例如《合同法》第 119 条规定，当事人一方违约后，对方应当采取适当措施防止损失的扩大；没有采取适当措施致使损失扩大的，不得就扩大的损失要求赔偿。

四、先契约义务与后契约义务

（一）先契约义务

因债之关系的成立而发生各种义务群，已如上述。而当事人在为缔结契约而接触、准备或磋商时，亦会发生说明、告知、保密、保护等义务，学说上称为先契约义务。《合同法》第42、43、58、97等条文对先合同义务出了规定，具体而言，当事人在合同生效前负有如下义务：①不得假借订立合同恶意进行磋商；②不得故意隐瞒与订立合同有关的重要事实或者提供虚假情况；③当事人在订立合同过程中知悉的商业秘密，不得泄露或者不正当使用；④不得从事其他违背诚实信用原则的行为；⑤不得恶意从事任何有碍于合同成立或生效的行为。违反先合同义务所引发的民事责任被称为缔约过失责任，其不同于违约责任。

（二）后契约义务

契约关系消灭后，当事人仍然负有某种作为或不作为的义务，以维护给付效果，或协助相对人终了善后事宜。《合同法》第92条对后契约义务作了规定，“合同的权利义务终止后，当事人应当遵循诚实信用原则，根据交易习惯履行通知、协助、保密等义务”。比如，租赁关系结束后出租人应容许承租人在适当地方悬挂迁移启事。

第四节　债之关系的有机体性及程序性

在广义的债之关系中，债权人不仅仅拥有被称为“债权”的请求权，还具有辅助请求权的形成权、催告权等权利。而债务人也负担有给付义务、附随义务、不真正义务等义务。因此，债之关系实际上是一个错综复杂的权利义务关系的网络，而且是一个动态的过程。一个债之关系的发展过程中，因为种种情况，债权会消亡，债的客体可能会发生变更，债的主体也可能出现更替。由是观之，债之关系可谓存在于实践中的一种程序，始自给付义务的发生，历经主体变易，客体变动，唯无论其发展过程如何辗转曲折，始终以实现债权人的给付利益为目标，“债权系法律世界中的动态因素，含有死亡的基因，目的已达，即归消灭”[1]。

在债之关系的一系列变化中，无数个人的利益得以实现，社会需要也因此得到了满足。即使债之关系最终消亡，其影响却并不因此陨灭，甲买乙的画作，交易完成后，甲可以继续占有乙的画作的法律原因，正是已经消亡的债的关系，这正是民法中债法与物权法功能上的连接之处，从这个意义上说，债虽灭亡却在坟墓中控制着我们。

关于债的体系请参见下表：

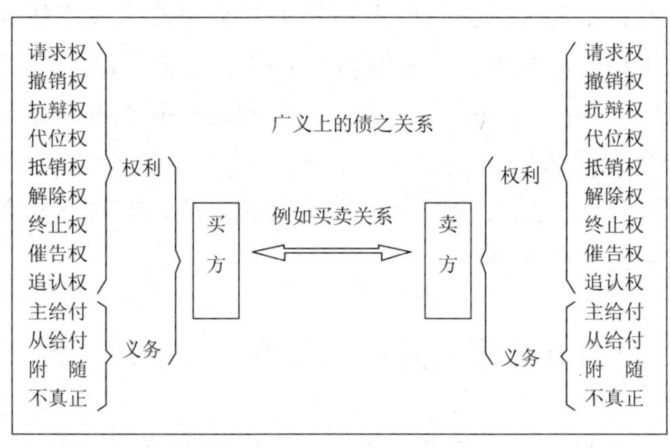

〔1〕 魏振瀛主编：《民法》，法律出版社2007年版，第313页。

第五节 债法的体系与任务

一、债法的体系

大陆法系国家民法典中债法大多独立成编。我国没有民法典，所以并没有形式意义上的债法。我国的债法是由散布在相关法律、法规和司法解释中的规定构成的。这些法律、法规主要有:《民法通则》第5章第2节，第6章第2节，《合同法》《物权法》《担保法》《破产法》《招标法》《拍卖法》《保险法》等。司法解释主要有：①最高人民法院颁行的《关于贯彻执行〈中华人民共和国民法通则〉若干问题的意见（试行)》（以下或简称《民通意见》)；②最高人民法院《关于适用〈中华人民共和国合同法〉若干问题的解释（一)》（以下或简称“法释［1999］19号”)；③最高人民法院《关于超过诉讼时效期间借款人在通知单上签字或者盖章的法律效力问题的批复》(以下或简称“法释［1999］7号”)；④最高人民法院《关于适用〈中华人民共和国担保法〉若干问题的解释》（以下或简称“法释［2000］44号”)；⑤最高人民法院《关于审理涉及金融资产管理公司收购、管理、处置国有银行不良贷款形成的资产的案件适用法律若干问题的规定》（以下或简称“法释［2001］12号”)；⑥最高人民法院《关于审理商品房买卖合同纠纷案件适用法律若干问题的解释》(以下或简称“法释［2003］7号”)；⑦最高人民法院《关于审理人身损害赔偿案件适用法律若干问题的解释》(以下或简称“法释［2003］20号”)；⑧最高人民法院《关于审理建设工程施工合同纠纷案件适用法律问题的解释》（以下或简称“法释［2004］14号”)；⑨最高人民法院

《关于审理涉及国有土地使用权合同纠纷案件适用法律问题的解释》（以下或简称“法释［2005］5号”）；⑩最高人民法院《关于审理涉及农村土地承包纠纷案件适用法律问题的解释》（以下或简称“法释［2005］6号”）；⑪最高人民法院《关于审理技术合同纠纷案件适用法律若干问题的解释》（以下或简称《技术合同解释》）；⑫最高人民法院《关于适用〈中华人民共和国合同法〉若干问题的解释（二）》（以下或简称“法释［2009］5号”）等。这些司法解释虽不能以裁判依据的形式出现在判决书中，事实上却被作为处理债权债务关系的法则。

二、债法的任务

正如《国富论》所说：“人类素来有一种倾向即互通有无，物物交换，互相交易。”“人类是经常需要同类的援助，但绝不能仅仅依赖他人的恩惠。人必须能够为了自己而刺激别人的利己心，并使他们知道，他们为他做到他所要求的，乃是有利于他们自己的，则似乎更能收效。任何人向他人提议某种契约时莫不打算这样做‘给我以我所需的，然后你也可以得到你所要的’。这是任何交易的意义所在。”〔1〕市场经济中，社会正是在这种交易的基础上形成的，而这些交易大部分是通过契约完成的。因此，债法实际上是市场经济的基础法。

然而近年来，随着科技的进步，社会的发展，原有的对经济人（能够自我思考，趋利避害，自我决定，精于计算，追求最大利润，但也承担所有的危险〔2〕）的假设处处失灵，在庞

〔1〕参见［英］亚当·斯密：《国民财富的性质和原因的研究》，郭大力、王亚南译，商务印书馆1974年版，第13页。

〔2〕参见（台）王泽鉴：《债法原理》（第一册），中国政法大学出版社2001年版，第60页。

大的组织体面前，个人变得十分渺小，为此更为倾重于保护弱小个人的侵权行为法开始协同保险法对债法的支配空间蚕吞鲸食，以至于出现了《契约的死亡》与《契约的再生》这样的文章。然对当今之中国，债法仍起到举足轻重的作用。

第六节　债的发生原因

债的发生原因，是指引起债产生的法律事实。它包括以下几种：

一、合同

合同是当事人之间设立、变更、终止债权债务关系的协议。基于合同产生的债的关系是合同之债，合同是产生债的最常见、最重要的原因。

二、无因管理

无因管理是指没有法定或者约定的义务而为他人管理事务。管理他人事务的人叫管理人，负有将开始管理事务通知本人、适当管理、继续管理、报告及计算等义务，本人负有偿还必要费用、赔偿损失等义务。

三、不当得利

不当得利是指没有合法依据，致使他人受有损失而取得利益的情形。由于该项利益没有法律上的依据，应返还给受害人，从而形成以不当得利返还为内容的债的关系。

四、侵权行为

侵权行为是指不法侵害他人的民事权益，应承担民事责任的行为。通常认为，侵权行为发生，侵权人应依法承担侵权责任，被侵权人有权请求侵权人承担民事责任。由此形成的关系为债的关系。

五、缔约过失

缔约过失是指当事人在缔约过程中具有过失，从而导致合同不成立、无效、被撤销、不被追认或者存在侵害他人权益的行为的情况。缔约过失产生的缔约过失责任从本质上说是一种债的责任。

六、单独行为

单独行为又称单务约束，是指表意人向相对人作出的为自己设定某种义务，使相对人取得某种权利的意思表示。例如，第三人向债权人表示愿意清偿债务人尚欠债权人的借款的行为。再如悬赏广告，对于悬赏广告的性质素有争议，从保护相对人利益的角度讲，单独行为说更为妥当。[1]

七、其他

除上述事实外，其他法律事实也可能引起债的产生。如拾得遗失物的保管和交还、遗嘱执行人与受遗赠人之间的保管和交付遗产等，也是债的发生原因。

第七节　债的分类

为了研究的方便学者们对债进行了分类，根据债的标的物

〔1〕 参见魏振瀛主编:《民法》(第四版)，北京大学出版社、高等教育出版社2010年版，第343页。

属性不同分为种类物之债和特定物之债。种类物之债和特定物之债区分的实益在于：①债务是否履行标准不同。特定物之债中，特定物的交付是债务履行与否的标准，而种类物之债中，没有特定物交付的问题。②免责根据不同，特定物之债中，特定物因不可抗力毁损灭失的，债务人可以免责，而种类物之债，正如法谚所云："种类之债永不灭失。"除非同种类物全部灭失（参见思考题2）。种类物之债在履行中必须要经历特定化的过程，学术界将这一现象称为种类之债的特定。种类物之债在特定化后变更为特定物之债，适用的法律规则也变更为规范特定物的法律规则（参见思考题2）。

根据债的不同产生原因，学者将债分为意定之债和法定之债，意定之债中又分为合同之债和单独行为之债，法定之债中又有无因管理之债、不当得利之债和侵权行为之债等。

根据债的给付主体间关系，学者将债分为按份之债和连带之债。按份之债是指债的一方主体为多数，各自按照一定的份额享有权利或者承担义务的债。连带之债是指债的主体一方为多数，多数人一方的各个当事人之间存有连带关系的债。

根据债的标的有无选择性，债可分为简单之债和选择之债。所谓选择之债，是指债的客体或者其构成因素为两项以上，当事人可以选择其一进行履行的债。例如，《合同法》第111条规定，出售的商品质量不合格时，买受人可以选择要求修理、更换、退货、减少价款或报酬等。选择之债必须特定然后才能履行，特定选择之债的权利就是选择权，法律有规定或者当事人有约定的，选择权行使适用法律规定或者当事人约定，法律没有规定、当事人也没有约定的，选择权由债务人行使，因为选择和债的履行有关，债务人选择比较方便。选择权一旦行使后，债的内容就特定了，债权人与债务人都不能随意变更债的内容。

思考题：

1. 甲向乙买车，价金5万元，甲不知其妻已付款，复开具即期支票予乙之会计。甲驾车回家途中不慎撞伤丙而逃逸，路人丁送丙赴医救治，支出医药费5000元。分析本案涉及的法律关系，并请结合这些法律关系指出广义债之关系与狭义债之关系，广义债之关系与广义债权，狭义债之关系与狭义债权，广义债权与狭义债权的区别。

2. 甲、乙两公司订立买卖合同，约定甲向乙购买乙今年收购的东北大米X吨，价款Y元，11月1日交货。约定的交货日前，发生大洪水，乙公司被淹，全部存货灭失，则乙公司可否因不可抗力而免责；如果乙公司在将大米运输至甲公司的途中遭遇洪水。大米灭失，此时乙公司可否因不可抗力而免责?

3. 请指出以下几对权利的区别：(1) 物权与债权；(2) 请求权与债权；(3) 物权请求权与债权请求权。

4. 甲在山中捕获白猴一只，于3月1日出卖给吉林市马戏团班主乙，约定3月5日交付。丙于3月4日趁甲疏于保管，盗取该猴。甲悬赏1000元寻猴。1个月后，他人告知丙盗猴之事。乙因已将演出公告贴出，却无法获得白猴，损失票款5000元。试问：(1) 甲得向丙主张何种权利；(2) 乙得向甲主张何种权利；(3) 乙得向丙主张何种权利?

5. 甲买受乙的房屋一栋，约定乙于10月1日交付房屋，11月1日协助甲办理过户手续，12月1日前交付房屋的水、电、煤气缴费凭证，并协助甲在物业公司办理房屋的变更手续，请指出乙的义务中哪些是主给付义务，哪些是从给付义务，哪些是附随义务?

6. 甲欠乙赌债1万元，为避免自己的名誉受损，积极主动地偿付了该笔债务。后获知根据法律规定，其无须偿付该债务，请问甲能否基于不当得利请求返还？为什么？

7. 请思考法学家将给付区分为行为给付和结果给付的意义。

第七章

债的履行

第一节　债的履行概述

一、债的履行概述

债的履行是指债务人全面地、适当地完成其债务（包括给付义务，但并不限于给付义务），债权人的债权得到完全实现。债的履行从债务人的角度看，是债务人全面、适当地履行约定的义务，从债权人的角度看，是使债权人的债权得以实现。因此，并非一切债权债务关系中的履行义务的行为，都可以称为债的履行，只有全面、适当的履行行为才可以称为“债的履行”。

债的履行是整个债法的核心，债的成立系债的履行的前提；债的效力系债的履行的依据和动力；债的担保系促使债的履行，保障债权实现的法律制度；债的保全可以起到间接强制债务人履行债务的作用；债权债务的转让只不过系债的履行主体的变更，并不是对债的履行的否定；债的解除系为适应变化了的主客观情况而设置的消灭债之关系的制度，虽与债的履行对立，但在尽可能地保护当事人权益这点上，两者又目标一致。违约责任既是违约的补救手段，又是促使债务人履行债务的法律措施。

二、债的履行的原则

（一）适当履行原则

适当履行原则，又称正确履行原则或全面履行原则，是指当事人按照债规定的标的及其质量、数量，由适当的主体在适当的履行期限、履行地点，以适当的履行方式，全面完成债务的履行原则。对此，美国《债法重述》第235条的评论为，履行无任何瑕疵。我国《合同法》第8条和第60条第1款分别表述为："当事人应当按照约定履行自己的义务。""当事人应当按照约定全面履行自己的义务。"

适当履行与实际履行既有区别又有联系。实际履行强调债务人按照债的约定交付标的物或者提供服务，至于交付的标的物或提供的服务是否适当，则无力顾及；适当履行既要求债务人实际履行，交付标的物或提供服务，也要求这些交付的标的物、提供的服务符合法律的规定和债的本旨。可见，适当履行必然是实际履行，而实际履行未必是适当履行。适当履行场合不会存在违约责任，实际履行不适当时则产生违约责任。

（二）协作履行原则

协作履行原则，是指当事人不仅应当适当履行自己的债务，而且应基于诚实信用原则的要求，在必要的限度内，协助相对人履行债务的履行原则。《合同法》第60条第2款关于"当事人应当遵循诚实信用原则，根据合同的性质、目的和交易习惯履行通知、协助、保密等义务"的规定，体现了协作履行原则。

协作履行原则不仅规范债务人的行为也规范债权人的行为。

在诸如建设工程合同、技术开发合同、技术转让合同、提供服务合同等场合下，只有债务人的给付行为，没有债权人的积极配合，债的内容仍难实现。因此，协助履行往往也是债权人的义务，只不过该义务有时表现为给付义务，有时表现为附随义务，有时表现为不真正义务。

一般认为，协作履行原则含有如下内容：①债务人履行债务，债权人应适当受领给付；②债务人履行债务时，可以要求债权人创造必要的条件，提供方便；③债务人因故不能履行或不能完全履行时，债权人应积极采取措施，避免或减少损失，否则还要就扩大的损失自负其责。

（三）经济合理原则

经济合理原则要求债履行时讲求经济效益，付出最小的成本，取得最佳的利益。在履行债中贯彻经济合理原则，表现在许多方面：①当事人可以选择最经济合理的履行方式；②当事人可以选择最经济合理的履行时间；③当事人可以选择最经济合理的履行地点；④允许当事人变更债，也体现经济合理原则，我国《合同法》允许变更到货地点、收货人，即为例证（《合同法》第308条）。

（四）情事变更原则

情事变更原则，是债依法成立后，因不可归责于双方当事人的原因发生了不可预见的情事变更，致使债的基础丧失或动摇，若继续维持债原有效力则显失公平，允许变更或解除债的原则。按照通说，情事变更制度滥觞于12、13世纪注释法学派的著作《优帝法学阶梯注解》。该书中的“情事不变条款”，假定每一个债均包含一个具有如下含义的条款：缔约时作为债基础的客观情况应继续存在，一旦这种情况不复存在，准予变更或解除债。至16、17世纪，自然法思想居于支配地位，情事不变条款得到广泛的适用。到18世纪后期，情事不变条款的适用过滥，损害了法律秩序的安定，于是受到严厉的批评并逐渐被法学家和立法者所摒弃。19世纪初，历史法学派兴起，极力贬低自然法思想的价值，情事不变条款的命运自然不佳。继起的分析法学派，强调实证法，主张形式的正义，重视债严守原则和法律秩序的安定，因而情事不变条款愈丧失其重要性。就立法而言，罗马法、《法国民法典》《瑞士民法典》《德国民法典》均未规定情事不变条款。不过，1756年的《巴伐利亚民法典》、1794年普鲁士普通法、1811年的《奥地利民法典》都规定有情事不变条款。

情事变更问题后来受到重视，始自第一次世界大战引发的物价飞涨，债履行显失公平现象。第二次世界大战再次产生这一问题。除适用情事变更原则解决这些问题外，别无良策。德国等国家通过判例学说重新确立情事变更原则。英美法系自1863年泰勒诉考德威尔判例起确立"不能履行"（impossibility）原则、1903年克雷尔诉亨利判例确立"合同落空"（fmmrmion）原则，至今已形成涵盖以上两类原则的合同落空制度，解决因客观原因造成的债不能履行和履行显失公平的问题。

情事变更原则的适用条件有如下几项：①须有情事变更的事实。所谓情事，泛指作为债成立基础或环境的客观情况，如合同订立时的供求关系。这里的变更，是指上述客观情况发生了异常变动。例如，战争引起严重的通货膨胀。具体判断是否构成情事变更，应以是否导致债基础丧失，是否致使目的落空，是否造成对价关系障碍，作为判断标准。②情事变更须发生在债成立以后，履行完毕之前。之所以要求情事变更须发生在债成立以后，是因为若情事变更在债订立时即已发生，应认为当事人已经认识到发生的事实，债的成立是以已经变更的事实为基础的，不允许事后调整，只能令明知之当事人自担风险。③须情事变更的发生不可归责于当事人，即由不可抗力及其他意外事故引起。若可归责于当事人，则应由其承担风险或违约责任，而不适用情事变更原则。④须情事变更是当事人所不可预见的。如果当事人在缔约时能够预见情事变更，则表明他承担了该风险，不再适用情事变更原则。⑤须情事变更使履行原债显失公平。该显失公平应依理性人的看法加以判断，包括履行特别困难、债权人受领严重不足、履行对债权人无利益。

情事变更不同于商业风险。其一，商业风险属于从事商业活动所固有的风险，作为债成立基础的客观情况的变化没有达到异常的程度，一般的市场供求变化、价格涨落等属于此类，而情事变更则是作为债成立基础的环境发生了异常的变动。其二，对商业风险，法律推定当事人有所预见，能预见；对情事变更，当事人未预见到，也不能预见。其三，商业风险带给当事人的损失，从法律的观点看可归责于当事人；而情事变更则不可归责于当事人。

情事变更原则与不可抗力之间的关系在于，不可抗力的发生未影响到债履行时，不适用情事变更原则；不可抗力致使债不能履行时，在德国法上由风险负担规则解决，在我国合同法上发生合同解除，也不排斥风险负担，亦不适用情事变更原则；不可抗力导致债履行十分困难但尚未达到不能的程度，若按合同规定履行就显失公平，方适用情事变更原则。

情事变更原则在实体法上的效果，体现在三个方面：①“再交涉义务”。学说认为，在适用情事变更原则时，受不利益的当事人可以要求相对人就债的内容重新协商，协商成功固然可喜，达不成一致意见也属正常，只要是依据诚实信用原则进行了交涉，就足够了。当事人一方悖于诚实信用与公平交易地拒绝协商或者终止协商，致对方发生损害，法院可以判令损害赔偿。②变更债，使债的履行公平合理。变更债可表现为增减标的数额、延期或分期履行、拒绝先为履行、变更标的物。③解除债。如果变更债仍不能消除显失公平的结果，就允许解除债。

情事变更原则在程序法上的效果，表现在两个方面：①职权主义抑或当事人主义。传统上采取法院依职权公平裁量，变更或者解除。学说有主张由当事人申请法院增减给付或者变更其他原有的效果，采取当事人主义。②形成判决抑或确认判决。因适用情事变更原则，需要法官在裁判权范围内进行价值判断，才能完成工作，所以，称确认判决不适当，而是形成判决，即以裁判变更原来的债关系，系一项形成性干预。

第二节　债的履行规则

一、债的履行的主体

债的履行的主体，首先为债务人，债务人履行时是否必须有行为能力，依履行行为的性质决定。履行行为系事实行为时，不要求债务人有行为能力；是法律行为时，需要债务人有行为能力。此外，如果债务人通过移转财产权利来履行时，需要他有对财产的处分权。

除法律规定、当事人约定和性质上必须由债务人本人履行的债务以外，履行可由债务人的代理人进行。但有关代理行为的法律规定，只有在履行行为是法律行为时方可适用。合同规定由第三人履行债务或向第三人履行债务的，法律保护这种规定（《合同法》第64、65条）。

二、债的履行标的

履行标的是指债务人应为履行的内容。它因债之关系不同而呈现出差异，如交付财物、移转权利、提供劳务和完成工作等。履行标的应根据上述具体内容加以确定。

履行必须依债务的本旨进行。仅为一部分履行或不以原定给付为履行，均非依债务本旨而为履行，不发生清偿使债消灭的效力。但若绝对贯彻这一思想，会产生不适当的结果，故应予以适当调整。给付为可分时，债务人分期履行或延缓履行，按诚实信用原则衡量，对债权人并无不利或不便的，债权人不得拒绝受领；给付不可分时，若符合上述精神，债务人不得分期履行但可延缓履行，债权人不得拒绝受领。当事人之间有约定，允许债务人部分履行的，法律应予允许（参见《合同法》第72条第1款）。

法院也有权考虑当事人的经济状况，衡量债权人的利害影响，酌定相应期限，允许债务人分期履行或延缓履行。给付不可分时，允许延缓履行（《民法通则》第108条）。

三、债的履行地点

履行地点，是指债务人应为履行行为的地点。在履行地点为履行，只要适当，即发生债消灭的效力。在其他地点为履行则否。当事人在债中明确约定履行地点时，依其约定。该约定既可以在债订立当时为之，也可在债成立后履行债务前进行。债对履行地点没有约定或约定不明确的，可以协议补充；不能达成补充协议的，按照合同有关条款或者交易习惯确定。

履行地点可由交易习惯确定（《合同法》第61条）。如果存在关于履行地点的交易习惯时，应遵从习惯，除非当事人之间另有约定。车站、码头的物品寄存，应在该寄存场所履行债务。履行地点在法律有特别规定时，依其规定。例如，我国《票据法》第23条第3款规定："汇票上未记载付款地的，付款人的营业场所、住所或者经常居住地为付款地。"履行地点可由债的性质确定（如合同中的有关条款）。例如，不作为债务的履行地点应在债权人的所在地。

在按上述规则仍不能确定履行地点时，应按照《合同法》第62条第3项关于"履行地点不明确，给付货币的，在接受货币一方所在地履行；交付不动产的，在不动产所在地履行；其他标的，在履行义务一方所在地履行"的规定解决。

当事人为多数人时，可以各自订立不同的履行地点。同一个债中的数个给付不必约定相同的履行地点，尤其是双务债中的两个债务，可以有两个履行地点。即使是一个债务，也可以约定数个履行地点，供当事人选择。

四、债的履行期限

履行期限，债有约定时，依其约定。当事人在债中可以约定一宗债务划分为各个部分，每个部分各有一个履行期限；还可以约定数个履行期限，届时可以选择确定；在双务债中可分别约定两个对立债务的履行期限。

履行期限，法律有规定时，依其规定。例如，我国《破产法》第46条第1款规定："未到期的债权，在破产申请受理时视为到期。"履行期限，还可由债务的性质确定。例如，在饭店预订酒席，依其性质应在宴客之日为履行期限。

依上述规则不能确定履行期限时，应按照《合同法》第61条及第62条第4项关于"履行期限不明确的，债务人可以随时履行，债权人也可以随时要求履行，但应当给对方必要的准备时间”的规定加以确定。

履行期限有为债务人利益的，有为债权人利益的，也有为双方当事人利益的。对于前者，债权人不得随意请求履行，但债务人可以抛弃其期限利益，在履行期前履行。对于第二种情况，债权人可以在履行期限前请求债务人履行，但债务人无权强行要求他于期前受领给付。对于第三种情况，债务人无权强行要求债权人于期前受领，同时债权人无权请求债务人于期前履行。无论哪种情况，“债权人可以拒绝债务人提前履行债务，但提前履行不损害债权人利益的除外。债务人部分履行债务给债权人增加的费用，由债务人负担”（《合同法》第 71 条）。

五、债的履行方式

履行方式，是完成债务的方法，如标的物的交付方法，工作成果的完成方法，运输方法，价款或酬金的支付方法等。履行方式与当事人的权益有密切关系，履行方式不符合要求，有可能造成标的物缺陷、费用增加、迟延履行等后果。

有关于履行方式的约定时，依其约定；无此约定时，宜采取公平合理的方式履行。依《合同法》第 61 条的规定及第 62 条第 5 项关于“履行方式不明确的，按照有利于实现债目的的方式履行”的规定予以确定。

六、债的履行费用

债的履行的费用，是指履行所需要的必要费用。例如，物品交付的费用，运送物品的费用，金钱邮汇的邮费。对于履行费用负担，当事人有约定的依其约定；如无约定，按《合同法》第 61 条规定，双方当事人可协议补充；不能达成补充协议的，按照有关条款或者交易习惯确定。如此仍不能确定的，按《合同法》第 62 条第 6 项关于“履行费用的负担不明确的，由履行义务一方负担”的规定解决。另外，因债权人变更住所或其他行为而导致履行费用增加时，增加的费用应由债权人负担。例如，债权人受领迟延而致使履行费用增加，债权人请求对物品特别包装而增加费用，债权人请求将物品送往履行地之外的地点而增加费用，因债权转移而增加费用等，依公平原则均应由债权人负担。

思考题：

1. 请结合第 1 章第 3 节给付的含义分析不同债务情形下履行的含义。

2. 甲本为完全民事行为能力人，甲与乙签订预约，约定 1 个月后签订正式合同，其后，甲因受刺激精神异常被宣告为无行为能力人。1 个月后，乙找到甲，甲与乙签订了正式合同，甲的监护人丙主张，甲为无民事行为能力人，其签订的正式合同无效。请问丙的主张能否成立？

3. 乙为 9 岁儿童，乙的父亲甲交给乙 100 元钱，让乙代其偿还甲所欠丙的债务，事后，甲以乙为无民事行为能力人，所进行的代理行为无效为由，要求丙归还 100 元钱，甲的说法是否正确？

4. 以下是合同生效后，当事人就标的物的质量，价款或者报酬，履行地点等内容没有约定或者约定不明确时，应适用的规则，请按适用的先后顺序排列：

A. 按照法律规定确定；B. 按照合同的相关条款或者交易习惯确定；C. 由双方当事人达成补充协议确定。

第八章

债的担保与保全

第一节 债的担保

一、债的担保概述

债的担保，是指法律为保证特定债权人利益的实现而特别规定的以第三人的信用或者以特定财产保障债务人履行义务、债权人实现权利的制度。债的担保方式是随着社会经济关系的发展，随着债权法的发展，而不断发展的。当事人可采用何种担保方式也是由法律规定的。在现代各国法上，债的担保方式一般都包括人的担保和物的担保两类。

（一）人的担保

人的担保，是指以第三人的信用保证债的履行的担保方式。人的担保即保证担保，是由保证人以自己的信用担保债务人履行债务的担保。保证也是一种债的关系，在债务人不履行债务时，债权人得请求保证人履行。可见，保证是通过保证人对债务人债务的清偿来保障债权人的权利实现的。保证的成立实际上扩大了债务人清偿债务的责任财产的范围。因此，保证担保对于债权人行使权利以保障其利益是十分方便的。但是，在保证担保中，是否能够确保债权人的利益还取决于第三人即保证人的信用，而保证人的信用具有浮动性，其财产也是处于不断地变动之中的。这是保证担保的不足之处。

（二）物的担保

物的担保，是指直接以一定的财物来作债权担保的担保方式。物的担保包括移转物的所有权或其他权利的权利移转型的物的担保和不移转物的所有权或其他权利的限定物权型的物的担保两种形态。

各国法上一般都规定了定金担保。定金担保是物的担保还是另外的担保方式，对此有不同的观点。有的认为，定金为金钱担保，不属于物的担保；也有的认为，定金也可归于物的担保，因金钱也属于物，定金担保可归入权利移转型的物的担保，但属于物的担保的一种特殊形态。由于担保物权为物权中法的问题，我们在物权法中论述。因此，这里仅说明保证和定金两种担保方式。

二、保证

（一）保证的含义

保证是一个多含义的概念。作为债的担保的保证，是指债务人以外的第三人作保证人担保债务人履行债的制度。《担保法》第6条中规定："本法所称保证，是指保证人和债权人约定，当债务人不履行债务时，保证人按照约定履行债务或者承担责任的行为。"其中债务人又被称为被保证人。

（二）保证合同的成立

保证合同的成立和生效需要遵照合同法的相关规定，本书仅就某些需要注意的问题作特别提示。

1. 保证合同的当事人。

（1）国家机关原则上不得为保证人。这是因为国家机关用于担保的资金即国家财政和税收的收入，而国家所拥有的这些财产必须用于国家活动（立法、行政、司法）。清偿保证债务不仅与这些活动宗旨不符，而且会影响到国家机关职能的正常发挥。因此《担保法》第8条规定："国家机关不得为保证人，但经国务院批准为使用外国政府或者经济组织贷款进行转贷的除外。"

（2）学校、幼儿园、医院等以公益为目的的事业单位、社会团体也不得做保证人（《担保法》第9条）。理由与上相同，但不可否认的是在市场经济条件下，某些以公益为目的的事业单位和社会团体也参与了经营活动。对这类事业单位提供的保证不宜持一概否定的态度，因此，法释［2000］44号第16条规定，从事经营活动的事业单位、社会团体为保证人的，其所签订的保证合同应当认定为有效。

（3）企业法人的分支机构、职能部门不宜充任保证人，但企业法人分支机构有法人书面授权的，可以在授权范围内提供保证（《担保法》第10条）。

（4）公司的工作人员不得擅自以公司的财产，对其个人或其他公司的债务提供保证。对于在何种情况下，公司可以为他人提供担保，《公司法》第16条做了较为清晰的规定。

2. 保证合同的内容和形式。

（1）保证合同的内容。根据《担保法》第15条，保证合同一般应当包含如下条款：

被保证的主债权种类和数额。被保证的主债权既可以是已经发生的债权也可以是将来要发生的债权（最高额保证），如果双方当事人就被保证的债权无明确约定的，应当根据交易习惯、被保证人与保证人之间债权的形成时间等因素推定。

债务人履行债务的期限。如果当事人未约定，应当适用《合同法》第61、62条的规定。

保证方式。包括一般保证和连带保证，如果当事人未约定，按照连带责任保证论（《担保法》第19条）。

保证担保的范围。如果当事人未约定则按照《担保法》第21条的规定，“当事人对保证担保的范围没有约定或者约定不明确的，保证人应当对全部债务承担责任”，应包括主债权及利息、违约金、损害赔偿金和实现债权的费用。

保证期间。当事人可以就保证期间进行约定，但约定的期间不得早于或者等于主债务的履行期限。如双方当事人没有约定或约定的期间早于或等于主债务的履行期限的，保证期间为主债务履行期届满之日起，至6个月届满之日止（《担保法》第25条第1款、第26条第1款）。保证期间不因任何事由发生中断、中止、延长的法律后果（法释［2000］44号第31条）。保证合同约定保证人承担保证责任直至主债务本息还清时为止等类似内容的，视为约定不明，保证期间为主债务履行期届满之日起2年（法释［2000］44号第32条第2款）。如果保证期间尚未截至，但债务人已经申请破产的，债权人无需按照保证合同约定的保证期间行使权利。人民法院受理债务人破产案件的，债权人既可以向人民法院申报债权，也可以向保证人主张权利。若债权人选择向债务人主张债权，则债权人申报债权后在破产程序中未受清偿的部分，保证人仍应当承担保证责任。债权人要求保证人承担保证责任的，应当在破产程序终结后6个月内提出（法释［2000］44号第44条）。

双方认为需要约定的其他事项。

（2）保证合同的形式。《担保法》第13条要求保证合同采用书面形式。法释［2000］44号第22条将其具体引申为“第三人单方以书面形式向债权人出具担保书，债权人接受且未提出异议的，保证合同成立。主合同中虽然没有保证条款，但是，保证人在主合同上以保证人的身份签字或者盖章的，保证合同成立。”

（三）保证合同的不成立、无效、被撤销及所生责任

保证合同若违反以上4种当事人限制的规定，或者主合同债权人一方或债权人与债务人双方采用欺诈、胁迫等手段，或者恶意串通，使保证人在违背真实意思情况下提供保证的以及主合同债务人采取欺诈、胁迫等手段，使保证人在违背真实意思的情况下提供保证，债权人知道或者应当知道欺诈、胁迫事实的，保证合同无效（《担保法》第8、9、29、30条，法释［2000］44号第4、17、18、40条）。此外，法释［2000］44号还专就担保合同规定了如下的无效原因：未经国家有关主管部门批准或者登记对外担保的；未经国家有关主管部门批准或者登记，为境外机构向境内债权人提供担保的；为外商投资企业注册资本、外商投资企业中的外方投资部分的对外债务提供担保的；无权经营外汇担保业务的金融机构、无外汇收入的非金融性质的企业法人提供外汇担保的；主合同变更或者债权人将对外担保合同项下的权利转让，未经担保人同意和国家有关主管部门批准的，担保人不再承担担保责任。但法律、法规另有规定的除外。

法释［2000］44号对保证合同也承认有可以撤销的原因，即债务人与保证人共同欺骗债权人，订立主合同和保证合同的，债权人可以请求人民法院予以撤销。因此给债权人造成损失的，由保证人与债务人承担连带赔偿责任。（注释［2000］44号第41条）

主合同不成立、无效或被撤销时，保证合同也丧失法律效力（《担保法》第5条，法释［2000］44号第4、7、8条）。保证合同不成立、无效或被撤销的，债务人、担保人、债权人有过错的，应当根据其过错各自承担相应的民事责任（《担保法》第5条）。该种责任属于缔约过失责任，因此责任的承担方式为赔偿损失，损失的赔偿范围为信赖利益损失。法释［2000］44号区分具体情况做了进一步规定：①董事、经理违反《中华人民共和国公司法》第60条的规定，以公司资产为本公司的股东或者其他个人债务提供担保的，担保合同无效。除债权人知道或者应当知道的外，债务人、担保人应当对债权人的损失承担连带赔偿责任。②主合同有效而担保合同无效，债权人无过错的，担保人与债务人对主合同债权人的经济损失，承担连带赔偿责任；债权人、担保人有过错的，担保人承担民事责任的部分，不应超过债务人不能清偿部分的1/2。③主合同无效而导致担保合同无效，担保人无过错的，担保人不承担民事责任；担保人有过错的，担保人承担民事责任的部分，不应超过债务人不能清偿部分的1/3。

（四）保证的方式

保证合同当事人双方应当约定保证的方式。保证方式分为一般保证与连带责任保证两种。

1. 一般保证。一般保证是指保证人仅对债务人不履行债务负补充责任的保证。《担保法》第17条第1款规定：“当事人在保证合同中约定，债务人不能履行债务时，由保证人承担保证责任的，为一般保证。”其第2款规定：“一般保证的保证人在主合同纠纷未经审判或者仲裁，并就债务人财产依法强制执行仍不能履行债务前，对债权人可以拒绝承担保证责任。”因此，一般保证是保证人享有先诉抗辩权的保证方式。

2. 连带责任保证。《担保法》第 18 条第 1 款、第 2 款规定：“当事人在保证合同中约定保证人与债务人对债务承担连带责任的，为连带责任保证。连带责任保证的债务人在主合同规定的债务履行期届满没有履行债务的，债权人可以要求债务人履行债务，也可以要求保证人在其保证范围内承担保证责任。”可见，连带责任保证保证人的责任重于一般保证保证人的责任。一般保证的保证人只在债务人不能履行债务时才承担保证责任；而连带责任的保证人不论债务人能否履行债务，只要债务人未履行债务，就有义务承担保证责任，保证人并不享有先诉抗辩权。

（五）保证担保的效力

1. 债权人的权利。债权人的权利是在主债务人不履行债务时，得请求保证人履行保证债务即承担保证责任。

（1）债权人请求保证人承担保证责任的前提和条件。在一般保证中，债权人对保证人行使权利以主债务人不履行其债务为前提，以保证责任已届承担期，债权人已经向法院主张对主债务人强制执行仍无效果（或保证人放弃先诉抗辩权）为条件。在连带保证中则无须考虑债权人是否已经提起强制执行。

（2）债权人必须在保证期间内行使其权利。有关保证期间的规定参见本章前面的叙述。

2. 保证人的义务。保证人的义务即按照保证合同的约定承担保证责任，保证人义务本与债权人权利是一个问题的两个方面，但实践中在保证人义务履行上存在若干疑问，本书仅就此做进一步讨论。

（1）代偿能力与保证责任。对于代偿能力是否影响保证责任的承担，《担保法》第 7 条和法释［2000］44 号第 14 条作出了不同规定，实践中应以法释［2000］44 号第 14 条的规定为准。

（2）主合同解除后保证责任的承担。主合同无效一般情况下会导致保证合同也无效，从而免除保证人的保证责任，但主合同被解除的担保人对债务人应当承担的民事责任仍应承担担保责任。但是，担保合同另有约定的除外（法释［2000］44 号第 10 条）。

（3）特殊的保证责任。在特殊的保证责任中，保证人会对其承担保证责任约定附条件，此时，保证人承担保证责任除要满足上文中提及的前提和条件外，还要满足保证合同约定的条件，例如，法释［2000］44 号第 26 条规定，第三人向债权人保证监督支付专款专用的，在履行了监督支付专款专用的义务后，不再承担责任。未尽监督义务造成资金流失的，应当对流失的资金承担补充赔偿责任。再如，该司法解释 27 条规定，保证人对债务人的注册资金提供保证的，债务人的实际投资与注册资金不符，或者抽逃转移注册资金的，保证人在注册资金不足或者抽逃转移注册资金的范围内承担连带保证责任。

3. 保证人的权利。

（1）主张债务人权利的权利。①主张主债务人的抗辩权。即以债务人对债权人的抗辩权，抗辩债权人。根据《担保法》第 20 条的规定，一般保证和连带责任保证的保证人享有债务人的抗辩权。债务人放弃对债务的抗辩权的，保证人仍有权抗辩。②主张主债务人的其他权利。例如，撤销权、抵销权等。

（2）主张基于保证人地位特有的抗辩权。即一般保证的保证人特别享有的权利。一般保证的保证人特有的权利主要是先诉抗辩权。先诉抗辩权，又称检索抗辩权，是指保证人于债权人未就主债务人的财产强制执行而无效果前，对于债权人得拒绝清偿保证债务的权利（《担保法》第 17 条第 2 款）。连带责任保证的保证人不享有先诉抗辩权。依《担保法》第 17 条的规定，一般保证的保证人在有下列情形之一时，也不得行使先诉抗辩权：第一，债务人住所变更，致使债权人要求其履行债务发生重大困难的。债务人住所虽变更，但并不会使债权人要求债务人履行债务发生重大困难时，保证人仍得行使先诉抗辩权。第二，人民法院受理债务人破产案件，中止执行程序的。第三，保证人以书面形式放弃先诉抗辩权的。保证人不是以书面形式，而只是口头向债权人表示放弃先诉抗辩权的，保证人仍得行使先诉抗辩权。

（3）主张基于一般债务人的地位应有的权利。例如，主合同有效而保证合同无效的情况；主债务人对债权人无抵销权，而保证人对债权人有抵销权的情况等。

（六）保证人与主债务人之间的关系

保证虽为债权人与保证人之间的关系，但保证的成立也在主债务人与保证人之间发生效力。在保证人与主债务人之间，保证人于一定条件下也享有一定的权利。保证人的权利主要是追偿权。追偿权又称求偿权，是指保证人在履行保证债务后，得请求主债务人偿还的权利（《担保法》第 31 条）。

保证人追偿权的成立须具备以下三个条件：第一，保证人向债权人履行了保证债务。第二，因保证人的履行而使债务人免责。第三，保证人履行保证债务无过错。

保证人追偿权的范围，一般应当包括两部分：一部分是保证人为主债务人向债权人清偿的债务额，但以主债务人因其清偿受免责的数额为限。另一部分是保证人履行保证债务所支出的必要费用。但保证人自行履行保证责任时，其实际清偿额大于主债权范围的，保证人只能在主债权范围内对债务人行使追偿权（法释［2000］44 号第 43 条）。

保证人的求偿权一般只能在保证人承担保证责任后才能发生和行使，但为保证保证人在履行保证债务后能够实现追偿的权利，法律规定了保证人得事前行使追偿权的情况。我国《担保法》第32条规定："人民法院受理债务人破产案件后，债权人未申报债权的，保证人可以参加破产财产分配，预先行使追偿权。"

（七）保证债务的诉讼时效

1. 保证债务的诉讼时效与保证期间及主债务的诉讼时效。保证期间和保证债务的诉讼时效是两种不同的制度，保证期间是债权人行使对保证人债权的期限，而保证债务的诉讼时效虽然也是对债权人行使对保证人债权的一种期限限制，但其只有在债权人在保证期间内行使债权之后才产生，一旦债权人在保证期间内行使债权，则保证期间就功成身退，让位于诉讼时效期间。

保证债务的诉讼时效与主债务的诉讼时效也不同，保证债务的诉讼时效是基于保证合同而生的保证债权的时效，而主债务的诉讼时效则是基于主债务合同而生的债权的时效。

2. 一般保证债务诉讼时效的起算、中止和中断。根据法释［2000］44号第34条第1款，一般保证的债权人在保证期间届满前对债务人提起诉讼或者申请仲裁的，从判决或者仲裁裁决生效之日起，开始计算保证合同的诉讼时效。保证债务的诉讼时效随着主债务诉讼时效的中止而中止，并随着主债务诉讼时效的中断而中断（法释［2000］44号第36条），当然保证债务作为一个独立于主债务的债务，也单独的因《民法通则》规定的事由而中止或中断。

3. 连带保证债务诉讼时效的起算、中止和中断。根据法释［2000］44号第34条第2款，连带责任保证的债权人在保证期间届满前要求保证人承担保证责任的，从债权人要求保证人承担保证责任之日起，开始计算保证合同的诉讼时效。与一般保证相同，保证债务的诉讼时效随着主债务诉讼时效的中止而中止，并随着主债务诉讼时效的中断而中断，保证债务作为一个独立于主债务的债务，也单独的因《民法通则》规定的事由而中止或中断。

（八）保证债务的免除

1. 保证合同约定，债权人转让债权时，保证责任免除，应依其约定。无此约定的，保证人在原担保的范围内继续承担保证责任（《担保法》第22条），所谓约定债权人转让债权时保证责任免除，包括保证人与债权人事先约定仅对特定的债权人承担保证责任或者禁止债权转让等情形（法释［2000］44号第28条）。

2. 保证期间，债权人许可债务人转让债务，但未经保证人书面同意，保证人免除保证责任（《担保法》第23条）。保证期间债权人许可债务人转让部分债务未经保证人书面同意的，保证人对未经其同意转让部分的债务，不再承担保证责任。但是，保证人仍应当对未转让部分的债务承担保证责任（法释［2000］44号第29条）。

3. 保证期间，债权人与债务人对主合同数量、价款、币种、利率等内容作了变动，未经保证人同意的，如果减轻债务人的债务的，保证人仍应当对变更后的合同承担保证责任；如果加重债务人的债务的，保证人未对加重部分书面同意的，保证人对加重的部分不承担保证责任（《担保法》第24条，法释［2000］44号第30条）；债权人与债务人对主合同履行期限作了变动，未经保证人书面同意的，保证期间为原合同约定的或者法律规定的期间；债权人与债务人协议变动主合同内容，但并未实际履行的，保证人仍应当承担保证责任。

4. 被担保的债权既有物的担保又有人的担保的，债务人不履行到期债务或者发生当事人约定的实现担保物权的情形，债权人应当按照约定实现债权；没有约定或者约定不明确，债务人自己提供物的担保的，债权人应当先就该物的担保实现债权（《物权法》第176条），债权人怠于行使该担保物权，致使担保物的价值减少或者毁损灭失的，保证人在债权人放弃权利的范围内减轻或者免除保证责任（法释［2000］44号第38条），第三人提供物的担保的，债权人可以就物的担保实现债权，也可以要求保证人承担保证责任（《物权法》第176条）。

5. 主合同当事人双方协议以新贷偿还旧贷，除保证人知道或者应当知道的外，保证人免除保证责任。新贷与旧贷系为同一保证人的，不适用前款的规定（法释［2000］44号第39条）。

6. 一般保证的保证人在主债权履行期间届满后，向债权人提供债务人可供执行财产的真实情况，债权人放弃或者怠于行使权利致使该财产不能被执行，保证人可以请求人民法院在其提供可供执行财产的实际价值范围内免除保证责任（法释［2000］44号第24条）。

7. 债权人未在保证期间内主张其权利的，保证人免除保证责任。其中是一般保证的，债权人未在保证期间内向主债务人提起诉讼或者仲裁的保证人免除保证责任；是连带保证的，债权人未在保证期间内向保证人请求承担保证责任的，保证人免除保证责任。

8. 保证合同约定的其他保证人免除保证责任的事由，例如，保证合同约定，主合同解除后，保证人不再对债务人承担的民事责任负保证责任的，依其约定（法释［2000］44号第10条）。

三、定金

（一）定金概述

定金，是指合同当事人约定的，为确保合同的履行，由一方当事人预先支付给另一方的一定款项。我国《民法通则》第89条第3项中规定："当事人一方在法律规定的范围内可以向对方给付定金。债务人履行债务后，定金应当抵作价款或者收回。给付定金的一方不履行债务的，无权要求返还定金；接受定金的一方不履行债务的，应当双倍返还定金。"《担保法》第89条中也规定："当事人可以约定一方向对方给付定金作为债权的担保。"可见，定金也是债权担保的一种方式。

在实践活动里，合同中经常出现"订金"的字样。这有时是由当事人笔误造成的，此时，是否能够产生定金的效力？根据法释［2000］44号第118条："当事人交付留置金、担保金、保证金、订约金、押金或者订金等，但没有约定定金性质的，当事人主张定金权利的，人民法院不予支持。"

（二）定金合同的类型

定金，在各国法上几乎都有规定，但不同的时期、不同的国家对定金的规定并不完全相同，概括起来，定金有以下五种：

1. 立约定金，这是指为保证正式订立合同而交付的定金。法释［2000］44号第115条规定，当事人约定以交付定金作为订立主合同担保的，给付定金的一方拒绝订立主合同的，无权要求返还定金；收受定金的一方拒绝订立主合同的，应当双倍返还定金。

2. 成约定金，是指将定金合同作为主合同成立要件的定金，不交付定金合同就不能成立，我国法释［2000］44号第116条允许当事人约定以交付定金作为主合同成立或者生效要件，承认了成约定金，不过持比较宽松的态度。该条规定了在主合同已经履行或者已经履行主要部分的情况下，即使给付订金的一方尚未交付定金，主合同仍然成立或者生效。

3. 证约定金，是指以定金作为合同成立的证据，此种定金在我国现行法中虽无明文规定，但学说认为定金的交付一般都标志着合同的存在，交付定金一方可据此证明合同已经成立，对方当事人若否定合同成立必须举证证明。证约定金不能够独立存在，往往同时具有成约定金、违约定金、立约定金的性质。

4. 违约定金，是指交付定金后，交付定金的一方如不履行合同，则收受定金的一方得没收其定金而不予返还；收受定金的一方不履行合同时应当双倍返还定金（《担保法》第89条）。

5. 解约定金，是指以定金作为一方保留合同解除权利的代价，即交付定金的一方得以丧失定金为代价而解除合同；收受定金的一方得以双倍返还定金为代价而解除合同，我国《担保法》中并没有规定解约定金，但法释［2000］44号第117条承认了解约定金。

（三）定金合同的成立

定金应当由当事人双方约定，双方约定定金的协议为定金合同。定金合同应当采用书面形式（《担保法》第90条前段）。定金合同除应当具备合同有效成立的一般条件外，还须具备以下条件：

1. 应交付定金的一方向对方交付定金。定金合同为实践合同，通说认为，定金自交付时起成立。我国《担保法》第90条中也明确规定，“定金合同自交付定金之日起生效”。所以，虽当事人有关于定金的约定，但未实际交付的，定金担保尚不能成立。从交付定金来说，当事人应当按照约定的时间交付，当事人未在约定的时间交付或者交付的数额不足约定数额，而另一方当事人又接受的，可以视为当事人双方对定金合同的变更，定金仍从实际交付之日起于交付的实际数额上成立。

2. 须主合同有效。定金合同是从合同，定金所担保的合同为主合同。从合同的效力决定于主合同。因此，在主合同无效或者被撤销时，定金合同也就不能发生效力，即使一方已交付定金，定金担保也不成立，除非担保合同另有约定（《担保法》第5条第1款）。

3. 定金数额须在法定的数额以内。关于定金的数额，应由当事人自由约定，但当事人对于定金的约定不能超过法律规定的最高限额。我国《担保法》第91条规定："定金的数额由当事人约定，但不得超过主合同标的额的百分之二十。"当事人交付的定金超过法律规定最高限额的，超过的部分应为无效，即不能作为定金，但不能认定为定金全部无效。（法释［2000］44号第121条）。

（四）定金合同的效力

定金合同的效力，依定金合同的性质不同而有所不同。

1. 成约定金和证约定金的效力。成约定金的效力是，不交付定金则主合同不成立，但不发生"定金罚则"的效力，证约定金的效力在于证明合同成立，也不具有"定金罚则"的效力。

2. 解约定金的效力。解约定金具有解除合同的效力，交付定金的一方放弃定金，收受定金的一方双倍返还定金都可以解除合同，而且只要合同中没有解约人承担违约责任的约定，解约人无须再承担其他责任。如果主合同具备了法律规定的或者约定的解除权发生的条件，解约人据此而行使解除权，则适用法定或者约定解除的规则，无须放弃或双倍返还定金。

3. 立约定金的效力与违约定金的效力。当事人违反预约的约定不订立主合同本身就是违约行为，因此立约定金与违约定金在实质上是一致的。违约定金罚则生效有两种除外的情况：其一，因不可抗力、意外事件致使主合同不能履行的，不适用定金罚则（法释［2000］44 号第 122 条）；其二，当事人一方不完全履行合同的，应当按照未履行部分所占合同约定内容的比例，适用定金罚则（法释［2000］44 号第 120 条），此处的不完全履行是指不完全履行合同的给付义务，不应包含附随义务和不真正义务。

第二节　债的保全

一、债权人代位权

（一）债的保全的概念

债的保全是指法律为防止因债务人的财产不当减少而给债权人的债权带来危害，允许债权人代债务人之位向第三人行使债务人的权利，或者请求法院撤销债务人与第三人的法律行为的法律制度。其中债权人代债务人之位以自己的名义向第三人行使债务人的权利的法律制度称为债权人代位权制度；债权人请求法院撤销债务人与第三人的法律行为的制度称为债权人的撤销权制度。

债的保全是债对于第三人发生的效力，亦即是债的对外效力的表现。债的关系原则上不对第三人发生效力，但为确保债权人的权利实现，在某些情况下，债对第三人也发生效力。其典型的情形即为债的保全制度。

立法者为何要突破债的相对性原则，赋予债权人代位权与撤销权？其立法基础在于保证债务人的责任财产，从而保证债权的实现。债务人的总财产即其责任财产的状况，直接影响着债权人的债权实现。为防止责任财产的减少危害债权人的债权实现，固然可以通过特别担保手段来保障债权实现，但特别担保亦有弱点，例如，抵押权的设立需要办理登记，留置权则限于特定的债权关系，保证需要经保证人同意等。有鉴于此，在法律规定特别担保制度和违约责任制度之外，尚需设置有效的防止债权人不当减损其财产的制度。这就是代位权和撤销权制度。

（二）债权人的代位权概念

债权人代位权，是指债权人为了保全其债权，而于债务人怠于行使自己的权利而害及债权人债权实现时，得以自己的名义代位行使属于债务人权利的权利。简言之，债权人的代位权就是债权人代债务人之位以自己名义行使债务人权利的权利。

债权人的代位权在近现代许多国家的法上都有规定。例如，《法国民法典》第1166条中规定："债权人得行使其债务人的一切权利和诉权，但权利和诉权专属于债务人个人者，不在此限。"《日本民法典》第423条规定："债权人为保全自己的债权，得行使属于其债务人的权利。但专属于债务人一身的权利，不在此限。""债权人，在其债权的期限未届至期间，非依裁判上代位，不得行使前项的权利。但保存行为，不在此限。"我国《民法通则》中未规定债权人的代位权，而在《合同法》第73条作了规定："因债务人怠于行使其到期债权，对债权人造成损害的，债权人可以向人民法院请求以自己的名义代位行使债务人的债权，但该债权专属于债务人自身的除外。代位权的行使范围以债权人的债权为限。债权人行使代位权的必要费用，由债务人负担。"

（三）债权人代位权成立的要件

债权人的代位权虽为债权人固有的权利，但也须具备一定的条件才能成立。债权人代位权的成立条件有以下几项：

1. 须债务人对第三人享有权利并怠于行使其权利。债务人对于第三人享有的权利为债权人代位权的标的。债务人对第三人享有权利，为债权人代位权成立的条件。另外，得代位行使的权利必须非专属于债权人本身的权利，基于抚养、扶养、赡养、继承等人身关系产生的给付请求权不得由债权人代位行使。

怠于行使其权利是指应行使并且能行使而不行使其权利，法释［1999］19号第13条将其界定为“债务人不履行其对债权人的到期债务，又不以诉讼或者仲裁方式向其债务人主张其享有的具有金钱给付内容的到期债权。”

次债务人不认为债务人有怠于行使到期债权情况的，应当承担举证责任（法释［1999］19号第13条第2款）。

2. 须债务人履行债务迟延。所谓债务人履行迟延，是指债务人履行债务的期限届满而未履行债务。若债务人的债务履行期未届至，或者虽到履行期但履行期限未届满，则债务人是否能履行债务尚不确定，债权人的债权是否有不受清偿的可能尚不清楚。于此情况下，债权人自不能代位行使债务人的权利。但是若债权人的代位权是专为保全债务人权利的保存行为，其目的在于防止债务人权利的变更或消灭的，虽债务人的债务清偿期未届至，债权人也得行使代位权。例如，时效的中断，保存登记，第三人破产时的债权申报等，因此类行为对于债务人并无不利，所以债权人得于债务人履行迟延前行使代位权。

3. 须债权人有保全债权的必要。所谓有保全权利的必要，是指债务人怠于行使权利使债权人的债权有不能实现的危险。因为代位权是以保全债权为目的的，若无保全债权的必要，也就无成立代位权的必要。例如，债务人虽怠于行使对第三人的权利，但债务人有足够的财产清偿债务，债务人不为清偿时，债权人请求法院强制执行，自可保障其债权的实现。于此情形下，债权人自无保全债权的必要，也就不成立债权人代位权。

（四）债权人代位权的行使

1. 债权人的代位权，应由债权人以自己的名义行使。凡债务人的债权人，只要符合债权人代位权的成立条件，均享有代位权（法释［1999］19号第16条）。但若某一债权人已行使代位权时，其他债权人不得再就债务人的同一权利行使代位权。

在代位权诉讼中，次债务人对债务人的抗辩以及次债务人对代位权成立的抗辩均可对债权人主张（法释［1999］19号第18条）。

2. 债权人行使代位权，应依诉讼的方式为之。要求债权人以诉讼的方式行使代位权，能有效地防止债权人、债务人、次债务人之间发生不必要的纠纷。

3. 债权人代位权行使的范围，应以保全债权人债权的必要为限度，即以债权人的债权为限。若债务人享有数项权利时，债权人就某一项权利行使代位权已可满足清偿其债权的需要，则不得再对债务人的其他权利行使代位权。债权人行使代位权，应以善良管理人的注意为之，不得处分债务人的权利。

4. 债权人行使代位权应尽善良管理人的义务，且应当通知债务人。

（五）债权人代位权行使的效力

1. 对于债务人的效力。债权人代位权行使的效果直接归属于债务人。尽管第三人向债务人给付时，若债务人不受领，债权人得代为受领，但债权人受领后，应将其取得的利益归还债务人，债务人也得请求债权人交付其受领的财产，此即为“入库规则”[1]。因为代位权行使的是债务人的权利，其所得利益

〔1〕崔建远、韩世远：“合同法中的债权人代位权制度”，载《中国法学》1999年第3期。

为债务人的财产。

债权人因代位权的行使对次债务人提起诉讼而受判决时，若债务人未参加诉讼或未被告知诉讼，该判决的效力是否亦及于债务人，对此有不同观点。多数学者认为其效力应及于债务人。

2. 对于次债务人的效力。债权人代位权的行使系代债务人行使对次债务人的权利，于此情形下次债务人的地位不能较债务人自己行使权利时不利。因此，次债务人对于债务人所有的于代位权行使前发生的抗辩，均得以之对抗债权人。

3. 对于债权人的效力。债权人行使代位权是代债务人行使权利，因行使代位权所得的财产为债务人的一般财产，所以债权人不能优先受偿，非经债务人同意也不能直接以代受领的财产受偿。债权人因行使代位权所付出的费用，得请求债务人偿还，并得就此费用的偿还请求对次债务人的给付物成立留置权（法释［1999］19 号第 19、26 条）。

二、债权人撤销权

（一）债权人的撤销权的概念

债权人撤销权，又称废罢诉权，是指当债务人所为的减少其财产的行为危害债权实现时，债权人为保全债权得请求法院予以撤销该行为的权利。

债权人的撤销权源于罗马法的保罗诉权，为保罗所创。《法国民法典》第 1167 条、《日本民法典》第 424 条，以及我国台湾地区“民法”第 244 条均规定有债权人的撤销权，德国和瑞士则在特别法中规定了撤销权。

我国《民法通则》中未规定债权人的撤销权。最高人民法院《关于贯彻执行〈中华人民共和国民法通则〉若干问题的意见（试行）》第130条规定：“赠与人为了逃避应履行的法定义务，将自己的财产赠与他人，如果利害关系人主张权利的，应当认定赠与无效。”《合同法》则进一步明确规定了债权人的撤销权。该法第74条规定：“因债务人放弃其到期债权或者无偿转让财产，对债权人造成损害的，债权人可以请求人民法院撤销债务人的行为。债务人以明显不合理的低价转让财产，对债权人造成损害，并且受让人知道该情形的，债权人也可以请求人民法院撤销债务人的行为。”“撤销权的行使范围以债权人的债权为限。债权人行使撤销权的必要费用，由债务人负担。”由于《合同法》对债权人撤销权的规定过于简单，1999年最高人民法院颁行了《关于适用〈中华人民共和国合同法〉若干问题的解释（一）》第23~26条对债权人撤销权做了规定，以上规定构成了我国债权人撤销制度的渊源。

（二）债权人撤销权的成立条件

债权人撤销权的成立要件可分为客观要件与主观要件，并且依债务人所为的行为是否有偿而有所不同。

1. 客观要件。

（1）须存在致害债权人债权的行为。《合同法》第74条第1款规定的债权人可以撤销的债务人的行为包括三种，即放弃到期债权的行为；无偿转让财产的行为；以明显不合理的低价转让财产的行为。该种规定按撤销权的目的太过狭窄，据此应采扩张解释的方法，将其解释为债务人致害债权人行为的列举。《破产法》第31条、第32条的规定，债务人以其财产设定抵押、质押，交付定金，以及在清偿能力不足的情况下仍对个别债权人的清偿行为均可以撤销，结合《破产法》该两条来看，凡是致害债权人债权的行为均可以作为撤销的标的。致害行为应当是由债务人实施的，债务人之外的人实施的法律行为不能作为撤销对象。例如，为了债务人而约定对自己的不动产设定抵押权的人，让与其不动产的行为。[1]

（2）致害行为必须以财产为标的。债务人的行为非以财产为标的者不得予以撤销。如此，结婚、离婚、收养、继承的抛弃等非以财产为标的的行为不得撤销。以不作为债务发生为目的的行为，以提供劳务为目的的法律行为，以不得扣押财产为标的的行为，均不得作为债权人撤销的标的。

（3）须债务人的行为有害债权。所谓有害债权，是指债务人的行为足以减少其一般财产而使债权不能完全受清偿。有害债权的行为具体表现为两种情况：一为减少积极财产，如让与所有权、设定他物权等；二为增加消极财产，如负担新的债务等。现存财产的变形，如买卖、互易等不一定导致财产价值的减少，因此，不能一概成为撤销的标的。

财产利益的拒绝行为虽然也以财产为标的，但由于其不会导致债务人财产的增加或减少，不宜属于债权人撤销权制度的势力范围。例如，拒绝赠与要约，拒绝第三人承担债务，抛弃继承权或遗赠等。

是否有害债权一般采“无资力说”作为判断标准，但何为“无资力”各国民法理解不同，瑞士以债务超过为要件，德国以支付不能为要件。我国宜采“债务超过说”，于债务人为行为时，债务人的其他资产不足以满足一般债权人的要求，即为无资力。如果债权人的债权因债务人的行为不能受完全清偿，但债权人的债权附有担保物权，债权人只能于担保物的价值不足清偿的债权数额限度内行使撤销权，若担保物的价值足以担保债权的受偿，债务人的行为不害及债权，债权人不能行使撤销权。

---

〔1〕1917年3月30日日本大民判《民录》第22辑，第671页。

2. 主观要件。依据我国《合同法》第74条，无偿行为的撤销只需要具备客观要件。而有偿行为的撤销除具备客观要件外，还需具备主观要件即债务人与第三人主观上有恶意。无偿行为的撤销无须具备主观要件的原因在于，债务人无资力而为无偿行为，其有害债权，至为明显，况且无偿行为的撤销，仅使受益人失去无偿所得的利益，并未受其他损害，法律理应先考虑保护债权受危害的债权人利益而不应先保护无偿取得利益的第三人。

(1) 债务人的恶意。债务人的恶意是指债务人明知有损害债权人的权利，仍为损害债权的行为。债务人有无恶意，一般应实行推定原则，即只要债务人实施行为而使其无资力，就推定为有恶意。

(2) 受益人（第三人）的恶意。受益人的恶意以其知道其所为有偿行为会害及债权为已足，而不须对债务人有害及债权的串通。受益人的恶意，则应由债权人证明，但结合具体情况应为受益人知晓的，可以推定受益人为恶意。受益人必须在受益时为恶意，受益人受利益与债务人行为在时间上不一致时，只要在受益时为恶意，不论行为时系善意或恶意，就认定为恶意。

（三）债权人撤销权的行使

1. 撤销权的行使主体。债权人的撤销权由债权人行使。凡于债务人为有害债权行为前有效成立的债权，债权人均可行使撤销权。因撤销权的行使于第三人有重大利害关系，因此，债权人的撤销权，须由债权人以自己的名义依诉讼方式为之。之所以要求以诉讼的形式行使，是因为债权人撤销权对于第三人利害关系重大，应由法院审查避免撤销权滥用。

2. 债权人行使撤销权应以何人为被告，依对撤销权性质的认识不同而有不同。依我国学术界通说，债权人行使撤销权自应以债务人、与债务人为行为的相对人以及利益转得人为共同被告。但法释［1999］19号24条规定，债权人应以债务人为被告，未将受益人或者受让人列为第三人的，人民法院可以追加该受益人或者受让人为第三人。

3. 撤销权行使的范围。按照《合同法》的规定，撤销权行使的范围以债权人的债权为限。

4. 撤销权的除斥期间。债权人的撤销权如同其他撤销权一样，应有除斥期间。债权人自应于权利行使期间内行使，除斥期间届满后，债权人的撤销权即消灭。依《合同法》第75条规定，撤销权自债权人知道或者应当知道撤销事由之日起1年内行使。自债务人的行为发生之日起5年内没有行使撤销权的，该撤销权消灭。

5. 债权人撤销权行使的效力。对于债务人，债务人的行为一经被撤销，视为自始无效。例如，为财产赠与的，视为未赠与；为放弃债权的，视为未放弃。对于受益人，已受领债务人的财产的，应当返还之。原物不能返还的，应当折价返还其利益。受益人已向债务人支付对价的，得向债务人主张返还不当得利。对于债权人，依据“入库规则”，行使撤销权的债权人得请求受益人将所得利益返还给债务人。不过，为了限制债务人不予受领或者再施处分，在解释上宜认为可由行使撤销权的债权人代为受领。但行使撤销权的债权人不得从受领的给付物中优先受偿。如该债权人依强制执行程序请求受偿时，全体债权人得申请参与按比例分配。但若行使撤销权的债权人的债权与返还的财产发生抵销状态时，债权人得依抵销方式实际享有优先受偿效果。

债权人行使撤销权的必要费用，由债务人负担。第三人有过错的，应当适当分担。由于此种费用是为实现全体债权人的债权而支付的，所以应作为共益费用，使行使撤销权的债权人享有该部分费用的优先受偿权，但在债权人通过抵销事实上优先受偿的场合，该部分费用不再作为共益费用享有优先受偿权。

思考题：

1. 定金合同必须是以书面形式签订吗？如果不以书面形式签订定金合同，则该合同的效力如何？

2. 证约定金在我国是一种单独的定金形式吗？证约定金通常是以什么样的形式表现出来的？

3. 解约定金、成约定金、立约定金、证约定金、违约定金都是哪些法律规定的？

4. 有学者说保证合同是单务合同、无偿合同、诺成合同、要式合同附从性合同，请问你认为这种判断正确吗？为什么？

5. 甲、乙均为丙的债权人，且债权均已到期，甲向法院提起诉讼，代位丙行使其对丁的到期债权，法院判决支持了甲的诉讼请求。判决执行后，乙又向人民法院提起诉讼，要求代位丙行使其对丁的到期债权，法院应当如何处理？

6. 上题中，甲对丁行使代位权是否能够产生丙对丁债权的诉讼时效中断的效果，又是否能产生甲对丙债权的诉讼时效中断的效果？

7. 甲负有对乙的到期债务1000万元，丙知甲无力偿还债务，于是要求甲与保险公司签订了一份巨额人身保险合同，交付保费100万，以丙作为受益人。保险公司不知此间缘由便于甲签订了保险合同，请问乙能否主张撤销保险合同？

第九章

债的移转与消灭

第一节　债的移转

一、债的变更

（一）债的变更的含义与实质

在债履行的过程中，由于客观环境发生变化导致继续履行债务可能造成债权人或者债务人受损时，债权人或者债务人可以依据情事变更原则要求变更合同内容，以达到公平的效果。除此之外，债权人与债务人也可以协商变更债之内容，以实现适当履行。这种当事人不变而债的内容发生变化的情况我们称其为债的变更，与债的变更相对应的另一种债的变动情形是债的内容不变而当事人发生变化，我们将这种债的变动方式称为债的移转。

债的变更虽称为变更，其实质是新债成立以取代旧债的效力，也就是说债的变更方式是用双方当事人之间形成的新债取代旧债。以合同之债为例，原合同双方当事人之间，就新的内容发出要约与承诺，要约与承诺一致达成新的合同，新合同的内容是改变旧合同中的相应条款，由此产生的新债的效力取代了旧债的效力，这一过程就是债的变更。

（二）债的变更的条件与程序

《合同法》第77、78条规定了债之变更的条件，即“当事人协商一致”且“变更的内容约定明确”，这是债之变更的一般条件，某些特殊的债的变更则需要“办理批准、登记等手续”（《合同法》第77条）。

债的变更需要“当事人协商一致”，是因为债的变更在实质上属于新合同的成立，而新合同的成立根据《合同法》的规定需要要约与承诺达成一致，立法为达致简约的目的，仅用“当事人协商一致”概括了合同法有关债的成立的所有条件。因此，债的变更的当事人没有行为能力、行为人意思表示不真实、变更债的行为违反法律规定等情况均会对债的变更的效力产生影响。

债的变更需要“变更的内容约定明确”，是因为变更的内容如果约定不明确，则无法形成有效的要约（《合同法》第14条），更妄谈债的变更的生效了。

需要“办理批准、登记等手续”的债之变更，主要是指根据《合同法》第44条规定，法律行政法规规定的应当办理批准、登记等手续生效的合同之债。由于债的变更实质上是新债取代旧债的过程，旧债既然要办理批准、登记手续才能够生效，新债自然也只有办理了批准、登记手续才能够生效。

（三）债的变更的效力

债的变更的效力体现在四个方面：第一，债务已经履行的部分仍然有效；第二，债务未变更的部分仍然按照原债务要求履行；第三，债务发生变更的部分按照新约定履行；第四，主合同变更或者债权人将对外担保合同项下的权利转让，未经担保人同意和国家有关主管部门批准的，担保人不再承担担保责任（法释［2000］44 号第 6 条）；第五，根据《民法通则》第 115 条，债的变更不影响当事人要求赔偿损失的权利，但损害赔偿请求权应当视具体情况而定，在约定变更的情况下，如果合同没有约定损害赔偿问题，多数学者主张无损害赔偿请求权的存在。

二、债的移转

债的移转是债的内容不做变化，而债的当事人发生变更，其中债权人变更的叫作债权让与，债务人变更的叫作债务承担，债权债务均转让的称为概括转让。债的移转可以基于法律规定（如继承）发生，也可以基于当事人约定而发生。

（一）债权让与

1. 债权让与的内涵、实质及生效要件。按照《合同法》第 79 条，债权让与是债权人将合同的权利全部或者部分转让给第三人的情形，其中让与债权的人称为“让与人”，受让债权的第三人称为“受让人”。债权让与的实质与合同变更类似，都属于以新债取代旧债，只是此时新债的内容是转让债权。因此，债权让与的成立和生效一样要遵循《合同法》的一般规定，需要批准或登记生效的仍然需要履行相应手续（《合同法》第 87 条）。除了要遵守合同成立、合同生效的相关规定，债权让与独有的生效要件体现在《合同法》第 79 条对不得转让债权的规定上。该条款规定了 3 种不得转让的合同，总的来说，该条款是债之当事人之间的信赖关系和债之相对性的要求，充分体现了尊重债务人与债权人之间“法锁”的精神。

2. 债权让与的效力。债权让与的生效时间从《合同法》的规定，除按《合同法》第 87 条规定需要办理相关手续的以外，债权让与自让与合同成立之日起生效。但由于债权让与的目的是让债务人向受让人履行债务，所以应当通知债务人（《合同法》第80条）。此处的“应当通知”跟债权让与的生效没有关系，不通知仅产生对债务人不生效力的问题。这与《民法通则》第91条的规定不同，根据《民法通则》第91条，合同当事人转让自己合同上的权利和义务应当征得对方的同意。《合同法》之所以没有将债务人的同意作为债权让与合同生效的条件，是基于如下判断：①债权让与原则上不会损害债务人的利益。一般说来债权的让与不会导致债务人遭受损害，但在特殊的情况下，可能增加债务人的履行费用。例如债务人原来是在当地同一个城市履行，债权让与后需要债务人到另外一个城市履行。这可能增加履行费用，但此时按照民法理论，增加的履行费用应由让与人承担，因此即使债务履行费用增加，也不会导致债务人的利益受到损害；②考虑到债权的转让是权利人的权利，不宜增加限制。

债权人让与债权不需要征得债务人同意，但法律要求“应当通知债务人”。如果负有通知义务的人未通知债务人债权让与的事实，则“该转让对债务人不发生效力”，即债务人仍得按照双方对原债务的约定履行债务。该通知应当由让与人发出还是由受让人发出法律没有规定，实践中无论是让与人还是受让人发出的通知都可以发生效力。该通知一旦发出债务人即负有按照通知向受让人履行债务的义务，因此，让与人不得单方面撤销该通知，当然如果受让人同意撤销的除外（《合同法》第80条第2款）。

债权让与对让与人的效力是让与人的地位由受让人取代，受让人不仅取得主债权而且自然取得与主债权相关的从权利（《合同法》第81条），但该从权利专属于债权人自身的除外。

债权让与对债务人的效力主要是债务人对让与人的抗辩可以向受让人主张（《合同法》第82条）、债务人对让与人享有的抵销权也可以向受让人主张（《合同法》第83条）。如果债权人变更导致债务人履行费用增加的，增加部分应由受让人承担。

（二）债务承担

按照《合同法》第84条，债务承担是指将债务全部或部分转移给第三人承担（合同法草案中称其为债务承担，而《合同法》则改称债务转移）。与债权转移的法律政策判断不同，债务承担一般来说被认为是有害于债权人的。因此，债务承担合同有效要件也不同于债权让与合同。

1. 债务承担的有效要件。

（1）承担人与债务人签订债务承担合同的。根据《合同法》第84条的规定，债务承担合同有效除要遵守合同成立生效的一般要件外，还有一个特殊要件就是须经债权人同意。这是因为债务承担在法律政策判断上一般认为是有害于债权人的，为保护债权人的利益，法律做了特殊的规定。如果一个由承担人与债务人签订的债务承担协议没有债权人同意，那么该承担协议成立，但是效力未定，只有得到债权人同意后才生效。

既然债权人的同意是追认合同效力的方式，那么债权人同意的方式也应当准用关于效力待定合同的规定，参照《合同法》第47、48条可知，同意可以以明示或默示的方式作出，但是单纯的沉默不能视为同意而应视为拒绝，债务人和承担人则可以对债权人进行催告。

（2）债权人与承担人签订债务承担合同的。《合同法》第84条规定，债务承担应当经债权人同意，没有提债务人同意的问题。有效的债务承担大体有三种情形：①债务人（第三人）发出要约，承担人（债务人）承诺，然后债权人追认的；②债务人和承担人（债权人）发出要约，债权人（债务人和承担人）承诺；③债权人（承担人）发出要约，承担人（债权人）承诺。我们已经讨论了第一种情况下债务承担有效的要件，第二种情况下由于债权人作为承诺人，因此适用《合同法》关于普通合同的成立和生效要件即可，没有债权人同意的问题，当然债权人单纯的沉默，根据《合同法》第 22 条也不能作为承诺。

较为复杂的是债务承担的第三种情形。一般来说，有人替自己承担债务，对债务人是不会有什么损害的，因此《合同法》立法时，没有考虑债务承担是否要经债务人同意的问题，但实践中确实出现了违反债务人的意思承担债务的案例。对于这一问题，传统民法一般认为，此时原债务人的拒绝如果能够否认合同效力的话，让债权人又丧失已经取得的对债务承担人的请求权并不合理，所以此时应当承认债务承担合同有效。当然，如果债权人与承担人签订债务承担协议给原债务人带来额外负担的话，则应当经过原债务人同意。总的说来，要区分该债务承担协议是否损害债务人的利益来判断债务承担协议生效是否需要经过债务人的同意。

2. 债务承担的效力。债务承担对承担人来说，①其取得了全部或部分原债务人的地位（《合同法》第 86 条）；②不仅要承担主债务而且要承担从债务，但专属于原债务人的除外；③同时取得了原债务人的抗辩权（《合同法》第 85 条）；④根据《担保法》第 23 条的规定，债权人许可债务人转让债务的，未取得保证人书面同意的，保证人不再承担保证责任；债务承担对原债务人来说，使他全部或部分地脱离了原债务。

3. 并存的债务承担问题。并存的债务承担是指原债务人与承担人一起对债权人负清偿责任的债务承担形式。这在我国法律上并没有规定，学说却多有肯定，并存的债务承担与免责的债务承担相比较最大的区别是债务人是否明确表示仍留在债务之中，如果表示的则为并存的债务承担，如果没有表示则为免责的债务承担。

并存的债务承担也不同于免责的部分债务承担。后者是在承担人承担的部分内免除原债务人的责任。至于并存的债务承担的责任，承担人和原债务人应当负担连带责任。

（三）概括承受

由于实践中往往债权人同时也是债务人，所以许多的债权、债务转让是以一并转让的方式完成的，这种概括承受可能是基于当事人约定（《合同法》第88条），也可能是基于法定（《合同法》第90条）。总的说来概括承受由于既包括债权让与也包括债务承担，所以约定的概括承受合同如果想要生效需要对方的同意（《合同法》第88条）。另外也由于概括承受是债权、债务的一并转让，所以债权债务转让过程中遵守的规则，其也要一并遵守。

第二节　债的消灭

一、债的解除

（一）债的解除含义

当事人解除债务关系本是债务关系消灭的一种原因（《合同法》第91条），但由于债的解除制度内容较纷繁和复杂，因此本书独立作为一节予以讲述。

债的解除是指当解除条件具备时，因一方或者双方当事人的意思表示，使债务关系自始或者仅向将来消灭的行为。

（二）债的解除制度与相关制度的配合与区别

1. 债的解除制度与相关制度的配合。由于实际情况是千变万化的，在债的成立与生效的各个时期，当事人都可能不再愿意受到债务关系的限制。这时根据合同自由的原则，双方当事人或者有权的一方当事人可以打开法锁，使双方摆脱束缚。

以合同之债而言，在合同关系成立之前的要约撤回与撤销制度、承诺的撤回制度，合同成立之后生效之前的合同无效制度、合同撤销制度，以及合同生效后的合同解除制度都是为这一目的设计的。债的解除制度与要约的撤销、撤回、承诺的撤回、合同无效、合同撤销等制度恰似是各自独立、分工明确又紧密连接、互相配合的立法上的工艺品。

2. 债的解除制度与相关制度的区别。

（1）债的解除制度与债的终止制度。在我国的法律体系中，债的终止概念含义不尽一致，有时与债之关系消灭同义（《合同法》第91条），这时终止是解除的上位概念；有时终止被作为解除的一种类型，此时终止是解除的下位概念；有时终止又与解除并列使用（例如《劳动合同法》）。这种状况应予改变。《合同法》把终止作为与合同消灭相同的概念使用，而把解除作为终止的一种类型，可为典范。

（2）债的解除制度与债的撤销制度。解除制度与撤销制度表面上看起来是泾渭分明的两种制度，但由于可撤销合同在权利人没有行使撤销权以前，合同是有效的，这时往往会出现解除与撤销的条件均具备的状况。解除权的产生并不会导致撤销权的消灭，因此，当事人既可以主张通过解除也可以通过撤销的方式使合同失去效力。

（3）债的解除与附解除条件之债。在附条件的法律行为中有所谓解除条件，解除条件具备时，法律行为消灭。这种附条件的法律行为的解除与所谓的债的解除不同，附条件的法律行为消灭并非是因为解除权的行使，而是条件具备时自然消灭，其更类似于双方当事人履行完毕导致的合同终止，而债的解除则是双方当事人另定一个解除契约以解除生效的合同，或者由解除权人行使解除权以解除生效的合同。在生效合同消灭之前有一个解除的程序，而附解除条件的法律行为则没有这个程序。

（三）债的解除的类型

1. 单方解除与协议解除。这是《合同法》第93条规定的两种解除类型，单方解除的解除权人无须经过对方同意，也无须经过法院、仲裁机关的裁决即可自行解除合同。而协议解除则是双方当事人以一个解除合同的协议使原合同效力归于消灭的行为。

2. 法定解除与约定解除。这是《合同法》第93条第2款与第94条规定的两种解除方式，约定解除是双方当事人在合同中约定解除权产生的条款，一旦解除权条件具备，则享有解除权的当事人可以行使解除权。而法定解除则是在法律规定的条件具备时，解除权产生，享有解除权的当事人可以行使解除权解除合同。

对于约定解除权能否排除法定解除权问题，我们持的观点是：①约定解除权与法定解除权无根本矛盾，约定解除权涵盖法定解除权，从约定解除权；②约定解除权与法定解除权部分重合时，约定解除权与法定解除权在各自覆盖的领域生效；③约定解除权排除法定解除权的，如果会造成守约方的不利，违反强制性禁止规范以及其他不公正结果的，约定无效。否则不妨碍承认约定解除权。

（四）解除债务关系需要具备的条件

1. 协议解除。根据《合同法》第93条第1款可知，协议解除债权债务关系需要具备的条件是当事人协商一致。当事人协商一致表明债权债务关系的协议解除，是一个新的以解除债权债务关系为内容的法律关系取代原债权债务关系的过程，而新的协议若要生效需要符合《民法通则》与《合同法》规定的法律行为生效的要件。

2. 单方解除。

（1）约定解除（约定的单方解除）。约定解除债权债务关系需要具备的条件，根据《合同法》第 93 条第 2 款的规定，为合同约定的解除条件成就。

（2）法定解除（法定的单方解除）。《合同法》第 94 条规定的是一般的债务关系的法定解除要件。具体而言，除法律另有规定的以外，存在以下五种情况的，法定解除权产生：

不可抗力致使不能实现合同目的。此处注意不可抗力必须足以达到不能实现合同目的的程度方可产生解除权。

拒绝履行。首先，不履行的必须是主要债务；其次，如果守约方负有先履行合同的义务，可能出现《合同法》第 68 条与第 94 条第 2 项的竞合，此时，守约方应当享有选择权，若选择根据第 68 条使合同继续生效，如果对方当事人拒绝提供担保或履行合同则守约方可以适用《合同法》第 69 条或第 94 条第 2 项解除合同。当然守约方也可以选择适用第 94 条第 2 项直接解除合同。然后根据第 108 条请求违约赔偿。

迟延履行。根据《合同法》第 94 条第 3 项和第 4 项前半段的规定，迟延履行主要债务不会导致合同目的无法实现的，应当首先催告对方当事人在合理的期限内履行。当然如果迟延履行债务（无论是否是主债务）致使合同目的不能实现的，就无须再进行催告的程序而可以直接解除合同。

其他违约导致合同目的无法实现的。如果合同虽然履行了，但是履行有瑕疵导致合同目的无法实现的，根据《合同法》第94条第4项后半段的规定，解除权产生。这是一个兜底性条款。

法律规定的其他情形。这既包括《合同法》中的规定，如第69、148、164、165、166、167、219、224、268、376、410条，也包括《合同法》以外其他法律的规定，如《保险法》第17条等。

（五）解除权的行使

协议解除是以新合同取代原合同，遵守的是一般合同生效的规则，不涉及解除权的问题。约定解除与法定解除则都是单方解除债权债务关系，因此存在形成权性质的解除权。

1. 解除权的除斥期间。

（1）有法律规定或当事人约定的。根据《合同法》第95条第1款的规定，解除权应当在法律规定或者当事人约定的期间内行使。当事人约定自不必言，法律规定如最高人民法院《关于审理商品房买卖合同纠纷案件适用法律若干问题的解释》第15条第1款：“法律没有规定或者当事人没有约定，经对方当事人催告后，解除权行使的合理期限为三个月。对方当事人没有催告的，解除权应当在解除权发生之日起一年内行使；逾期不行使的，解除权消灭。”

（2）没有法律规定或者当事人约定的。根据《合同法》第95条第2款，“经对方催告后在合理期限内不行使的，该权利消灭。”这一规定存在两个问题：①对方催告后的合理期限应当如何计算？我们认为如果对方当事人给出的解除权行使期间合理，则可以适用对方当事人规定的除斥期间，如果对方当事人给出的解除权行使期间不合理，或者只有催告没有规定解除权行使期间的，则应当类推适用上述司法解释3个月的规定。②对方如果没有催告如何处理？由于解除权是形成权，长期存在对对方当事人来说并不公平，对交易安全本身也存在威胁。因此，我们认为应当类推适用上述司法解释 1 年的规定。这样也有利于在体系上与撤销权等形成权互相呼应。

（3）除斥期间的起算点。法律没有明确规定，多数学者认为应当按照有无催告分别处理：催告通知中指明了起算点的，依催告通知；催告通知中没有指明起算点的，应当将催告通知到达的次日确定为除斥期间的第 1 天；没有催告的应当自解除权产生之日起开始计算。

2. 解除权的行使方式。根据《合同法》第 96 条，解除合同无须法院裁判，只要当事人的通知即可，裁判只是“确认”解除是否有效的手段。因此，无论对方提出异议与否，都不影响解除权的行使。对方提出异议，法院最终裁判仍确认解除的，合同自通知之日而非确认之日解除；对方提出异议，法院最终裁判否认解除的，是因为合同没有具备解除条件，解除权不能行使，而非法院否认解除权行使的效力。

（六）债的解除的效力

1. 尚未履行的债务免除。

2. 已经履行的针对不同情况确定合同解除的溯及力。合同解除是否有溯及力，法律没有规定，法院裁判中应当视具体情况（《合同法》第 97 条），主要考虑保护守约方来决定是否使合同溯及既往的消灭。一般来说非继续性合同的解除原则上有溯及力，而继续性合同的解除原则上没有溯及力。合同解除有溯及力的则产生恢复原状、返还原物的责任，而无溯及力的则产生返还不当得利的问题。

3. 损害赔偿。《合同法》第 97 条，合同的解除不影响损害赔偿请求权的行使。

4. 合同中的结算和清理条款仍然有效（《合同法》第 98

条）。

二、债之关系消灭的其他情形

（一）债之关系消灭概述

在《合同法》起草过程中，本章最初拟定为合同消灭，后来考虑到《民法通则》和统一合同法之前的三部合同法（《涉外经济合同法》《经济合同法》《技术合同法》）都称为终止，最终定名为合同的权利义务终止，因此，合同的终止就是债之关系的消灭。

除债的解除外，当事人之间的债权、债务关系还可能因以下原因终止：①清偿；②抵销；③提存；④免除；⑤混同；⑥法律规定或当事人约定的其他情形（比如：附解除条件合同解除条件成就）。

《合同法》关于债之关系消灭的一般性规定体现在第 92 条及第 98 条中。尤其值得注意的是《合同法》第 92 条。根据该条规定，合同终止后当事人应当遵循诚实信用原则，根据交易习惯履行通知、协助、保密等义务，即所谓的后契约义务。该条与第 43 条、第 60 条第 2 款分属先契约义务、附随义务、后契约义务，三者都源自诚实信用原则，是诚实信用原则在合同不同阶段的体现。后契约义务如何追究责任，《合同法》没有明文规定，推定适用缔约过失责任或违约责任的条款又不妥当，我们认为，违反后契约义务应当依照《民法通则》第 106 条："公民、法人违反合同或者不履行其他义务的，应当承担民事责任。"追究当事人的责任。同时，结合《民法通则》第 134 条可知，对方当事人承担责任的方式为损害赔偿。

（二）清偿

1. 清偿的概念和性质。清偿是指按照债的本旨实现债务内容的给付行为。其从性质上来说是一种行为，这种行为究竟是法律行为、准法律行为或者事实行为在传统民法理论中颇有争议，晚近的见解一般倾向于准法律行为说，而教材中采用的则是折中说。

2. 清偿人。清偿当然多数是由债务人为之的，但是第三人也可以为之，从《合同法》第 91 条第 1 款来看，其并未限定清偿的主体。关于债务人清偿法律多有规定，此处不再赘述，实践中较为疑难的是第三人清偿即代为清偿的问题。

（1）代为清偿的限制。一般来讲债务人亲自偿还债务是债权人的意愿，故第三人清偿自然应当设有限制，台湾地区“民法”第 311 条针对这一问题规定：“债之清偿，得由第三人为之，但当事人另有订定或依债之性质不得由第三人清偿者，不在此限。第三人清偿，债务人有异议时，债权人得拒绝清偿。”

（2）代为清偿后各方关系的处理。台湾地区“民法”第 312 条规定：“清偿人于清偿之限度内承受债权人之权利，但不得有害于债权人之利益。”而在我国大陆地区由于没有法律明文规定，所以处理的方式也略有不同，请见下表：

	债务人	清偿人
债权人	债务人的义务已经履行完毕；债权人的债务并不因此而消灭，债务人有权要求对待给付。	清偿人的给付如果不合债之约定则不发生清偿效力；清偿人也并非能够取代债权人的地位；清偿人当然可以指定抵充和选择履行的债务；清偿人不能代位债务人要求对待给付。

续表

	债务人	清偿人
债务人		清偿人应当通知债务人，否则基于基础的无因管理或委托承担责任；清偿人的求偿权也应基于基础的关系产生。

3. 清偿的费用。按照《合同法》第61、62条的规定，当然是允许当事人补充约定的，如果没有补充约定则按照合同有关条款或者交易习惯确定，如果仍然不能确定的则由债务人承担。当然由于债权人原因导致的清偿费用增加，可以类推适用《合同法》第308条的规定，由债权人负担。

4. 清偿抵充。清偿抵充是债务人对同一债权人负担数宗同种债务，而债务人的履行不足以清偿全部债务时，决定该履行抵充其中的部分债务的现象。清偿抵充必须具备这样的要件：①须对同一债权人负担数宗债务；②须数宗债务给付种类相同。

如何确定债务抵充的顺序？当事人约定当然是首选确认抵充顺序的方法；如果当事人不能达成一致，则可由债务人（也包括代为清偿的第三人）指定抵充的顺序，债权人无权指定；如果无以上两种确认抵充顺序的方式，则按照法定抵充的顺序为之。我国没有法定抵充的顺序，实践中可以通过允许债务人（及其继承人）在法庭辩论终结之前指定抵充的顺序，最大限度地缓解该漏洞所致的问题。

（三）抵销

1. 抵销与抵销权概述。根据《合同法》第99条，抵销是指当事人互负到期债务，且该债务的标的物种类、品质相同的，任何一方以自己的债务使对方对等的债务消灭的行为。传统民法中的抵销仅指《合同法》第99条规定的，一方有抵销权的抵销行为，而双方通过约定合意抵销债务的行为（《合同法》第100条）则被称为抵销契约与抵销相区别。我国通说认为抵销包括法定抵销和合意抵销，分别指代传统民法中的抵销和抵销契约。

2. 抵销权构成的要件。

不同情况	主动债权	被动债权
附停止条件	成就前不可，成就后可	成就前不可，成就后可
附解除条件	成就前可，成就后不可	成就前可，成就后不可
超过诉讼时效	不可	可
撤销及解除前	可	可
附同时履行抗辩权	不可	可
第三人之债权	不可	不可

（1）当事人互负债务。因此，保证人如果与债权人互负债务，也应该可以主张抵销。当然债务性质不同，能否主张抵销也有不同规定。

（2）双方债权均属有效存在。

（3）双方债务之给付种类相同。双方给付种类不同，自然不能抵销，但给付种类相同也存在抵销的限制。特定标的物可以抵销种类标的物，均为特定物的是同一物则可以抵销，均为种类物的范围小的可以主张抵销，高品质标的物可以抵销低品质标的物。当然不同种类物之间按照《合同法》第100条，只要双方协商同意仍可抵销。

（4）双方债务均届清偿期。但是根据《合同法》第71条，债务人可以放弃期限利益提前偿还债务，因此，债务人在期限届满前要求抵销的也无必要禁止。

（5）非禁止抵销的债务。主要包括依债之性质不能抵销的；依法律规定不得抵销的；依当事人约定不得抵销的。

3. 抵销权行使的方法。根据《合同法》第99条第2款，抵销应以通知的方法为之。通知到达对方时抵销生效。抵销的意思表示，不得附有条件或者期限，这是因为如果允许附有条件和期限的抵销会使债权处于一种随时复活的状态，与抵销的本旨相悖，有害于他人利益。

4. 抵销的效力。双方债权按照抵销的数额消灭，诉讼时效发生中断，债之关系溯及最初得为抵销时消灭，如甲对乙之债务4月1日到期，乙对甲之债务4月18日到期，乙于4月18日主张抵销，则自4月1日乙得为抵销之日起，支付利息的义务，给付迟延的责任均归于消灭。

（四）提存

1. 提存的原因。根据《合同法》第101条的规定，当事人可以在如下条件具备时申请提存：

（1）债权人无正当理由拒绝受领或受领迟延致使债务人难以履行的；

（2）债权人下落不明致使债务人难以履行的；

（3）债权人死亡未确定继承人或者丧失民事行为能力未确定监护人的；

（4）法律规定的其他情形，例如《担保法》第49条第3款的规定。

2. 提存的当事人。提存人应当是清偿人，而非限于债务人，这是因为债务并非只能由债务人履行，由于提存普遍被视为合同行为，所以提存人需要有签订合同的能力，即提存人应当有行为能力。提存部门按照相关法律法规的规定为债务履行地的公证机关，债务履行地约定不明确的的按照《合同法》第61、62条处理。提存受领人为所提存之债的债权人。

3. 提存的标的物。提存的标的物必须符合约定，否则不能在提存受领人与提存人之间产生提存的效力，提存人以不符合合同约定的标的物提存的，提存受领人可以拒绝受领，提存人应当承担违约责任。

提存的标的物还应适合提存，根据《合同法》第101条第2款，标的物不适合提存或者提存费用过高的，债务人依法可以拍卖或者变卖标的物提存价款。

4. 提存事实的告知。根据《合同法》和《提存公证规则》的规定，提存人以及提存部门应当及时通知提存受领人或者发出公告。

5. 提存的效力。

（1）提存人与提存受领人之间的效力。①债之关系消灭。当然，如果提存人提存的标的物不符合合同约定，则不发生提存的效力，即债之关系仍然存在，债权人有权请求提存人承担违约责任。②危险负担转移。由于提存后债之关系消灭，按照《合同法》第103条规定标的物毁损灭失的风险由债权人承担，当然这仍是在提存的标的物符合合同约定的情况下，否则，根据《提存公证规则》如提存受领人因此原因拒绝受领提存物则不能产生提存的效力。风险仍由提存人负担。③收益及孳息归提存受领人所有。

（2）提存人与提存部门之间的效力。提存人与提存部门之间的关系，可以类推适用保管合同的有关规定，但提存与保管之间也有不同，即有效提存后，提存人非在特定条件下不得取回提存物。

（3）提存受领人与提存部门之间的效力。提存受领人可以在提存后随时受领提存物，但债权人对债务人负有到期债务的，在债权人未履行债务或者提供担保之前，提存部门根据债务人的要求应当拒绝其领取提存物。

提存受领人领取提存物的权利自提存之日起为5年。

（五）免除

1. 免除概述。免除是指债权人抛弃债权的单独行为。免除仅依债权人表示免除债务的意思而发生效力。免除不需要特定的方式，以书面、口头、行动的方式均可以免除债务，但免除是债权人处分债权的行为，因而需要债权人有处分该债权的能力，债权人若无行为能力或者无处分权（如被宣告破产），不得任意免除债务。

2. 免除的方法。免除应由债权人向债务人以意思表示为之，向第三人为免除的意思表示，不发生免除的法律效力。免除可以附期限，但是否可以附条件存有争议，我国台湾地区“民法典”关于免除的规定允许免除附条件。[1]

3. 免除的效力。免除作为债之关系的消灭原因，不仅使主债权消灭，依附于主债权的从权利也同时归于消灭。仅免除部分债务的，债务仅部分终止（《合同法》第105条）。

（六）混同

1. 混同概述。混同是指债权债务同归一人，原则上致使合同关系消灭的事实。混同之所以导致债之关系消灭，主要是因为债之关系存在必须有两个主体（债权人与债务人），如果其中一方不存在，便无债之关系，因而混同为债消灭的原因。

2. 混同的效力。混同所导致的债之关系的消灭，既及于主债务也及于从债务，但债权系他人权利的标的时，从保护第三

---

〔1〕（台）黄立：《民法债编总论》，中国政法大学出版社2002年版，第721页。

人合法利益出发，债权不消灭，《合同法》第106条规定，债权人和债务同归于一人的，合同的权利义务终止，但涉及第三人利益的除外。

思考题：

1. 甲与丙签订债权让与合同，让与对乙的债权100万，现请思考如下问题：

（1）如果甲与丙签订债权让与合同后，又与丁签订了让与同样债权的合同，而丁并不知情则如何处理？丁知情又如何处理？

（2）如果甲与丙签订债权让与合同后，又与丁签订了让与同样债权的合同，甲没有将与丙签订合同的事实通知乙，却将与丁签订合同的事实通知了乙，又如何处理？

（3）如果甲与丙签订债权让与合同后，又与丁签订了让与同样债权的合同，丁为善意。甲没有通知乙任何有关债权让与的消息，如何处理？

（4）如果甲与丙签订债权让与合同后，又与丁签订了让与同样债权的合同，丁为恶意。甲没有通知乙任何有关债权让与的消息，如何处理？

2. 张某与李某是朋友关系。2000年1月，李某因生意资金周转困难向张某借款人民币2万元，并出具借条一张。后李某因债务缠身，于2001年年底出走下落不明。李某出走后，张某经常到李某家催讨借款。2003年2月6日李某的母亲王某向张某出具还款计划书一份，称“借款2万元（不含利息）在两年内还清”，并在还款计划书下方的还款人处签下自己的名字。还款计划到期后，王某未归还借款。2005年3月，张某诉至法院，请求王某归还借款2万元。请问：

（1）王某所出具的还款计划书构不构成债务承担？

（2）如果李某如果恰在此时回来了还要不要负责？李某还需不需要再对此债务负责？

第十章

无因管理之债

第一节 无因管理概述

一、无因管理概念及其法律渊源

我国民法所称无因管理是指没有法定的或者约定的义务，为避免他人利益受损失而对他人进行事务的管理或者服务的事实行为（《民法通则》第93条）。进行管理或者服务的当事人称为管理人，受事务管理或者服务的一方称为本人，也称受益人。

社会生活中个人事务本应由自己处理，无法律或者约定的依据任何人不得干涉他人，但放任他人利益受损不闻不问、漠不关心，也绝非社会公德所能容忍（圣经中撒马利亚人〔1〕的寓言与我国助人为乐的成语都是这种公德的反映）。法律必须在二者间作出平衡，无因管理制度就是这一平衡的结果。

〔1〕 它来源于《新约圣经》“路加福音”（10:25－37）中耶稣基督讲的寓言：犹太人与撒马利亚人素来是仇敌，一个犹太人被强盗打劫，受了重伤躺在路边。有祭司和利未人路过但不闻不问。唯有一个撒马利亚人路过，不顾隔阂，动了慈心照应他。在需要离开时自己出钱把犹太人送进旅店。

无因管理行为有如下属性：①无因管理行为是一种事实行为，既不属于事件也不属于法律行为，这意味着无因管理行为的效力不以法律对民事行为能力的规定为判准；②无因管理行为是一种合法行为，事实行为有合法和违法的区分，无因管理行为必须是合法行为，这也是它与侵权行为的重要区分。

我国民法中规范无因管理行为的法律渊源有二：①《民法通则》第93条，“没有法定的或者约定的义务，为避免他人利益受损失进行管理或者服务的，有权要求受益人偿付由此而支付的必要费用”；②《民通意见》第132条，“民法通则第九十三条规定的管理人或者服务人可以要求受益人偿付的必要费用，包括在管理或者服务活动中直接支出的费用，以及在该活动中受到的实际损失”。

二、无因管理与不当得利、侵权和无权代理的区别

无因管理与不当得利的区别在于：无因管理行为是为他人管理事务，因此管理人应有为他人管理事务的意思，不当得利则不强调管理人的意思，实践中由于无因管理是本人得到利益的法律依据，因此，在适用上无因管理排斥不当得利。如果构成无因管理，则没有不当得利的适用，只有无因管理不成立时才应当转而考虑不当得利。

无因管理与侵权的区别在于：无因管理是合法行为，而侵权是不法行为，因此，无因管理虽干涉他人事务却有阻却违法性，而侵权则具有违法性，适用上无因管理也排斥侵权，如果构成无因管理，则不会构成侵权，只有无因管理不成立时才应当转而考虑侵权。

无因管理与无权代理的区别在于：无权代理是以本人的名义为民事行为，而无因管理则无须以本人的名义为民事行为；

无权代理行为是法律行为，所以代理人需要有民事行为能力，而无因管理行为不要求管理人有民事行为能力；无权代理无须代理人为本人利益实施，而无因管理要求管理人应为本人的利益而为管理行为。适用上无因管理排斥无权代理，如果构成无因管理，则没有无权代理的适用，只有无因管理不成立时才应当转而考虑无权代理。

第二节　无因管理的成立要件

按照《民法通则》第93条的规定，无因管理须具备如下三个条件才能成立：

一、没有法定的或者约定的义务

无因管理之无因，是指管理人的管理没有法律上的根据(原因)。所谓有法律上根据，无非是两种情况：或是有权利；或是有义务。没有权利或者没有义务，而管理他人事务的，皆为没有法律上的根据。与此相应，各国法律对无因管理之无因的规定也有歧出：《德国民法典》从无权利之因的角度规定，无因管理是未受委托，并无权利管理他人事务；《日本民法典》则从无义务之因的角度规定，无因管理为“无义务而为他人”管理事务。前一角度偏重于强调无因管理之阻却违法性——虽无权利亦不为违法；后一角度偏重于强调无因管理的主动互助性——虽无义务而仍为之，突出了管理人请求偿还必要费用的根据，更符合设立无因管理制度的社会意义。《民法通则》即采此角度，规定无因管理系“无法定的或者约定的义务”而管理他人事务。

所谓法定的义务，是指法律直接规定的义务。这里的法律不单指民法，也包括其他法律，如行政法等。诸如管理失踪人财产之财产代管人，灭火之消防队员，收留走失儿童之警员等均因负有民法或行政法上的义务，其行为不构成无因管理。

所谓约定的义务，是指因合同产生的义务。在外国立法中，多数只提到“未受委托”。我国法律规定的“无约定的义务”含义广于未受委托。凡根据合同（包括但不限于委托合同）的约定，管理人有管理义务的，都为有约定的义务，例如，根据合伙、运输、租赁等合同，当事人也有管理他人事务的义务。

管理人有无义务，应依管理事务时的客观事实来确定，不以其主观的判断为标准，管理人原没有义务，而在管理时有义务的，不能成立无因管理；原有义务，而至管理时没有义务的，自没有义务之时即可成立无因管理；本有义务，而误认为自己没有义务的，不为无因管理；本无义务，而误认为自己有义务的，则仍可成立无因管理。

应当指出，管理人有无义务是管理人对于受益人的事务而言的。在管理人与受益人间有一定牵连关系时，管理人对于第三人虽可谓有义务，但对于受益人无义务的，仍可成立无因管理，例如，房屋共有人约定按共有份额各自缴纳房地产税，若一共有人此后拒绝缴纳，而由其他共有人缴纳全部房地产税的，其他共有人所支付的税款超过自己应承担的部分，即可构成无因管理。

二、管理人须对他人进行管理或者服务

对他人进行管理或者服务，是指管理他人事务。在一些国家的立法中或规定“替他人管理事务”（如匈牙利、联邦德国、日本等国），或规定“为他人服务”（如民主德国），《民法通则》中规定为“管理或者服务”。

管理人所管理的事务是否为他人的事务，应根据事务的客观性质而定。依外部形式即可判定系属他人之事务的，无因管理成立当属无疑，若依外部形式无法判定该事务是否系属他人的，则应当由管理人负举证责任，证明该事务系属他人。就事务的性质而言，有的事务客观上属于他人的，有的事务客观上属于自己的，仅从外部形式无法确定是否为他人的。对于从外部形式无法确定是否为他人的事务，由于其性质决定于管理人的主观意思，因此应当由管理人负举证责任。如管理人不能证明他所管理的事务系他人事务，就推定该事务为其自己的事务，不能构成无因管理。

客观上系他人事务，而管理人主观上误信为自己的事务加以管理的，能否成立无因管理?《德国民法典》第687条明确规定："误认他人事务为自己的事务而进行管理者，不适用关于无因管理的规定。"误将他人事务为自己的事务进行管理的，其主观上是为自己谋利益，谈不上有牺牲精神，不符合法律规定的无因管理的成立条件，不应成立无因管理。

三、管理人须为避免他人利益受损失而为管理

管理人的管理是否系为他人谋利益，应当从动机和效果两个方面看，从动机上说，管理事务的动机是避免他人利益受损失，该动机既不应当是为使他人利益有所增益，也不应当是为使自己利益有所减损；从效果上说，因管理所取得的利益最终要归于本人，而不是归于管理人自己。动机是通过效果反映出来的，管理人若不将管理所得的利益最终归于本人，则谈不上为使他人免受损失。然而，无因管理的成立也并不要求管理人须将所得利益已转归本人。因此，管理人有无为他人谋利益的动机，应当由管理人负举证责任。

为避免他人利益受损认定的三个问题：

1. 管理人是否必须有为他人谋利益的明确目的？从无因管理制度的立法目的上看，该制度乃为了发扬社会互助，保护民事主体的利益免受损失。因此，对于管理人的主观动机不必要求有明确的表示，只要能达此目的，管理的效果使受益人免受了损失，又不能证明管理人是为自己利益管理的，就应认定可成立无因管理。

2. 管理人因其管理也受益的，可否成立无因管理？通说认为，无因管理的管理人只需有为他人管理的意思，而无须有专为他人管理的意思，不妨同时有为管理人自己利益管理的意思。我国《民法通则》也没有规定管理人不能有为自己谋利益的意思，因此，可做同样解释。管理人为避免他人利益受损失而进行管理或者服务，同时也使自己利益免受损失的，可以成立无因管理。例如，为避免邻人的房屋倒塌而对之修缮，同时自己也免受危险，管理人的行为仍可成立无因管理。然而，若管理人为避免自己利益受损失而为管理，从而使他人也免受损失而受益的，不能成立无因管理。

3. 管理人是否须知受益人为谁？从法律规定看，并不要求管理人明确受益人为谁。管理人的动机只要不是为自己，不论他为何人利益管理，均可成立无因管理。因此，管理人误将某人事务作为另一人的事务而为管理的，或者管理人根本没有考虑是谁的事务、为谁的利益而为管理的，均可构成无因管理。

第三节 无因管理之债的内容

根据《民法通则》第93条规定，“无因管理的管理人有权请求受益人偿付所支付的必要费用”。但是，无因管理的效力决不限于此。从各国法律规定看，无因管理在当事人之间会产生特定权利义务。罗马法上，无因管理为一种准契约，一方面产生受益人对于管理人的诉权，另一方面产生管理人的诉权。《法国民法典》沿袭罗马法的做法，将无因管理归入准契约。《德国民法典》抛弃了准契约的观念，对无因管理做了专门规定，置于委托之后。《日本民法典》则将无因管理独立作为债的发生根据。从我国《民法通则》的规定看，无因管理是债发生的一种独立根据，无因管理之债是管理人和受益人之间的权利义务关系。无因管理的效力，就是管理人和受益人之间的权利义务，也即无因管理之债的内容。

一、管理人的义务

关于管理人的义务，各国法律规定基本一致，尽管用语有所不同。我国《民法通则》中虽未明确规定管理人的义务，但根据对管理人"为避免他人利益受损失"而为管理的要求，管理人的义务主要是认真负责地进行适当的管理，这就要求管理人在着手管理时，应依本人的意思为之；在管理开始后，应依有利于本人的方法进行。所谓依本人的意思管理，是指管理人的管理不违背本人对该事务进行管理的意思。本人的意思既包括其明确表示过的意思，也包括从管理的事务利益可推知的意思。在一般情况下，本人的意思与其利益是一致的，依其意思管理能为其谋利益，违背其意思就会损害其利益。但是，如果本人的意思不利于其真正利益，管理人按照本人的真正利益管理，虽违背本人的意思，也是适当的。特别是管理人的管理能及时防止对本人的损害的，应认为是适当管理，例如抢救自杀者，将不愿住院治疗的危重病人送往医院治疗，虽违背本人意愿，但符合其真正利益，不失为适当管理。

所谓依有利于本人的方法，是指管理人的管理方式、管理结果对本人是有利的，使本人受益，管理方法是否有利于本人，应依管理当时的具体情况确定，而不能以管理人的主观意识为标准。但是，管理人所管理的事务如是本人应尽的法定义务或者公益义务，或者是为避免社会公共利益受损害的，虽管理结果对本人似乎不利，仍为适当管理，例如，代本人给付扶养费，代缴纳税款等。

管理人开始管理后，应将开始管理的事实通知本人，管理人的这一通知义务，应仅以能够通知和有必要通知为限。如管理人无法通知或者本人已知管理事实，则管理人不负通知的义务。管理人将管理的情况通知本人以后，有无继续管理的义务？根据我国设立无因管理制度的立法目的，我们认为，只要停止管理会使本人不利而继续管理又可避免本人利益受损失的，就应当继续管理。管理人除及时地将管理情况报告给本人外，还应当将管理所取得的利益转归本人。

值得讨论的是，管理人未尽适当管理义务时应发生何种法律后果。台湾学者中有多种不同看法。我们认为，无因管理是否成立与管理人是否尽适当管理的义务是两个问题。只要管理人的管理符合无因管理的构成要件，就成立无因管理。无因管理的管理人员有适当管理及与之有关的义务，如不履行该义务，则应依《民法通则》第 106 条“公民、法人违反合同或者不履行其他义务的，应当承担民事责任”，承担债务履行不适当的民事责任，但不能以之否定无因管理的成立及其适法性。

管理人不履行适当管理义务的民事责任，应是一种过错责任。也就是说，只有在管理人不适当管理有过错时，才承担不履行义务的民事责任。一般说来，为了鼓励无因管理的行为，对管理人的注意程度，不应要求过高。管理人所管理的事务如处于紧迫状态，不迅速处理就会使本人遭受损失时，除有恶意或重大过失外，对于因管理造成的损害不负赔偿责任。管理人对不履行义务造成的损害的赔偿范围，应限于不管理就不会发生的损害。

二、管理人的权利

管理人享有的权利，主要是得请求受益人偿付由管理事务而支出的必要费用。管理人的这一权利称之为求偿请求权。

管理人有权请求受益人偿付的必要费用，包括管理人为管理事务直接支出的费用，以及在管理活动中管理人非因自己的过错而受到的直接损失。所支出的费用是否为必要，应以管理活动当时的客观情况决定，如当时支出该费用是必要的，即使其后为不必要，亦仍应为必要费用。反之，如当时支出的费用是不必要的，即使其后为必要的，也不能视为必要费用。管理人所支出的费用为不必要的，当然无权请求偿付。有疑问的是，本人向管理人偿付的必要费用是否以受益为限呢？换言之，对于超出本人受益部分的必要费用，管理人有无求偿权呢？通说认为，如果管理行为对本人是不利的，本人偿付的费用只限于其受益部分，超出部分应由管理人自负。

此外，如果管理人以自己的名义为管理事务负担债务时，得要求本人直接向债权人清偿。管理人有无报酬请求权？这是民法上一个有争议的问题，各国立法处理也不一致，1959 年的《匈牙利民法典》第 486 条第 3 款中规定：“如果干预不合理，无因管理人无权要求报酬，有权根据不当得利规则，请求赔偿费用。”反其意，如果干预合理，则有权要求报酬。而《泰国民法》第 163 条明确规定“管理人不得请求报酬”。我国民法学者中也有两种意见。一种意见主张，应当赋予管理人报酬请求权，其理由是：无因管理制度，一方面保护本人利益，一方面又谋取社会利益，若对于管理人赋予报酬请求权以奖励之，更具有重要的意义。另一种意见认为，不应赋予管理人报酬请求权，其理由是，确认无因管理制度并不是因其为道德行为而给予奖励，如果赋予管理人报酬请求权，则会降低其行为的道德价值。后一种意见为通说。

思考题：

1. 牧羊人甲受雇于乙公司。一日放牧中拾得一只小羊，甲于是将羊置于羊群中管理照料。其不知该羊的所有人丙与乙公司的合同约定，乙公司应照管此羊，请问甲的行为是否属于无因管理行为？

2. 无因管理构成要件中有为他人管理或服务。请问应由谁来举证证明所管理的事务属于他人，由谁来举证证明管理事务是为了避免他人利益受损，由谁来举证证明管理人无法定或者约定的义务？

3. 甲的房屋与乙的房屋毗邻，乙常年不在房屋年久失修濒于倒塌，甲为了避免自己房屋受到损害修缮了乙的房屋，请问甲的行为能否成立无因管理？甲乙院落间有墙一堵，濒于倒塌，甲为防止危险发生对墙进行了修缮。请问甲的行为是否构成无因管理？

第十一章

不当得利之债

第一节　不当得利概述

一、不当得利的概念及其法律渊源

根据《民法通则》第 92 条，不当得利是指没有合法根据，取得不当利益，造成他人损失。其中取得不当利益的一方被称为受益人，受到损失的一方被称为受害人或者受损人。

不当得利究竟是一种行为还是事件，学术界有争议，通说认为不当得利是事件。例如，合同无效导致的不当得利，当事人并没有另外的行为，因此，很难说不当得利是一种行为。

我国民法中不当得利制度的法律渊源有二：一是《民法通则》第 92 条，“没有合法根据，取得不当利益，造成他人损失的，应当将取得的不当利益返还受损失的人”；二是《民通意见》第 131 条，“返还的不当利益，应当包括原物和原物所生的孳息。利用不当得利所取得的其他利益，扣除劳务管理费用后，应当予以收缴”。

二、不当得利与侵权行为

在传统的大陆法体系中，不当得利制度与侵权制度既有重合也有衔接。这两种制度的衔接表现在，侵权行为作为一种违法行为在使受害人受损的同时，往往也给侵权人带来利益，而根据侵权责任法的相关规定，受害人通常只能要求侵权人赔偿损失，对侵权人所获得的利益却无法依据侵权责任法请求给付。此时，受害人若要主张对侵权人收益的请求权，就要依靠不当得利制度。例如，甲挪用乙的资金 100 万炒股，炒股共收益 1000 万。此时，乙根据侵权责任法的相关规定可以要求甲返还 100 万元资金，并赔偿乙的损失（100 万元的同期银行存款利息），但乙不能依据侵权责任法要求甲给付占用 100 万期间的收益。不当得利制度很好地解决了这一问题（我国民法的规定与大陆法系不同，详见本章第三节）。

第二节　不当得利的成立条件和排除

一、不当得利的成立要件

从《民法通则》第 92 条的规定看，不当得利的构成要件包括如下几个方面：

1. 一方受有利益。包括消极得利（财产应减少而未减少）和积极得利（财产积极的增加）。

2. 他方受有损害。何谓他方受有损害？例如，甲有一处田地荒置多年，无权人乙将其租出，则甲是否受有损害？一种观点认为，对于甲来讲，田地荒置本也无财产的增加，因此，甲无损害发生，无权要求乙返还租地收入，只能基于物上返还请求权，请求返还土地；还有一种观点认为，此处的损害应指权益归属的损害，即本来应归甲的权益或潜在价值被受益人占有，则成立损害，就本案来说，甲不仅可以要求乙归还土地，还可以要求乙归还租金。

3. 受益与受损之间存在损益变动关系（因果关系）。例如，甲收到乙按照合同给付的一批货物随即卖给了丙，后获知该批货物中多配发了两件，则乙能否主张丙成立不当得利，请求返还？我国学者认为，此时由于有第三人介入，因此，应综合考虑受益人和受损人的利益得失，判断是否存在因果关系。

4. 无合法依据，即受益人保有利益无法律根据。例如，基于无效合同、被撤销的合同、被解除的合同或基于侵权行为而占有的利益。

二、不当得利的排除

1. 给付系道德上的义务的。例如，父母有生活来源，子女不知而给父母的抚养费。

2. 债务人对未到期的债务，因清偿而为的给付。例如，债务人应债权人的要求同意提前偿还债务的，此时，债务人存有的期间利益（例如，债务人如果继续占有本金至原定的归还期限，则会有部分利息）不得要求债权人返还。

3. 明知无债务而为的给付。此时，当事人尚不希望行使自己的权利，法律实无保护的必要。

4. 不法原因的给付。与国外的规定不同，此时，受损人不能请求受益人归还，但受益人也无权占有该给付，而应由国家收缴。

5. 债务人放弃时效利益的给付。根据《民法通则》第 138 条，超过诉讼时效期间，当事人自愿履行的，不受诉讼时效限制。此时，债权人接受的利益不是不当得利，因为其债的保有权能仍然存续，其取得利益有合法依据。

第三节　不当得利之债的内容

不当得利之债中受益人的义务根据《民法通则》第92条的规定为“应当将取得的不当利益返还受损失的人”。返还利益的范围，根据《民通意见》第131条规定，“应当包括原物和原物所生的孳息”。法律规定似乎不考虑受益人主观因素，而要求受益人一概返还所受的利益及所生的孳息。但在我国，学术界的通说认为，应视受益人是否为善意分别对待：

1. 受益人为善意的，即受益人不知自己的利益没有合法根据的，仅应在现存利益之内返还不当得利。例如，甲将其为乙保管的名画赠送给了善意人丙，丙误以为是赝品将画抛弃。

2. 受益人为恶意的，则应返还原物，并返还所生的孳息。至于占有不当得利期间，利用不当得利所取得的其他利益是否需要返还，各国做法不同。例如，利用受益的10万元购买股票认沽权证赚取100万元，则这100万元是否需要返还？按照传统大陆法系国家（如德国）民法，此100万也在返还之列，但在我国，根据《民通意见》第131条后段，“利用不当得利所取得的其他利益，扣除劳务管理费用后，应当予以收缴”。可知，除原物和原物的孳息之外的其他利益由国家收缴。

不当得利之债中受益人的权利，我国《民法通则》没有规定，一般来讲，受益人对受损人不享有请求权，但可以要求在返还利益的范围内抵扣为受领利益所支出的必要费用。

思考题：

1. 通过民法不当得利制度与侵权制度的衔接说明民法的体系性。

2. 甲将乙委托其保管的现金2万元用于炒股，获利6000元，请问根据我国法律规定如何处理此6000元收益？

3. 甲将为乙保管的耕牛一头出租于丙，获利600元。期间，耕牛受孕育有小牛一头，请问600元及小牛是否均为乙牛的孳息？

第十二章

合同之债

第一节　合同概述

一、合同与合同法

（一）合同的概念分析

要了解我国法律语境中的合同，从语义分析学的角度就要稽考“合同”一词之来源。据学者查证，“合同”语源于“契约”，“契约”一词又源于《周礼·天官冢宰第一》，周礼将当时的官职分为天官、地官、春官、夏官、秋官、冬官。天官是执掌皇宫事务的官员。天官中的冢宰是六官之首，总揽六官。《周礼·天官冢宰第一》记载的是周朝天官的体制及天官管理政务的范围等内容。其中天官之首称为太宰，太宰下设小宰两人辅佐其从政，小宰的职权涵摄司法，依该书的表述为，“以官府之八成经邦治：……四曰听称责以傅别……六曰听取予以书契。”此为契约一词之滥觞。

由契约而至合同的过程，以张传玺先生的表述即：“魏晋以后，纸契普及，引起了契约形制的相应变化。傅别和质剂之制渐废，书契之制发展而为‘合同’形式。即在‘书两札’之后，再并和两札，于并和处骑写一个大‘同’字，后来发展为骑写‘合同’二字，或骑写一句较长的吉祥语”〔1〕。在近代中国，直至1949年人民共和国成立时，由于受日本、德国等国外法学译作的影响，无论实际生活还是学者著作之中，大都使用“契约”一词，“合同”一词出现较少。20世纪40年代后期至50年代初、中期，“契约”仍然在立法中占据主导的位置，但已出现“合同”与“契约”同时使用的现象。从1950年开始，各种苏联的立法文献和法学译著已经部分地开始使用“合同”，学术界和实务部门中也流行“合同”一词。1957年以后，“契约”基本上退出了立法文献，“合同”成为民法中代替“契约”的词汇。

我国《合同法》第2条规定：“本法所称合同是平等民事主体的自然人、法人、其他组织之间设立、变更、终止民事权利义务关系的协议。婚姻、收养、监护等有关身份关系的协议，适用其他法律的规定。”

（二）合同的流变

合同是用来规范财产流转关系的，然而财产流转关系却并非仅由合同规范，刑法、侵权行为法均可以规范财产流转关系。因此，“当通过血族关系或运用宗教权力以执行个人所承担的义务”时，合同法自然也就无法经世济民了。

在氏族社会晚期，私有财产出现后，个人之间的交换越来越广泛，逐渐形成了一定的规则，这些规则起初是由誓言和习惯来保障实行的。比如在罗马法中，最早用来表达合同概念的名词是“耐克逊”（Nexum），它的本意是指伴有铜片和衡具的

---

〔1〕 张传玺：《中国历代契约会编考释》，北京大学出版社1995年版，第27页。

交易行为，其形式要求十分严格，不仅要求交易当事人亲自到场，说出规定的套语，履行铜片的交付手续，而且要有五位证人和一位司秤到场作证，交易才有效。根据梅因的研究，“起初‘让与’和‘契约’在实际上是混淆不分的；同时，直到人们在缔约和让与中采用一种个别的实践前，这两个概念的差异从来没有被人们所领会到。”〔1〕此时，债的产生和消亡几乎是同时的，另外，这种形式要求严格的债之关系，奉行的合意加债的原则，债的真正效力并不来源于合意，而是来源于表征合意的形式是否完备。合意对于债的作用并不明显。合同的大量出现始自诺成与实践契约的分离，自此以后，合同就真正作为了大量债之关系的产生原因，被广泛应用于社会财产的流转。

（三）合同的必要性

债之关系的发生有基于法律行为者也有基于法律规定者，前者称为意定之债，后者称为法定之债。基于法律行为发生之债，除法律另有规定外，须有当事人间的契约。大陆法系国家债法将契约作为债之发生的首要原因，也是强调当事人自主决定其权利义务的重要性。正如庞德所说：“财富，在一个商业时代，大部分是由承诺构成。”〔2〕

为什么合同（契约）最适合设立债权债务关系呢？这是因为，债之关系总是牵涉着双方当事人的利益，债务人要依据债之关系向债权人为一定的给付，而债权人则要靠债务人的给付实现债之目的。如果债之关系可以借由一方设定或者变更，那么另一方当事人的利益将在无本人意思表示的情况下受到调整，这不符合私法自决的要求，也违反法律的精神。

---

〔1〕［英］梅因：《古代法》，沈景一译，商务印书馆1959年版，第178页.

〔2〕 Roscoe Pound, *Introduction to the Philosophy of Law*, New Haven, London: Oxford University Press, 1922, p. 236.

人们遵守法律是因为他们认同法律判断的正义，信仰法律判断的公平，而非惧怕法律强制性所隐含的制裁威胁。行为者基于自愿作出的行为发生法律效力，正是这种公平正义观念在律令上的反照，是不证自明真理在法条上的映射。合同是双方自愿行为的结果，所以，合同与法律规定或者单方行为相比，更有利于债之关系的形成，敦促债之目的的实现。

（四）合同法

合同法是有关合同的法律规范的总称，是调整平等主体之间的交易关系的法律。“契约神圣应予遵守”（西方法谚），如果当事人能自主的缔结并完全的履行合同（契约），合同法就没有存在的必要了。正是因为道德准则不能单独起到调整人们行为的作用，需要具有更强效力的规范予以协助，合同法才有了适用空间。合同法所提供的规范是当事人订立完备契约不可或缺的指导（例如《合同法》第 12 条）；合同法设置的任意性规范补充了当事人意思欠缺所带来的不确定性（例如《合同法》第 62 条）；合同法设置的强制性规范在程序上（保证当事人正确做出意思表示，比如行为能力制度）和实质上（保证当事人签订的契约不违反公序良俗和诚实信用原则）保障着交易的公平性，并向当事人提供以法院为后盾的强制力保证，促使当事人请求权的实现。

二、合同法原则

（一）合同自由原则

所谓合同自由又称为契约自由，是意思自治原则在合同法中的重要体现，意思自治与所有权绝对、自己责任被并称为近代民法的三原则。这三个原则产生的背景相似，都与欧洲中世纪后期的人格解放（人摆脱组织成为独立的人）、生产力急速提升以及对团体价值的否定等因素相关。它既与当时盛行的伦理人格主义哲学理论密切联系，又是风靡一时的自由主义经济学理论的必然反映。

合同自由原则强调任何人均有订立合同的自由、选择合同当事人的自由、确定合同内容的自由、变更或解除合同的自由。缔约自由的结果首先是：敞开机会，通过在市场上精明地利用货物财产，通过法律限制，畅行无阻的利用财富作为达到支配他人的权力手段。[1] 当法学家还在为合同自由鼓掌喝彩时，实践中合同自由的绝对化已经导致了不可估量的负面影响。

合同自由只有在当事人自由且力量均衡的基础上方能实现。如果一方当事人不得不屈服于他人的意思，则自由其名，压榨其实，强者逞其所欲，弱者无所计施。试问，劳动者如何能与拥有生产工具的雇主谈判合理的劳动条件，消费者如何拒绝煤气、电力公司提出的条款？为实质正义的实现，政府不能坐视不理，必须加以干涉，使真正的契约自由流行坊间。由此，合同法设置了合同无效、撤销制度，肯认了强制缔约、附和缔约制度和诚实信用原则。这些制度和原则被引入合同法不是为了限制合同自由原则（可以说限制合同自由但不能说限制合同自由原则），恰恰是为了真正的合同自由原则的实现。

（二）合同正义原则

所谓合同正义，又称契约正义，契约正义系属平均正义，以双务合同为其主要适用对象，强调一方给付与他方的对待给付之间应具有等值性。其仅仅从经济的角度衡量双方的对价或等价。合同正义显然应该是一个道德观念/标准的法定化，本质上应是一个道德准则，是公平、平等、公正等伦理和道德观念

---

〔1〕［德］马克思·韦伯：《经济与社会》（下卷），林荣远译，商务印书馆1997年版，第90页。

的集中体现，因此不应仅仅限于经济上的等价，还应当包括实质的合同正义，其内容应是强调一方给付与另一方给付之间的等值性、合同上的负担和风险的合理分配。

（三）鼓励交易原则

鼓励交易原则具体体现在：第一，《合同法》严格限制了无效合同的范围，与《民法通则》相比在当事人意思表示确有瑕疵，但并不直接构成对国家、集体、第三人利益的损害时，合同并不当然无效；第二，《合同法》制定了较为先进的合同订立制度，体现了鼓励交易原则，例如，承诺对要约内容作出非实质性变更的，只要要约人未及时表示反对或者要约表明承诺不得对要约作出任何变更的意外，承诺生效合同成立；第三，规定了法院对合同撤销的否决权，当事人要求撤销合同的，法院可以变更合同以鼓励继续交易；第四，限制了违约解除条件，在违约方能继续履行，守约方愿意受领的场合，要求合同继续履行。

三、合同的分类

合同的分类是指按照一定的标准化分出合同的各种类型。从不同的角度可以对合同作出不同的分类，可谓“横看成岭侧成峰，远近高低各不同”。分类是人类认识客观事物的一种基本方法。对事物的种群划分，是概念发生的起点，是一切理性思维的前提。小而化之，对合同进行科学分类是对合同这一特定事物深入探究的基础。合同作为商品交换的法律形式，其类型因交易方式的多样化而各不相同，尤其是随着交易关系的发展和内容的复杂化，合同的形态也在不断变化和发展。从学理上而言，合同是最广泛、最普遍的一种法律行为，是当事人意思表示的载体，合同分类的主要价值在于通过分类使我们掌握同一类合同的共同特征及共同的成立与生效条件、不同类型合同的区分标准及其对于判断合同当事人权利义务的意义。黑格尔曾在《法哲学原理》一书中对契约的分类有如下论述："契约的分类以及本于这种分类而对各种契约的理智上处理，不应从外部情况，而应从存在契约本身中的差别引申出来。"并进而将契约作出了分类。

在民法理论中，将合同作出了多种分类，如双务合同与单务合同，诺成合同与实践合同，要式合同与不要式合同，有偿合同与无偿合同，有名合同和无名合同等。从法律上，可以对各种纷纭复杂的交易形态和合同形态，依照各种标准作出不同的分类。《合同法》规定的 15 种有名合同也隐含着对合同的一般分类方法。主要为理论研究目的而进行的合同分类，经常被认为缺少实践意义，其实对合同作出科学的分类，不仅可以针对不同的合同类型制定不同的规则，并且有助于法院和仲裁机关在处理合同纠纷时，准确适用法律。也便于指导当事人订立和履行合同，有助于合同当事人及相关人正确运用合同规则，切实保护自身合同权益。

（一）双务合同与单务合同

根据合同当事人是否互负对等义务分为双务合同和单务合同。

双务合同是指当事人双方互负对待给付义务的合同，即一方当事人愿意负担履行义务旨在使他方当事人因此负有对待履行义务，或者说一方当事人所享有的权利即为他方当事人所负担的义务，如买卖、互易、租赁合同等均是。双务合同是建立在"你与则我与"的原则之上的，它是财产交换在法律上最典型的表现。适用于双务合同的各项规则都体现了平等、等价的交易原则。

单务合同，是指仅有一方负担给付义务的合同，即当事人双方并不互相享有权利和负担义务，而主要由一方承担义务，另一方并不负有相对义务的合同。单务合同具有两种情况。一种是只有单方承担合同义务的情况，如在借用合同中，只存在借用人按照约定使用并按期返还借用物的义务；另一种情况是，一方承担合同的主要义务，另一方不承担主要义务，只承担附属义务，双方的义务没有对待关系。如《合同法》允许赠与附义务但赠与人交付赠与财产方承担附属义务之间不存在对价关系，因而仍属于单务合同。

双务合同与单务合同的区分具有重要的意义。在双务合同中双方当事人之间的权利义务具有对应和依赖关系，一方的权利与对方的义务之间不能分离，权利的享有与义务的履行互为条件。单务合同就不存在这种特殊关系。两类合同在权利义务关系属性上的不同延伸出以下不同的制度：

首先，是否适用同时履行抗辩权不同。同时履行抗辩权是当事人一方在对方未为对待给付之前可以拒绝自己的给付的权利。同时履行抗辩权的享有显然以合同双方存在对待给付关系为前提，因而只有双务合同才存在着同时履行抗辩权，单务合同没有存在的基础。

其次，在风险的负担上不同。由于双务合同中双方的权利义务互相依存、互为条件，如果非因一方当事人（如不可抗力）导致其不能履行合同义务，其合同债务应被免除，其享有的合同权利也应归于消灭。在此情况下，一方因不再有合同义务，因此也无权要求对方作出履行；如果对方已经履行的，则应将其所得返还给对方。而在单务合同中，如果一方因不可抗力导致其不能履行义务，不会发生双务合同中的风险负担问题。

最后，因一方过错所致合同不能履行的后果不同。在双务合同中，当事人一方因自己的过错不履行合同，可以要求违约方履行或承担违约责任；如非违约方要求解除合同，则对于其已履行部分有权要求未履行给负义务的一方返还其已取得的财产，但是在单务合同中，因主要由一方承担义务，如果他已履行了部分义务同时也违反了合同义务，则无权要求对方对待履行或返还财产。

（二）有偿合同与无偿合同

根据当事人是否可以从合同中获取某种利益，可以分为有偿合同和无偿合同。

有偿合同是指一方通过履行合同规定的义务而使对方取得某种利益，对方要得到该利益必须为此支付相应代价的合同。有偿合同是商品交换最典型的法律形式。在实践中绝大多数反映交易的关系的合同都是有偿的，不过一方付出的代价与对方支付的代价在经济价值上不一定完全相等。原则上，对价问题可由当事人自由决定，同时，法律要求双方在财产上的交换尤其是金钱的交易上力求公平合理，避免显失公平的后果。

无偿合同是指一方给付对方某种利益，对方取得该利益时并不支付任何报酬的合同。值得注意的是，一方当事人虽不向他方支付任何报酬但并非不承担任何义务。如借用人无偿借用他人物品还负有正当使用和返还的义务。

有偿与无偿区分的意义，首先在于确定某些合同的性质。在债权合同中，许多合同只能是有偿的不可能是无偿的，如果要变有偿为无偿，或者相反则合同关系在性质上就要发生根本的变化。如买卖合同是有偿的，如果变为无偿的合同则要变成赠与关系了。当然也有些合同既可以是有偿的也可以是无偿的，如自然人之间的保管合同大多为无偿而法人之间的保管则多为有偿。除确定合同性质以外，有偿与无偿区分还有如下意义：

首先，义务的内容不同。由于合同是交易关系的反映，合同义务内容常常受到当事人之间利益关系的影响。在无偿合同中，利益的出让人原则上只应承担较低的注意义务，如无偿保管中的保管合同中，保管人因过失造成保管物损灭时，虽不能被免除全部责任但应酌情减轻责任；而在有偿合同中当事人所承担的注意义务显然较无偿合同中之义务要重，如有偿保管合同的保管人因收取了寄托人所支付的保管费，如果因过失造成保管物毁损灭失时，应负全部赔偿责任。

其次，主体要求不同。订立有偿合同的当事人原则上应具备完全行为能力；而限制行为能力人非经其法定代理人同意，不能订立一些较为重大的有偿合同；但对于一些能获得法律上利益的无偿合同，如接受赠与等。限制或无行为能力人即使未取得法定代理人的同意也可以订立。

最后，对债权人行使撤销权来说，如果债权人将其财产无偿转让给第三人，严重减少债务人的责任财产，有害于债权人的债权，债权人可以直接请求撤销该无偿行为。但对于有偿而且不是明显低价的处分行为的撤销，则必须以债务人及第三人在实施交易行为时都有加害于债权人的恶意为要件。另外，在处理一些财产关系时往往也有区别。如果无权处分通过有偿合同将财物转让给第三人，第三人对于原物一般不负有返还的责任；而无权处分人如果通过无偿合同将财物转让给第三人，则第三人应将取得的财产返给原所有人，而不通过善意取得制度取得所有权。

有偿合同大多数是双务合同，但有例外，如有息借贷属有偿单务合同；无偿合同原则上是单务合同，但单务合同又未必是无偿合同。

（三）诺成合同与实践合同

根据合同成立是否以标的物交付为要件可分为诺成合同和

实践合同。

诺成合同，指当事人一方的意思表示一旦为对方同意即能产生法律效果的合同，即“一诺即成”的合同。除经当事人意思表示一致外，还须以交付合同的标的物为合同成立要件的，为实践合同。传统民法通常将买卖、租赁、承揽、委托等归入诺成合同，而将借贷保管、赠与合同列为实践合同。但时至今日关于实践合同的传统理论已面临挑战，世界范围内经济的高速发展，信贷业、运输业以及仓储保管业已今非昔比，如果仍坚持订立上述合同必须交付标的物为前提条件，则会阻碍经济流转的便捷与迅速。所以，法学界对实践合同争议颇多。在我国，《合同法》将借贷、运输、仓储合同归为诺成合同。

两者的区分对于确定两类合同成立时间，标的物所有权、使用权转移时间以及风险转移时间有重要意义。

（四）要式合同与不要式合同

根据合同是否应以一定形式为要件，分为要式合同和不要式合同。

要式合同指法律规定当事人的约定应当必须采取一定形式的合同。如《合同法》第10条第2款规定“法律行政法法规规定采用书面形式的应当采用书面形式”，这些书面形式属于法定形式；“当事人约定采用书面形式的，应当采用书面形式”，不要式合同则是法律对形式未作要求而让当事人任意选择的合同。

我国民法理论和司法实践曾将合同形式理解为合同成立或生效要件，认为要式合同不符合法定形式时，可以导致合同无效或撤销。但是在国外合同法理论上，要式合同形式原则上只具有举证的意义。如合同未采取书面形式当事人可以用其他证据证明的应仍认为合同成立，并且要求当事人对书面形式予以补正；如无法提供证明，仅成为不可诉自然之债，不受法律保护，仅仅在当事人之间是有效的。合同形式不是合同成立的生效要件，不符合法定形式并不导致合同不成立或无效。我国《合同法》采纳了这种见解，即法律对要式合同虽然具有形式要求但合同形式并不影响合同效力。但是，当事人将合同的形式特别规定为成立或生效要件的，按照当事人的约定认定合同的效力。

（五）主合同与从合同

根据合同相互间的主从关系，可分为主合同和从合同。

主合同，不需要其他合同的存在即可独立存在的合同。从合同，以其他合同的存在而为存在前提的合同。如保证合同对于主债务的合同而言即为从债务。由于从债务要依赖于主债务的存在而存在，所以从合同又被称为“附属合同”。从合同的主要特点在于其附属性，即不能独立存在，必须以主合同的存在并生效为前提。主合同不能成立，从合同就不能有效存在；主合同转让从合同也不能单独存在；主合同被宣告无效或撤销，从合同也将失去效力；主合同终止，从合同也随之终止。

（六）本约（本合同）和预约（预备合同）

根据是表达订约的希望还是成立实体的权利义务的约定而作的分类。

“预约”是指当事人之间约定将来订立合同的合同。将来应当订立的合同，称为“本约”。如将来买卖飞机票为本约，而预先约定将来购买飞机票，则为预约。在我国，尚没有关于预约合同的明文规定。本约则为履行该预约而订立的合同。合同标题不能作为判断预约与本约的标准，如果标题为预约的合同中，已经明确规定了双方的主要权利和义务，则应当认定为本约而非预约。如果一个合同属于预约或者本约存在疑义时，应当认定为本约。[1]

（七）束己合同与涉他合同

根据合同是否对于当事人以外的第三人具有效力可以分成束已合同与涉他合同。

束己合同是权利有订约人享有以及义务有订约人承担的合同；涉他合同指权利的享有和义务的承担，涉及定约人以外的第三人的合同。合同以束己合同为原则以涉他合同为例外。涉他合同包括为第三人利益订立的合同与由第三人履行的合同。为第三人利益订立的合同，当事人约定由债务人向第三人履行债务的，债务人未向第三人履行债务或者履行债务不符合约定的，应当向债权人承担违约责任。由第三人履行的合同，当事人约定由第三人向债权人履行债务的，第三人不履行债务或者履行债务不符合约定的，债务人应当向债权人承担违约责任。

（八）实定合同与射幸合同

根据合同法律的效果在订立合同时是否确定而分为实定合同与射幸合同。

实定合同是指合同的法律效果在缔约时已经确定的合同。射幸合同是指合同的法律效果在缔约时不能确定的合同，如保险合同、有奖销售合同（按照《反不正当竞争法》第13条的规定，抽奖式有奖销售，最高金额超过5000元者即被禁止）。区别实定合同与射幸合同的法律意义在于：实定合同一般要求等价有偿，否则可能因显失公平而被撤销，而射幸合同则不能以等价作为衡量合同是否公平的标准。

（九）有名合同、无名合同与混合合同

根据法律是否为某种合同确定了一个合同名称而进行的

---

[1]（台）王泽鉴：《民法债编总论·基本理论·债之发生》，三民书局1993年版，第116页。

分类。

有名合同又称为典型合同，指法律为其确定了特定的名称和规则的合同。从理论上说，有名合同具有广义和狭义之分。广义上讲，法律、行政法规和司法解释所确定有名合同都属于有名合同，而不仅属于《合同法》所确定的有名合同。我国《合同法》分则部分规定了15类基本合同类型。《合同法》又规定具体合同的类型如分期付款、买卖合同、凭样另买卖合同、试用买卖合同，都属于买卖合同中特殊类型，建设工程合同中的勘察、设计合同和施工合同，是建设合同中的具体类型，这些具体合同类型也属有名合同。其他法律、行政法规也可以确定《合同法》没有规定的类型，也属于有名合同，如《保险法》规定的保险合同。司法解释也可以确定有名合同，如融资租赁合同先是在经济生活中使用，开始在法律上属无名合同，司法解释对其名称予以认定并确认相应规则时就构成了有名合同，不过《合同法》第124条将无名合同限定为“本法分则或者其他法律没有明文规定的合同”，表明法规规章、司法解释规定的合同即使确定了名称和规则，也不是有名合同。因此狭义有名合同是指《合同法》分则和有关法律规定的合同。无名合同又称非典型合同，指法律没有确定一定的名称和相应的具体规则的合同。区分的意义在于适用法律的不同，《合同法》第124条规定：“本法分则或者其他法律没有明文规定的合同，适用本法总则的规定，并可以参照本法分则或者其他法律最相类似的规定。”

第二节　合同的订立

一、合同订立的程序

（一）要约

缔结合同可以通过两种机制实现，合同基于当事人意思表示一致而成立，当事人意思表示达成一致主要通过两种方式：第一，通过要约和承诺达成。即通过作为一方意思表示的要约和作为另一方意思表示的承诺形成意思表示一致达成合同（《合同法》第13条及以下）。第二，通过要约交错而达成。即当事人互为同一内容的要约，从而形成的意思表示一致达成合同。

1. 要约的含义。根据我国《合同法》第14条的规定，要约是希望和他人订立合同的意思表示，国际贸易中又称为发价、发盘、出盘、报价等。发出要约的人法律称其为要约人，要约指定的收到要约的人法律称其为受要约人。

2. 要约的成立。一个意思表示要成为要约需要具备两个条件：

第一，该意思表示必须表明要约人受意思表示的约束，即能使对方认识到一旦同意发出要约的人的请求，则会对发出要约人产生法律约束力。例如，女朋友邀请你吃饭，你精心化妆欣然前往，并买了戒指若干，女朋友终未赴约，你可否请求赔偿（《合同法》14条第2项）。

第二，要约的内容必须具体、确定。要约一旦被承诺则成立合同，所以就应当具备成立合同的一些基本条款，比如标的物的名称、数量等（《合同法》第14条第1项）。

此外，我们还应注意某些特殊要约的成立，包括：①受要约人超过承诺期限发出承诺的，除要约人及时通知受要约人该承诺有效的以外，为新要约（《合同法》第28条）；②受要约人对要约的内容作出实质性变更的，为新要约（《合同法》第30条）。

3. 要约与要约邀请。要约邀请又被称为要约引诱，根据《合同法》第15条，要约邀请是希望他人向自己发出要约的意思表示。该条列举了一些典型的要约邀请，包括寄送的价目表、拍卖公告、招标公告、招股说明书、商业广告等。要约邀请与要约表面上泾渭分明，实际上很难区分。例如，商业广告在大部分情况下被视为要约邀请，但根据我国《合同法》第15条第2款的规定，当商业广告内容具体、确定，并成为承诺人作出承诺的依据的，则成为要约。学者认为可以参考以下标准区分要约与要约邀请：①表意人是否明确表示其为要约邀请；②法律是否明确规定为要约邀请；③如既没有表意人的表示也没有法律规定则根据交易习惯，当事人的磋商过程，是否向特定的人做出，表示的内容是否确定、具体而决定。

4. 要约的生效。要约何时生效？从《联合国国际货物销售合同公约》、《国际商事合同通则》以及我国《合同法》看，要约自到达受要约人处生效（《合同法》第16条第1款），对于采用数据电文订立合同的，收件人指定特定系统接收数据电文的，该数据电文进入该特定系统的时间，视为到达时间；未指定特定系统的，该数据电文进入收件人的任何系统的首次时间，视为到达时间（《合同法》第16条第2款）。

要约生效后对要约人和受要约人意味着什么？要约生效后要约人即受要约内容的约束，也就是说，其不得私自撤销、变更要约，一旦受要约人做出同意要约的意思表示，则要约就成为合同的一部分。而要约生效对受要约人来说，意味着其取得了承诺的权利，其可以选择承诺或者拒绝承诺（一般沉默应视为拒绝），但不得转让其受要约人的地位。在强制缔约中受要约人作出承诺则成了一种义务。

要约一旦生效能够维持多长时间？也就是要约生效后受要约人在多长时间内作出的承诺有效的问题，这在法律上称为要约的存续期间，或者承诺期间问题。①要约中明确规定存续期间的，承诺期间至要约规定的最后一日。承诺须在该日前到达要约人（《合同法》第23条第1款）。如果要约未明确日期而是用时间段，如“本要约3个月内有效”，或“请于20日内复函”规定承诺期限的，根据《合同法》第24条，要约以信件或者电报作出的，承诺期限自信件载明的日期或者电报交发之日开始计算。信件未载明日期的，自投寄该信件的邮戳日期开始计算。要约以电话、传真等（包括电子邮件）等快速通讯方式作出的，承诺期限自要约到达受要约人时开始计算。②要约中未规定存续期间的，如果以对话方式作出，有效期截至通话结束时（《合同法》第23条第2款第1项），要约非以对话方式作出的，承诺应当在合理期限内到达（《合同法》第23条第2款第2项）。此处，合理期间通常=要约一般到达受要约人所需要的时间+受要约人考虑是否承诺所必需的时间（包括有些情况下对市场进行调查的时间）+承诺发出到达要约人处通常所需的时间。

5. 要约的撤回与撤销。要约的撤回，是指要约人在要约生效前，使要约不发生法律效力的行为。根据我国《合同法》第17条，要约可以撤回。撤回要约的通知应当在要约到达受要约人之前或者与要约同时到达受要约人。在电子合同场合，由于技术原因，要约撤回基本无法实现。

要约的撤销，是指要约人在要约生效后，承诺作出前，使要约法律效力归于消灭的意思表示。由于要约撤销与要约撤回不同，可能影响受要约人的利益，所以，国际通行规则都对要约撤销加以限制，根据我国《合同法》第18、19条，撤销要约的通知应当在受要约人发出承诺通知之前到达受要约人。有下列情形之一的，要约不得撤销：①要约人确定了承诺期限或者以其他形式明示要约不可撤销；②受要约人有理由认为要约是不可撤销的，并已经为履行合同作了准备工作。《合同法》第19条第1项的“其他形式明示”包括：①要约人明确表示此要约不可撤销的；②受要约人表明等待要约人答复的；③要约人从行为表现出不可撤销的，例如，A要求B在3个月内修复其古董画，B告知A，为了决定是否承接此工作，其有必要对类似的古画进行5天的修复以预估修复的进程，A同意，则表明A最初提出的要约的有效期间是5天。A在5天内不得撤销该要约。当然要约的不得撤销也应当有一个时间限制，否则就会脱离立法的本意。《合同法》第19条第2项的“有理由认为”一般应当以一个理性人认为是有理由的为标准。

6. 要约的消灭。要约的效力并非永久存续，条件满足时要约就会消灭，《合同法》第20条列举了要约消灭的主要原因：

（1）拒绝要约的通知到达要约人（《合同法》第20条第1项）。此处的拒绝应指明示拒绝。

（2）要约人依法撤销要约（《合同法》第20条第2项）。要约的消灭是以要约的生效为前提的，因此，要约没有生效的撤回不是要约消灭的原因。

（3）承诺期间届满，受要约人未作出承诺（《合同法》第20条第3项）。

（4）受要约人对要约的内容作出实质性变更（《合同法》第20条第4项）。此处注意何谓“实质性变更”？《合同法》第30条解释到：“有关合同标的、数量、质量、价款或者报酬、履行期限、履行地点和方式、违约责任和解决争议方法等的变更，是对要约内容的实质性变更。”

除以上原因外，要约还可能因下列原因而消灭：

(1) 要约人或者受要约人死亡。如果要约属于有人身专属性质的要约或者明确规定了以受要约人或者要约人存在为要约有效条件的，要约人或者受要约人死亡要约随即消灭。反之要约人或者受要约人死亡则不会影响要约的法律效力。

(2) 受要约人丧失行为能力。一般来说受要约人丧失行为能力并不影响要约的受领，因为要约的受领属于纯获利益的行为，但针对该要约作出的承诺应当由受要约人的法定代理人为之。

(二) 承诺

1. 承诺的含义。根据《合同法》第21条承诺是指受要约人同意要约的意思表示。

2. 承诺作出的方式。承诺如何作出？承诺应以通知的方式作出，《合同法》第22条前半段作了如上规定，这意味着沉默（默示分为作为的默示与不作为的默示，沉默是不作为的默示，也称单纯的默示，作为的默示如搭乘公交是承诺作出的方式）、不作为本身一般情况下是不能够构成承诺的。除了通知的形式外，承诺还可以通过行为作出。《合同法》第22条后半段对此作了规定，即根据交易习惯或者要约表明可以通过行为作出承诺的除外。这种通过行为作出承诺的合同成立方式，在德国民法以及台湾地区民法中被称为意思实现。

3. 承诺的生效。承诺何时生效？根据《合同法》第26条，承诺通知到达要约人时生效，具体来说：①以通知方式作出承诺的，对话人为承诺时，相对人了解时承诺生效；非对话为承诺时，通知到达时承诺生效（而不问要约人是否了解）。②以行为作出承诺的，行为作出之时承诺生效。按道理，承诺的生效必须符合上面关于承诺期限的规定，超过承诺期限作出的承诺不发生承诺的效力，应当视为新的要约。但如果受要约人是按照要约人规定的期限发出的承诺，按照通常情形也能够及时到达要约人，但因其他原因承诺到达要约人时已经超过承诺期限的，此时承诺是否还生效？我国《合同法》第 29 条规定，此时除要约人及时通知受要约人不接受该承诺的，承诺有效。

承诺生效意味着什么？根据《合同法》第 25 条，承诺生效时合同成立。因此，承诺生效的效力就是合同成立。但事实上承诺生效和合同成立的关系并非如此简单，至少在如下几种情况，承诺生效与合同的成立是非同步的：①当事人采用合同书形式订立合同的，双方当事人最后签字或者盖章的时间晚于承诺时间的，自双方当事人签字或盖章时合同成立（《合同法》第 32 条），与此类似的还有当事人采用信件、数据电文形式订立合同，在合同成立之前要求签订确认书的，签订确认书时合同成立（《合同法》第33 条），此时合同成立晚于承诺生效。②实践合同中，若标的物交付早于承诺作出，则合同应自标的物交付时成立，此时合同成立早于承诺通知生效。

如果承诺已经作出，但合同未成立，此时责任如何追究？我们认为，此时由于合同没有成立自然没有生效，所以不存在违约问题，但承诺人的承诺已经生效，则应对合同不生效负担缔约过失责任。

4. 承诺的撤回。《合同法》为要约人设置了阻止要约生效的制度，为平衡双方当事人的权利，承诺人也有使承诺归于无效的机会，即承诺的撤回。撤回承诺的通知必须先于承诺通知或者与承诺通知同时到达要约人（《合同法》第 27 条），如果后于承诺通知到达，即使要约人知晓承诺通知与知晓承诺撤回通知的时间一致，承诺也不能被撤回。

5. 将要约限制、变更、扩张而为承诺。有些承诺可能对要约做了部分更改，则此时能否认为是承诺呢？对于这一问题很难一概作出结论，要看对要约所做的限制、变更、扩张的具体情况分别定夺。如果所做的变更为实质变更，根据《合同法》第20条，原要约失效（消灭），为鼓励交易，《合同法》第30条接着规定，受要约人对要约的内容作出实质性变更的，为新要约。

如果受要约人对要约的限制、变更、扩张并非针对实质性内容，则要看要约人的态度决定，如果要约并没有表明承诺不得对要约的内容作出任何变更，而且在承诺人变更要约后要约人也没有及时表示反对的，则承诺生效，承诺人作出的变更即成为合同的一部分（《合同法》第31条）。

（三）竞争缔约

有时根据法律规定，竞争机制被引入合同订立过程，以避免代理人的自我交易行为，这就是竞争缔约制度。竞争缔约在我国现行法律中主要是指招投标合同和拍卖合同的订立。

1. 招标投标程序。根据法律规定，某些合同必须通过招投标程序签订，例如，法释［2004］14号第1条规定，建设工程必须进行招标而未招标或者中标无效的，建设工程施工合同应被认定为无效。根据学术界通行的学说，招标的法律性质是要约邀请，投标人投标是发出要约。而招标人选定投标人的“中标”则为承诺。

2. 拍卖程序。拍卖人发布拍卖公告的法律性质为要约邀请，竞买人竞买的过程为发出要约，拍卖人拍定为承诺。

（四）强制缔约

1. 强制缔约的含义。强制缔约指根据法律规定，为一个受利益人的利益，在无权利主体意思拘束的情况下，使一个权利主体负担与该受利益人订立具有特定内容或者具有应由中立方制定内容的合同的义务[1]。

强制缔结合同，是我们可以想见的，对合同自由最大限度的干预。因为，这种强制不仅仅局限于是否缔约的自由，通常也会排除共同决定合同内容的自由[2]。

2. 强制缔约的具体情形。

（1）公共运输领域的强制缔约义务。从事公共运输的承运人不得拒绝旅客、托运人通常、合理的运输要求（《合同法》第289条，《铁路法》第14条）。

（2）电信企业的强制缔约义务。主导电信业务的经营者不得拒绝其他电信业务经营者和专用网运营单位提出的互联互通要求（《电信条例》第17条第2款）。电信用户申请安装、移装电信终端设备的，电信业务经营者应当在其公布的时限内保证装机开通（《电信条例》第32条）。

（3）供电企业的强制缔约义务。根据我国法律规定，供电企业并非对所有用户负有强制缔约义务。综合观察《电力法》第26条，“供电区内的供电营业机构……不得违反国家规定对其营业区内申请用电的单位和个人拒绝供电”及《电力供应与使用条例》第32条，“供电企业和用户应当在供电前根据用户需要和供电企业的供电能力签订供电合同”的规定可以得出如下结论：供电企业仅对其营业区内的客户负有强制缔约义务，

---

〔1〕［德］尼佩代：《强制缔约与强制性合同》，1920年版，第7页。转引自［德］迪特尔·梅迪库斯：《德国债法总论》，杜景林、卢谌译，法律出版社2004年版，第70页。

〔2〕［德］迪特尔·梅迪库斯：《德国债法总论》，杜景林、卢谌译，法律出版社2004年版，第70页。

而且以不超过其供电能力为限。

（4）供水企业的强制缔约义务。根据《中华人民共和国水法》第 21 条规定“开发、利用水资源应当首先满足城乡居民生活用水，并兼顾农业、工业和生态环境用水以及航运等需要。”其中“应当首先满足城乡居民生活用水”可解释为水务公司对区内居民生活用水（并非所有类型的用水）负有强制缔约的义务。

（5）供气、供热企业的强制缔约义务。根据《合同法》第 184 条，“供用气、供用热力合同，参考供用电合同的有关规定”的准用性规定，其对用户负有的强制缔约义务参照供电、水企业负有的强制缔约义务。

（6）医院及医生的强制缔约义务。根据《医疗机构管理条例》第 31 条，“医疗机构对危重病人应当立即抢救。对限于设备或者技术条件不能救治的病人，应当及时转诊”及《执业医师法》第 24 条，“对危急患者，医师应当采取紧急措施进行救治，不得拒绝急救处置”的规定，可知医生对患者负有的强制缔约义务也是有限度的。首先，医生及医院仅对就诊的患者负有此义务，其次，医生或医院仅在可能提供救治条件的情况下负有此义务。

（7）保险业的强制缔约义务。根据《机动车交通事故责任强制保险条例》第 10 条的规定：“投保人在投保时应当选择具备从事机动车交通事故责任强制保险业务资格的保险公司，被选择的保险公司不得拒绝或者拖延承保。”保险业的强制缔约义务主要存在于交强险领域。

（8）优先购买权制度下的强制缔约义务。有学者认为最高人民法院《民通意见》第 118 条“出租人出卖出租房屋……承租人在同等条件下享有优先购买权”也属于强制缔约。

除了法律明文规定的强制缔约的类型外，还可能存在间接强制缔约。例如：

（1）建设用地使用权续期场合的强制缔约义务。《物权法》第149条规定，住宅建设用地使用权期满的，自动续期。

（2）商店在一定条件下的强制缔约义务。如果商品的购买对于消费者是必要的，则似乎应当成立强制缔约，比如德国学者在一个案例讨论中认为，面包师拒绝出售面包给一位女士时，如果还有其他的商店在出售面包（无论口味是否与该面包师的产品相同），而且该女士取得这些商店的面包成本也不是不可接受的话，则不能要求面包师负有强制缔约义务。与此相应，电影院、剧场也不应作为强制缔约的义务主体。

（3）理发、住宿、餐饮等服务行业的服务如果对特定的人来说是必不可少的，则可能要求其强制缔约。

（4）地役权制度中的强制缔约。如西气东输、南水北调等工程需气一方为铺设管线而需要利用他人土地时，如何解决该他人必须提供土地的问题，学者认为有两种路径，要么在物权法中明文规定地役权，要么法律可以规定这些土地的所有人，经营人负有强制缔约的义务。

3. 拒绝缔约的法律后果。在相对人需要缔约，责令缔约义务人订约又不侵害其合法权益或者违反伦理道德的情况下，应当强制缔约义务人订立合同。缔约义务人拒绝缔约给相对人造成的损失，未能因强制缔约而得到填补的，缔约义务人还应当赔偿相对人的损失。至于赔偿的请求权基础，依照现有的法律规范来看，或参照《民法通则》第106条第2款，其构成需要缔约义务人过错、相对人受有损害、无理由拒绝订约的行为以及因果关系四个要件；或参照《合同法》第58条规定，其构成需要缔约义务人过错、相对人受有损害、无理由拒绝订约的行为三个要件。

如果缔约义务人拒不签订契约，或者契约的签订不能达到合同目的的（例如，上面例子中面包师可能迫于法院的压力最终签订契约，但其内心极度不情愿做出的面包很可能不符合女士所要求的口味），则请求缔约义务人赔偿相对人的损失更为合理。

拒绝缔约还可能承担行政责任。例如罚款、警告、吊销营业执照等。

（五）附和缔约

1. 附和缔约的含义。合同仅仅由一方拟定，另一方只能附和其才能成立合同的就是附和缔约。在附和缔约的情况下，一方所提供的合同条款就是格式条款。按照《合同法》第 39 条第 2 款，格式条款是当事人为了重复使用而预先拟定，并在订立合同时未与对方协商的条款。因此，并非事先拟好的合同条款均称为格式条款，只有具备了重复使用、未经协商、预先拟定特点的条款才是《合同法》所指的格式条款。

2. 格式条款生效要件。除需具备合同生效所要具备的要件外，格式条款作为合同一部分，若想生效还需具备特别条件，主要是根据《合同法》第 39 条，采用格式条款订立合同的，提供格式条款的一方应当遵循公平原则确定当事人之间的权利和义务，并采取合理的方式提请对方注意免除或者限制其责任的条款，按照对方的要求，对该条款予以说明。

采用合理方式提请对方注意义务（采用合理的方式是指采用足以给对方当事人留下鲜明印象的方式），仅限于免除或者限制提供条款人一方责任的条款。对于一般的格式条款，提供格式条款一方不负有提请对方注意的义务。

提供格式条款一方对全部格式条款，负有按照对方的要求，予以说明的义务，当相对人未要求说明时，提供条款人无须履行该义务，一旦提供格式条款一方作出说明，该说明即作为合同一部分发生效力。当然说明的内容应当由对方当事人负担举证责任。

3. 格式条款的解释。根据《合同法》第41条，对格式条款的理解发生争议的，应当按通常理解予以解释。对格式条款有两种以上解释的，应当作出不利于提供格式条款一方的解释。格式条款和非格式条款不一致的，应当采用非格式条款。

二、合同的内容与解释

（一）合同的内容

一份合格合同的标准是内容全面、具体、准确且无冗余。如何才能达到这些标准，首先要了解《合同法》的实质，《合同法》实际上是一部指导性规范，《合同法》的规范与其说是命令我们不做什么，毋宁说是指导我们该做什么。因此，当我们不知道一份合同该如何起草时，看一下《合同法》中规定的典型合同的条款，了解一下当事人有哪些特殊需要，然后用法律语言将合同组织出来大体就可以了。

根据合同条款对合同的影响，我们将这些条款分为主要条款和普通条款，所谓合同的主要条款是合同必须具备的条款，缺少了这些条款合同就无法实现其目的，合同也就不能成立。每一个合同的主要条款实际上是不同的，货物的质量和数量在买卖合同中是主要条款，而在房屋租赁合同中就不是。另外根据鼓励交易的原则，如果缺少合同的主要条款，我们也要看一下是否能够对这些主要条款进行补足，而不能简单地认为合同不能成立。比如买卖合同中货物的质量没有规定，但有行业标准或者国家标准。

除了主要条款外，合同一般还要规定一些普通条款，比如在房屋租赁合同中租赁房屋的水、电费用由谁负担，房屋租金的支付方式、租赁合同的解除条件等。这些合同的普通条款有的属于即使没有规定法律也能够补全的，有的属于存在行业交易惯例的，有的属于有当事人交易在前的，有的属于不言而喻的。这些条款一般会在签订合同时将其省略。

一般来说，合同内容所采用的形式属于双方当事人之间意思自治的范围，法律没有必要干涉（《合同法》第 10 条第 1 款），但是，基于某些特别的需要，例如，方便证明合同的内容，《合同法》也允许法律、行政法规或当事人之间对合同形式作出规定。

口头形式。口头形式是最常用的合同形式，口头形式的缺点是证据无法保存导致纠纷，因此，要保留发票等证明合同存在及内容的证据。

书面形式。根据《合同法》第 11 条，书面形式是指合同书、信件和数据电文（包括电报、电传、传真、电子数据交换和电子邮件）等可以有形地表现所载内容的形式。“法律、行政法规规定采用书面形式的，应当采用书面形式。当事人约定采用书面形式的，应当采用书面形式”（《合同法》第 10 条第 2 款）。那么，应当采取书面形式而没有采取书面形式的合同效力如何？合同法未作规定，但是从《合同法》第 36 条“法律、行政法规规定或者当事人约定采用书面形式订立合同，当事人未采用书面形式但一方已经履行主要义务，对方接受的，该合同成立”和第 37 条“采用合同书形式订立合同，在签字或者盖章之前，当事人一方已经履行主要义务，对方接受的，该合同成立”反推立法者的意图，我们认为，除此外，合同应当认为没有成立，自然也就没有效力。

（二）合同的解释

合同解释，指对合同及其相关资料的含义所作的分析和说明。对此，应从以下方面把握：

1. 合同解释的主体。对合同及其相关资料的含义进行分析和说明，任何人都有权进行。例如，当事人双方时常对其订立的合同进行分析和说明，即进行合同解释。发生合同纠纷，诉诸到法院或仲裁机构时，法官、仲裁员、当事人、诉讼代理人、证人、鉴定人等，都从各自不同的角度解释合同；合同在鉴证、公证时，鉴证人员、公证人员、当事人也要解释合同；消费者协会等社会团体对投诉的合同纠纷，要发表对合同及其相关资料的看法；学者进行个案研究时，亦对合同及其相关资料进行解释。可见，合同解释无处不在，无时不有。这是广义的合同解释。

狭义的合同解释专指有权解释，即受理合同纠纷的法院或仲裁机构对合同及其相关资料的含义所作的有法律拘束力的分析和说明。由于“合同解释的根本目的在于使不明确、不具体的合同内容归于明确、具体，使当事人间的纠纷得以合理解决。因此，在合同解释实践中，当事人间在不发生合同争议或虽有争议但已协商解决的情况下所进行的一般意义上的合同解释，是没有法律价值的；在案件审理过程中，依赖于当事人及其代理人等诉讼参与人的解释，也无法实现合同解释的目的。真正具有法律意义的合同解释，只能是在处理合同纠纷过程中，对作为裁判依据的事实所作的权威性说明”。该理由原则上可以赞同，只有将无权解释视为没有法律价值，将当事人及其诉讼代理人的解释说成无法实现合同解释的目的，过于武断。因为法官或仲裁员的有权解释，往往是认同了当事人及其诉讼代理人的解释，或者是以他们的解释为素材所作的解释。再如学者对个案的解释，对于总结合理规则、提出立法建议、指导审判实践等，显然是有法律价值的。

2. 合同解释的客体。合同解释的客体，即合同解释工作指向的对象。从实际的合同解释看，在不同的合同争议中，解释的客体也不一致：在因合同中的语言文字表达含混不清、模棱两可或相互矛盾的语言文字的含义的场合，语言文字的真实含义为何，即成为合同解释的客体；在当事人一方主张合同的语言文字所表达的含义与其内心真意相异相悖场合，当事人的内心真意如何，即成为合同解释的客体；在合同纠纷系因欠缺某些条款而使当事人之间的权利义务关系不明确时，合同解释的客体是漏订的合同条款；在合同内容不符合法律要求，需要变更、修订其内容的场合，不适法的合同内容即是合同解释的客体等。

合同解释的客体不仅仅是"发生争议的合同中使用的语言文字"，没有争议的合同文字也同样需要解释。法院或仲裁机构在审理或仲裁合同纠纷案件时，随时都要进行合同解释。有些解释是根据当事人的争议进行的，还有一些是根据案件的其他需要进行的。

需要解释的不仅是"合同条文所用文句的正确含义"，而是"全面考虑与交易有关的环境因素，包括文据、口头陈述、双方表现其意思的行为，以及双方缔约前的谈判活动和交易过程、履行过程或者惯例"。

3. 合同解释的效力。狭义的合同解释的结果是制作调解书、裁决书或判决书的主要根据之一，对当事人具有强制执行的法律拘束力，是一件非常严肃的工作，必须符合法律的要求始能生效。

4. 合同解释原则。合同解释应遵循一些基本思想，以达到合同目的，实现公平正义。根据《合同法》第 125 条规定，合同解释应遵循以下原则：

（1）文义解释原则。合同条款系由语言文字构成，想确定其含义，必须先了解其所用词句，确定词句的意义。因此，解释合同必先由文义解释入手，对此，《合同法》第 125 条第 1 款作了规定，合同文本采用两种以上文字订立并约定具有同等效力的，对各文本使用的词句推定具有相同含义。

当事人在签订合同时采用的含义，是指其内心意思，还是表示出来的意志？现代法采表示主义，按当事人表示出来的意思加以解释。所谓当事人表示出来的意思，首先是以合同用语为载体的意思，即依据合同用语解释合同。但由于主客观方面的原因，合同用语时常不能准确反映当事人的真实意思，有时甚至相反，这就要求解释合同不能拘泥于合同文字，而应全面考虑与交易有关的环境因素，包括书面文件、口头陈述、双方表现其意思的行为以及双方缔约前的谈判活动和交易过程、履行过程或惯例等。总之，客观主义为主，主观主义为辅，是我国法律应当采取的合同解释原则之一。

（2）体系解释原则。又称为整体解释，是指把全部合同条款和构成部分看作一个统一整体，从各个合同条款及构成部分的相互关联、所处的地位和总体联系上阐明当事人有争议的合同用语的含义。

（3）历史解释原则。合同是当事人交易的过程，因而解释合同不能掐头去尾，要结合签订时的事实和资料，如磋商过程、来往文件和合同草案等加以解释。

（4）目的解释原则。当事人订立合同均为达到一定目的，合同的各项条款及其用语均是达到该目的的手段。符合合同目的的解释，就是依照当事人所欲达到的经济或社会效果而对合同进行解释。合同目的可以分为抽象目的与具体目的。前者指当事人订立合同时有使合同有效的目的，它是合同解释的主要方向。如果合同条款相互矛盾有使合同有效与无效两种解释，那么应从使合同有效的解释。

（5）习惯解释原则。习惯解释是指当事人未作相反或者不同约定时，运用交易习惯来确定合同内容的方法。交易习惯是在一定范围内得到广泛的、稳定的重复使用的交易方法。交易习惯是在长期的交易过程中形成的，之所以能得到共同认可，主要是由于其对当事人权利义务进行了比较合理的安排。所以，在无相反证据的前提下，我们可以合理地推测，当事人所从事的每一轮新的交易，都是对过去习惯的延续。在合同中未明确规定的情况下，可以推定当事人实际上是按照习惯来进行的。

（6）诚信解释原则。所谓诚信解释，指解释合同应遵循诚实信用的原则。例如《德国民法典》第157条规定：契约应依诚实信用的原则及一般交易上的习惯解释之。日本最高裁判所昭和32.7.5判例：所谓诚实信用原则，已广泛适用于债权法领域，它不仅适用于权利行使和义务履行，而且也应成为解释当事人缔约目的所适用的基准。《联合国国际货物销售合同公约》第7条规定："在解释本公约时，应考虑到本公约的国际性质和促进其适用的统一以及在国际贸易上遵守诚信的需要。"

诚实信用原则为现代民法上指导当事人行使权利，履行义务之基本原则，也是指导法院或仲裁庭正确解释合同的基本原则。我国《民法通则》第4条规定，诚实信用为一切民事活动所应遵循之基本原则，合同之解释当然应包括在内。合同所使用文字词句有疑义时，应依诚实信用原则确定其正确意思，合同内容有漏洞不能妥善规定当事人权利义务时，应依诚实信用原则补充其漏洞。无论采何种解释方法，最后所得解释结果均不得违反诚实信用原则。合同内容经解释仍不能与诚实信用原则相协调者，应无效。

5. 合同解释的规则。合同解释的规则，也属于合同解释的方法。理论和实践中主要有以下几种规则：

（1）明示其一就排斥其他。如果当事人在合同中列明了特定的款项，未采用更为一般性的或包罗万象的术语。那么，其意图就是排除了未列明的项目，尽管未列明的项目与列明的项目类似。这就是所谓“明示其一就排斥其他”。例如《刑法》第 33 条规定，主刑的种类包括管制、拘役、有期徒刑、无期徒刑、死刑，那么主刑就是有且只有这 5 种，其他任何种类的自由刑和生命刑都是不被《刑法》所允许的，像劳动教养，从性质而言，类似于管制、拘役、有期徒刑、无期徒刑，都是一种对人身自由权的剥夺，那么我们可否认为劳动教养也是一种刑罚呢？答案是否定的，因为《刑法》第 33 条已经明确规定了特定的内容而没有使用其他一般性的术语。因此劳动教养不是我国刑法所确定的刑罚，充其量只能算是一种行政强制措施，其决定者是行政机关。

（2）“同样种类”规则。“同样种类”规则讲的是如果立法者在法律规范中列明了特定的情形，随后又使用了更为一般的、包容万象的术语，那么立法者的意图就包含于特定情形相类似的情形。比如《刑法》第 193 条所规定的贷款诈骗罪，立法者在第 5 项规定以其他方法诈骗贷款的构成贷款诈骗罪，那么我们就可以这样理解，除了编造引进资金、项目等虚假理由且以非法占有为目的诈骗银行或其他金融机构贷款等特定的四项诈骗情形外，只要有类似的且以非法占有为目的诈骗银行或其他金融机构贷款的，都能构成贷款诈骗罪。又如《著作权法》第 10 条规定，著作权除了法律规范所明确的 16 种人身权和财产权外，还包括类似的应当由著作权人享有的其他的权利。

此外还有推定每一条款具有意思与目的；推定不违法；推定明示条款优先于默示条款或随后行为；有利于公共利益等具体规则。

第三节　合同的效力

一、合同的有效要件

合同的成立与生效并不相同，根据《合同法》的规定，合同的成立仅仅需要意思表示一致，无论这种一致是通过要约与承诺还是通过交错要约。因此，即使合同的内容涉及毒品买卖，仍可能因符合合同成立的要件而成立。这并不意味着毒品买卖合同就会发生效力。合同成立并不等于合同生效，成立后的合同还需要具备一定的要件才能发生效力。

那么依法成立的合同还需要具备哪些要件才能生效呢？我国《合同法》第44～59条对这一问题做了规定。《合同法》第44条规定，依法成立的合同，自成立时生效。然而，通观《合同法》（第44～59条）与《民法通则》（第54～62条），合同成立与生效的关系并非如此简单，依法成立的合同想要发生效力还需要具备如下条件：

（一）行为人具有相应的行为能力

根据我国《合同法》第9条："当事人订立合同，应当具有相应的民事权利能力和民事行为能力。"不同行为能力的当事人签订的合同，效力也不相同：

1. 限制民事行为能力人和无民事行为能力人签订的合同。综合《民法通则》第12条（10周岁以上的未成年人可以进行与其年龄、智力相适应的民事活动，其他民事活动应征得他的法定代理人的同意），《民通意见》第6条（无民事行为能力人、限制民事行为能力人接受奖励、赠与、报酬，他人不得以行为人无民事行为能力、限制民事行为能力为由主张以上行为无效）以及《合同法》第47条可知，在如下情况下无民事行为能力人与限制民事行为能力人可以独自签订合同，其签订的合同有效，其他情况下限制民事行为能力人独自签订的合同属于效力待定合同，无民事行为能力人独自签订的合同属于无效合同。

主体 行为	限制民事行为能力人	无民事行为能力人
纯获利益行为	可	可
日常生活必需的合同	可	可
电子合同	可	可
与年龄和智力状况相适应的合同	可	不可
征得法定代理人同意签订的合同	可	不可

2. 法人超越目的范围（经营范围）签订的合同。法人的目的范围被传统民法视为法人权利能力与行为能力的边界。有学者据此认为法人超越目的范围签订的合同属于效力待定合同，但最高人民法院《关于适用〈中华人民共和国合同法〉若干问题的解释（一）》（以下简称《合同法解释（一）》）已明确认定，当事人超越经营范围订立合同，人民法院不因此认定合同无效。

3. 不具备相应缔约能力的缔约人签订的合同。为确保订约方能够适当履行合同，我国法律、法规和司法解释对某些合同缔约人的缔约能力做了特殊规定。例如，建筑合同中的建设方应具备相应的建筑资质；技术开发合同中的开发方应具备相应的开发能力等。依通说不具备相应缔约能力的缔约人签订的合同应属效力待定合同中，只有缔约人随后取得相应缔约能力时，合同方能生效。

（二）意思表示真实

所谓意思表示真实是指行为人表示出来的意思与内心的意思相一致。意思表示不真实的情况包括欺诈、胁迫、重大误解、乘人之危和通谋虚伪表示。存在意思表示瑕疵的合同，效力肯定也存在瑕疵，但不能说意思表示不真实签订的合同一律是无效合同。意思表示瑕疵具体会对合同效力产生什么影响，我们将在本节中详述。

（三）不违反法律或者社会公共利益

首先，根据学者解释，结合《合同法》第 7 条、《民法通则》55 条第 3 项中所指的法律应包括法律和行政法规，但不包括地方性法规和部门规章，地方性法规或部门规章不得对合同效力作出规定。

其次，我们应当清楚不是违反法律规定的合同就一定无效，只有违反了禁止性强制规范的合同才是无效的，对于哪些法律规范是禁止性强制规范，有专门的文章论述，[1] 我们将在合同无效的第五个原因中详细讲述。

二、合同的无效

（一）合同无效的含义

合同无效包括广义的合同无效和狭义的合同无效。狭义的合同无效又称绝对无效，它是指任何人均可主张，合同自始、

---

〔1〕耿林：“强制规范与合同效力”，清华大学 2006 年博士学位论文。

绝对、当然地对所有人都不发生效力。所谓自始无效是指合同从成立时就不发生效力，这意味着绝对无效的合同应当返还给付。所谓当然无效就是指合同的无效无须任何人主张即可认定，这意味着绝对无效的合同，法院无须当事人的申请，即可依职权认定合同无效。所谓任何人均可主张是指合同的当事人及合同当事人之外的利害关系人，均可以援用合同无效作为抗辩消极防御，也可以积极进攻要求认定合同无效，而且当事人之外的利害关系人也可以主张抗辩权消极对抗合同当事人主张合同权利，例如，出租人出卖标的物场合，承租人对抗买受人和出租人。

与合同的绝对无效相对应的是合同的相对无效，即合同仅仅相对于某个特定的人才不发生效力，相对于其他人则是发生效力。例如，无权代理合同中，无权代理人与相对人签订的合同对本人不发生效力，但该合同并非绝对无效，根据《合同法》第48条的规定，“未经被代理人追认，对被代理人不发生效力，由行为人承担责任”，即在未被追认的情况下，无权代理人签订的合同仍然有效，由行为人与相对人作为合同的当事人履行合同义务。再如，我国《物权法》第20条规定：“当事人签订买卖房屋或者其他不动产物权的协议，为保障将来实现物权，按照约定可以向登记机构申请预告登记。预告登记后，未经预告登记的权利人同意，处分该不动产的，不发生物权效力。”结合该法第15条，“当事人之间订立有关设立、变更、转让和消灭不动产物权的合同，除法律另有规定或者合同另有约定外，自合同成立时生效；未办理物权登记的，不影响合同效力”可知，未经预告登记的权利人同意，处分该不动产的合同，对于预告登记的权利人来说是无效的，但对于其他人来说则是有效的。

广义的合同无效既包括绝对无效，也包括这种相对无效。

本章所指的合同无效为狭义的绝对无效。

（二）合同无效的原因

1. 一方以欺诈、胁迫的手段订立合同，损害国家利益。根据《民通意见》第68条，欺诈是指以使他人陷于错误并因而为意思表示为目的，故意陈述虚伪事实或者隐瞒真实情况的行为。

根据《民通意见》第69条，以给公民及其亲友的生命健康、荣誉、名誉、财产等造成损害，或者以给法人的荣誉、名誉、财产等造成损害为要挟，迫使对方作出违背真实的意思表示的，可以认定为胁迫行为。

并非所有因胁迫、欺诈签订的合同都是无效的，因欺诈、胁迫签订的合同只有在损害国家利益时才无效，这是因为要国家作出撤销的意思表示成本较大而且撤销的后果比较复杂难以执行。

2. 以合法形式掩盖非法目的。例如订立赠与合同逃避债务；订立联营合同拆借资金等。司法实践中应注意收集相关的司法解释，比如最高人民法院《关于审理涉及国有土地使用权合同纠纷案件适用法律问题的解释》。[1]

3. 恶意串通，损害国家、集体或者第三人利益。恶意串通要求当事人主观上必须有恶意，此处的恶意无须通谋，明知即可，可以表现为希望、放任。恶意串通只有在损害国家、集体或者第三人利益时才会被认定为无效。

4. 损害社会公共利益。社会公共利益是一个涉及法律解释和自由裁量的概念。社会公共利益可以表现为多种形式，例如，将财产赠与或遗赠给婚外同居的情人，这属于违反道德。此外

---

〔1〕 该司法解释26条规定："合作开发房地产合同约定提供资金的当事人不承担经营风险，只收取固定数额货币的，应当认定为借款合同。"如果该当事人为企业则依据现行法律规定，企业之间的借款合同无效，因此，该种合同无效。

还有违反人格尊严、违反经济秩序、违反社会秩序、违反公平竞争、限制经济自由、违反劳动者保护等。由于违法行为往往就是损害社会公共利益的行为，因此，该条容易与《合同法》第52条的其他内容重合。在适用上由于该条款具有填补法律漏洞，作为法律价值补充的功能，所以，能够适用其他条款的，应该优先引用其他条款，只有在其他条款引用不当时，才转而引用该条款。

5. 违反法律、行政法规的强制性规定。当事人订立、履行合同，应当遵守法律、行政法规（《合同法》第7条）。合同违反法律、行政法规的强制性规定无效（《合同法》第52条第5项）。《合同法》第7条与第52条第5项中所称的“法律”，意指全国人民代表大会及其常务委员会颁行的法律，不能任意扩大范围。法院不得依照地方性法规、部门规章等的规定宣告合同无效。

《合同法》第52条中所谓的“强制性规定”，主要是指直接规范人们的意思表示或者事实行为，不允许人们依其意思加以变更或者排除适用的法律规范。强制性规定中的“强制”与强制执行中的“强制”意义不同，前者不像后者一样具有当事人必须履行，否则就会受到制裁或者产生不利后果的含义。强制性规定中的“强制”仅表示当法律的强制性规定与当事人意思产生矛盾时，法律最终会选择强制性规定使其生效，而不论当事人的意思如何。

6. 格式条款及免责条款无效。根据《合同法》第40条后段的规定，“提供格式条款一方免除其责任、加重对方责任、排除对方主要权利的，该条款无效”。其中，“免除其责任”文义覆盖过宽，按照立法目的，此处的“免责”应指免除提供格式条款一方的主要责任，因此，实践中应对该条款作限缩解释。格式条款中合理免除提供格式条款一方非主要责任，并提请对方当事人足够注意的，免责条款有效。例如，移动公司对合理范围内的短信丢失的免责。

根据《合同法》第 53 条的规定，合同中免除造成对方人身伤害的责任的条款以及免除因故意或者重大过失造成对方财产损失的条款无效。

7. 虚伪表示与隐匿行为。虚伪表示与隐匿行为与《合同法》第 52 条第 3 项规定的合法形式掩盖非法目的有相似之处，两者均存在两个意思表示，容易混淆，实际上两者并不相同。虚伪表示所掩盖的并非"非法目的"或者违法行为，而是有真实意思，合法的隐匿行为。例如，最高人民法院《关于审理涉及国有土地使用权合同纠纷案件适用法律问题的解释》24 条规定："合作开发房地产合同约定提供土地使用权的当事人不承担经营风险，只收取固定收益的，应当认定为土地使用权转让合同。"双方当事人表面上签订的那个合作开发合同就是虚伪表示，而当事人真实的意思表示则是隐匿行为。虚伪表示作为意思表示瑕疵的一种违反了《民法通则》第 55 条第 1 项的规定而无效。当事人隐匿的行为却意思表示真实，符合法律规定，不属于"非法目的"，不适用《合同法》第 52 条第 3 项，因此，隐匿行为发生效力。

三、合同的撤销

（一）合同的撤销的含义

合同的撤销，是指因意思表示不真实，通过撤销权人行使撤销权，使已经生效的合同归于消灭。合同撤销与合同无效及合同效力待定既有联系也有区别。

合同撤销与合同无效。两者的区别在于：首先，合同撤销制度给了当事人充分的选择权，当事人不选择撤销的情形下，合同可以继续有效。合同无效则是自始、当然和绝对的无效。其次，合同撤销只能由撤销权人主张，而合同无效则可由法院依职权主张。

合同撤销与效力待定。两者的区别在于：传统民法认为，可撤销合同在被撤销之前是有效的，而效力待定合同被追认之前则不发生效力，传统民法也将效力待定称为“效力待定的无效”。

（二）合同撤销的原因

1. 欺诈。与《民法通则》第58条的规定不同，《合同法》除将损害国家利益的欺诈行为规定为合同无效的原因外，其余欺诈行为均规定为合同撤销的原因。《合同法》作出这样的规定是基于如下原因：其一，根据合同自由原则和鼓励交易原则，法律应当尽可能地使反映当事人“真意”的合同有效。至于是不是当事人的“真意”，法律并不作实质判断，法律只提供判断“真意”的标准，是否存在欺诈行为即是法律提供的判断“真意”的标准之一。当事人是否运用这一标准决定权在当事人自身。其二，合同当事人之间是否存在欺诈，一般只有当事人自己清楚，外人很难得知，法律如果贸然规定因欺诈签订的合同无效。当事人却仍然按照合同履行，法律的权威必将受到损伤。

2. 胁迫。胁迫的规定与欺诈类似，《合同法》对基于一方胁迫而签订的合同是否为无效合同，也采用是否损害国家利益作标准。

3. 乘人之危。根据《民通意见》第70条，“一方当事人乘对方处于危难之机，为牟取不正当利益，迫使对方作出不真实的意思表示，严重损害对方利益的，可以认定为乘人之危”，可知，《民通意见》认定的乘人之危的构成要件为：①他方陷于危难；②一方当事人故意利用他方的危难；③他方迫于自己的危难处境接受了严重不利的条件，不得已与利用危难的一方订立了合同。

4. 重大误解。根据《民通意见》第71条，行为人因行为的性质、对方当事人、标的物的品种、质量、规格和数量等的错误认识，使行为的后果与自己的意思相悖，并造成较大损失的，可以认定为重大误解。

误解只有达到重大的程度，以至于合同的目的无法实现时，才可以主张撤销合同。《民法通则》规定了重大误解的主要情况：①对合同性质的误解，比如，甲急需钱用，其父称他的钱甲可以用，甲误以借贷为赠与。②对相对人的误解。比如，乙误认为甲是其私生子，于是赠与了甲房屋若干栋。③对标的物品种的误解。比如，错将轧铝机当成轧钢机。④对标的物质量的误解。比如，将临摹画当作真迹。⑤对标的物规格的误解。比如，将千吨水压机当成了万吨水压机。⑥对标的物的数量、履行方式、履行地点、履行期限等的误解。总之，与合同主要义务相关内容的误解均可能构成重大误解。

误解人只有基于误解产生较大损失，才可以主张撤销合同。如果仅仅和当事人真实意思相悖，但没有产生较大损失则不能要求撤销合同。比较《民法通则》以及《合同法》的规定，在欺诈、胁迫的情况下，由于欺诈、胁迫方具有逼迫或诱导对方当事人作出错误意思表示的过错，因此，在欺诈和胁迫并不要求作出意思表示的当事人事实上受有损失作为要件，乘人之危（显失公平）仅是利用了对方的危难，过错程度小于欺诈、胁迫，因此，加入对价是否合理这种结果作为衡量方式。而重大误解的相对人无任何过错，如果允许作出意思表示的人随意撤销，势必危及合同自由、交易安全以及法律尊严，为了衡平意思表示人与相对人的利益，将相对人遭受较大损失作为撤销合同的条件就具有合理依据了。

5. 显失公平。根据《民通意见》第 72 条："一方当事人利用优势或者利用对方没有经验，致使双方的权利义务明显违反公平、等价有偿原则的，可以认定为显失公平。"其中，"利用当事人的没有经验，或者自己的优势地位"是否应当作为显失公平的构成要件，学者们争议较大。我们认为一方当事人具有优势或者利用对方没有经验不是显失公平的构成要件。

（三）撤销权及其行使

撤销权，是指撤销权人依其单方的意思表示使合同等法律行为溯及既往的消灭的权利，它在性质上属于形成权。合同撤销权的行使应当遵循如下规则：

1. 撤销权的行使主体。根据《合同法》第 54 条，在欺诈、胁迫、乘人之危而成立的合同中，撤销权人为"受损害方"（单方），实施欺诈、胁迫、乘人之危行为的一方，不得主张撤销合同。在存在重大误解或者显失公平的合同中，撤销权人为"当事人一方"（双方），即双方当事人均可主张撤销合同。

2. 撤销权的行使方式。传统民法中撤销权人以通知的方式行使撤销权。我国《合同法》规定的撤销权的行使方式是通过诉讼，请求人民法院或仲裁机构予以变更或撤销（《合同法》第 54 条）。

3. 撤销权行使的结果。由于人民法院的介入，在我国合同撤销权的行使并非一定导致合同无效。具体而言，如果当事人主张变更合同的，人民法院不得撤销合同（《合同法》第 54 条）；如果当事人主张撤销合同的，人民法院却可以予以变更或撤销（《民通意见》第 73 条）。这与传统民法理论不同，我国《民通意见》第 73 条的目的在于尽量促使合同成立，但如此规定有干涉当事人意思自治之嫌。

4. 撤销权的行使期间。撤销权的行使期间属于除斥期间，《民法通则》与《合同法》均规定为1年。但对于该期间的起算点，却有不同规定，《合同法》第55条第1项规定，撤销权自撤销权人知道或者应当知道撤销事由之日起计算；《民通意见》第73条第2款规定，撤销权自民事行为成立之日起计算。由于《合同法》属于新法，优先适用，因此，应按《合同法》规定，撤销权自撤销权人知道或者应当知道撤销事由之日起计算。

5. 撤销权的消灭。根据《合同法》第55条，撤销权的消灭事由有二：①除斥期间届满而撤销权人未行使撤销权；②撤销权人自知道撤销事由后明确表示或以自己的行为放弃撤销权的。例如，在撤销期限内仍然向相对人履行，或按合同起诉相对人违约等。

四、合同效力的补正

（一）效力待定合同概述

1. 效力待定合同的含义。与可撤销合同相对应，有一类合同原本不能按照当事人的预期发生效力，只有通过相应有权人的追认，补正欠缺的有效要件，才能发生效力，有权人如果在一定期间内没有补正，合同最终归于无效。这类合同被传统大陆法系国家称为效力待定的无效合同或效力待定合同。

2. 效力待定合同与有效合同、无效合同、可撤销合同的区别。由于欠缺有效要件，效力待定合同暂时处于无效状态，德国民法学者将其称为效力待定的无效，这是它与有效合同的区别。同时，这种无效仅仅是一种暂时状态，一旦取得有权人的同意或追认，就能够发生效力，这又是它与无效合同的不同，无效合同不能因有权人的同意而有效。它与可撤销合同的区别在于，可撤销合同中的有权人在作出撤销前合同是有效的，而效力待定合同在作出追认或同意前是不发生效力的。

3. 效力待定合同的补正。效力待定合同在获得有权人追认的情况下发生效力。这种追认属于单方意思表示，无须双方达成合意，仅依有权人的意思发生效力。根据《合同法》第 47 条第 2 款和第 48 条第 2 款的规定，追认应当以明示的意思表示方式作出，但学说认为也可以以自愿履行债务等行为的方式作出。

追认的作出不得附有条件，而且必须是对全部内容的追认。如果附有条件或者仅是对合同部分内容的追认应当视为提出新要约，须对方承诺方可发生效力。

（二）效力待定合同的类型

按照我国学术界的通说效力待定合同主要包括：限制民事行为能力人订立的合同，无权代理人订立的合同，无权处分人订立的合同。

1. 限制民事行为能力人订立的合同。根据《合同法》第 47 条第 1 款，限制行为能力人要订立前述 5 种合同以外的其他合同，应由其法定代理人代理。否则只有在法定代理人追认，或者限制行为能力人取得行为能力后追认的情况下才有效，《合同法》第 47 条第 1 款中规定的追认权属于形成权，依单方意思表示发生效力，但追认权人必须作出意思表示，无论是明示的（口头、书面）还是默示的（行动），单纯的沉默视为拒绝（《合同法》第 47 条第 2 款）。对方若催告的，追认权的行使有除斥期间的限制，即“相对人可以催告法定代理人在 1 个月内予以追认”，追认权人一个月内若不作表示视为拒绝追认；对方不催告的，未见有追认权行使除斥期间的限制。

与追认权相对的是对方当事人的撤销权。为了防止合同长期处于效力待定阶段影响交易的安全，《合同法》同时赋予了相对人撤销权。该种撤销权的撤销权人是“善意相对人”，这与合同撤销制度中的撤销权人不同；该种撤销权的行使方式是“通知”，这与合同撤销制度中的撤销权行使方式的规定不同；该种撤销权行使的结果是合同最终归于无效，这也与合同撤销制度中的撤销权行使的后果不同。

2. 无权（越权）代理人订立的合同。根据《合同法》第 48 条，没有代理权、超越代理权以及代理权终止后以被代理人名义订立的合同未经被代理人追认的，对被代理人不发生效力。这里追认权的性质、行使方式、除斥期间以及撤销权和催告权的规定与无民事行为能力人、限制民事行为能力人签订合同中的规定大体一致，不同之处在于，无民事行为能力人、限制民事行为能力人签订的合同如法定代理人拒绝追认，即使相对人没有撤销，合同也最终归于无效。而无权（越权）代理人签订的合同如被代理人拒绝追认，相对人也没有撤销的，根据具体情况不同，可能发生如下法律后果：

（1）对于被代理人。由于被代理人没有追认该合同，合同对被代理人不发生效力，被代理人不享有合同权利，也无须承担合同义务（《合同法》第 48 条）。

（2）对于代理人。被代理人不承担合同责任，但相对人却因为信赖该合同遭受了损失，这一损失是由无权（越权）代理人造成的，自然应当由无权（越权）代理人承担。《合同法》第 48 条正是基于此点考虑，要求由代理人承担合同责任（合同义务）。

3. 无权处分人订立的合同。根据《合同法》第 51 条，无处分权的人处分他人财产，经权利人追认或者无权处分人于缔约后取得处分权时，合同自始有效。反面推论就是无权处分人于履行期限届满前未取得处分权，权利人又不予追认的合同无效。

（1）立法例比较。无权处分的规定最早见于《法国民法典》，在《德国民法典》《日本民法典》及我国台湾地区“民法典”中也有规定。《法国民法典》奉行的是债权意思主义，如果债权无效，物权取得不发生效力。按该法典规定，无权处分合同若不能得到有权人追认，合同不生效力，第三人应返还原物。第三人可向无权处分人主张不当得利返还相应价款。

《德国民法典》将债权行为与物权行为分离，创造了物权行为独立和无因的理论。在这种理论下，债权行为无效不影响物权行为的效力。权利人不能基于物的返还请求权请求返还原物，只能基于不当得利请求权请求返还现有利益。第三人的利益受到绝对保护。

我国《合同法》并没有对物权合同、债权合同加以区分，仅笼统的规定，权利人不予追认的合同无效。具体而言，如果无权处分人没有交付标的物，债权合同属于无效合同，权利人可以要求其返还原物，第三人不得要求无权处分人履行合同，也不能要求无权处分人承担违约责任，只能基于不当得利要求其返还相应价款；如果第三人是善意且标的物的物权已经发生了转移，债权合同虽无效，但善意第三人的利益将得到保护，这是我国与法国、德国及日本立法的不同。

（2）无权处分下的善意第三人保护制度。无权处分的情况下，如果是动产，善意第三人取得对该动产的占有；如果是不动产或者车辆、船舶等动产，善意第三人进行了登记过户，根据《物权法》的规定，应发生物权转移的效果，原权利人不得向善意第三人主张返还原物，只能向无权处分人请求返还不当得利，不足部分可基于侵权请求赔偿。

五、合同不成立、无效、被撤销或不被追认的法律后果

(一) 返还财产

合同不成立、无效、被撤销或不被追认使双方的给付失去了依据，双方当事人应互相返还给付。受领人受领动产的，应转移占有，受领人受领不动产并已办理登记手续的，除转移占有外，还应协助对方办理变更登记。

合同当事人的返还不属于民事责任，因为双方都没有违反民事义务。这种财产的返还具有物权效力，因此，当受领人财产不足以清偿数个并存的债权时，应优先返还给付人的财产。原物已经不存在的，此种优先权消失。

(二) 损害赔偿

因一方或者双方的过错导致的合同不成立、无效、被撤销或不予追认，造成他方利益遭受损失的，过错方应承担缔约过失责任。缔约过失责任的承担方式为损害赔偿。

(三) 行政处罚

合同无效可产生追缴财产、罚款等行政处罚。关于追缴财产的条件，《民法通则》第 61 条规定为，“双方当事人恶意串通，实施民事行为损害国家的、集体的或者第三人的利益”，《合同法》第 59 条规定亦然。学说认为，不必强求双方恶意串通，当事人一方主观上具有恶意，无效合同违反国家利益或者社会公共利益即可追缴财产。

第四节　合同法中的请求权与抗辩权

本章重点介绍合同法中一种重要的案例分析方法，旨在培养请求和抗辩的法律思维。一方当事人行使请求权，要求相对

人为特定的作为或不作为时，相对人提出各种抗辩，因而形成了“请求权”和抗辩权的对立。此种对立性的思考，是每一个学习合同法的人所必须确实掌握的。不仅有助于辩证的思考方法和法律思维的养成，实务中也有助于高效、准确的处理各种合同纠纷。

一、合同法中的请求权

（一）请求权方法

1. 请求权方法的概念及构造。请求权方法，是指在处理案件时以请求权基础为出发点的一种案例分析方法，这种方法因此也叫请求权基础分析法。

请求权基础分析法的构造：“谁得向谁，依据何种发律规范，主张何种权利。”此种可供支持一方当事人得向他方当事人有所主张的法律规范，即为请求权规范基础。

2. 请求权方法的目的性。

（1）适合实务需要。在各种合同纠纷中所争议的，大多属于一方当事人究竟是否拥有请求另一方当事人作为或不作为的权利，所以，请求权的方法适合实务的需要。

（2）经济原则。请求权方法有助于针对个具体问题作答，更有效率。

（3）保障结论的正确性。可以保证从法律的立场去思考问题，避免个人主观的价值判断及未受节制衡平思想。

3. 请求权方法与法律关系分析法的比较。德国法学界比较推崇请求权分析法，我国台湾地区王泽鉴先生也特别推崇请求权分析法，但其并不是唯一的案例分析方法。笔者认为，请求权基础分析法并不能解决所有的案例，不可完全替代其他案例分析方法。法律关系分析法仍具适用性。

两种案例分析方法不是对与错的问题，是何者更具目的性。法律关系分析法是基础，必须掌握，其是训练法律思维之前提。

法律关系分析法适用的优点在于：采用法律关系分析方法，可以高屋建瓴地分析各种法律关系。其适用范围较广，一种法律关系中，可能有多个权利，而不仅仅包括请求权，这不妨适用法律关系分析。在存在多种复杂的法律关系时，能够条分缕析地分析各种权利义务。通过法律关系的要素结构的分析，能够把握整个民事权利的逻辑体系。并可以通过采用历史分析的方法分析法律关系的变动过程，把握法律关系产生、变更、消灭的脉络。

但是法律关系分析法也不能代替请求权方法，因为请求权方法由于逐一检索请求权体系，可避免遗漏；并且不必将案件事实的所有法律关系纳入考察视野，只需把握与请求权相关的法律事实和法律规范即可，不必从头考察那些无重大关联的法律事实，因而适用较为便捷。此外，在大多数案件中，当事人的主张都以请求的方式表现出来，诉讼上的争议多为给付义务的争议，请求权检索的方法也能适合实务的需要。

所以，请求权基础分析法与法律关系分析法这两种方法是民法案例尤其是合同法案例分析的基本方法，二者相互独立，又互有融合交叉，因而不可有所偏废。

（二）司法实践中请求权方法的应用

将客户需求用法律语言描述为请求权，划定符合客户需求的请求权范围，分析所有可能的请求权基础，综合判定最终选择某一请求权。

合同法是实践性极强的部门法，复杂问题简单化是学习合同法所应重点训练的技能，通过合同法基本制度的学习和法律思维的训练，运用具体的法学方法解决实务问题。

（三）请求权基础的检索顺序

首先，检索合同上请求权。合同上请求权主要包括继续履行请求权、损害赔偿请求权、违约金请求权、定金请求权以及瑕疵担保请求权。其次，检索无因管理上请求权。再次，检索物上请求权。复次，检索不当得利请求权。最后，检索侵权行为损害赔偿请求权。

二、合同法中的抗辩权

（一）抗辩及抗辩权

在民法基础理论中，抗辩是指权利人或者是主张权利之人在行使权利时，义务人或者被请求履行义务之人提出相应的事实或理由，以否定权利人或者主张权利的人提出的要求或请求。广义而言，包括所谓的抗辩及抗辩权。抗辩又可具体分为权利障碍抗辩及权利毁灭抗辩。

1. 权利障碍之抗辩。“权利障碍的抗辩，在于主张请求权根本不发生。”[1] 这是一种从根本上否定请求人权利存在的抗辩。如因法律行为的当事人不具备行为能力而产生的抗辩；因限制行为能力人在没有获得法定代理人同意的前提下签订超出行为能力范围的合同而产生的抗辩；因未获得本人承认的无权代理而产生的抗辩；因合同不成立而产生的抗辩等。

2. 权利毁灭之抗辩。“权利毁灭的抗辩，在于主张请求权虽曾一度发生，惟嗣后已归于消灭。”[2] 如因清偿、代为清偿；抵销；提存；免除；混同；撤销权的行使等而产生的抗辩即属

---

〔1〕（台）王泽鉴：《法律思维与民法实例》，中国政法大学出版社 2001 年版，第 173 页。

〔2〕（台）王泽鉴：《法律思维与民法实例》，中国政法大学出版社 2001 年版，第 173 页。

于此类。这两种抗辩属于诉讼上的抗辩，由于这两种抗辩将导致请求权归于消灭，所以在诉讼进行中即使是当事人没有提出，法院也有义务对各相关事实予以审查，法院如认为有抗辩事由的存在，为了当事人的利益，应当依职权作出相应的裁判。

3. 抗辩权。“抗辩权是指权利人用以对抗他人请求权之权利。”〔1〕抗辩权乃实体法上的抗辩权，是一种抗辩的权利。它需要以请求权的存在为前提，其效力在于对已存在的请求权进行对抗的权利，既然是义务人的一种权利，义务人当然有其自由决定对该权利是否主张，是否行使。在诉讼过程中，义务人放弃抗辩的权利时，法院不得主动审查。根据抗辩权作用的不同，可以分为永久性抗辩权和延期性抗辩权。永久性抗辩权是可以永久阻止他人行使请求权的权利，在诉讼上可使原告受驳回的判决，如消灭时效抗辩权。而延期性抗辩权是权利人在一定时间一定条件下可以提出抗辩，而不是永久可以提出抗辩，如同时履行抗辩权、保证人的先诉抗辩权等。

4. 抗辩与抗辩权的区别。由于抗辩能够导致请求权归于消灭，所以在诉讼进行中即使是当事人没有提出，法院也有义务对各相关事实予以审查，法院如认为有抗辩事由的存在，为了当事人的利益，应当依职权作出相应的裁判。

抗辩权乃实体法上的抗辩权，是一种抗辩的权利。它需要以请求权的存在为前提，其效力在于对已存在的请求权进行对抗的权利，既然是义务人的一种权利，义务人当然有其自由决定对该权利是否主张，是否行使。

---

〔1〕 梁慧星：《民法总论》，法律出版社2001年版，第73页。

（二）合同法中的抗辩权

1. 同时履行抗辩权。

（1）概念。同时履行抗辩权，指双务合同的当事人一方在他方未为对待给付之前，有权拒绝自己的履行。同时履行抗辩权是由双务合同的关联性（牵连性）所决定的。所谓牵连性，是指给付与对待给付具有不可分离的关系。

（2）构成要件。第一，在同一双务合同中互负对待给付义务。同时履行抗辩权的前提条件，是在同一双务合同中双方互负债务。首先，须由同一双务合同产生债务，即双方当事人之间的债务是根据一个合同产生的。如果双方债务基于两个甚至多个合同产生，即使双方事实上具有密切联系也不产生同时履行抗辩权。其次，双方所负债务之间具有对价关系。该对价力求公平，但并不意味着价值完全相等。当事人取得的财产与其履行的财产义务在价值上大体相等即为等价。第二，互负的义务均已到清偿期。同时履行抗辩权制度，旨在使双方当事人所负的债务同时履行，所以，只有双方的债务同时届期时，才能行使同时履行抗辩权。第三，须对方未履行债务或未提出履行债务。原告向被告请求履行债务时，须自己已为履行或提出履行，否则，被告可行使同时履行抗辩权，拒绝履行自己的债务。不过原告未履行的债务或未提出履行的债务，与被告所负的债务无对价关系时，被告仍不得主张同时履行抗辩权。原告的履行不适当时，被告可以行使同时履行抗辩权，但在原告已为部分履行，依其情形，被告若拒绝履行自己的债务违背诚实信用原则时，不得主张同时履行抗辩权。第四，须对方的对待给付是可能履行的。如果一方已履行，另一方因过错而不能履行其所负债务（如标的物已遭毁损），则只能适用债务不能履行的规定请求补救，而不发生同时请求抗辩权。如果因不可抗力发生履行不能，则免责，一方提出履行要求，对方可提出否认对方请求权存在的主张，而不是主张同时履行抗辩权。

2. 先履行抗辩权。

（1）概念。先履行抗辩权是指当事人互负债务，有先后履行顺序的，先履行一方未履行之前，后履行一方有权拒绝其履行请求，先履行一方履行债务不符合债的本旨，后履行一方有权拒绝其相应的履行请求。

（2）先履行抗辩权的成立要件。第一，须双方当事人互负债务。第二，两个债务须有先后履行顺序，至于该顺序是当事人约定的还是法律直接规定的，在所不问。如果两个对立的债务无先后履行顺序则适用同时履行抗辩权而不成立先履行抗辩权。第三，先履行一方未履行或其履行不合债的本旨。

（3）先履行抗辩权的效力。先履行抗辩权的成立并行使，产生履行一方可一时地中止履行自己债务的效力，对抗先履行一方的履行请求，以此保护自己的期限利益、顺序利益。在先履行一方采取了补救措施，变违约为适当履行的情况下，先履行抗辩权消失，后履行一方须履行其债务。或见，先履行抗辩权亦属一时的抗辩权。先履行抗辩权的行使不影响后履行一方主张违约责任。

3. 不安抗辩权。

（1）概念。不安抗辩权是指先给付义务人在有证据证明后给付义务人的经营状况严重恶化，或者转移财产、抽逃资金以逃避债务，或者丧失商业信誉，以及其他丧失或者可能丧失履行债务能力的情况时，可中止自己的履行；后给付义务人接收到中止履行通知后在合理的期限内提供了适当担保的，先给付义务人应当履行其债务；在合理的期限内未恢复履行能力并且未提供适当担保的，先给付义务人可以解除合同。

（2）成立要件。第一，双方当事人因同一双务合同而互负债务。第二，后给付义务人的履行能力明显降低，有不能为对待给付的现实危险。不安抗辩权制度保护先给付义务人是有条件的，不允许在后给付义务人有履行能力的情况下行使不安抗辩权，只能在其有不能为对待给付的现实危险，危及先给付义务人的债权实现时，才能行使不安抗辩权。所谓后给付义务人的履行能力明显降低，有不能为对待给付现实危险，包括其经营状况严生恶化；转移财产、抽逃资金，以逃避债务；丧失商业信誉，其他丧失或者可能丧失履行能力的情况。第三，后给付义务人未提供适当担保。后给付义务人的履行能力明显降低，有不能为对待给付的现实危险，但若提供适当担保时，先给付义务人的债权不会受到损害，故不得行使不安抗辩权；只有在未提供适当担保，危及先给付义务人的债权实现时，才成立不安抗辩权。

（3）不安抗辩权的行使。为兼顾后给付义务人的利益，也便于他能及时提供适当担保，先给付义务人行使不安抗辩权，应及时通知后给付义务人，并负有举证证明后给付义务人的履行能力明显降低，有不以膻对待给付的现实危险的义务。

（4）不安抗辩权的效力。具备其成立要件时，先给付义务人在后给付义务人未为对待给付或提供适当担保前，有权拒绝自己的给付。后给付义务人恢复履行能力或者提供了适当担保时，先给付义务人应当履行合同。后给付义务人在约定的或合理的期限内未恢复履行能力并且不提供担保的，先给付义务人有权解除合同。

第五节　合同责任

合同责任是一部合同法的灵魂。若无合同责任，无论多么精巧的合同法也顿失意义。若合同责任制度不健全，一部合同法顿时会黯然失色。合同责任制度由缔约过失责任和违约责任两部分构成。

一、缔约过失责任

（一）缔约过失责任的概念

缔约过失责任又称先契约责任，是一种合同成立前的责任，指在合同订立过程中，一方因违背其依诚信原则所应当负的义务，导致对方信赖利益损失而应当承担的民事责任。即因一方当事人过错，导致合同不成立、无效、被撤销或不被追认，使对方当事人遭受损失，有过错一方当事人应赔偿受害人损失的责任。

缔约过失责任制度作为独立的民事制度，其存在有以下深层次的原因：交易是一个过程，起初是双方当事人开始接触，而后是相互洽谈，最后的结果是成交或不成交。法律保护交易，应当是对整个过程加以全面规制。对合同的保护，是通过赋予合同关系并配置违约责任的途径达到的，对接触磋商的保护，是经过对并不存在主给付义务的当事人双方赋予法定债权债务关系并配置缔约过失责任的方式达到的。耶林 1861 年首次提出并阐述该理论：法律所保护的，并非仅是业已存在的合同关系，正在发生中的合同关系也应包括在内。否则，合同交易将暴露在外，不受保护，缔约一方当事人不免成为他人疏忽或不注意的牺牲品。当事人因自己的过失致合同不成立者对信任其合同有效成立的相对人；应赔偿与此项信赖而产生的损害。

（二）缔约过失责任的法律特征

第一，缔约过失责任发生在缔约过程中。缔约过失责任的发生是以合同没有有效成立为前提，而违约责任则以合同合法有效为前提。因此，合同是否有效成立是缔约过失责任与违约责任的根本界限。

第二，缔约过失责任违反的是先合同义务，而非合同义务。法律基于此保护的是缔约当事人之间的信赖利益而非合同的履行利益。当事人在谈判签约过程中，因为过失致使合同不成立、无效、被撤销或者不被追认，对方有正当理由相信合同能够成立，而为签约或者准备履约等支出了费用，受到了损失，所产生的损害赔偿责任就是缔约过失，因此，法律保护的是缔约当事人之间的信赖利益。

第三，缔约过失责任的存在基础是诚实信用原则。《合同法》第42条的规定说明诚实信用原则是缔约过失责任存在的基础，缔约过失责任源于对诚实信用原则的违背，在判断是否构成缔约过失责任中具有决定性作用。

第四，缔约过失责任是一种法定责任。

（三）缔约过失责任的构成要件

1. 缔约一方违反先合同义务。先合同义务，是自缔约双方为签订合同而互相接触磋商开始产生的注意义务，而非合同有效成立而产生的给付义务。这种义务包括互相协助、互相照顾、互相保护、互相通知、诚实信用等义务。如顾客进入商店购买商品时，应认为顾客与商家已经进入缔约关系，商家应保护顾客在店内行走与乘坐电梯时的安全；缔约过程中负有告知对方必要信息的义务，如告知谈判时间或地点的变动，以免浪费交通费用。由于合同的订立是一个逐渐发展的过程，而不是一个时间点。两个没有任何特殊关系的民事主体变成两个具有特殊关系的合同主体，需要一个逐步接触和了解的过程。在此过程中，随接触，信用关系增强，合同成立前的一些义务产生。先合同义务实际上是对当事人之间信用的一种保护。从一定意义上讲，现代社会是一种信用的社会。信用的存在与加强是现代社会存在的基础。货币是国家对人民的信用，银行与股票是企业对百姓的信用，婚姻与爱情是人与人之间的信用，各善意当事人可能会基于这样的信用关系而向对方付出自己的一些信用。订立合同过程中，合同尚未成立，双方之间还没有具有约束力的强制关系存在，因此，善意的当事人向对方付出的信用完全靠对方的信用来维持。先合同义务是随缔约双方接触而逐渐产生发展的。信用由弱渐强，开始时信用度较低。如一开始就付出自己的信用，违反一般交易所应有的注意（保护自己），这时损失自负。因要约生效前，双方只是一般人之间信用，谈不上缔约双方之间信用，因此，也谈不上对该信用的违反。所以，先合同义务自要约生效开始产生，该义务是依法产生的，属于法定义务。

2. 违反先合同义务有过错。缔约过失责任是一种过错责任，责任方主观上具有违法性，其在欺诈、隐瞒、胁迫等心理状态下所为的行为违反了先合同义务。尽管《合同法》第 42 条没有强调缔约过失责任是过失（过错）责任，但缔约过失责任与违约责任的重大区别是其采取过错责任，而违约是一种无过错责任。之所以要强调缔约过失责任的过失归责，是因为如对其过失归责无严格要求，而让进行签约谈判的当事人承担无过失责任，必然会动摇合同法契约自由原则的根本基础和损害其根本价值。

3. 对方当事人受有损失。这种损失的性质是信赖利益的损失，非履行利益的损失。信赖利益，又称为消极利益或消极的契约利益。对信赖利益赔偿的结果，是使当事人恢复到未曾有合同磋商之前的状态。而对履行利益赔偿的结果，是使当事人达到合同完全履行时的状态。对信赖利益的损失的范围，法律没有明确规定，应该包括直接损失（缔约费用、准备履行支出费用）和间接损失（丧失与第三人另行订立合同产生的损失）。对信赖利益的赔偿范围限于因信赖合同成立所遭受的损失，其目的是恢复到合同订立前的财产状况。《合同法》第42条对赔偿最高额没有限制，需要在执法时进行探索。一般说来，信赖利益赔偿不得高于合同有效时可以得到的利益。

4. 违反先合同义务与该损失之间有因果关系。

（四）缔约过失责任的类型

缔约过失责任若广泛适用会损害契约原则的基本价值，适用过广，会使当事人动辄得咎。所以《合同法》第42、43条规定了五种承担缔约过失责任的情形：

（1）恶意缔约。假借订立合同，恶意进行磋商。

（2）欺诈缔约。故意隐瞒与订立合同有关的重要事实或提供虚假情况。如甲答应可以将某物卖与乙，乙来洽谈之前售出，但未及时通知乙，造成乙差旅费、误工损失等。

（3）泄露或不正当使用订约中知悉的商业秘密。《反不正当竞争法》有规定，国家工商行政管理局1995年11月23日《关于禁止侵犯商业秘密行为的若干规定》。

（4）不履行报批义务时成立缔约过失责任。所谓拒不履行报批义务，是指依照法律、行政法规的规定经批准或登记才能生效的合同成立后，有义务办理申请批准或申请登记等手续的一方当事人未按照法律规定或合同约定办理申请批准或未申请登记的，属于违背诚信原则的行为（法释［2009］5号第8条前段，《合同法》第42条第3项）。

（5）其他违背诚信原则的行为。

二、违约责任

（一）违约与违约责任概述

1. 违约的含义。根据我国《合同法》第107条及《民法通则》第111条，违约指不履行合同义务或者履行合同义务不符合规定的行为或状态。它既指不履行主给付义务也包括不履行从给付义务和附随义务。

2. 违约行为的构成。违约行为除了有不适当履行义务的行为外是否还应当包含当事人的主观因素，对此学术界有不同理解，既有人主张应当包含违约方的过错，也有人主张不应当包括违约方的主观状态。我国学术界通说一般认为违约行为不应顾及违约方主观过错问题。所谓违约行为的违法性有两层含义：其一，所谓“违法性”是指违反“依法成立合同即受法律保护”这一基本价值判断。其二，推定违法，除非债务人举证具有“正当事由”，否则推定其具有违法性。

3. 违约行为具体形态。

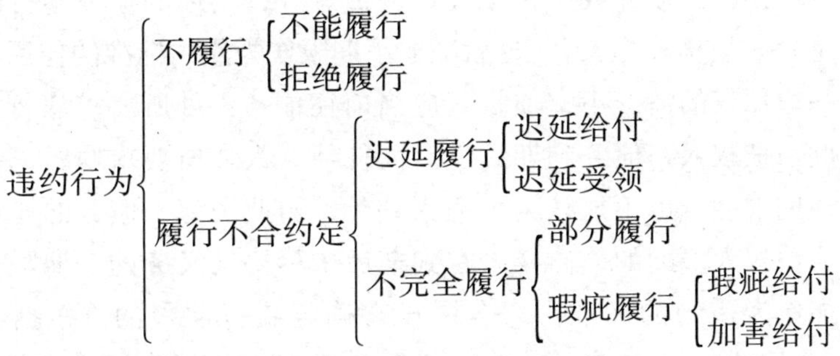

违约形态在不同的国家有着不同的区分方式，学者认为我国的合同法对违约形态的规定属于“原因进路”，按照违约的不同原因将违约具体区分为：不能履行所致的违约；迟延履行所致的违约；不完全履行所致的违约；拒绝履行所致的违约。我们详述如下：

（1）不能履行。又称履行不能、给付不能，是指债务人在客观上已经没有履行能力，或者法律禁止债务的履行，其又分为自始不能和嗣后不能。不能履行与违约紧密相关，早期学说曾认为自始不能履行是合同无效的原因，但晚近的《国际商事合同通则》《欧洲合同法原则》《德国债法现代化法》等均已放弃了此种观点，因此，自始不能也应当视为违约，合同的不能履行如果是全部不能履行就构成了根本违约，如果是部分不能履行就构成了部分违约。

（2）迟延履行。迟延履行是指债务人能够履行，但在履行期限届满时却未履行债务的现象。因此，迟延履行与不能履行是不同的，它强调的是能够履行而不履行。根据合同是否约定了履行期限，迟延履行可能出现以下情况：①合同中明确规定了履行期限的，期限的经过就视为违约即“期限代人催告”原则。但须注意的是由于我国《合同法》第62条第3项规定了除货币给付的债务或交付不动产的债务外，其他的债务奉行的都是“往取债权主义”。这就减弱了期限作为违约标准的作用，在往取债权的情况下，债权人应当前往债务人处所要求履行，因此，债权人在债务到期后没有前往债务人住所要求履行的，即使期限截至也不能认为债务人违约。与此类似，债务的履行需要债权人协助的，债权人在到期后未尽协助义务的，期限也不能作为违约的标准。②合同没有确定履行期限的，根据我国《合同法》第62条第4项，债务人可以随时向债权人履行义务，债权人也可以随时要求债务人履行债务，但应给对方必要的准备时间。此时，催告的期限就是判断违约的标准。

（3）不完全履行。是指债务人虽然履行了债务，但其履行不符合债务的本旨。具体来说可能包括这样几种类型：①履行在数量上不完全；②履行在质量上不完全；③加害给付，比如《合同法》第304条规定的，托运人申报不实或者遗漏导致承运人损失的；④履行方式不完全，比如《合同法》第300条规定的承运人擅自变更交通工具而降低服务标准的。⑤违反附随义务的不完全履行。

（4）拒绝履行。根据我国《合同法》第108条，当事人一方明确表示或者以自己的行为表明不履行合同义务的，就是拒绝履行。拒绝履行必须具有违法性，强调其违法性实际上是为了使其与合法的抗辩权相区分，因为，根据合同法的规定，一方当事人基于同时履行抗辩权或先履行抗辩权而拒绝履行的就不应当构成我们在此部分所称的拒绝履行。

4. 违约责任。违约责任是当事人不履行合同义务时，依法产生的民事责任。从性质上看违约责任是一种财产性责任（传统违约不可请求精神损害赔偿，但现代合同法理论已经有所松动），违约责任还具有补偿性，即违约责任强调的是对守约方损失的填补而不是对违约方的惩罚，这一点与侵权责任有着很大区别。当然在现代合同法理论中对这一原则也存在着不同理解，有学者认为违约责任不仅在物质上已经有了具有惩罚性的先例，比如《合同法》第113条第2款。同时违约责任所带来的对违约方道义上的谴责也可以看成是对违约行为的惩罚。

（二）违约责任的归责原则

1.《民法通则》上的归责原则。所谓归责原则，是指基于一定的规则事由而确定责任成立的法律原则，或者说，是基于一定的规则事由而确定行为人是否承担责任的法律原则。

归责原则包括过错责任原则、无过错责任原则（严格责任原则、危险责任原则）、结果责任原则。

《民法通则》第111条关于“当事人一方不履行合同义务或者履行合同义务不符合约定条件的，另一方有权要求履行或者采取补救措施，并有权要求赔偿损失”的规定究竟采取了无过错责任还是过错责任存在严重分歧，我们认为从体系性的解释看，《民法通则》第111条虽然没有出现过错字样，但是仍采取了过错作为归责原则。

首先，《民法通则》第106条位于民事责任一章的一般规定部分，第1款规定了“公民、法人违反合同或者不履行其他义务的，应当承担民事责任”。第2款规定了侵权行为奉行过错责任，第3款规定了无过错责任。如果违约责任采用无过错责任那么它应当规定在第3款，没有单列的必要，体系上也不允许，因此，我们认为其仍属过错责任，那么为什么没有与同属过错责任的第2条合并呢？这是因为违约责任采取了过错推定的原则，因此，与过错责任还是有所区别。

其次，颁行于《民法通则》之后，属于《民法通则》特别法的《经济合同法》明确了违约责任应以过错为承担责任的要件，这两部法律都是同一机关颁行的，这也说明了立法者的态度。

最后，王汉斌在《关于〈中华人民共和国民法通则（草案）〉的说明》中指出：“我们一般采取过错责任的原则，即对有过错的行为承担民事责任。”另外，在《民法通则》起草的过程中，佟柔先生的观点一直对立法起到了至关重要的作用，而佟柔先生主张采取过错责任的原则。

2. 《合同法》中的归责原则。《合同法》第107条规定：“当事人一方不履行合同义务或者履行合同义务不符合约定的，应当承担继续履行、采取补救措施或者赔偿损失等违约责任。”此条文没有出现过错责任，对于《合同法》是否应当采无过错责任原则，在立法论上有不同意见，不可否认的是《合同法》中确实有过错责任的规定，包括：供电人责任（第179、180、181条）；承租人保管责任（第222条）；承揽人责任（第262、265条）建设工程合同中的承包人的过错责任（第280、281条）；

寄存人未履行告之义务的责任（第 370 条）；保管人责任（第 371 条）

（三）免责条件与免责条款

1. 不可抗力。《合同法》第 117 条第 2 款重复了《民法通则》第 153 条的规定："本法所称的不可抗力是指不能预见、不能避免、不能克服的客观情况。"

2. 货物本身的自然性质、货物的合理损耗。《合同法》第 311 条规定，承运人能证明运输过程中货物的毁损、灭失是不可抗力、货物本身的自然性质或者合理损耗造成的，不承担损害赔偿责任。

3. 债权人的过错。《合同法》第 311 条规定，由于托运人、收货人的过错造成运输过程中的货物毁损、灭失的，承运人不负损害赔偿责任。此外还有第 119、120、370 条等，《民法通则》第 114 条也作了类似的规定，其他没有规定的也可以类推适用。

4. 免责条款。除了以上的免责条件外，当事人之间还可以签订免责条款，以免除自己的责任。

（四）违约责任的承担（违约责任的具体形式）

1. 强制履行。

（1）强制履行概念。强制履行在《合同法》中叫作继续履行、采取补救措施（第 107 条），是指违约方不履行合同时，由法院强制违约方继续履行合同债务，使守约方尽可能地取得约定的标的的违约责任承担方式。

（2）强制履行的表现形态。限期履行应履行的债务。在拒绝履行、迟延履行、不完全履行等情况下，守约方可以提出一个新的履行期限，要求违约方履行合同，如《合同法》第 94 条第 3 项规定，当事人可以在对方迟延履行时催告对方继续履行债务。再如《合同法》第109条规定，金钱债务均可以要求强制履行。

修理、重作、更换、退货、减少价款或报酬。《合同法》第107、111条都对此作了规定。

（3）不适用强制履行的情形。①不能履行。不能履行自然不能强制履行。②债务的标的不适于强制履行或者履行费用过高。例如，有人身性质的合同义务等的强制履行可能造成人格尊严人身自由等基本价值的违反。③债权人在合理期限内未要求履行。

2. 赔偿损失。

（1）赔偿责任的确定。违约损害赔偿责任的构成要件包括：违约行为、受害人受有损害、违约行为与损害之间有因果关系。而违约损害赔偿责任的承担除需具备以上要件外，还需要考察违约是否存在免责或者限制责任的事由，违约行为与免责事由前已论述，仅就损害及因果关系问题加以论述。

第一，损害。损害是什么有两种观点，即损害差额说（差额说）与现实损害说（组织说）。损害差额说认为，损害是财产或者法益所受的不利益，即原有财产价值与所受损害后的财产价值之间的差额。差额说迎合了完全赔偿制度的旨趣，但是对其批判从未间断。其一，差额说的抽象的决定方法，对于非财产损害难以计算，只能自由心证。其二，由于“损害”本身无独立地位，一旦前后财产无差额时，即无损害可言。例如，甲盗窃乙的歌剧院的演出票，待演出完毕后归还，对于乙来说财产并无差额变动，显然不公平。其三，主观判断易生争执。例如，甲的古画被毁，单价50万元，甲却认为该幅古画价值100万元。

为了弥补差额说的不足，现实损害说出现，该说认为应将损害分成两部分，第一部分为直接损害，即交易上以金钱取得或者出售的财物所受的侵害。此部分损害应以客观方法估定，至于直接损害之外的部分则应当利用差额说衡量。

损害根据不同标准可以分为财产损害与非财产损害。财产损害又可细分为损害履行利益、损害信赖利益与损害维持利益（即固有利益，违反保护义务，侵害相对人的人身权或者物权所造成的损害）。

第二，因果关系。因果关系在民法上的存在价值大体体现为两个方面：一是体现在责任是否成立上，二是体现在责任的范围上。对于合同法而言也是如此，与此相应的就是所谓的因果关系二分法。很多国家都采纳了因果关系的二分法，这是因为一个结果的产生往往需要很多条件，那么这些条件能否都成为结果的原因，容易引起争论，为了解决因果关系理论过于复杂的缺点，各国在责任成立问题采取了比较宽松的条件说，这被称为责任构成的因果关系。在判断责任构成的因果关系时奉行的是所谓“but for”（要是没有）检验法，即如果没有违约行为就不会有损害结果。

（2）赔偿责任的范围。

第一，各国的不同解决办法。许多国家同时利用因果关系完成了对赔偿责任范围的限定，这就是因果关系二分法中的责任范围的因果关系，为了防止受有损害的人漫天要价，法律用因果关系来解决这一问题，例如，合同违约但当事人精神脆弱，因此造成的自杀。这部分损害是否应当由违约人赔偿问题。所谓责任范围的因果关系就是划定赔偿的范围，为了更好地完成这一任务，德国民法学者提出了必要条件规则－相当因果关系规则－规范目的规则的体系。必要条件规则就是“but for”检验法，这个规则显然使违约人陷入了困境，所以在这种情况下，德国学者认为对于赔偿责任范围问题必须同时满足以上三个规则。以上面守约人自杀为例，首先，它满足了必要条件规则，其次，它没有满足相当因果关系规则。当然有的时候德国法院还会用到规范目的规则来限制损害赔偿的范围。比如，由于医院违约导致重新手术，检查过程中发现病人有脑瘤，导致病人提早退休。病人的该部分损失是否由医院负责。

而在英美国家和我国责任范围限制所用的手段则是可预见性。我国《合同法》第 113 条第 1 款规定："当事人一方不履行合同义务或者履行合同义务不符合约定，给对方造成损失的，损失赔偿额应当相当于因违约所造成的损失，包括合同履行后可以获得的利益，但不得超过违反合同一方订立合同时预见到或者应当预见到的因违反合同可能造成的损失。"这一规则实际上起到了和相当因果关系规则及规范目的规则一致的效果，也限定了损害赔偿的范围。因此，上面两个例子在我国的解决方式就是用不可预见来解决。

第二，双方违约规则。双方违约规则，也是限定违约方赔偿范围的一种规则，我国《民法通则》第 113 条规定了双方违约规则，即"当事人双方都违反合同的，应当分别承担各自应负的民事责任。"《合同法》第 120 条也作了相应的规定。在司法实践中这一规则运用的结果，往往是双方互负违约责任，在此基础上对双方的违约责任进行冲抵。

第三，减轻损失规则。减轻损失规则最早是由英国普通法发展而来的，在美国《合同法重述》第 350 条中加以确认，现已成为许多国家合同法中限制损害赔偿范围的一个重要标准，我国《民法通则》第 114 条，《合同法》第 119 条的规定均被认为是该规则的体现，即"当事人一方违约后，对方应当采取适当措施防止损失的扩大，没有采取适当措施致使损失扩大的，不得就扩大的损失要求赔偿，当事人因防止损失扩大而支出的合理费用，由违约方承担。”当然对于什么是适当措施是由法官自由裁量的内容，也就是说，当一方违约后，对方在何种情况下应当防止损失扩大，怎样防止损失扩大等等问题是由法官来衡量的，当然我们认为法官在衡量这一问题上不应当对守约方施以过于苛刻的要求。

第四，损益相抵规则。权利人基于损害发生的同一赔偿原因获得了利益时，应将所受利益与所受损害抵偿，最终确定损害赔偿范围。例如，车辆损失后的零件处理所得，出售废铁所得等。在该规则上最为重要的问题是哪些利益不应当与损害相抵，应当予以刨除？我国学说一般认为有以下几种利益不应当与损害相抵：第一，基于造成利益者的意思不得抵扣的。例如，受害人受害后社会各界出于同情心给予的赠与，作为利益的输送者，赠与受害者财物的人并没有希望将该部分利益与受害者所受侵害人的损害予以抵偿，因此，不可抵偿。与此类似，在比如继承人因违约方违约获得被继承人的财产的，继承人虽然实际上是受益的，但是，该利益的输送并非为了抵偿损害。第二，基于法律规定受有利益，而依该法律规定意旨不得扣除的，例如，受有损害的甲在遭受损害的同时获得了抚恤金、慰问金等利益，但法律规定的这些利益，其意旨并不是为了抵扣损害，因此，不可抵扣。

3. 违约金。

（1）违约金与合同解除及合同不生效力。根据《合同法》98 条规定：“合同的权利义务终止，不影响合同中结算和清理条款的效力。”而合同解除属于合同权利义务终止的情形之一，所以，合同的解除不影响违约金的适用。

在合同被判定无效的情况下，经常有律师主张对于无效有过错的一方应当按照合同约定承担支付违约金的义务。而且通常这类主张都被认为是根据《合同法》第98条规定:“合同的权利义务终止,不影响合同中结算和清理条款的效力。”因此认为,无论是在合同解除的情况下还是在因一方过错导致合同无效、不成立、被撤销或者不被追认的情况下,违约金均可以独立适用。这是对法条的错误理解,该条中所称的合同的权利义务终止的情形是指《合同法》第91条有下列情形之一的合同的权利义务终止:债务已经按照约定履行;合同解除;债务相互抵销;债务人法将标的物提存;债权人免除债务;债权债务同归一人;法律规定或当事人约定终止的其他情形。这里面不包括合同无效、不成立、被撤销或者不被追认。而违约金从性质上说属于从债务,其成立的前提是存在着主债务即有效的合同关系。如果主债务不存在当然也就没有违约金的问题。

(2)违约金的调整。违约金可分为赔偿性违约金和惩罚性违约金。前者是当事人双方预先对损害赔偿总额的估计,由于债权人请求损害赔偿之时总是要证明因果关系并应举证,无疑损害赔偿的请求成立会有很多困难,为免除该等纠纷,法律特设立了赔偿性违约金制度,后者是私人对违约方的惩罚。惩罚性违约金与赔偿性违约金在现实生活中往往难以进行区分,那么我们应当如何区分两种形式的违约金呢?首先,要根据合同表达的意思,是否以违约金作为损害赔偿额的计算,如果在缴纳违约金的同时,仍要履行合同义务则其就是惩罚性违约金,例如,滞纳金条款。其次,在合同意思表达的不明确的时候,推定为赔偿性违约金。

第一,赔偿性违约金的调整。赔偿性违约金高低的判断标准。根据我国《合同法》第114条第2款的规定,我国违约金高低的判断标准是因违约“造成的损失”,这里的造成的损失应当与前面所提的损害赔偿责任中的损失作相同理解即包括信赖利益损失、履行利益损失以及固有利益损失。

违约金的适当增加。为了防止违约金起到限制违约方责任的不良作用，我国《合同法》第 114 条第 2 款规定当违约金低于守约方的损失的，注意此处与该款后段的“过分低于”用语的不同。此处，守约方可以请求人民法院或者仲裁机构予以增加，而是否增加则要属于人民法院与仲裁机构的自由裁量权。

违约金的适当减少。如果双方当事人约定了过高的违约金造成过分不利于违约方的情况，当事人也可以请求人民法院或者仲裁机构予以适当减少。当然违约金调整与否是人民法院自由裁量的范畴，但是应当注意违约金既然作为了独立于赔偿损失的一种责任形式，有它自身的存在价值，如果仅仅因为违约金于实际损失不符，当事人请求人民法院调整的，人民法院就一概支持那么违约金制度就没有它独立于损害赔偿的存在价值了。

第二，惩罚性违约金的调整。在我国，惩罚性违约金原则上可以由当事人双方自由约定，在实践中也较为多见，例如巨额的滞纳金。我国对于该等违约金如何调整并没有规定，但这不等于说我国的惩罚性违约金可以任意约定，鉴于我国《担保法》第 91 条对同样属于私人制裁的定金数额规定为不超过主合同标的的 20%。所以根据该精神，惩罚性违约金也应当限定在 20% 之内为好。

第三，违约金调整的方式。我国违约金调整的方式是当事人申请，法院或者仲裁机关裁量，这就说明法院或者仲裁机关不得在裁判过程中私自增加或者减少违约金的数额。

(3) 违约金与其他违约救济方式

第一，违约金与强制履行。惩罚性违约金当然可以和强制履行并行作为违约方的责任承担方式，关键的问题是赔偿性违约金是否能和强制履行并用。这要分别来看：

如果赔偿性违约金指向的是完全不履行的情形。我国《合同法》没有具体规定此时违约金和强制履行是否能够并用，但我们可以从学理上进行推论。具体而言，完全不履行又详细分为两种，一为不能履行，在这种情况下，由于履行已经成为不可能，因而守约方的履行请求权消灭，只能请求违约金。一为拒绝履行，在这种情况下，赔偿性违约金和强制履行都是守约方填补自己损害的方式，当事人可以自己选择一种，但不能二者兼得，否则就等于让守约方因对方违约而获利。

如果赔偿性违约金指向的是迟延履行的情形。由于强制履行指向的是与守约方给付相对应的义务，而赔偿性的违约金指向的是迟延履行所造成的损害。因此，两者指向不同可以并用。《合同法》第 114 条第 3 款“当事人就迟延履行约定违约金的，违约方支付违约金后，还应当履行债务”正是这一精神的体现。

如果赔偿性违约金指向的是不完全履行的情形。此时，与迟延履行类似，强制履行指向的是与守约方给付相对应的义务，而违约金指向的是不完全履行而给守约方造成的其他损害。因此，两者的指向也是不同的，可以并用。

第二，违约金与损害赔偿。惩罚性违约金可以与损害赔偿并用，这一点没有疑问。而对于赔偿性违约金根据《合同法》第 114 条的规定，当事人可以约定一方违约时应当根据违约情况向对方支付一定数额的违约金。这表明当事人约定的违约金可以是对相应的损害数额的预设，此时，如果守约方一方面主张违约金的支付，另一方面主张损害赔偿则可能获得双倍赔偿。因此，在违约金和损害赔偿请求权指向的损害内容相同时，违约金与损害赔偿请求权不得同时运用。当然，由于合同签订后，一方违约可能产生的损害包括：①守约方支付的对价相对应的给付；②除给付利益之外的预期利益；③固有利益。因此，如果违约金仅仅指向其中的某一部分，就不妨碍损害赔偿请求权的成立，最为典型的是加害给付，在给付的同时对当事人身体的侵害，此时违约金仅仅指向前两部分，而固有利益则要靠损害赔偿请求权弥补。

这里面有一个问题，如果违约金指向的部分与损害赔偿请求权指向的部分重合，但是违约金约定的数量不足以弥补全部损害，如何处理？比如，甲用4万元买了10吨苹果，约定乙如到期不交货则一次性支付违约金5万元。而苹果的销售价格为6元/公斤，此时，甲的给付利益和除给付利益以外的预期利益总共为6万元。那么甲在要求乙支付5万元违约金之后，如何处理这部分损害呢？能不能就此主张损害赔偿请求权呢？我们认为不能，那甲该如何填补这部分损害呢？应该适用《合同法》第114条第2款，要求法院增加违约金数额。可以想见，如果允许指向同一部分损害的违约金与损害赔偿请求权能够并用，则完全没有规定第114条第2款的必要。因此，第114条第2款是我们主张在指向同一损害时违约金与损害赔偿请求权不能并用的佐证。

第三，违约金与定金。我国《合同法》第116条规定当事人既约定违约金，又约定定金的，一方违约时，对方可以选择适用违约金或者定金条款。许多人根据这一条款主张定金与违约金不能并用，这种观点已经为我国绝大多数学者批判。实际上不应当简单地得出违约金与定金关系的结论。这是因为定金性质也有不同。例如，合同中约定如果对方不履行合同则没收定金。这种定金属于惩罚性违约定金。除此之外，还有赔偿性违约定金。这种条款常见于标的额比较大的合同，例如，合同标的50亿则定金可以收10亿。因此，这种合同中可以约定，如交付定金方因不可抗力等原因未履约给对方造成损害的，对方有权在定金中扣除相应数额，并退还其余款项。这显然就不是惩罚性违约定金。当然，如果从合同的含义上无法辨明究竟是惩罚性违约定金或者赔偿性违约定金的，则视为赔偿性违约定金。至此我们知道有赔偿性违约定金和惩罚性违约定金之分，同时有赔偿性违约金和惩罚性违约金之分。我们的下一个问题是两者规定在一个合同中时如何适用。我们从如下角度分析：

惩罚性违约定金可以和赔偿性违约金、惩罚性违约金并用。但是当与惩罚性违约金并用时应注意总额不应超过合同标的额的20%。赔偿性违约定金与惩罚性违约金可以并用。赔偿性违约定金与赔偿性违约金不能并用，因为两者的性质上均是对损害赔偿额的预定。这里有一个问题，即如果合同中仅规定了赔偿性违约定金而没有规定赔偿性违约金，例如，合同约定，一方违约则扣除其定金作为赔偿款，而没有约定违约金的，当事人如果主张了赔偿性违约定金，是否就不能主张损害赔偿请求权了呢？此时，与赔偿性违约金和损害赔偿请求权关系不同（如果主张了赔偿性违约金则不能行使损害赔偿请求权）主张了赔偿性违约定金，应当允许就其不足部分并行主张损害赔偿请求权。这是因为我国对定金的上限没有区分惩罚性违约定金和赔偿性违约定金而统一规定了一个20%的上限。这使大部分损害赔偿不能被完全填补。

定金和违约金针对不同场合时的处理。如果合同用定金和违约金对不同情景作了规定，比如，约定如果对方拒绝履行合同的没收定金，同时规定，如果对方履行合同不符合规定的，支付违约金。此时，定金和违约金分管不同区域，不可能产生重合，因此，没有选择适用的问题。

（五）违约责任与侵权责任的竞合

1. 责任竞合的概念和特征。民法上竞合是指由于某种法律事实的出现而导致两种或两种以上的权利产生，并使这些权利之间发生冲突的现象。责任竞合作为法律上竞合的一种类型，它既可能发生在同一法律部门的内部（如违约责任与侵权责任的竞合），也可发生在不同的法律部门之间（如侵权责任与行政责任、刑事责任的竞合）。我们学习的仅是民法学上的竞合现象，即违约与侵权的竞合。

责任竞合是因某个违反义务的行为而引起的。众所周知，有义务才有责任，责任乃是违反义务的结果。责任竞合的产生是由一个违反义务的行为所致。一个不法行为产生数个法律责任，这是责任竞合构成的前提条件。若行为人实施数个不法行为，分别触犯不同法律规定，并符合不同的责任构成要件，应使行为人承担不同的法律责任，而不能按责任竞合处理。

某个违反义务的行为符合两个或两个以上的责任构成要件。行为人虽然仅实施了一种行为，但该行为同时触犯了数个法律规定，并符合法律关于数个责任构成要件的规定，由此使行为人承担一种责任还是数种责任的问题，需要在法律上确定。

数个责任之间相互冲突。相互冲突，一方面是指行为人承担不同的法律责任，在后果上是不同的；另一方面，相互冲突意味着数个责任既不能相互吸收，也不应同时并存。所谓相互吸收，是指一种责任可以包容另一种责任。如在某些情况下，适用补偿性违约金可以包容损害赔偿责任；所谓同时并存，是指行为人依法应承担数种责任形式。如返还原物之后不足以弥补受害人的损失的，还有权要求不法行为人承担损害赔偿责任。若数种责任是可以相互包容和同时并存的，则行为人所应承担的责任已经确定，不发生责任竞合问题。

2. 违约责任和侵权责任的区别。违约责任与侵权责任在归责原则，举证责任，时效，责任构成要件和免责条件，责任形式，责任范围，对第三人的责任，诉讼管辖等方面都存在区别。

在责任竞合的情况下，不法行为人承担何种责任，将导致不同法律后果产生，并严重影响到对受害人利益的保护和对不法行为人的制裁。所以，责任竞合问题近百年来一直是民法学者争论的热点。

3. 违约责任和侵权责任竞合发生的原因。违约行为和侵权行为的区别主要体现在不法行为人与受害人之间是否存在着合同关系，不法行为人违反的是约定义务还是法定义务，侵害的是相对权（债权）还是绝对权（物权、人身权等），以及是否造成受害人的人身伤害等。然而在现实生活中，上述的区别可能只是相对的，同一违法行为可能符合不同的责任构成要件，具体来说：

合同当事人的违约行为同时侵害了法律规定的强行性义务，包括保护、照顾、保密、忠实等附随义务和其他法定的不作为义务。

在某些情况下，侵权行为是直接构成违约的原因，这就是所谓侵权性的违约行为。如保管人依据保管合同占有对方的财产并非法使用，造成财产毁损灭失。同时违约行为也可能造成侵权的后果，这就是违约性侵权行为。如供电部门因违约中止供电，导致对方财产和人身遭受损害。

不法行为人实施故意侵害他人权利并造成损害的侵权行为时，如果加害人与受害人之间事先存在一种合同关系，那么加害人对受害人的损害行为，不仅可以作为侵权行为对待，也可以作为违反了当事人事先规定的义务的违约行为对待。

一种违法行为虽然只符合一种责任构成要件，但是法律从保护受害人的利益出发，要求合同当事人根据侵权行为制度提出请求和提起诉讼，或者将侵权行为责任纳入到合同责任的范围内，如产品责任。

4. 责任竞合的处理。承认责任竞合，必然要允许受害人就请求权问题作出选择，因为，不法行为人违法行为的双重性必然导致双重请求权的存在。但是，有请求权却并不意味其在法律上可以同时实现两项请求权。

从我国以往司法实践看，在多重违法行为产生以后，受害人只能按照既定的方式提起诉讼和提出请求。法院在审理民事案件时，对于“侵权性的违约行为”和“违约性的侵权行为”，一般都是按违约行为处理的，而对于一些已经发生责任竞合的案件，如交通事故和医疗事故以及产品责任案件，都是按侵权行为处理的，可见我国采取的是禁止责任竞合制度。这种措施的优点在于减少了法院在援引法律、确立责任等方面的麻烦，但由于限制了当事人选择请求权的自由，因而在许多情况下并不利于保护受害人的利益。如医疗事故，如果完全按侵权行为处理，必然会使受害人面临举证困难，而按违约行为处理，举证责任由加害人承担，则对受害人更为有利。

根据《合同法》第 122 条规定，我国已经明确了责任竞合的处理原则：受损害方有权选择依照本法要求其承担违约责任或者依照其他法律要求其承担侵权责任。

第六节　合同的相对性

一、合同相对性的基本理论

合同法律关系简称合同关系，是指当事人因合同的订立、变更、消灭所产生的权利义务关系。合同主体和权利义务的确定必须以合同关系的确定为前提，分清合同关系是确定义务和责任主体以及确定权利义务的享有和承担的前提，也是确定诉讼主体的前提和基础。与其他民事法律关系一样，合同关系也是由三要素形成的，合同的主体又称为合同的当事人，是指在合同关系中形成的享受权利或者承担义务的人，包括债权人和债务人，债权人是合同关系中的权利人，债务人是合同关系中的义务人。合同关系中的债权人与债务人往往是相对的，如在义务合同中当事人互为债权人和债务人。合同关系主体具有特定性，即合同关系是特定的债权人与特定的债务人之间的关系，与物权关系中的义务人为不特定人截然不同。按照《合同法》第72条，合同当事人有三类，即自然人、法人和其他组织。合同关系的内容是合同当事人享有的权利和承担的义务（债权债务）。合同不是产生债权债务关系的唯一法律事实，但为主要的法律事实。债权是债权人请求债务人为一定行为或不为一定行为的可能性，债务是债务人为一定行为或不为一定行为的可能性即法律强制性。合同客体是债权债务所指向的对象，债务人的给付即为合同的客体。

合同相对性原则，自罗马法以来，一直为两大法系所承认。它指合同主要在特定的当事人之间发生法律约束力，只有合同当事人一方能基于合同向对方提出请求或提出诉讼，而不能向与其无合同关系第三人提出合同上的请求，也不能擅自为第三人设定合同上的义务，合同债权主要受合同法保护。相对性包括以下三个方面内容：

（一）主体的相对性

主体的相对性指合同关系只能发生在特定的主体之间，只有合同当事人一方能够向合同的另一方当事人基于合同提出请求或提起诉讼。具体来说由于合同关系仅是在特定的人之间发生的法律关系，因此只有合同关系当事人彼此之间才能相互提出请求或提起诉讼。其次，合同一方当事人只能向合同另一方当事人提出合同上的请求或提起诉讼而不能向与其无合同关系的第三人提出。合同上的请求及诉讼，如甲乙之间订立一个出售某物的合同，在规定的交付期到来之前，甲不慎将某物丢失并被丙拾得数日后，乙在丙处发现该物。本案之中甲乙间约定买卖合同，在该物交付之前甲仍为标的物所有人，甲在规定的期限到来时如不能交付该物则应对乙承担违约责任，对乙来说他有权请求甲承担违约责任，但由于其无物权，其权利不能对抗一般人，无权要求丙返还只能由甲提出。

（二）内容相对性

内容相对性指除法律另有规定外只有合同当事人才能享有某个人的合同权利并承担合同规定的义务。合同规定当事人享有的权利原则上并不及于第三人，合同规定当事人承担的义务一般也不能对第三人产生约束力，如甲乙定旅馆住宿，甲方承诺照看乙方贵重物品但要求物品必须存放于甲乙指定的地点，乙的朋友携带某物至乙处将该物存放乙住宿的房内被盗。乙丙对甲提出诉讼要求赔偿，本案中，甲对乙所承担的义务不及于丙，但随着现代产品责任制度的发展，许多国家立法扩大了产品制造商，销售商对许多其他合同的消费者的担保义务和责任。还有保险合同中的第三人作为受益人时，第三人可以行使其权利，这是合同相对性的例外。

（三）合同责任的相对性

违约责任的相对性，是指违约责任只能在特定的当事人之间即合同关系当事人之间发生，合同关系以外的人不负违约责任，而侵权则不同。债因第三人的行为造成债务不能履行的情况下债务人仍应向债权人承担违约责任；债务人在承担违约责任以后有权向第三人追偿。

二、合同相对性原则的立法体现

合同相对性体现了意思自治的司法精神。“意思自治原则”或“私法自治原则”要求自己的社会生活关系由自己的意思决定。在合同关系中，合同权利义务关系只能对自主自愿地签订合同的当事人才具有约束力，划定了合同法与物权法、人身权法等法律领域的界限，有效地保护了第三人的活动自由，即便因第三人的行为导致债务人不能履行债务的，第三人也无需向债权人承担违约责任。

（一）合同相对性原则的法律基础

合同相对性原则最突出的体现是《合同法》第121条：“当事人一方因第三人的原因造成违约的，应当向对方承担违约责任。当事人一方和第三人之间的纠纷，依照法律规定或者按照约定解决。”依该条规定，一方当事人因第三人原因造成违约的，应当向对方承担违约责任。尔后，当事人一方与第三人之间的纠纷，依照法律规定或者按照约定解决。这里主要有以下几层意思：其一，因第三人原因导致一方违约，与因自己原因违约一样，均由违约方向对方负违约责任。其二，因第三人原因导致一方违约，不能免责，即第三人原因不是违约责任的免责事由。其三，债权人无权要求第三人承担违约责任。其四，违约方承担违约责任后，与第三人的纠纷通过两种办法解决，即以约定解决和依法律解决。

（二）涉他合同

涉他合同即约定由第三人为受领或给付的合同，又分别称为第三人利益合同与第三人负担合同，也叫代为受领和代为清偿。《合同法》第65条规定："当事人约定由第三人向债权人履行债务的，第三人不履行债务或者履行债务不符合约定，债务人应当向债权人承担违约责任。"《合同法》第66条规定："当事人互负债务，没有先后履行顺序的，应当同时履行。一方在对方履行之前有权拒绝其履行要求。一方在对方履行债务不符合约定时，有权拒绝其相应的履行要求。"

根据《合同法》第64～65条的规定，原则上，未经第三人同意，合同双方当事人不得为第三人设立负担（第三人代为清偿），但设立利益（第三人代为受领）是可以的。利益设立后，第三人是否接受该受益（清偿），取决于第三人的意志。第三人不受领的，由债权人受领。若经过第三人同意，当事人可为第三人设立负担（代为清偿）。但无论是利益的第三人，还是负担的第三人，均非合同当事人。故在代为清偿场合下，代为清偿人（第三人）并不对债权人负违约责任。

（三）加害给付中的第三人

消费者依侵权之诉可向生产者或销售者主张损害赔偿，但依违约之诉提起请求的，只能针对销售者主张，不得向生产者主张，因为二者之间不存在合同关系，故无所谓违约之诉（《消费者权益保护法》第35条第1款及第3款）。

其他受害人（不是购买者的受害人）只能向生产者或销售者主张侵权之诉，而不得向生产者或销售者主张违约之诉，因为其他受害人与生产者也好，与销售者也好，均无合同关系（《消费者权益保护法》第35条第2款）。

（四）转租合同的第三人

转租合同的承租人（即次承租人）毁损或恶意添附租赁物的，转租人可要求其承担违约责任，但出租人却不可以，出租人只能对次承租人行使物上请求权或主张侵权损害赔偿或者请求承租人（转租人）承担违约责任。

对于擅自转租的，出租人可解除其与承租人之间的租赁合同，但不得解除承租人与次租人之间的合同。

（五）抵销中的第三人

抵销只能发生在债的当事人之间，当事人不能以己之债权抵销第三人的债权，反之亦然。如《合伙企业法》第 41 条规定：合伙人发生与合伙企业无关的债务，相关债权人不得以其债权抵销其对合伙企业的债务；也不得代位行使合伙人在合伙企业中的权利。

（六）承揽合同的第三人

经定作人同意，承揽人将其承揽的主要工作交由第三人完成，应就第三人的工作成果向定作人负责。《合同法》第 253 条规定："承揽人应当以自己的设备、技术和劳力，完成主要工作，但当事人另有约定的除外。承揽人将其承揽的主要工作交由第三人完成的，应当就该第三人完成的工作成果向定作人负责；未经定作人同意的，定作人也可以解除合同。"

同理，承揽人将承揽的辅助工作交由第三人完成的，应就第三人的工作成果向定作人负责。《合同法》第 254 条规定："承揽人可以将其承揽的辅助工作交由第三人完成。承揽人将其承揽的辅助工作交由第三人完成的，应当就该第三人完成的工作成果向定作人负责。"

（七）多式联运合同中的各区段承运人

依《合同法》第 317 ~ 318 条的规定，多式联运合同的当事人是托运人与多式联运经营人，联运过程中的承运方责任，均由经营人对托运人负责，各区段负责人不直接对托运人承担违约责任，因为他们之间无合同。

（八）定金责任中的第三人

依《担保法解释》第 122 条，因合同关系以外第三人的过错，致使主合同不能履行的，适用定金处罚。受定金处罚的一方当事人，可以依法向第三人追偿。该条之立法精神，同《合同法》第121条完全一致。

三、合同相对性原则的例外

（一）债的扩张

绝对地奉行债的相对性，可能会在部分场合带来不适当的结果，因此，从罗马法开始，就陆续发展出了一些突破了债的相对性的制度。学者也把之称为“债的扩张”。在债的保全制度，买卖不破租赁以及第三人以违反公序良俗的方式恶意侵害债权中，都体现了债的扩张。此外，在个别场合，法律为强调某种利益或者价值，也有特别规定合同效力可及于合同当事人以外的第三人。

（二）合同保全

在合同保全中，债权人的代位权以及撤销权都是对合同相对性的突破和例外，在合同的保全一章中已述，此不赘。

（三）建筑工程合同中的分包人

建筑工程合同的总承包人或者勘察、设计、施工承包人经发包人同意，可以将自己承包的部分工作交由第三人完成。第三人就其完成的工作成果与总承包人或者勘察、设计、施工承包人向发包人承担连带责任。

原本，分包人与发包人之间并无合同关系，但法律为使承包人与分包人互相监督，以确保工程质量，直接规定了二人对发包人的连带责任。就分包人对发包人承担违约责任而言，可谓是合同相对性的一个例外。

（四）单式联运合同的区段承运人

与多式联运合同不同，单式联运合同由托运人与签约的承运人订立后，损失发生在某一运输区段的，签约人与该区段承运人负连带责任。

此时，如损失发生的区段的承运人不是签约人，其与托运人亦无合同关系，但他依法律规定仍要对托运人负违约损害赔偿责任。此是合同相对性的又一个例外。

第七节　各种合同

一、买卖合同

（一）买卖合同的概念和特征

1. 买卖合同的概念。按照《合同法》第130条规定，买卖合同是出卖人转移标的物的所有权于买受人，买受人支付价款的合同。转移所有权一方为出卖人或者卖方，支付价款而取得所有权的一方为买受人或者买方。这是买卖合同的法定定义，该定义也是与传统民法对买卖合同的界定相一致的。在采狭义之买卖合同概念的立法例中，虽将无形权利的有偿转让排除在买卖概念之外，但也并不等于其将所有的无形物均排除在外。如我国多数学者就把电的有偿供用称为买卖合同，同时《合同法》也将供用电合同与使用水、煤气、热力合同列为同一种类合同，也可见其实际上视其为买卖合同。立法上没有将它们直接纳入买卖合同篇名之下，主要因为当事人履行义务的持续性。

2. 法律特征。买卖合同是典型的具有对待给付关系的合同。买卖合同最基本的权利和义务是买方支付价款和卖方移转标的物的所有权。价款与标的物具有对待给付关系，即标的物所有权是用价款换取的，两者之间存在着对价的关系，而且是最典型的有偿关系。

买卖合同是双务、有偿、诺成、不要式合同。在买卖合同中，买方和卖方都享有一定的权利，承担一定义务。而且，其权利和义务存在着对应关系，即买方的权利就是卖方的义务，反之亦然。买卖合同最基本的权利义务是转移所有权和支付价款，其他权利义务通常是该权利义务派生出来的。

卖方以获取价款作为转让标的物所有权的报偿，买方以支付价款为代价获取标的物的所有权。因此，任何一方获取利益是以向对方支付相应的利益为代价的，两者是一种利益的互换；买卖双方意思表示达成一致就可以成立生效，不需要交付标的物，因而不同于实践合同。

买卖合同一般是不要式合同，采取哪一种形式，由当事人自由选定。当然，如果法律、行政法规规定必须采用书面形式的，应当采用书面形式。

（二）买卖合同的分类

1. 特定物买卖合同与种类物买卖合同。根据标的物性质的不同，分为特定物买卖合同与种类物买卖合同。以特定物为标的物的买卖合同为特定物买卖合同；以种类物为标的物的买卖合同为种类物买卖合同。

两类合同具有不同的法律意义，表现为不同的标的物可以产生不同的债，具有不同的法律效果。第一，特定物买卖合同可以产生特定物之债，种类物买卖合同产生种类物之债。第二，所有权转移时间的不同。《民法通则》第 72 条第 2 款规定："按照合同或者其他合法方式取得财产的，财产所有权从财产交付时起转移，法律另有规定或者当事人另有约定的除外"；《合同法》第 133 条规定："标的物的所有权自标的物交付时起转移，但法律另有规定或者当事人另有约定的除外。"第三，合同的履行以及标的物灭失的后果的不同。在特定物买卖合同中，合同的履行只能交付合同约定的标的物，标的物灭失时构成履行不能。在种类物买卖合同中，同种类、同质量的标的物具有替代性，部分标的物灭失不构成履行不能。

2. 竞争性买卖合同与非竞争性买卖合同。根据合同订立方式的不同，分为竞争性买卖合同与非竞争性买卖合同。竞争性买卖合同是指以公开竞价的形式，将特定物品转让给最高应价者而成立的合同。拍卖和招投标是最典型的竞争性买卖合同。非竞争性买卖合同是指当事人双方通过单独协商签订的买卖合同，其订立过程是一对一式的。法律对该两类合同有着不同的调整，一般主要是对竞争性买卖合同有着特别的规范。

3. 即时买卖合同和非即时买卖合同。根据履行时间的不同，分为即时买卖合同和非即时买卖合同。即时买卖是指标的物和货款在订立合同时即时清结的合同；非即时买卖合同是指按照约定一方或者双方当事人在合同成立之后履行债务的合同。即时买卖合同的权利义务即时了结，对债权债务关系不易发生纠纷，一般采取口头形式。非即时买卖合同的订立时间与履行时间不一致，如不对合同内容形成文字，容易发生权利义务的争议，因此常常需要采用书面形式。

4. 一次性买卖合同与连续交易性合同。根据当事人的买卖是否一次性完结，分为一次性买卖合同与连续交易性合同。前者指当事人双方只进行一次交易就终结合同关系的合同；后者指当事人双方在一定期限内，定期或者不定期地供给标的物并支付价款的协议，期间每次交易都相关联。这种区分的法律意义不大。但是，在特殊情况下法律也会对连续交易性合同作出特殊规定。

5. 一般买卖合同和特种买卖合同。根据法律有无特别规定，分为一般买卖合同和特种买卖合同。一般是指适用合同法的一般规定、法律未做特别规定的买卖合同；特种是指法律对其种类或者内容有特别规定的买卖合同。从国外民法规定来看，特种买卖合同有买回、试验买卖、样品买卖、分期付款买卖、拍卖、房屋买卖、连续交易的买卖合同等。我国《合同法》也有相应的规定。

（三）买卖合同的内容

买卖合同的效力是指有效的买卖合同所具有的法律效果，体现为买卖双方的权利和义务。由于买卖合同是一种双务合同，一方权利就是另一方的义务，因而下面从一方的义务进行介绍。

1. 出卖人的义务。出卖人是买卖合同中转移标的物所有权并接受价款的一方当事人。出卖人的基本义务是将标的物的所有权转移给买受人，其基本权利是收受价款（《合同法》第135条）。因此，标的物的移转具有两层含义：一是将标的物移交给买受人；二是将标的物的所有权移交给买受人。

（1）交付标的物。出卖人交付标的物就是移转标的占有。从理论上说，交付可分为现实交付和观念交付两种类型。这在学习物权部分中动产物权变动的公示问题时接触过。

现实交付是指出卖人将标的物的管领力现实地移转于买受人，使出卖物处于买受人的实际控制之下，由买受人直接占有出卖的标的物。例如，将出卖的动产直接交给买受人，将出卖的房屋的钥匙交给买受人。

观念交付是指出卖人将对标的物的占有的权利移转于买受人，以代替实物的交付。包括：简易交付、占有改定、指示交付、拟制交付。

出卖人应当按照合同约定的时间、地点和方式交付标的物。

（2）转移标的物的所有权。获得标的物所有权是买受人订立合同的目的，因而移转财产所有权构成了出卖人的重要义务。

（3）瑕疵担保责任。瑕疵担保责任是指出卖人出卖的标的物存在质量瑕疵或者权利瑕疵时，按照法律规定或者约定应当向买受人承担的民事责任。

物的瑕疵担保责任是指出卖人对于所出售的标的物的瑕疵所承担的担保责任。物的瑕疵担保包括价值瑕疵担保、效用瑕疵担保以及所保证的品质担保。三者实际上都属于或者基本上都属于标的物质量问题。物的瑕疵担保责任归根结底是标的物质量的担保责任。

权利瑕疵担保责任是指出卖人担保第三人不能就买卖的标的物向买受人主张任何权利，或者出卖人对标的物所有权不能完全转移于买受人而应当承担的责任。

2. 买受人的义务。

（1）支付价款。价款是买受人获取标的物的所有权的对价或者代价，或者说买受人取得标的物所有权所应支付的价款总额。

（2）接受标的物。《合同法》对于买受人是否具有接受标的物的义务并未规定。一般认为，接受标的物是与出卖人交付标的物义务对应的，买受人的此项协助义务，是出卖人完成交付义务的一个途径，也是买受人实现合同目的（取得其所需标的物所有权）的方法。

（四）标的物所有权的转移时间与风险负担

1. 标的物所有权的转移时间。买卖合同标的物所有权的转移时间与当事人的风险负担有着直接的关系。对于标的物转移时间的规定大体上有两种主张和立法例：一是将标的物区分为特定物和种类物，所有权转移时间因特定物和种类物不同而不同。特定物的所有权自合同成立时起转移，种类物的所有权从标的物交付之日起转移。特定物的标的物在合同成立时已经特定化，合同订立后如果仍然不转移所有权，而让出卖人仍然享有处分权，就可能发生一物二卖，不利于保护买受人的利益，而种类物在合同成立时尚未特定，不存在所有权转移问题；二是除法律另有规定或者当事人另有约定外，标的物自交付之日起转移。

在《民法通则》颁布之前，我国民法理论持前一种见解。但《民法通则》第72条采纳了后一种主张，规定“按照合同或者其他合法方式取得财产的，财产所有权自财产交付之日起转移，法律另有规定或者当事人另有约定的除外。”在一般情况下标的物所有权与标的物的交付同步转移，但如果法律另有规定或者当事人另有约定的，按照规定或者约定执行。

孳息是标的物所产生的自然收益或者法律收益。《合同法》第163条规定了孳息的所有权随着标的物的交付时间而确定，但从其表述来看，似乎又不是任意性规范，因为没有允许当事人另外约定。但是，如果当事人对标的物孳息的所有权转移另有约定的，自无不准之理，法律也没有干预的必要。

2. 风险负担。是指买卖合同订立后债权债务清结之前，标的物因不可归责于当事人任何一方的事由而发生毁损灭失的损失，由一方当事人承担由此而产生的损失。

对于买卖合同的风险负担有着两种不同的见解和立法例：一是认为标的物风险随着所有权的转移而转移，即所有权归谁就由谁承担标的物毁损灭失的风险；二是认为风险随标的物的交付而转移，即交付前风险由出卖人负担，交付后风险由买受人负担，此即“交付转移风险”原则。我国规定属于任意性规范，除法律另有规定外，允许当事人对于风险负担另外约定。

（五）买卖合同的几种特殊解除关系

1. 主物或者从物不符合约定的解除。主物是能够独立发生效用的物，从物是辅助主物发生效用、具有从属关系的物。按照“从随主”原则，在以主物和从物作为标的物的合同中，因主物不符合约定而解除合同的，单独履行从物已失去意义，故解除合同的效力及于从物，对从物约定随之而解除；从物是否符合合同约定不影响主物的独立效用，因从物不符合约定被解除的，解除的效力不及于主物。

2. 标的物为数种的解除效力。《合同法》第165条显然是根据数物是否具有可分性，对其解除的效力进行的规定。在标的物有数种而其中一种不符合约定的，原则上只能就该物行使解除权，解除效力不及于其他标的物，但是，如果不符合约定的物与他物具有不可分的属性，即其分离会明显损害标的物价值的，当事人可就该数物解除合同。

3. 分批交付标的物解除效力。《合同法》第166条表明在分批交付标的物的合同中，一批标的物不交付或者交付不符合约定的，是否影响其他各批合同的效力，取决于是否影响实现合同目的，如果影响合同目的的实现，说明数批履行之间具有不可分性，一批标的物的不履行影响到其他标的物的履行，其解除效力也及于其他标的物。

（六）特种买卖合同

1. 保留标的物所有权的买卖。

（1）保留标的物所有权的买卖的含义。是指当事人在买卖合同中约定买受人未履行支付价款或者其他义务的，标的物的所有权属于出卖人的买卖。换言之，保留标的物所有权的买卖是指在买卖合同中具有保留标的物所有权的条款的买卖。

保留标的物所有权的买卖实际上是由当事人对于标的物所有权的转移约定了特殊的条件，即标的物所有权不是自交付之日起转移，而是在其约定的条件实现时转移。

（2）保留标的物所有权的买卖与买回的区别。在传统民法理论上，买回是出卖人在买卖合同中保留买回其已出卖的标的物的权利，而向买受人为再买回意思表示的买卖。买回是一种再买卖的关系，属于特殊的买卖，即在前一买卖的基础上形成一个新的买卖，原出卖人作为买受人买回原出卖给原买受人的同一标的物，而该买卖是基于在前一买卖合同中约定了买回权。如果不存在前一合同中的买回权，就是两个完全独立的买卖，不构成买回。

从我国《合同法》第 134 条来看，保留标的物所有权的买卖是对于标的物所有权不转移的规定，也即即使交付标的物，其所有权也不转移，实际上只是约定了合同的解除条件。因此，不同于买回。

2. 分期付款买卖。分期付款买卖是指买卖合同成立时双方约定买受人在取得标的物之前先支付一部分价款，而在交付标的物后按照一定期限分批向出卖人付清价款的买卖。分期付款买卖只是在付款期限和方式上异于一般买卖合同，是信用经济逐渐发达的产物。

出卖人负有将标的物交付给买受人占有的义务。是否转移标的物所有权由当事人约定，如可以约定所有权自交付时起转移，也可以约定自付清全部价款时起转移，但该约定应以书面形式明确表示，当事人无特别约定的，视为标的物的所有权仍自交付时起转移给买受人。

《合同法》第 167 条规定了在分期付款的买受人未支付到期价款的金额达到全部价款的 1/5 的，出卖人可以要求买受人解除合同或支付全部价款的权利。可见，出卖人因买受人支付迟延而解除合同或请求支付全部价款的，须具备以下条件：①须买受人未支付到期价款。至于有几期未支付则不限；②须未支付的价款已达到全部价款的1/5。买受人虽数期未支付价款，但未支付的价款金额不足全部价款的1/5时，出卖人仍不得请求支付全部价款或者解除合同。

解除合同的损害赔偿。在解除合同时，当事人双方应将其从对方取得的财产返还给对方，有过错的一方并应赔偿对方的损失。分期付款买卖在因买受人一方的原因而由出卖人解除合同时，标的物已经交付买受人，因此，买受人在占有标的物期间的利益也即是出卖人的一种损失。

3. 样品买卖。

（1）样品买卖的概念和特征。样品买卖也称凭样品买卖、货样买卖，是指按照特定的样品确定买卖标的物的标准的买卖。样品买卖是一种特殊的买卖，其特殊性表现在以样品来确定标的物。所说样品，又称货样，是指当事人选定的用以决定标的物品质的货物。

买卖合同中约定了按照样品交付标的物的条款。当事人既可以简单地约定按照样品交付标的物，又可以同时约定标的物标准和按样品交付。《合同法》第168条规定的“可以对样品质量予以说明”，实际上就是对于样品质量再加以约定。

封存样品并按样品交付标的物。《合同法》第168条规定样品的封存方式由当事人约定。

（2）样品买卖的效力。①按照样品质量标准交付标的物。出卖人交付的标的物与样品不一致的，应当承担违约责任。如果约定的一般标准与样品不完全一致的，买受人在履行合同时享有选择权。②按照样品交付不免除出卖人瑕疵担保责任。根据《合同法》第169条规定，凭样品买卖的瑕疵担保责任以买受人不知道样品有隐蔽瑕疵为必要，并且以使交付标的物具有同种物通常标准为必要。

4. 试用买卖。

（1）试用买卖的概念与特征。试用买卖又称为试验买卖，是指合同成立时出卖人将标的物交付给买受人试用，买受人在试用期间内决定是否购买的买卖。

试用买卖约定由买受人试用或检验标的物。在一般买卖中，出卖人并无让买受人试用标的物的义务。而在试用买卖中，出卖人有义务在买卖成立前将标的物交付给买受人试验或检验。在买受人认可前，买卖并不发生效力。所以，出卖人虽交付标的物，但标的物的所有权并未发生转移。

试用买卖为以买受人认可标的物为生效条件的买卖。试用买卖合同虽经当事人双方意思表示一致而成立，但买卖于买受人认可标的物时起才生效。若买受人经试用对标的物不认可，则买卖合同不发生效力。可见，买受人认可标的物，为条件成就，合同生效；买受人不认可标的物，则为条件不成就，合同失去效力。买受人的认可，完全取决于其自己的意愿，不受其他条件的限制。当事人可以约定，标的物经试用或检验符合一定要求，买受人就须买下标的物。

（2）试用买卖的效力。出卖人在试用期间内将标的物交付买受人使用。买受人接受标的物后应妥善使用，并与试用期间内明确表示是否购买，买受人既可以确定购买，也可以拒绝。买受人同意购买的，试用买卖转变为普通买卖；买受人不同意购买的，应当在试用期限内返还标的物，但无需对拒绝购买的原因进行解释。在试用期间内，买受人既未返还标的物，又不表示购买的，推定其同意购买。

二、赠与合同

赠与虽为转移财产所有权的合同，但赠与不是商品流通的法律形式。因此，赠与并不具有促进商品流通、发展市场经济的作用。由于赠与是无偿的，而且赠与人赠与财产或是出于某种报答，或是为了给予资助，因此，赠与一方面可以使受赠人得到经济上的资助，另一方面也有满足当事人感情需要的作用。所以，现代各国法上无不承认赠与。我国《合同法》也对此作了明确规定。

赠与合同适用于自然人、法人无偿将财产给予他人的情形。但法人为赠与行为的，不得违反财经纪律，否则其赠与无效。赠与的标的物可以是各种法律不禁止的实物、货币和有价证券。不以有价证券表示的权利不能成为赠与的标的物。尽管赠与的结果是发生一方财产的减少、另一方财产的增加，但也不应将一方应增加财产而未增加从而使另一方财产应减少而未减少均视为赠与。例如，债务的免除、无偿地许可他人使用专利、抵押权人抛弃抵押权等，都不属于赠与。

（一）赠与合同的概念和法律特征

依《合同法》第185条，赠与合同是指当事人一方将自己所有的财产无偿地转移于另一方所有，另一方表示接受的协议。转移财产的一方为赠与人，受领财产的一方为受赠人。

赠与为一种合同，是双方的法律行为。因此，只有当事人双方的意思表示一致时才能成立。一方有赠与的意思表示而另一方无愿意接受赠与的意思表示，或者一方愿意接受赠与而另一方无赠与的意思表示，赠与合同不能成立。赠与合同是一方无偿地给予他方财产的合同。所谓给予财产是指转移财产所有权归对方。如果一方不是无偿地转移财产归对方所有，而是无偿地提供其他财产权利或其他服务，则不为赠与。例如，无偿地给予他人财物的使用权，则为使用借贷即借用；无偿地为他人提供劳务，也不属于赠与。赠与人虽将自己的财产赠与受赠人，但不以赠与合同成立时赠与物归赠与人所有为限，赠与人将其以后可取得所有权的财产赠与受赠人的，自也并非不可。这时的无偿是指一方给予他方财物而不以他方对待给付为条件。如一方给予他方一定财物，他方也须给予一方一定财物，则属于互易，而不为赠与。

赠与合同有下列法律特征，赠与为转移财产所有权的合同。赠与合同以赠与人将其财产给予受赠人所有为内容。因此，赠与的结果是发生财产所有权的转移，赠与合同为转移财产所有权的合同。这是赠与合同与买卖合同、互易合同的相同之处，也是赠与合同与借用合同的重要区别。

赠与合同为单务、无偿合同。赠与合同仅赠与人负担将其财产给付受赠人的义务，而受赠人并不负担任何义务；即使是附负担的赠与，受赠人履行所附负担也不是赠与人履行义务的对价，不是向赠与人为给付的履行行为。因此，赠与合同为单务合同。在赠与合同中，赠与人并不如双务合同的当事人那样享有同时履行抗辩权。赠与合同的受赠人取得赠与的标的物不需付任何代价。因此，赠与合同是无偿合同。赠与的无偿性是赠与与买卖、互易的重要区别。因为赠与是无偿的，受赠人是纯受利益的，所以，即使无完全民事行为能力人也可以单独地接受赠与，赠与人不能以受赠人无完全民事行为能力而主张赠与无效。

赠与合同是一种效力较弱的诺成性合同。在合同法之前乃至今天对于赠与合同是实践合同还是诺成合同，都有着不同的理解。最高人民法院《关于贯彻执行〈中华人民共和国民法通则〉若干问题的意见（试行）》第128条规定："公民之间赠与关系的成立，以赠与物的交付为准。赠与房屋，如根据书面赠与合同办理了过户手续的，应当认定赠与关系成立；未办理过户手续，但赠与人根据书面合同已将产权证书交与受赠人，受赠人根据赠与合同已占有、使用该房屋的，可以认定赠与有效，但应令其补办过户手续。”该规定显然将公民之间的赠与合同规定为实践合同，至于公民之间以外的赠与合同是否为实践合同，没有明确的规定。合同法对于赠与合同的性质进行了明确规定，即赠与合同为诺成合同。因为，赠与自受赠人表示接受该赠与时生效，不以接受赠与物为生效条件。但这种诺成合同的效力较弱，如《合同法》第186条第1款规定，赠与人在赠与财产权利转移之前可以撤销赠与。在其他诺成合同中，合同成立以后不是随意可以撤销的。

（二）赠与合同的分类

1. 一般赠与和特种赠与。根据赠与有无特殊情形，赠与可分为一般赠与和特种赠与。前者是指不具有特殊情形的赠与，又称为单纯赠与。后者是指有特殊情形的赠与。关于此种赠与的种类各国法上的规定和学者的区分不同。详见后述。

2. 现实赠与和非现实赠与。根据赠与合同的成立与履行的关系，可分为现实赠与和非现实赠与。现实赠与，又称即时赠与，是指在合同成立之时赠与人即将标的物交付受赠人的赠与。现实赠与的合同成立与履行是同时实施的。非现实赠与，是指于合同成立后赠与人始按照合同的约定将标的物交付受赠人的赠与。非现实赠与合同的订立与赠与人的履行行为不是同时进行的。

在认定赠与为实践合同的立法上，不存在非现实赠与，赠与只能是即时赠与；而在认定赠与为诺成性合同的立法上，当然有现实赠与与非现实赠与之分。因为赠与合同中交付标的物的行为不是合同成立的要件，而是合同的履行，当然可以不于合同成立之时实施。区分现实赠与和非现实赠与的意义主要在于：现实赠与于合同成立时赠与人即完成了标的物交付，因而可用口头形式，则一般情形下赠与人可以任意撤销。

3. 履行道德义务的赠与和非履行道德义务的赠与。此划分系根据赠与人赠与的目的是否为履行道德上的义务。例如，养子女对生父母本无法律上义务但在道德上有扶助的义务，养子女因生父母生活比较困难而约定赠与一定财物的，即为履行道德义务的赠与。非履行道德义务的赠与是指赠与人并不以履行道德义务为目的的赠与。区分这两种赠与的主要意义在于二者效力有所不同：履行道德义务的赠与效力较强，即使是非书面的非现实赠与，赠与人也不得任意撤销，应负交付赠与物的义务；而在非书面非现实赠与，若为非履行道德义务的，赠与人于标的物交付前或登记之前，可任意撤销。

（三）赠与合同的效力

赠与的效力即赠与当事人双方的权利义务、责任。因赠与合同为单务合同，仅赠与人一方负担义务和责任，而受赠人一方仅享有接受赠与的权利而不负担义务。

1. 赠与人的义务和责任。

（1）给付赠与标的物的义务。赠与人的主要义务是将赠与标的物按照合同约定的期限、地点、方式交付受赠人，并转移其权利于受赠人。但《合同法》第195条规定："赠与人的经济状况显著恶化，严重影响其生产经营或者家庭生活的，可以不再履行赠与义务。"这是赠与人免除义务的法定事由。这一规定是以往法律中所没有的。除法律另有规定或者当事人另有约定外，赠与标的物所有权经赠与物交付或者登记转移；法律规定其产权变动须办理登记手续始生效力的，赠与物的所有权经登记转移；法律未规定登记为权利变动生效要件的，标的物所有权经交付转移。赠与物的所有权一经转移于受赠人，赠与人则不得撤销赠与。

赠与合同生效，赠与人不交付赠与的财产的，受赠人可以请求交付。因赠与人故意或重大过失致使赠与的财产毁损、灭失，赠与人应当承担赔偿责任（《合同法》第189条）。

（2）瑕疵担保责任。由于赠与合同是一种无偿合同，原则上不承担瑕疵担保责任，即便承担，也不能像买卖合同那样严格。《合同法》第191条对其区分了三种不同情况。①赠与财产有瑕疵的，赠与人不承担责任。②附义务的赠与，赠与的财产有瑕疵的，赠与人在附义务的限度内承担与出卖人相同的担保责任。实际上在瑕疵担保问题上，将附义务的赠与当作买卖合同对待。③赠与人故意不告知瑕疵或者保证无瑕疵，造成受赠人损失的，应当承担损害赔偿责任。因为，故意不告知损害构成了加害给付，而保证无瑕疵会给人形成一种安全感，放松警惕，两种情况下都不能免除赠与人瑕疵担保责任。

2. 受赠人的义务。赠与合同既然是无偿合同，受赠人原则上不承担义务。但是，《合同法》允许赠与附义务。赠与附义务的，受赠人应当按照约定履行义务。

（四）赠与合同的终止

1. 任意撤销。任意撤销是指于赠与合同成立后赠与人可以基于自己的意思而撤销赠与。由于撤销具有任意性，若不加限制，则等于赠与合同无任何约束力。我国《合同法》既承认赠与人的任意撤销权，同时又给予一定的限制。对赠与的任意撤销有以下三方面的限制：

可以任意撤销的赠与合同限于非社会公益、道德义务性质的赠与合同和未经过公证的赠与合同。若赠与合同是经过公证的，不得任意撤销。具有救灾、扶贫等社会公益性质的赠与合同的切实履行，一来可以缓解受赠人的困难，减轻国家的负担，二来可以防止赠与人以赠与为名沽名钓誉，因此不允许任意撤销。履行道德义务的赠与，因当事人之间有更深的道义上的情感，若赠与人任意撤销赠与，则与其原赠与的目的相悖。所以，履行道德义务的赠与，不论当事人依何种形式订立赠与合同，赠与人均不得请求撤销赠与。

须赠与标的物未为交付或登记。任意撤销只能于标的物交付或登记前为之。若标的物已为交付或登记，不得撤销；若标的物一部分交付或登记，则仅可就未交付或登记部分为撤销，已交付或登记部分不得撤销。对于赠与物须办理产权变动登记始能取得所有权的，若赠与人已交付而未办理登记手续，或者已登记但未交付，赠与人是否可撤销赠与，有不同的见解。笔者认为，只要赠与人交付标的物或者已登记，均不得撤销，不要求二者皆备。

2. 法定撤销。法定撤销是指在具备法定事由时由有撤销权的人撤销赠与。法定撤销与任意撤销的根本区别在于法定撤销须有法定的事由，只要具备法定事由，不论赠与依何种形式订立，也不论赠与物是否已交付或登记，有撤销权者即可以主张撤销赠与。

（1）赠与人的法定撤销事由。第一，严重侵害赠与人或赠与人的近亲属的。包括三个条件：侵害行为；严重；赠与人或其近亲属。第二，受赠人对赠与人有抚养义务而不履行。这也包括三个条件：负有义务；不履行；有能力。第三，不履行赠与合同约定的义务的。

赠与人的撤销权，应当自知道或应当知道撤销原因之日起1年内行使。法律规定的这个期间在性质上属于除斥期间，不存在中止、中断等情形。

（2）赠与人的继承人或监护人的法定撤销事由。赠与人的继承人或监护人仅在赠与人不能行使撤销权的情况下，才能有撤销赠与的权利。其法定事由是因受赠人的不法行为致赠与人死亡或丧失民事行为能力。赠与人的继承人或者监护人的撤销权，应当自知道或者应当知道撤销原因之日起 6 个月内行使。赠与被撤销的，撤销权人可以向受赠人请求返还赠与的财产。

三、租赁合同

（一）租赁合同的概念和法律特征

《合同法》第 212 规定："租赁合同是出租人将租赁物交付承租人使用、收益，承租人支付租金的合同。"租赁可以区分为使用租赁和用益租赁，仅以使用为目的的，称为使用租赁；以使用及收益为目的的，称为用益租赁。租赁标的物可以是动产，也可以是不动产，但租赁物须是不消耗物、特定物、有形物。

租赁合同是转移使用权、收益权的合同。租赁合同是以物的使用、收益为目的的合同，但当事人可以约定排除承租人的使用权。租赁物所有权不发生转移，租赁合同期限届满后，承租人须将原物交还。租赁合同的给付具有持续性，因此可将租赁合同称为持续性合同。

租赁合同是诺成合同、双务合同、有偿合同。租赁合同的成立、生效不受是否交付租赁物的左右，是诺成合同。出租人以标的物的使用权、收益权为对价，承租人以租金为对价，租赁合同是双务、有偿合同。

（二）租赁合同的种类

根据租赁是否确定日期，可以分为定期租赁和不定期租赁。定期租赁，是指当事人约定了租赁期限，但租赁期限如果过长，不利于平衡当事人之间的利益，所以《合同法》第 214 条规定："租赁期限不得超过二十年。超过二十年的，超过部分无效。租赁期间届满，当事人可以续订租赁合同，但约定的租赁期限自续订之日起不得超过二十年。”不定期租赁，指当事人没有约定租赁的期限。不定期租赁的特点是当事人有任意解除权。“当事人对租赁期限没有约定或者约定不明确，依照本法第六十一条的规定仍不能确定的，视为不定期租赁。当事人可以随时解除合同，但出租人解除合同应当在合理期限之前通知承租人。”

（三）租赁合同的效力

1. 出租人的义务。

（1）租赁物交付及保持义务。出租人应当按照约定将租赁物交付承租人，并在租赁期间保持租赁物符合约定的用途。对租赁物的使用收益，以交付为必要，所以出租人应当按照约定地点、时间、方式、数量等交付租赁物，并应于租赁关系的整个存续过程中，保持标的物处于适合使用、收益的状态，即保持租赁物符合约定的用途。

（2）出租人的维修义务。维修通常发生于租赁物破损、老化的情况下，如果是因为承租人的正常使用使标的物破损、老化（包括磨损）的，出租人有维修义务，如果由于承租人的故意或者过失，致使租赁物破损，自当由承租人承担责任，由出租人自付经费维修。《合同法》第221条规定：“承租人在租赁物需要维修时可以要求出租人在合理期限内维修，出租人未履行维修义务的，承租人可以自行维修，维修费用由出租人负担。因维修租赁物影响承租人使用的，应当相应减少租金或者延长租期。”

（3）权利瑕疵担保义务。权利瑕疵担保义务，是指出租人应当担保不因第三人对租赁物主张权利，而影响承租人对租赁物的使用、收益。权利瑕疵担保义务是法定义务。

最高人民法院《关于适用〈中华人民共和国担保法〉若干

问题的解释》第66条规定："抵押人将已抵押的财产出租的，抵押权实现后，租赁合同对受让人不具有约束力。抵押人将已抵押的财产出租时，如果抵押人未书面告知承租人该财产已抵押的，抵押人对出租抵押物造成承租人的损失承担赔偿责任；如果抵押人已书面告知承租人该财产已抵押的，抵押权实现造成承租人的损失，由承租人自己承担。"

2. 承租人的义务。

（1）按约定使用与按性质使用。《合同法》第217条规定："承租人应当按照约定的方法使用租赁物。对租赁物的使用方法没有约定或者约定不明确，依照本法第六十一条的规定仍不能确定的，应当按照租赁物的性质使用。"如何使用租赁物涉及双方当事人的利益。首先，承租人应当按照约定的方法使用租赁物；如果没有约定或者约定不明确，则应按照《合同法》第61条的规定确定对租赁物如何使用，即按合同已有的条款或者交易习惯确定应当如何使用，如果还不能确定，则按租赁物的性质使用。使用方法与租赁物的用途有关。

（2）妥善保管的义务。《合同法》第222条规定："承租人应当妥善保管租赁物，因保管不善造成租赁物毁损、灭失的，应当承担损害赔偿责任。"承租人对租赁物的保管，应尽善良管理人的注意义务。"保管不善"，是过错的体现，一种观点认为，因承租人的故意和重大过失致使租赁物毁损、灭失的，才承担责任。依照我国《合同法》第222条的精神，保管不善所体现的过错，包括故意和过失，并未排除轻过失。从法理上看，无偿合同无偿付出的一方，轻过失才能免责。因租赁合同是双务、有偿合同，若租赁物毁损、灭失，承租人轻过失不能免责。

（3）不任意改善、增设的义务。《合同法》第223条规定："承租人经出租人同意，可以对租赁物进行改善或者增设他物。承租人未经出租人同意，对租赁物进行改善或者增设他物的，出租人可以要求承租人恢复原状或者赔偿损失。”

(4) 租金支付义务。租金的支付，是承租人的主要义务。承租人应当按照约定的时间、数额和方式交付租金。承租人应当按照约定的期限支付租金。对支付期限没有约定或者约定不明确，依照《合同法》第61条的规定仍不能确定，租赁期间不满1年的，应当在租赁期间届满时支付；租赁期间1年以上的，应当在每届1年时支付，剩余期间不满1年的，应当在租赁期间届满时支付。

(5) 返还租赁物义务。租赁期间届满，承租人应当返还租赁物。返还的租赁物应当符合按照约定或者租赁物的性质使用后的状态，租赁期间届满或者租赁合同因解除终止，承租人应当返还原物，但返还原物并不等同于原状返还，因为即使是正常使用，租赁物也会有磨损、老化等损耗，以至于价值降低。因此，返还的租赁物符合约定的状态即可，如果对返还的租赁物的状态没有约定，返还的租赁物应符合按约定或者按租赁物的性质使用后的状态。

(6) 收益权。在租赁期间因占有、使用租赁物获得的收益，归承租人所有，但当事人另有约定的除外。

(四) 租赁合同的变更和终止

1. 承租人的转租权。转租是权利还是义务。这要看从哪个角度讲。经同意后可以转租，从这个角度讲，是权利。未经同意不得转租，从这个角度讲是义务。

转租是指承租人以自己的名义将租赁物出租给第三人（次承租人）使用、收益。对于转租可以这样描述：一个标的物，两个法律关系，三方当事人。转租与租赁权的转让不同，转租是承租人以自己的名义向次承租人出租；租赁权转让，是承租人将合同约定的租赁权转让给新承租人，原承租人退出合同。

承租人经出租人同意，可以将租赁物转租给第三人。承租人转租的，承租人与出租人之间的租赁合同继续有效，第三人对租赁物造成损失的，承租人应当赔偿损失。承租人未经出租人同意转租的，出租人可以解除合同。承租人转租的，应当取得出租人的同意。未经同意擅自转租的，出租人有权通知承租人解除合同。出租人通知承租人解除租赁合同以后，承租人与次承租人之间的合同因失去了前提而不能有效成立。

次承租人对租赁物造成损失的，其应当对转租人（承租人）承担责任，承租人应当对出租人承担责任。不论转租是否经过出租人同意，都是如此。如次承租人的行为导致租赁物的损害，出租人追究违约责任，只能追究承租人的违约责任，而不能追究次承租人的违约责任，或追究出租人和次承租人的连带责任。如以侵权为由，则有可能追究承租人和次承租人的连带责任。

承租人未经同意擅自转租的，出租人有两个权利可以选择行使：第一，出租人可以通知承租人解除双方之间的租赁合同。第二，出租人也可以主张承租人与次承租人的转租合同不生效。转租不生效的事由是承租人无转租权，擅自处分了他人的财产。转租合同属于效力未定的合同（可追认的合同）。

2. 买卖不破租赁。《合同法》第229条规定："租赁物在租赁期间发生所有权变动的，不影响租赁合同的效力。"对此规则，理论上多称为"买卖不破租赁"，实际上，所有权变动还可以因赠与和继承产生。因赠与和继承致使租赁物在租赁期间发生所有权变动的，同样不影响租赁合同的效力。同时根据《担保法》第49条的规定，抵押也不能击破租赁。所有权变动不能击破租赁，是指先有租赁，后发生所有权变动的情况。租赁物在租赁期间所有权发生变动，归属第三人（买受人、受赠人、继承人）时，承租人可以其租赁权对抗新的所有权人。也就是新的所有权人与承租人应继续原租赁合同，直至终期届至。换一个角度说，新的所有权人取代了原出租人的地位。租赁物是动产还是不动产，不影响该规则的适用。

四、承揽合同

（一）承揽合同的概念和法律特征

承揽合同是承揽人按照定作人的要求完成工作、交付工作成果，定作人给付报酬的合同。完成并交付工作成果的人是承揽人，接受工作成果并支付报酬的人称为定作人。

承揽合同是以完成一定工作为目的的合同。承揽合同的定作人的签约目的在于获得特定的工作成果，承揽人的目的则是通过完成工作成果获得报酬。由于工作成果的特定性，要求承揽人须以自己的技术、设备和劳力完成主要工作 。

承揽合同强调履行的协作性。对于承揽合同，法律要求的协作义务比较严格。例如定作人提供材料的，定作人应当按照约定提供材料；承揽人对定作人提供的材料应当及时检验，发现不符合约定时，应当及时通知定作人更换、补齐或者采取其他补救措施。又如，承揽人在工作期间，应当接受定作人必要的监督检查等。

承揽合同的双方是相互独立的责任主体。这一点区别于委托合同和雇佣合同。在委托合同中受托人如以委托人的名义开展活动，发生事故时，则委托人承担责任。雇佣合同的受雇人发生事故造成他人或者自己的损害，雇主要承担责任。承揽合同的承揽人在工作中发生事故，定作人不承担任何责任。因此，准确地区别承揽合同和雇佣合同就显得至关重要。

承揽合同是诺成合同，不以交付标的物为合同成立、生效的必要。承揽合同又是有偿合同、双务合同，以工作成果和报酬作为相互的交换。

（二）承揽合同的种类

承揽涉及生活、生产的各个方面，承揽合同的种类繁多。常见的承揽合同有加工合同、定作合同、修理合同、复制合同、测试合同、检验合同等。

1. 加工合同。加工合同是指由定作人提供原材料，由承揽人将原料加工成为成品，定作人接受成品并给付报酬的合同。这里所说的报酬，实际上是加工费。如张某将一块布料交由制衣店做成西服，双方之间成立的合同就是加工合同。

2. 定作合同。定作合同是指由承揽人自备原材料，应定作方的特殊要求制作成品，定作人接受工作成果并支付报酬的合同。定作合同与加工合同的最大区别是原材料的提供者不同。如李某到某服装店制作西服，制衣店用自己的衣料为其制作，双方之间成立的合同就是定作合同。

3. 修理合同。修理合同是指承揽人为定作人修理功能不良或被损坏的物品，使其恢复原状或原有价值，定作人支付报酬的合同。如王某将自己的汽车交汽车修理厂大修，双方之间就成立了修理合同。

4. 复制合同。复制合同是指承揽人根据定作人提供的样品，制作与样品相同的成品，定作人接受成品并支付报酬的合同。复制，可以是对文稿的复印、对相片的翻拍，也可以是对画稿的临摹、对塑像的模仿塑造，等等。

5. 测试合同。测试合同是指承揽人依定作人的要求，为定作人指定的项目或工程进行测试，取得测验、实验指标等结果，并将测试结果交付给定作人，定作人接受其成果并支付报酬的合同。

6. 检验合同。检验合同是指承揽人按照定作人的要求，对定作人提供的检验品进行检测、化验、分析等工作，并对检验品的品质、成分、结构、性能等方面作出报告或结论，定作人接受报告或结论并支付报酬的合同。如甲、乙约定，由甲方提供某种白酒的样品，乙方为甲方检验白酒的成分。双方之间的合同就是检测合同。

(三) 承揽合同的效力

1. 承揽人的权利义务。

(1) 亲自完成主要工作的义务。承揽合同建立在定作人对承揽人的特定工作能力的信任基础之上。《合同法》第253条规定："承揽人应当以自己的设备、技术和劳力，完成主要工作，但当事人另有约定的除外。承揽人将其承揽的主要工作交由第三人完成的，应当就该第三人完成的工作成果向定作人负责；未经定作人同意的，定作人也可以解除合同。"完成承揽工作，有时需要别人的合作，有时将部分工作交给第三人完成会提高效率，节约成本。但由于承揽合同是建立在定作人对承揽人的信任基础之上的，因此要求承揽人亲自完成主要工作。如果承揽人不亲自完成主要工作，应取得定作人的同意。承揽人将主要工作交由第三人（次承揽人）完成的，第三人就工作成果向承揽人负责，承揽人就第三人完成的工作成果向定作人负责。如果承揽人未经定作人同意，即将主要工作交第三人完成，则构成重大违约，定作人有权通知承揽人解除合同。定作人的单方解除权是形成权。承揽人可以将其承揽的辅助工作交由第三人完成。承揽人将其辅助工作交由第三人（次承揽人）完成的，应当就该第三人完成的工作成果向定作人负责。

(2) 按约定提供材料的义务。当事人约定由承揽人提供材料的，承揽人应当按照约定选用材料，并接受定作人的检验。

材料的规格、好坏，关系到成品或工作质量的好坏，因此承揽人对选用的材料，不得以次充好，未经对方同意，不得更换。

（3）及时检验材料及不得随意更换的义务。定作人提供材料的，承揽人应当及时检验，发现不符合约定时，应当及时通知定作人更换、补齐或者采取其他补救措施。承揽人不得擅自更换定作人提供的材料，不得更换不需要修理的零部件。如在来料加工桌椅的合同中、在修理手表的合同中，承揽人擅自更换木料，利用定作人知识的欠缺更换不需要修理的手表零件，都是违反合同法的行为。

（4）及时通知的义务。承揽人发现定作人提供的图纸或者技术要求不合理的，应当及时通知定作人。这里的及时通知义务，也是《合同法》第60条第2款规定的附随义务。未及时通知的，应当如何处理？《合同法》未作具体规定。按照诚实信用原则，承揽人发现定作人提供的图纸或者技术要求不合理，未及时通知，造成定作人损失的，应当予以赔偿。但实务中，很难证明承揽人是否发现了“不合理”，且不能将“应当发现”强加给承揽人，这样有不公平之嫌。然而确定承揽人违反附随义务的赔偿责任仍有必要，在实践中有时也能证明承揽人确已发现“不合理”的事实。

（5）履行抗辩权和解除权。承揽工作需要定作人协助的，定作人有协助的义务。定作人不履行协助义务致使承揽工作不能完成的，承揽人可以催告定作人在合理期限内履行义务，并可以顺延履行期限；定作人逾期不履行的，承揽人可以解除合同。这里的“顺延履行期限”是承揽人行使履行抗辩权的行为。

（6）接受监督的义务。承揽人在工作期间，应当接受定作人必要的监督检验，但定作人不得因监督妨碍承揽人的正常工作。这种接受监督的义务，在学理上又称为“容忍义务”。

(7) 交付工作成果的义务。承揽人完成工作成果的，应当向定作人交付工作成果，并提交必要的技术资料和有关质量证明。

(8) 承揽人的留置权。定作人未向承揽人支付报酬或者材料费等价款的，承揽人对完成的工作成果享有留置权，但当事人另有约定的除外。

(9) 妥善保管的义务。承揽人应当妥善保管定作人提供的材料以及完成的工作成果，因保管不善造成毁损、灭失的，应当承担损害赔偿责任。

(10) 保密的义务。《合同法》第266条规定："承揽人应当按照定作人的要求保守秘密，未经定作人许可，不得留存复制品或者技术资料。"

2. 定作人的权利义务。

(1) 按照约定提供材料的义务。定作人提供材料的，应当按照约定提供材料。按照约定提供材料，包括按约定的时间、数量和质量提供。

(2) 因变更而产生的赔偿责任。定作人中途变更承揽工作要求，造成承揽人损失的，应当赔偿损失。从承揽合同的性质来看，应当赋予定作人以单方变更权，但定作人行使单方变更权给承揽人造成损失的，并不能免责，应当予以赔偿。

(3) 验收工作成果。对承揽人提交的工作成果，定作人应当验收，承揽人交付的工作成果不符合质量要求的，定作人可以要求承揽人承担修理、重作、减少报酬、赔偿损失等违约责任。

(4) 支付报酬。支付报酬是定作人的主要义务。定作人应当按照约定的期限支付报酬。对支付的期限没有约定或者约定不明确，依照《合同法》第61条的补缺性规定仍然不能确定的，定作人应当在承揽人交付工作成果时支付；工作成果部分交付的，定作人应当相应支付。

（5）定作人的协助义务。“承揽工作需要定作人协助的，定作人有协助的义务。”从该规定来看，定作人的协助义务，取决于承揽工作的需要。如承揽人为定作人画像，定作人应按绘画要求进入绘画现场，按照要求摆出一定的姿势。定作人违反协助义务致使承揽工作不能完成的，导致的法律效果是：第一，承揽人行使《合同法》第67条规定的先履行抗辩权，顺延履行期限；第二，承揽人可以催告定作人在合理期限内履行义务，定作人逾期不履行的，承揽人可以通知定作人解除合同。一般情况下，在催告、行使履行抗辩权无效果时，承揽人才可解除合同。

（四）承揽合同的终止

1. 承揽人的解除权。承揽人在定作人不履行协助义务致使承揽工作不能完成的时候有解除权。这种解除权的成立要注意两个问题：第一，协助至关重要，没有协助承揽工作无法完成；第二，因不履行协助义务而行使解除权的，必须先催告。

2. 定作人的随时解除权。“定作人可以随时解除承揽合同，造成承揽人损失的，应当赔偿损失”（《合同法》第268条）。定作人享有的，实际上是一种“法定任意解除权”，所谓“法定”，是指必须法律直接规定的合同种类（如承揽合同），所谓“任意”，是指解除合同时，不需要特定的理由。这种任意解除权的行使导致承揽人损失的，定作人不能免责，应当予以赔偿。

五、运输合同

（一）运输合同的概念和特征

运输合同又称为运送合同，是指承运人将旅客或者货物从起运地点运输到约定地点，旅客、托运人或者收货人支付票款或者运输费用的合同。将旅客或者货物从起运地点运输到约定地点的一方称为承运人，支付票款或者运输费用的一方为旅客、托运人或者收货人。

运输合同为双务、有偿合同。在运输合同中，承运人将旅客或者货物从起运地点运输到约定地点，旅客、托运或者收货人支付票款或者运输费用，双方之间的权利义务具有对待给付关系和有偿关系。

运输合同一般为诺成合同。民法理论对于运输合同是实践合同还是诺成合同曾经颇有争议。从合同法的规定看旅客运输合同一般为诺成合同，当事人另有约定或者另有交易习惯的除外。例如，《合同法》第293条规定，客运合同自承运人旅客交付客票时成立，但当事人另有约定或者另有交易习惯的除外。

运输合同一般为格式合同。运输合同的条件一般是由承运人预先制定好的，当事人的基本权利、义务和责任也多由专门法规调整，客票、货运单和提单也都是统一印制的，运费也统一规定，因而运输合同一般为格式合同。

运输合同的不得拒绝性。承运人一般属于公用企业，提供的是一种特殊的甚至垄断性的服务，旅客、托运或者收货人除接受其服务外一般别无选择，因而为保护相对人的利益，《合同法》第289条特别规定，从事公共运输的承运人不得拒绝旅客、托运人通常、合理的运输要求。

（二）运输合同的权利义务

承运人不得拒绝合理运输要求的义务。在此，《合同法》将义务主体限于从事公共运输的承运人，主要是考虑这些承运人往往具有独占地位以及其提供的服务具有公用事业的性质。

承运人按照约定期间或者合理期间的安全运输义务。《合同法》第290条规定，承运人应当在约定期间或者合理期间内将旅客、货物安全运输到约定地点。这是承运人的基本义务，也是收取票款或者运输费用的代价。

承运人按照适当的路线运输的义务。《合同法》第291条规定，承运人应当按照约定的或者通常的运输路线将旅客、货物运输到约定地点。

旅客、托运人或者收货人支付票款或者运输费用的义务。《合同法》第292条规定，旅客、托运人或者收货人应当支付票款或者运输费用。承运人未按照约定路线或者通常路线运输而增加票款或者运输费用的，旅客、托运人或者收货人可以拒绝支付增加部分的票款或者运输费用。支付票款或者运输费用是旅客、托运或者收货人的基本义务，是其购买运输服务的代价。

（三）运输合同的种类和意义

运输合同适用范围极广，种类甚多。从不同的角度对运输合同可以作不同的分类。常见的分类标准有以下几种。

以运输工具为标准，可分为铁路运输合同、公路运输合同、航空运输合同、水上运输合同、海上运输合同、管道运输合同等等。

以被运输的对象为标准，可分为旅客运输合同和货物运输合同。

以运输方式为标准，可分为单一运输合同和联合运输合同。单一是指以一种运输工具进行的运输；联合简称为联运，则是指以两种以上的运输工具进行的同一运输活动。联运合同又可分为国内联运合同和国际联运合同。

运输合同在现代社会中有着极为重要的意义。这是因为运输合同是调整运输关系的法律形式。现代社会是商品交易高度发达的社会，现代化生产是社会分工专业化的社会化大生产，运输业是国民经济的重要行业，是联结生产、交换与消费的各个部门、各个行业的关键环节。在国民经济中占有举足轻重的地位，被称为国民经济的“动脉”。商品的推销、商品在空间上的流通离不开运输；人与人之间的社会交往、人员流动也离不开运输。运输合同既是商品流通的媒介，又是人员流动的媒介。运输合同既保障商品的安全迅速流转，扩大了商品交易范围，又保障着公民的安全旅行，扩大了人们的交往范围。所以，运输合同在促进经济与社会的发展上有着重要的作用，是沟通各个部门、各个领域、各个环节的桥梁，是满足公民、法人的物质交流和便利人们生活的极其重要的法律手段。

（四）客运合同

客运合同又称为旅客运输合同，是指承运人与旅客签订的由承运人将旅客及其行李运输到目的地的而由旅客支付票款的合同。

旅客是合同一方当事人，但合同本身又是运送旅客的行为。

客运合同采用票证形式。票证的表现形式为车票、船票、机票，既为格式合同，又为可以转让的有价证券。按照《合同法》第293条规定，客运合同自承运人向旅客交付客票时成立，但当事人另有约定或者另有交易习惯的除外。客运合同包括对旅客行李的运送。旅客行李的运送是附属于旅客运送的。

1. 旅客的权利义务。

（1）持有效客票乘运的义务。旅客应当持有效客票乘运。旅客无票乘运、超程乘运、超级乘运或者持失效客票乘运的，应当补交票款，承运人可以按照规定加收票款。旅客不交付票款的，承运人可以拒绝运输。

（2）限期退票或者办理变更手续。旅客因自己的原因不能按照客票记载的时间乘坐的，应当在约定的时间内退票或者变更手续。逾期办理的，承运人可以不退票款，并不再承担运输义务。

(3) 限量携带行李的义务。旅客在运输中应当按照约定限量携带行李。超过限量携带行李的，应当办理托运手续。

(4) 不得携带或者夹带危险品或者其他违禁品的义务。旅客不得随身携带或者在行李中夹带易燃、易爆、有毒、有腐蚀性、放射性以及有可能危及运输工具上人身和财产安全的危险物品或者其他违禁物品。旅客违反上述规定的，承运人可以将违禁品卸下、销毁或者送交有关部门。旅客坚持携带或者夹带违禁物品的，承运人应当拒绝运输。

2. 承运人的义务。

(1) 告知义务。承运人应当向旅客及时告知有关不能正常运输的重要理由和安全运输应当注意的事项。

(2) 按约定运输旅客的义务。承运人应当按照客票载明的时间和班次运输旅客。承运人迟延运输的，应当根据旅客的要求安排改乘其他班次或者退票。

(3) 变更服务标准的退票或者降低费用等义务。承运人擅自变更运输工具而降低服务标准的，应当根据旅客的要求退票或者减收票款；提高服务标准的，不应当加收票款。

(4) 救助义务。承运人在运输过程中，应当尽力救助患有急病、分娩、遇险的旅客。

(5) 对旅客伤亡的赔偿责任。承运人应当对运输过程中旅客的伤亡承担损害赔偿责任，但伤亡是旅客自身原因造成的或者承运人证明伤亡是旅客故意、重大过失造成的除外。上述规定适用于按照规定免票、持优待票或者经承运人许可搭乘的无票乘客。

(6) 对行李的损害赔偿责任。在运输过程中，旅客自带物品毁损、灭失，承运人有过错的，应当承担损害赔偿责任。旅客托运行李毁损、灭失的，适用货物运输的有关规定。

（五）货运合同

货运合同，是委托人将需要运送的货物交给承运人，由承运人按委托人的要求将货物运送到指定地点交付给委托人或者收货人，并由委托人或收货人支付运费的合同。

1. 托运方的权利义务。

（1）要求承运方按照合同规定的时间、地点，把货物运输到目的地。货物托运后，托运方需要变更到货地点或收货人，或者取消托运时，有权向承运方提出变更合同的内容或解除合同的要求。但必须在货物未运到目的地之前通知承运方，并应按有关规定付给承运方所需费用。

（2）按约定向承运方交付运杂费。否则，承运方有权停止运输，并要求对方支付违约金。托运方对托运的货物，应按照规定的标准进行包装，遵守有关危险品运输的规定，按照合同中规定的时间和数量交付托运货物。

2. 承运方的权利义务。

（1）向托运方、收货方收取运杂费用。如果收货方不交或不按时交纳规定的各种运杂费用，承运方对其货物有扣压权。查不到收货人或收货人拒绝提取货物，承运方应及时与托运方联系，在规定期限内负责保管并有权收取保管费用，对于超过规定期限仍无法交付的货物，承运方有权按有关规定予以处理。

（2）在合同规定的期限内，将货物运到指定的地点，按时向收货人发出货物到达的通知。对托运的货物要负责安全，保证货物无短缺，无损坏，无人为的变质，如有上述问题，应承担赔偿义务。在货物到达以后，按规定的期限，负责保管。

六、保管合同

（一）保管合同的概念和特征

保管合同是保管人保管寄存人交付的保管物，并返还该物的合同。保管合同又称为寄托合同、寄存合同。将标的物交付保管人的人称为寄存人，为对方保管标的物的人是保管人。

保管合同是实践性合同。保管合同自保管物交付时成立，但当事人另有约定的除外。保管合同原则上是实践合同，仅有保管人和寄存人的合意，合同尚不能成立，须有标的物的交付合同始成立。当事人特别约定合同签字、盖章时成立，自当允许。保管合同自成立时生效，如旅客将行李交付火车站寄存处寄存，保管合同成立时同时生效，保管人接受保管物后即产生保管责任。

保管合同可以是无偿合同，也可以是有偿合同。《合同法》第 366 条规定："寄存人应当按照约定向保管人支付保管费。当事人对保管费没有约定或者约定不明确，依照本法第六十一条的规定仍不能确定的，保管是无偿的。"按照此条规定，保管合同原则上是无偿的，如果是有偿的，需要当事人约定，如无约定或者约定不明确，则应按照《合同法》第 61 条的规定进行补缺性解释，按第 61 条仍不能确定的，推定为无偿。这是因为，保管通常具有互助的性质。

保管合同可以是双务合同，也可以单务合同。对于保管合同是双务合同还是单务合同，学者中有不同的观点。有偿的保管合同，都是双务合同，而且是典型的双务合同。无偿保管合同中，寄托人不承担任何义务的，为单务合同。在无偿的保管合同中，寄托人需要支付必要费用（应当是指保管人为保管标的物实际支付的费用，不包括报酬的）为不真正双务合同。

（二）保管合同当事人的权利和义务

1. 保管人的主要义务和权利。

（1）给付保管凭证的义务。《合同法》第368条规定："寄存人向保管人交付保管物的，保管人应当给付保管凭证，但另有交易习惯的除外。"保管凭证是保管人开具的，证明收到保管物，以及证明当事人之间存在保管合同关系的单据。

（2）妥善保管的义务。《合同法》第369条规定："保管人应当妥善保管保管物。当事人可以约定保管场所或者方法。除紧急情况或者为了维护寄存人利益的以外，不得擅自改变保管场所或者方法。"

保管期间，因保管人保管不善造成保管物毁损、灭失的，保管人应当承担损害赔偿责任；但保管是无偿的，保管人证明自己没有重大过失的，不承担损害赔偿责任。

（3）亲自保管的义务。《合同法》第371条规定："保管人不得将保管物转交第三人保管，但当事人另有约定的除外。保管人违反前款规定，将保管物转交第三人保管，对保管物造成损失的，应当承担损害赔偿责任。"因为，保管合同当事人之间存在着特殊信任关系，是基于寄存人对保管人特殊信任的基础上产生的法律关系。转交第三人保管破坏了这种信任。转交第三人，造成损害，保管人有赔偿责任没有损害自然不赔。在第三人处因不可抗力造成的损害，保管人原则上不免责。

（4）不使用保管物的义务。保管人不得使用或者许可第三人使用保管物，但当事人另有约定的除外。使用不是保管目的，且容易造成保管物的磨损或者损害。

（5）权利危险时的返还和通知义务。《合同法》第373条规定："第三人对保管物主张权利的，除依法对保管物采取保全或者执行的以外，保管人应当履行向寄存人返还保管物的义务。

第三人对保管人提起诉讼或者对保管物申请扣押的，保管人应当及时通知寄存人。”

（6）返还保管物及孳息的义务。“保管期间届满或者寄存人提前领取保管物的，保管人应当将原物及其孳息归还寄存人”（《合同法》第377条）。所谓孳息，是指原物产生的物。

《合同法》第378条规定：“保管人保管货币的，可以返还相应同种类、数量的货币。保管其他可替代物的，可以按照约定返还相同种类、品质、数量的物品。”货币保管与货币借贷和储蓄的目的不同。保管人使用保管的货币，不必举证是否使用。货币以外的可替代物的保管，与可替代物的消费借贷不同。可替代物的消费借贷，是指出借人将一定数量的货币或其他实物交给主借用人使用，借用人于约定期限返还同量、同质、同类实物的合同。

（7）保管人的留置权及排除。《合同法》第380条规定：“寄存人未按照约定支付保管费以及其他费用的，保管人对保管物享有留置权，但当事人另有约定的除外。”“其他费用”一般是指无偿保管合同中的费用。无偿保管合同也可以成立留置权。

2. 寄存人的义务。

（1）按期支付保管费的义务。《合同法》第379条规定：“有偿的保管合同，寄存人应当按照约定的期限向保管人支付保管费。当事人对支付期限没有约定或者约定不明确，依照本法第六十一条的规定仍不能确定的，应当在领取保管物的同时支付。”对于支付保管费的期限，由当事人约定，当事人对支付期限没有约定或者约定不明确的，依法应当同时履行。同时履行可产生《合同法》第66条规定的同时履行抗辩权。

（2）告知义务。《合同法》第370条规定：“寄存人交付的保管物有瑕疵或者按照保管物的性质需要采取特殊保管措施的，寄存人应当将有关情况告知保管人。寄存人未告知，致使保管物受损失的，保管人不承担损害赔偿责任；保管人因此受损失的，除保管人知道或者应当知道并且未采取补救措施的以外，寄存人应当承担损害赔偿责任。”寄存人未履行法定告知义务，致使保管人受到损失的，寄存人应当承担损害赔偿责任。应当注意两点：第一，未告知与损失有因果关系，寄存人才承担责任；第二，保管人知道或者应当知道寄存人交付的保管物有瑕疵或者按照保管物的性质需要采取特殊保管措施而未采取补救措施的，寄存人免责。

(3) 寄存贵重物品的声明义务。《合同法》第375条规定：“寄存人寄存货币、有价证券或者其他贵重物品的，应当向保管人声明，由保管人验收或封存。寄存人未声明的，该物品毁损、灭失后，保管人可以按照一般物品予以赔偿。”

(4) 保管人的损害赔偿责任和法定的轻过失免责。《合同法》第374条规定：“保管期间，因保管人保管不善造成保管物有毁损、灭失的，保管人应当承担损害赔偿责任，但保管是无偿的，保管人证明自己没有重大过失的，不承担损害赔偿责任。”

七、仓储合同

(一) 仓储合同的概念和法律特征

仓储合同是保管人储存存货人交付的仓储物，存货人支付仓储费的合同。当事人一方为存货人，为他人保管仓储物，收取仓储费的一方是保管人。仓储合同是一种特殊的保管合同。

保管人是利用自己的仓储条件专事仓储保管营业的人。保管人是以仓储保管为业的人，是经营人，所以保管人又称为仓库营业人。正因如此，保管人也是拥有仓储保管条件的人。最基本仓储条件是指拥有对外经营的仓库或者场地，能够堆藏物品。除此之外，仓储条件还可以指拥有冷藏、通风、防腐、防扩散设备等。从事易燃、易爆、有毒、有腐蚀性、有放射性等危险物品储存经营的，应当具备法定的储存条件。

仓储合同的保管对象是动产。保管人利用自己的仓储条件提供保管服务。仓储条件主要包括不能移动的仓库、场地，除此之外，还包括附属在仓库、场地的一些设备。这就决定了仓储物只能是动产，不能是不动产。

仓储合同是诺成性合同。《合同法》第382条规定：“仓储合同自成立时生效。”这说明，仓储合同是诺成合同。如无法定的登记、批准等程序，也无当事人特殊约定的生效程序，诺成合同都是成立时生效。

仓储合同是双务、有偿合同。仓储合同当事人互为给付，是双务、有偿合同。保管人的身份属性（商人），也决定了仓储合同双务、有偿的性质。基于保管人的身份属性，仓储合同还是商事合同。

（二）仓储合同当事人的权利和义务

1. 保管人的主要义务。

（1）验收义务。《合同法》第384条规定：“保管人应当按照约定对入库仓储物进行验收。保管人验收时发现入库仓储物与约定不符合的，应当及时通知存货人。保管人验收后，发生仓储物的品种、数量、质量不符合约定的，保管人应当承担损害赔偿责任。”验收，是保管人的义务，同时也是权利。验收的意义，在于具体确定当事人的义务和责任。验收，可能是当事人双方当场验收，也可能是存货人在异地发货，保管人在仓库、车站验收。

（2）给付仓单的义务。仓单是保管人收到仓储物后给存货人开出的提取仓储物的凭证。仓单是表示一定数量的货物已经交付的法律文书，属于有价证券的一种。存货人凭存单提取储存的货物，也可以背书的方式并经保管人签字或盖章将仓单上载明的仓储物所有权转移给他人。

（3）容忍义务。保管人根据存货人或者仓单持有人的要求，应当同意其检查仓库储物或者提取样品。因为，仓储合同是满足存货人需要的服务性合同，因此，保管人应当容忍存货人来检查、提取样品。承揽合同中，承揽人也有容忍义务。

（4）危险通知义务和紧急处置。保管人对入库仓储物发现有变质或者其他损坏的，应当及时通知存货人或者仓单持有人。依据诚实信用原则，尚未变质、损坏，保管人发现的，也有通知义务。

保管人对入库仓储物发现有变质或者其他损坏，危及其他仓储物的安全和正常保管的，应当催告存货人或者仓单持有人做出必要的处置。因情况紧急，保管人可以做出必要的处置，但事后应当将该情况及时通知存货人或者仓单持有人。

（5）妥善保管义务。妥善保管，是保管人的主要义务。“存储期间，因保管人保管不善造成仓储物毁损、灭失的，保管人应当承担损害赔偿责任。”

（6）返还保管物的义务。保管人有随时返还的义务，对保管期限的约定，不影响随时返还义务的成立。

2. 存货人的主要义务。

（1）存货人的说明义务。说明义务是针对危险物品的。储存易燃、易爆、有毒、有腐蚀性、有放射性等危险物品或者易变质物品，存货人应当说明该物品的性质，提供有关资料。不履行说明义务，会对保管人的利益造成侵害（如破坏了保管设备和保管场所），导致存货人的侵权责任。存货人违反危险品说明义务规定的，保管人可以拒收仓储物，也可以采取相应措施以避免损失的发生，因此产生的费用由存货人承担。保管人储存易燃、易爆、有毒、有腐蚀性、有放射性等危险物品的，应当具备相应的保管条件。保管人可以在拒收或采取相应的措施这两种方式之间选择。

（2）提取仓储物的义务。储存期间届满，存货人或者仓单持有人应当凭仓单提取仓储物。存货人或者仓单持有人逾期提取的，应当加收仓储费；提前提取的，不减收仓储费，仓库的安排有一定的计划性，提前提取未必能给当事人带来利益；如果逾期提取，则肯定要使仓库保管人的付出增加。

八、委托合同

（一）委托合同的概念和法律特征

委托合同是委托人和受托人约定，由受托人处理委托人事务的合同。

在委托合同关系中，委托他人处理事务的一方为委托人；接受该委托的一方为受托人。

合同的订立以委托人与受托人的相互信任为前提。委托人之所以选定某人作受托人为其处理事务，是以他对受托人的办事能力和信誉的了解，相信受托人能够处理好委托事务为基本出发点的。

合同的性质是提供服务。这是典型的服务型合同。受托人以委托人的费用为委托人处理委托事务。受托人办理委托事务与第三人发生的法律后果，由委托人自己承担。

委托合同是诺成合同、非要式性合同。可以有偿，也可以是无偿。有偿与无偿会影响受托人的法律责任，无偿合同减轻受托人的责任。

受托人既可以以委托人的名义，也可以以自己的名义处理委托事务。受托人以委托人的名义处理委托事务，其后果直接归属于委托人；受托人以自己的名义办理委托事务，此时所产生的权利义务关系或直接对委托人产生，或由受托人将委托事务的结果移转给委托人。

（二）委托合同与类似概念的区别

1. 委托合同与代理。《民法通则》第63条规定了：代理是代理人在代理权限内以被代理人的名义实施民事法律行为，被代理人对代理人的代理行为承担民事责任的制度。

大陆法系强调代理人在对外进行民事活动时表明其代理人身份。通常有三种情况：第一，明确指出被代理人姓名，并以其为一方当事人进行民事活动；第二，仅说明代理他人为民事活动，但并不指明被代理人是谁；第三，既不披露被代理人姓名，也不表明自己是代理人，并以自己的名义进行民事活动。大陆法系只承认前两种情况为代理关系，而对第三种情况，则认为是“间接代理”，或称作“隐名代理”，被代理人不得直接对代理人的行为承担后果，而只能间接的代理人与被代理人之间进行了一项转移有关权利义务关系的民事法律行为之后，被代理人得向第三人主张权利或履行义务。

在英美法系，对代理概念的解释与大陆法系有一个原则性分歧。不仅承认大陆法系中的“直接代理”，也承认“间接代理”。在英美法中，将代理分为“显名代理”和“隐名代理”。隐名代理包括了大陆法中的间接代理，其含义是，代理人有代理权，但不向第三人公开自己代理人的身份，而是以自己的名义为民事行为，该行为的后果仍由被代理人直接承担。被代理人只要能证明其与代理人之是存在委托授权关系，便可以直接向第三人主张权利或承担义务。在英美法中，隐名代理主要指各种行纪关系及代理商、经纪人等在商业活动中与委托人及第三人形成的民事法律关系。同时也包括一切非商事性质的不公开代理人身份的代理关系。隐名代理关系一旦发生纠纷，第三人如发现其背后有代理人，得以代理人为被告，也可以被代理人为被告，但只能选择其中之一。

委托合同与代理主要有以下区别，其一，代理人代理行为不能包括事实行为；其二，代理属于对外关系，不对外也就无所谓代理；而委托则属于对内关系，即其存在于委托人与受托人之间；其三，代理关系一旦成立，被代理人授予代理人代理权属于单方法律行为；而委托合同为双方法律行为，委托合同的成立应有受托人承诺。

2. 委托合同与雇佣合同。雇佣合同是当事人一方为他方提供劳务，他方为此给付报酬的合同。雇佣合同的目的在于由受雇人向雇用人提供劳务；而委托合同订立的目的在于由受托人为委托书人办理事务，受托人提供劳务不过是满足这一目的的一种手段而已；受雇人依据雇佣合同提供劳务，必须绝对服从雇用人的指示，自己人并不享有独立酌情裁量的权利；而委托合同上的受托人虽然须依委托人的指示处理事务，但一般却享有一定的独立裁量的权利；雇佣合同必须为有偿合同，而委托则不然。

3. 委托合同与承揽合同。承揽合同以完成一定工作为要素，而委托则不以受托人完成事务的一定结果为必要；承揽合同注重工作的完成成果，承揽人可以将承揽的工作的次要部分交由他人完成，而委托注重的是处理事务的过程，受托人原则上不得转托；承揽是有偿合同，而委托可以无偿。

（三）委托合同双方当事人的主要义务

1. 委托人的主要义务。对委托事务的后果承担责任；支付费用和报酬。委托费用是指受托人处理委托事务所必须花费的款项或其他消费，此费用不同于报酬；清偿委托人因处理委托事务产生的债务或造成的损失。

2. 受托人的主要义务。按约定权限和时间处理委托事务；亲自办理委托事务。确需转托的，应事先取得委托人的同意；只有在紧急情况下，受托人无法事先取得同意，可以在为保护委托人的利益需要时转托他人；反之，受托人擅将受托事务转托他人处理的，应当对转达委托书的第三人的行为承担责任；报告委托事务的处理情况；交付委托事务的结果。委托事务执行完毕后，受托人应将委托事务所得的利益或者财产凭证及时交给委托人；赔偿责任。委托人受损的事实发生后，受托人是否承担赔偿责任根据合同是否有偿以及自己是否有过错或重大过失，是否超越权限等原则确定。

（四）委托合同当事人与第三人关系

委托合同的受托人既可以委托人名义，也可以自己的名义处理委托事务。受托人以自己的名义，在委托人的授权范围内与第三人订立的合同，第三人在订立合同时知道受托人与委托人之间的代理关系的，该合同直接约束委托人和第三人，但有确切证据证明该合同只约束受托人和第三人的除外。

受托人以自己的名义与第三人订立合同时，第三人不知道受托人与委托人之间的代理关系的，受托人因第三人的原因对委托人不履行义务，受托人应当向委托人披露第三人，委托人因此可以行使受托人对第三人的权利，但第三人与受托人订立合同时如果知道该委托人就不会订立合同的除外。受托人因委托人的原因对第三人不履行义务，受托人应当向第三人披露委托人，第三人因此可以选择受托人或者委托人作为相对人主张其权利，但第三人不得变更选定的相对人。委托人行使受托人对第三人的权利的，第三人可以向委托人主张其对受托人的抗辩。第三人选定委托人作为其相对人的，委托人可以向第三人主张其对受托人的抗辩以及受托人对第三人的抗辩。

（五）委托合同的终止

除因合同履行完毕、有效期届满等原因外，还有因委托人或受托人解除合同而终止；因解除合同给对方造成损失的，除不可归责于该当事人的事由以外，应当赔偿损失。因委托人或者受托人死亡、丧失行为能力或者破产而终止；委托人或者受托人死亡、丧失民事行为能力或者破产的，委托合同终止，但当事人另有约定或者根据委托事务的性质不宜终止的除外。因委托人死亡、丧失民事行为能力或者破产，致使委托合同终止将损害委托人利益的，在委托人的继承人、法定代理人或者清算组织承受委托事务之前，受托人应当继续处理委托事务。因受托人死亡、丧失民事行为能力或者破产，致使委托合同终止的，受托人的继承人、法定代理人或者清算组织应当及时通知委托人。因委托合同终止将损害委托人利益的，在委托人作出善后处理之前，受托人的继承人、法定代理人或者清算组织应当采取必要措施。

九、行纪合同

（一）行纪合同的概念和法律特征

行纪合同是指行纪人接受委托人的委托，以自己的名义，为委托人从事贸易活动，委托人支付报酬的合同。

行纪合同性质是提供服务，且直接与第三人发生权利义务关系。

行纪合同调整范围具有限定性。主体资格应依法批准。我国法律未限制委托人的主体资格，但规定行纪人只限于经批准专门从事行纪业务的人。未经法定程序批准不得经营或兼营行纪业务。并且标的的范围特定。我国行纪合同适用范围较小，仅限于从事贸易活动。

行纪合同是有偿合同。行纪人是经营行纪业务的专门机构，其性质决定行纪人为委托人处理委托事务，要从委托人处收取报酬。

行纪合同行纪人以自己的名义与第三人从事贸易活动。

（二）行纪合同双方当事人的义务

1. 委托人的主要义务。委托人的主要义务有支付费用；支付报酬；及时受领委托事务后果；委托物的取回义务。

2. 行纪人的主要义务。行纪人的主要义务有妥善保管委托物；合理处理委托物；按约定以及维护委托人最大利益原则处理行纪事务的义务；对第三人履行向委托人负责的义务。

（三）行纪合同双方之间以及与第三人的关系

1. 行纪人与委托人之间的法律关系。行纪人按照委托人的指示，以自己的名义为委托人处理事务，由此产生的后果转移给委托人，委托人向行纪人支付约定的报酬。同时行纪人依法享有与委托人直接形成买卖关系的权利，这一权利学理上称之为介入权或自约权。介入权，其成立必须具备法律规定的条件：

行纪人受托出卖或买入的物，必须是具有市场定价的商品。法律之所以这样规定是为了避免当事人发生利害冲突，特别防止行纪人任意抬价或压价损害委托人利益。

行纪人的介入必须是委托人没有相反的意思表示。由于行纪人的介入权并不是强制性规定，虽然行纪人已经具备前一项条件，但委托人有反对介入的意思表示时，行纪人仍不得介入。

2. 行纪人与第三人之间的法律关系。行纪人与第三人发生法律关系，权利义务由行纪人自己承担。行纪人与第三人之间的法律关系不直接涉及委托人。

3. 委托人与第三人之间的关系。委托人与第三人之间不存在合同关系，行纪人是他们的中介人，行纪人既是委托合同的一方当事人，也是贸易合同的一方当事人，委托人只能从行纪人那里接受行纪行为的法律后果。委托人与第三人之间不直接发生法律关系，第三人只向行纪人行使权利、履行义务。

十、居间合同

（一）居间合同的概念和法律特征

居间合同是居间人向委托人报告订立合同的机会或者提供订立合同的媒介服务，委托人支付报酬的合同。在居间合同关系中，委托他人寻找订立合同机会或订约的媒介服务的一方为委托人；接受该委托，为其提供订立合同机会或媒介服务的另一方为居间人。报告定约机会的居间行为叫报告居间；提供订立合同媒介服务的居间行为叫媒介居间。

居间合同以促成委托人与第三人订立合同为目的；居间人居介绍人地位；居间合同为诺成合同、有偿合同、非要式合同。

（二）居间合同双方当事人的主要义务

1. 居间人的主要义务。

（1）如实报告有关事项义务。居间人应当就有关订立合同的事项向委托人如实报告。居间人故意隐瞒与订立合同有关的重要事实或者提供虚假情况，损害委托人利益的，不得要求支付报酬并应当承担损害赔偿责任。

（2）负担居间费用义务。居间人促成合同成立的，委托人应当按照约定支付报酬。对居间人的报酬没有约定或者约定不明确，依照合同法第 61 条的规定仍不能确定的，根据居间人的劳务合理确定。因居间人提供订立合同的媒介服务而促成合同成立的，由该合同的当事人平均负担居间人的报酬。居间人促成合同成立的，居间活动的费用，由居间人负担。

2. 委托人的主要义务。第一，支付报酬义务；第二，负担居间必要费用义务。居间人未促成合同成立的，不得要求支付报酬，但可以要求委托人支付从事居间活动支出的必要费用。

思考题：

1. 甲乙8月15日订立一货物买卖合同，约定甲于9月1日前交货。交货方式是由甲办理铁路委托运输，运费由乙支付，8月20日，甲办妥与铁路局的托运手续。问：货物所有权何时归乙所有？如果双方约定交付方式是自提。8月20日甲通知乙务必于8月31日提货。货物所有权何时归乙所有？

2. 甲卖一母牛与乙，价3000元，约定乙于6月1日至12月1日之间，每月付500元，12月1日前付完，母牛即为乙所有。随后甲于5月31日将牛交到乙家中。后乙于11月28日付清所有价金。问：母牛何时归乙所有？

3. 甲与乙订立了一份卖牛合同，合同约定甲向乙交付5头牛，分别为牛1、牛2、牛3、牛4，牛5，总价款为1万元；乙向甲交付定金3千元，余下款项由乙在半年内付清。双方还约定，在乙向甲付清牛款之前，甲保留该5头牛的所有权。甲向乙交付了该5头牛。回答下列问题：

(1) 设在牛款付清之前，牛1被雷电击死，该损失由谁承担？为什么？

(2) 设在牛款付清之前，牛2生下一头小牛，该小牛由谁享有所有权？

(3) 设在牛款付清之前，牛3踢伤丙，丙花去医药费和误工损失共计1千元，该损失应由谁承担？为什么？

(4) 设在牛款付清之前，乙与丁达成一项转让牛4的合同，在向丁交付牛4之前，该合同的效力如何？为什么？

（5）设在牛款付清之前，丁不知甲保留了此牛的所有权，乙与丁达成一项转让牛4的合同，作价2千元且将牛4交付丁。丁能否据此取得该牛的所有权？为什么？

（6）设在牛款付清之前，乙将牛5租与戊，租期3个月，租金200元。该租赁协议是否有效？租金应如何处理？

（7）合同中的定金条款效力如何？为什么？

4. 甲为淮河岸边一养虾蟹专业户，家财丰裕。5月8日，甲向村办小学承诺，秋后收虾后将捐赠小学电脑100台。不料7月中旬，淮河上游泄洪，严重受污染的河水冲入虾池，致甲数百亩虾蟹全部臭死。甲损失惨重，一家生活困难，秋季开学后，村小学请求甲支付电脑。问：甲可否不再履行？

5. 甲公司与某希望小学乙签订赠与合同，决定捐赠给该小学价值2万元的钢琴两台，后甲公司的法定代表人更换，不愿履行赠与合同。下列哪些说法是错误的，并说明理由？第一，赠与合同属于单务法律行为，故甲公司可以反悔，且不承担违约责任。第二，甲公司尚未交付设备，故可撤销赠与。第三，乙小学有权要求甲交付钢琴。第四，若甲公司以书面形式通知乙小学不予赠与，则甲公司不再承担责任。

第三编 | 人格权法

第十三章

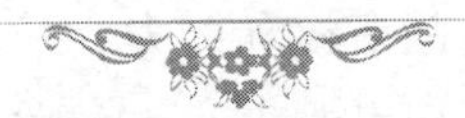

物质性人格权

第一节　生命权

一、生命

（一）生命的概念

生命原本是生物学上的概念，是“由高分子的核酸蛋白体和其他物质组成的生物体所具有的特有现象”。生物学认为，生命是生物体所具有的利用外界的物质形成自己的身体和繁殖后代，按照遗传学的特点生长、发育、运动，在环境变化时候，能够适应环境的活动能力。生命的本质，实质上是蛋白质存在的一种形式。其基本特征是，蛋白质通过新陈代谢而不断地与周围环境进行物质交换，保持其活力。新陈代谢停止了，蛋白质就失去活力而分解，生命亦不复存在。

法律学上的生命，专指自然人的生命，是人的最高的人格利益，具有至高无上的人格价值。它是人体维持其生存的基本的物质活动能力。

生命之于人的最高的价值，从法律的意义上来说，在于：

第一，生命是人具有民事权利能力的基础。人之所以具有权利能力，就是其具有生命，因而法律规定，自然人的民事权利能力始于出生，终于死亡，只有其具有生命的形式时，才可能具有权利能力。不具有生命的人，就不再是人，就不再是权利主体，当然也就没有民事权利能力。

第二，生命具有不可代替性。世界上没有与生命相类似的东西，也不能在生命之间进行比较，因而"人的生命没有什么法律替换品和代替物"。人的生命一旦丧失，就不可逆转地消灭，没有任何办法予以挽回。这也就决定了法律之于生命权救济时有其特殊性。

第三，生命不仅对于人的本身具有价值，而且对于整个社会具有价值，人之所以能够制造工具、改造自然，创造物质财富和精神财富，系以其具有生命为前提。人享有生命而创造财富，对他人、对社会均具有重要的意义。

（二）生命的开始和终止

对于生命开始的时间的认定，理论上多有争议，有"阵痛说"、"一部露出说"、"全部露出说"、"断带说"、"独立呼吸说"、"发声说"等。在理论上，应当坚持"独立呼吸说"作为标准；在实务上，则一般应以医学上确认出生的时间为准，即按照最高人民法院《关于贯彻执行〈民法通则〉若干问题的意见（试行）》第1条关于"出生的时间以户籍证明为准；没有户籍证明的，以医院出具的出生证明为准。没有医院证明的，参照其他有关证明认定"的规定，认定自然人的出生时间。

对于生命终结的时间，即死亡时间的认定，也有不同的主张，如"脉搏停止说"、"心脏停止说"、"呼吸停止说"、"生活机能丧失说"。在理论上，应当坚持"生活机能丧失说"作为标准；在实践中，应遵循医学上确认死亡的标准，以死亡证书上记载的时间为准，如果死亡证书记载的时间与自然人死亡的真实时间有误差的，则以查明的实际死亡时间为准。

要特别指出的是，确认死亡单指自然死亡而不包括宣告死亡。宣告死亡不必然引起生命终止，只有自然死亡才能够必然引起生命终止。

二、生命权的概念和法律特征

生命权是以自然人的生命安全的利益为内容的人格权。

生命权的性质是人格权。曾经有人否定生命权的人格权性质，其基本理由，就是生命权的丧失没有救济途径，因此不能认为其是一种独立的权利。也有人认为生命权是身体权的组成部分，对身体的保护，当然能包括对生命的保护。所谓保护身体，乃谓保护生活之身体，而使生命绝止，系侵害身体的最严重后果。现在认定生命权为人格权，并为最重要的人格权，已经没有争论。

生命权作为一种独立的人格权，有别于身体权、健康权，也有别于劳动能力。其法律特征是：

第一，生命权以民事主体之生命安全为客体。生命权与身体权相互依赖而存在。生命存在于身体之内，身体依赖于生命的存在而存在。尽管如此，生命权与身体权并非为一个权利，各有不同的权利客体。身体权的客体是人体的整体构造，以及维护该种构造的完整性的利益。生命权的客体则是以人的生命安全为客体，即维护生命的正常活动，保障生命不受非法剥夺的人格利益。生命权与身体权的客体不同，在各自受到非法侵害时，表现得更为明显。“然身体权因创伤而受侵害，生命权则非有死亡发生，不能认为受侵害，故二者应分别视之。”身体权受侵害，表现为身体完整性的破坏，生命权受侵害，必须以生命不可逆转的丧失为标准。

第二，生命权以维护人的生命活动延续为其基本内容。生命权的基本内容是维护人体生命活动的延续，防止人为地将其终止。生命权与健康权相互依赖，生命活动的延续依赖于人的健康状况，人的健康状况又以人体生命活动的存在为前提。尽管如此，这两种不同的人格权也有本质的区别。健康权维护的是人体机能的完善性，保持其正常运作，而生命权维护的是人的生命活动的延续。违法行为侵害健康权，破坏了人体机能的完善性，但经过治疗，可以完全恢复健康和部分恢复健康，即使是受到破坏的健康状况不能恢复，但终无生命丧失的危险。而违法行为侵害生命权，则使人的生命活动不能继续延续，其必然后果是死亡。

第三，生命权的保护对象是人的生命活动能力。生命活动能力的基础，在于人体蛋白质的新陈代谢能力。人体蛋白质的新陈代谢能力保证人体不间断地与周围环境进行物质交换，使人体生长、发育、运动、繁殖，保持其生命活动能力。生命权的保护对象，正是人的这种生命活动能力。劳动能力，是人的一种重要的能力，为健康权的基本内容之一。人的生命活动能力与人的劳动能力并不相同。人的生命活动能力与人的劳动能力的区别，一是内容不同，前者的内容为人体蛋白质的新陈代谢能力，后者是在具有生命活动能力的基础上，从事劳动创造财富的体力和脑力；二是性质不同，人的生命活动能力是一项独立的人格利益，劳动能力则不是一项独立的人格利益，而是健康利益的一项具体利益。

三、生命权的内容

生命权的完整内容，包括生命安全维护权、司法保护权和生命利益支配权。

（一）生命安全维护权

生命安全维护权的首要内容，是维护生命延续。具体包括三项内容：其一，禁止他人非法剥夺生命，而使人的生命按照自然界的客观规律延续。这种维护，不是通过提高健康程度而延长生命，而是保护人的生命不因受外来非法侵害而丧失，保护的是人的生命安全利益。其二，当有非法侵害生命的行为和危害生命的危险发生时，防止生命危害发生。有危及生命安全的危险和行为发生时，生命权人为维护生命安全，可以采取相应的措施，保护自己，排除危害。其中最基本的措施，就是正当防卫和紧急避险。其三，改变生命危险环境。当环境对生命构成危险，但该危险尚未发生时，生命权人有权要求改变环境，消除危险。《民法通则》第 134 条第 3 项规定消除危险的民事责任方式，包括改变生命危险环境。改变生命危险环境应做广义理解，包括造成威胁生命的一切场合、处所、物件。改变生命危险环境可以由权利人自行改变，也可以要求危险环境的管理人、占有人改变。当然，负有特定职责的人不得以改变生命危险环境为借口而拒绝履行职责，如消防员不得因环境危险而拒绝进入火区。

（二）司法保护请求权

该种权利包括两项具体内容，一是请求司法机关依法消除生命危险，二是请求司法机关依法救济生命侵害。

请求司法机关依法消除危及生命的危险，是生命权的一项重要内容。最高人民法院《关于贯彻执行〈民法通则〉若干问题的意见（试行）》第 154 条规定："从事高度危险作业，没有按有关规定采取必要的安全防护措施，严重威胁他人人身、财产安全的，人民法院应当根据他人的要求，责令作业人消除危险。”第162条规定：在诉讼中遇有需要消除危险的情况时，人民法院可以根据当事人的申请或者依职权先行做出裁定。在其他法律中，也有关于危及自然人生命健康权可以请求司法机关排除危险的规定。根据《刑法》规定，对于危害公共安全，侵害自然人人身安全，尚未造成严重后果的犯罪行为，受危险威胁之人可以向主管机关控告，追究其刑事责任，消除危险状态；对于不构成犯罪的上述行为，可以要求公安机关对行为人依《治安管理处罚条例》的规定，予以治安处罚，以消除危险。

请求司法机关依法救济生命损害，是生命权遭受侵害后的法律救济。侵害生命权与侵害身体权、侵害健康权的行为不同，侵害生命权以生命的丧失为唯一标准，而生命一经丧失，则主体资格消灭。因而，请求司法机关依法救济生命损害的权利，实际上是由生命权人的近亲属或继承人行使。

（三）生命利益支配权

生命权是否包括生命利益支配权，实际上意味着生命权人可否处分自己的生命。对此，传统理论持否定态度，认为一旦确认自然人有权处分自己的生命，就给自杀提供了合法的根据。

对生命利益支配权的否定理论，无疑有一定的合理性。但是，否定说受到两个方面的挑战，一是为社会公共利益、他人利益或个人气节而慷慨赴死、舍己救人的献身精神，二是现代安乐死制度的施行。这两种情况，都涉及生命权人对其生命利益的支配或处分。因而，否定说的不正确之处，就在于不能概括和解释以上现象。

主张有限制的生命利益支配权，则是完全有根据的。集中体现在献身和安乐死问题上。

献身精神的实质，在于人们对于生命价值的评判。生命尽管对于人来说具有最高的人格价值，但是，当人们认识到个人的生命利益与社会公共利益相比，后者具有更高的价值的时候，权利主体毅然放弃自己的生命利益，去换取更高的社会价值。在这样的场合，权利人对于自己生命利益的处分，不仅受到人们的尊敬和赞扬，而且从法律角度上看也是合法的行为。如果否认生命权人对于自己生命利益的支配、处分权，就难以解释这些英勇献身的行为。

安乐死也称无痛苦致死，是指对于患了绝症、濒临死亡的病人，由于难以忍受的剧烈痛苦，本人或其家属要求让其安乐地死去时，医生为减少病人难以忍受的剧烈痛苦，采取措施提前结束病人的生命的行为。一般认为，安乐死的问题是刑法的问题，其实，这恰恰是民法关于生命权的支配权问题。安乐死应当具备四个条件：一是病人必须身患绝症，临近死期。所谓绝症是指所患的疾病按照当时的医学水平是无任何治愈希望的。临近死期，则根据一定医学标准判断病患即将死亡，且与死期相距不远。二是病患必须极度痛苦，不堪忍受。这种痛苦限于肉体痛苦，必须达到不堪忍受的程度。三是病患必须自愿请求采取安乐死，须以明示方法为之。四是病患的请求必须经过医务部门同意。医务部门准许应由专门委员会讨论同意，个别医务人员或医治医生无权同意，同时，采用的方式应当合乎人道，不具残酷性。

四、对生命权的民法保护

（一）生命权民法保护的理论基础

侵害生命权，以受害人死亡为其结果。受害人既已死亡，该损害赔偿法律关系缘何而生，理论解释有不同的主张。

一是“民事权利能力转化说”。认为自然人死亡是其民事权利能力终止的法律事实，这两件事实是同时发生的。但民事权利能力由存在到不存在，有一个转化的过程，在这个转化的过程中，产生损害赔偿请求权。

二是“加害人赔偿义务说”。认为加害人的赔偿义务，不因被害人死亡而消灭，所以被害人得受赔偿的地位，当然由其继承人继承。

三是“同一人格代位说”。认为继承人与被继承人二者的人格在纵的方面相联结，而为同一人格，故被害人因生命侵害而生的赔偿请求权，可由其继承人取得。

四是“间隙取得请求权说”。认为被害人从受致命伤到其生命丧失之时，理论上总有一个或长或短的间隙，在这个间隙中，被害人是有民事权利能力的，故可取得损害赔偿请求权。[1]

在以上各种学说中，多数学者采用间隙取得请求权的主张。

这些学说，有一个共同点，就是都认为侵害生命权的损害赔偿请求权存在一个继承的问题，即侵害生命权的受害人享有损害赔偿请求权（或地位），在其死亡之后，由其继承人继承。这就忽视了一个客观的事实，就是在侵害生命权的法律关系中，实际上存在双重直接受害人。

所谓双重直接受害人，是指侵害生命权的行为，既造成了生命权人生命丧失的损害事实，又造成了生命权人的近亲属的财产损失和精神痛苦的损害事实。生命丧失的直接受害人是死者，而财产损失和精神痛苦的受害人则是死者的近亲属。这两种受害人均为侵害生命权的直接受害人，因而均产生了损害赔偿请求权，并非继承取得。双重直接受害人理论在解决生命权法律救济时，根据更为充分。

（二）侵害生命权的责任

确定侵害生命权的责任，适用过错责任原则、无过错责任

〔1〕（台）王泽鉴：《人格权法》，北京大学出版社2013年版，第55～57页。

原则或者公平责任原则。在适用这些归责原则时，要严格掌握三个归责原则所调整的范围的不同，严格掌握其各自责任构成要件的不同。

侵害生命权责任的构成要件：第一，须有侵害生命权的违法行为，包括作为和不作为。第二，侵害生命权的损害事实，一是生命丧失的事实，二是生命丧失导致近亲属财产损失的事实，三是死者生前扶养的人的扶养丧失的事实，四是死者近亲属的精神痛苦损害。侵害生命权的受害人分为三种，直接受害人，即生命权直接受到侵害的人和为抢救死者、丧葬而遭受财产损失的死者近亲属；间接受害人，是受死者生前扶养之人；因死者死亡而遭受精神痛苦的受害人。第三，侵害生命权的违法行为与损害事实之间须具备因果关系。判断因果关系的标准应当采相当因果关系理论，依通常的社会经验和知识水平判断，并非要求必然因果关系的存在。第四，主观过错在侵害生命权的构成要件中，无特殊要求，故意、过失均可构成。

侵害生命权的损害赔偿，包括医疗费、护理费、误工费、住院期间生活补助费、交通费和住宿费，丧葬费赔偿，被抚养人生活费赔偿，死亡赔偿金赔偿。

第二节　健康权

一、健康的概念

健康在语义学上解释为人体各器官发育良好，功能正常，体质健壮，精力充沛并且有良好劳动效能的状态；或者人体生理机能正常，没有缺陷和疾病。健康既是名词，也是形容词，在作为名词解释的时候，并非形容词所包含的身体生理机能正常、发育良好、体质健壮之义，而是指人体生理机能、发育、体质等综合发展状况。因而健康可以分为良好、较好、一般、不好等程度，造成人体生理机能良好的人的健康损害，为侵害健康利益，造成生理机能不好的人即不健康的人健康损害，也是侵害健康利益。

对健康概念怎样界定，有以下不同的主张：

一是“生理健康说”。认为健康者系生理之机能，不包括心理之机能，健康即人体生理机能的一般完善状况。

二是“肉体精神健康说”。认为健康既包括肉体上的健康，也包括精神上的功能完好，“不独肉体上健康之侵害，精神上健康之侵害，即引起精神系统致病的状态，亦为健康权之侵害。”

三是“生理心理健康说”。认为健康是指身体的生理机能的正常运转以及心理状态的良好状态，包括生理健康和心理健康。侵害生理健康，就是指受害人生理机能发生不良状态，不能正常运转，甚至引起某些生理机能的丧失；侵害心理健康，其后果是造成受害人心理上的痛苦。

上述“生理健康说”与“肉体精神健康说”的基本含义是一样的，因为所谓精神健康指的是神经系统的状况，受到损害引起精神系统之病，仍然是生理健康受到的损害，肉体健康和精神健康都是指人体机能的正常运作。

所谓心理健康，是指人的头脑反映客观现实的过程，也泛指人的思想、感情等内心活动，属于精神的范畴。生理，是指人的肌体的生命活动和体内各器官的机能。民法上所说的健康，是指物质性人格权之一即健康权的客体，体现的是人体物质属性的内容，不能包含精神属性的心理健康，只能是指生理健康。现代医学将心理健康视为人的健康，但应区分精神性疾病和心理痛苦、精神创伤。精神性疾病属于生理健康的范畴，精神创伤和心理痛苦则是人的头脑在反映客观现实过程中的不良状态，并非本意上的健康损害。如果将生理健康和心理健康混淆起来，就会混淆人身损害赔偿和精神损害抚慰金赔偿的区别，给适用法律造成障碍。所以，作为物质性人格权的健康权，其客体只能是指生理健康。对于心理这种精神上的损害，依法通过精神损害赔偿的办法进行保护，而不是通过保护健康权的人身损害赔偿的方法进行保护。

简言之，作为健康权客体的健康，是指维持人体生命活动的生理机能的正常运作和功能的完善发挥。它有两个要素，一是生理机能的正常运作，二是生理功能的完善发挥。通过这两个要素的协调一致发挥作用，达到维持人体生命活动的最终目的。

二、健康权及其法律特征

健康权是指自然人以其机体生理机能正常运作和功能完善发挥，并以其维持人体生命活动的利益为内容的人格权。

健康权的法律特征是：

第一，健康权以人体的生理机能正常运作和功能的正常发挥为具体内容，但不是以人体的整体构造为客体。健康权和身体权的客体即健康和身体的区分，在于身体系肉体之构造，健康则系生理之机能，二者的区分是明显的。当然，健康一般是通过身体构造的完整性而实现，但是健康的损害不是完整性的破坏，而是生理机能发挥的完善性的破坏，因此，当人体的肉体构造遭到损害，进而损害健康时，损害的是生理机能的正常运作和功能的完善发挥，因而应认定为健康的损害，而不是身体权的损害。

第二，健康权以维持人体的正常生命活动为根本利益，但不是以人的生命安全和生命价值为客体。健康权所体现的根本利益，在于维护人体机能的完善性，进而维持人体的正常生命活动。尽管生命和健康紧密相连，但它们却不是一个概念。首先，生命和健康同样存在于身体这一物质形态之中，相伴相存，但健康是维持人体正常生命活动的基础，当健康受到损害时，无论是发生器质性的改变，还是功能性的改变，都可以经过医治而使其康复或好转，保持人体的生命活动。当生命权受到损害的时候，生命的丧失却具有不可逆转性，无法得到恢复。健康损害的可康复性和生命损害的不可逆转性，是生命权和健康权的重要区别。其次，健康权是以维持人体的正常生命活动为根本利益，但它不是以生命为客体，不是保护生命安全和生命价值的利益。再次，侵害生命权的判断标准是结果，造成死亡的就是侵害生命权，没有造成死亡的，就不是侵害生命权，而是侵害健康权（或者身体权）。尽管有些行为实施的目的就是侵害健康权，但是最终造成了死亡的结果，那就应当认定为侵害生命权的行为。

第三，健康权保护的是自然人身体机能的正常发挥，使其运作、运动自主，但不是保护身体、意志不受外界约束。健康权与人身自由权都是保护人的自主运动和自主思维的权利，但是健康权保护的是人的自主运动和自主思维，是指人体自身的功能，这种功能决定人能够按照自己的意志去行动，去思维。人身自由权所保护的，是人的自主运动和自主思维，是指人的行为、意志不受外来的非法拘束。这两种权利的区别，从侵害行为的角度考查，侵害健康权，行为作用于人的内在因素，使其不能自主运动、自主思维，原因在于人体机能完善性的破坏和功能发挥的受限制，完全在于人体的内因。侵害人身自由权的行为，并不破坏人体机能和功能，而是对人的行动、意志设置外来障碍，使人因外界的束缚或影响而不能自主行动、自主思维，非法限制自由完全是外因所致。

三、健康权的内容

健康权包括三项最基本的内容，一是健康维护权，二是劳动能力，三是健康支配权。

（一）健康维护权

健康维护权是健康权的基本内容之一。现代人权观念认为，健康权是人权的基本内容之一，是人类发展自己、完善自己的最重要目标。1978 年国际初级卫生保健大会《阿拉木图宣言》宣称："健康是基本人权，达到尽可能的健康水平，是世界范围内的一项重要社会性目标。"健康既是自然人的基本人权内容，又是社会共同的利益所在。

健康维护权的首要内容是自然人保持自己健康的权利。这不仅是自然人维护自身生命、提高自己的生活质量、追求体格完美状态的权利，同时也具有维护社会利益、提高人类生存质量的意义。保持自己的健康，就是使自己的健康状况保持完好的状态，通过体育活动提高健康水平，以及在生理机能、功能出现不正常的状态时请求医疗、接受医治的权利，使健康状况达到完好的状态或者恢复到原有的状态。这些权利的行使，不受任何他人的强制或干涉。

健康维护权的另一项内容是当自然人健康权受到不法侵害时，享有的请求法律保护的权利。健康权是绝对权、对世权，权利主体以外的其他任何人都负有不得侵害的法定义务。违反这一义务，侵害他人的健康权，受害人有权依法请求加害人承担相应的民事责任。

（二）劳动能力

关于劳动能力的性质，有两种不同的认识。一种认为劳动能力是人格权，是指自然人以其脑力体力功能利益为内容的物质性人格权；一种认其为人格利益，既不是身体权的内容，也不是健康权的内容，而是一项独立的人格利益。

事实上，劳动能力既不是独立的人格权，也不是独立的人格利益，而是健康权的基本内容。劳动能力就是自然人从事创造物质财富和精神财富活动的脑力和体力的总和。它无论从理论上、立法上还是从实际需要上来说，都不是一种独立的人格权。认定劳动能力为独立的人格权，没有法律依据，也没有立法例作为依据，同时也没有实际的必要。它只是自然人从事创造物质财富和精神财富活动的脑力和体力的总和，是自然人健康权的一项基本人格利益，存在于健康权之中，不具有独立人格利益的地位。

首先，劳动能力是指创造物质财富和精神财富的能力。人类社会的生产包括物质财富的生产和精神财富的生产。在所有的生产中，都必须具备劳动者、劳动工具和劳动对象这三个要素构成的生产力。而劳动者必须以具备劳动能力为前提，不具备劳动能力的人，不是劳动者，不是生产力的要素。人只有具备了创造物质财富和精神财富的能力，才具有了劳动能力。其次，劳动能力是劳动者脑力和体力的总和。进行任何创造性劳动，都必须具备脑力的因素和体力的因素，不可缺少其一。但由于创造财富的性质不同，对脑力和体力的要求有所不同。在判断劳动能力是否减少时，应当以两种能力的因素的综合考察为判断标准。

自然人享有劳动能力这种人格利益，一是有权保有这种利益，二是有权利用这种劳动能力以满足自己及社会的需要，三是有权发展这种利益，四是当这种利益受到损害时，有权要求加害人损害赔偿。

（三）健康支配权

人格权均为人格利益的支配权，健康权也具有支配权的性质。在实务上，有人认为健康权不具有支配性，原因是自然人不能随意支配其健康，更不能依其支配权而放弃健康。应当说明，权利的放弃并不是支配权的唯一内容。健康权的支配权最主要表现，就是锻炼身体，增进健康，提高生活质量。此外，健康权人对健康维护权以及劳动能力的行使，以至于在健康权受到侵害时对法律保护的请求权来说，也都体现了健康权的支配性质。

强制治疗、强制戒毒等强制性改善自然人健康状态的行政措施，不是对健康权支配性的强制干涉和侵犯，而是维护个人健康和公共利益的必要手段。对于患有性病、麻风病等恶性传染病患者进行强制治疗，对吸毒者进行强制戒毒，从表面上看可能违背权利人的意志，但是因为这种强制措施阻却违法而成为适法行为，当事人不得主张侵权行为。对于放弃健康的患者是否可以给予强制治疗，现行立法没有规定，但从人道主义立场出发，对拒绝接受治疗的严重病人，进行强制性治疗也是适宜的。

四、对健康权的民法保护

民法通过认定侵害健康权的行为为侵权行为的方法，对健康权进行保护。对于侵害健康权的行为人予以人身损害赔偿和精神损害赔偿等民事制裁，惩戒民事违法，保护受害人的健康权。

侵害健康权的责任构成与其他的侵权责任相同，都由违法行为、损害事实、因果关系及主观过错四要件构成。殴打、肇事、药物中毒、食物中毒、污染环境等行为，都可以认定为侵害健康权的违法行为。侵害健康权的损害事实，包括三个层次：一是健康受损的事实，二是健康受损导致受害人财产利益的损失，三是精神痛苦的损害。确定侵害健康权的违法行为与损害事实之间的因果关系，应依相当因果关系理论判断。违法行为与损害结果之间依一般的社会知识经验判断，能够发生因果关系，在客观上该种行为又确实引发了这样的损害结果，即应确认其二者具有因果关系。在侵害健康权的责任构成中，故意、过失均可构成主观过错要件。在适用严格的过错责任时，过错应由受害人证明；在适用推定过错责任时，受害人不负举证责任，而由加害人证明自身无过错。适用无过错责任原则和公平责任原则，不要求有主观过错的要件。

侵害健康权所产生的法律后果，就是产生侵害健康权的侵权责任。这是民法保护健康权的基本方法。主要的责任方式，就是人身损害赔偿和精神损害抚慰金赔偿，也包括其他责任方式，如停止侵害等。

对于健康权受损害，应当赔偿医药治疗费、误工费、护理费、交通费、住宿费、营养费。对劳动能力丧失的赔偿，包括受害人的生活补助费，受害人支出的残疾用具费，残废者致残前抚养的间接受害人的抚养费，对于致残的伤害治疗的医疗费、误工工资、护理费等费用以及特殊治疗的医疗费等，也应当赔偿。造成精神损害的，应当赔偿精神损害抚慰金。

五、对胎儿健康法益的延伸保护

对人格权的法律保护应延伸至自然人出生前的胎儿时期，从罗马法开始，立法上就已经明确作出规定，至近现代时期，民事立法大多确认这种向前延伸的人格权法律保护。

这样的人格权的延伸保护，主要的是对胎儿的健康利益的保护。例如《日本民法》第712条规定：“胎儿就损害赔偿请求权，视为已出生。”德国法院在司法实践中，也确认这一原则。1952年，德国高等法院的一个判决认为：“一个婴儿的母亲在受孕之前由于医院方面的疏忽而使梅毒毒素进入了她的血液之中。随即，婴儿也受到了梅毒传染。法庭判决，胎儿有权在不受别人的疏忽造成的伤害的情况下被生下来。”因此医院应承担该胎儿出生后所受到的健康损害的赔偿责任。美国法院认为，“未出生的胎儿在遭到‘人身伤害’时，可视其为‘人’，可以为补救的目的而在其出生后就其出生前所遭受的损害提出诉讼。”

对胎儿健康利益的民法保护，应自胎儿成功受孕时起。无论胎儿是因合法婚姻关系而受孕，还是因合法婚姻关系以外的男女性行为而受孕，均在法律保护的范围之内。所谓成功受孕，当指精子与卵子结合，并于子宫内膜着床时始，并非要待婴儿初具人形，或胎儿要有胎动时。

对胎儿健康法益的损害，表现为胎儿怀于母腹之中时，外力作用于母体，致胎儿的身体功能的完善性受损害，既可以是致其外伤，也可以是致其内伤，还可以是致其患某种疾病。确定胎儿健康法益的损害事实，须在胎儿出生具有民事权利能力以后。因此，对胎儿健康法益的法律保护，虽为对健康法益的延伸保护，然而在客观上则须在其出生以后才能正式进行。在此时提出的法律保护请求，溯及胎儿受孕时的损害，予以法律救济。至于在自其出生后始至何时止的期间内才可以请求法律保护，应以健康法益的损害能够确定时为该期间的始期。例如胎儿在母体中受内、外伤，出生时即可确定者，自出生之时有权请求保护。如胎儿在母体中健康受潜在损害，待其出生后，其损害有显迹并可确认时，有权请求保护。至其有权请求保护时起，应开始计算诉讼时效。其时效期间应与人身伤害的诉讼时效期间相同。

胎儿健康法益损害的请求权，应由胎儿出生后具有民事权利能力的本人行使，不能由他人行使。这是因为，胎儿健康法益的受损，并未害及其生命法益，当其出生之后，其即具有民事权利能力，自然可依自己的人格，享有并行使权利。在其不具有或不完全具有民事行为能力时，其行使权利，可由其亲权人或监护人代理，但本人为权利主体。

第三节　身体权

一、身体的概念

身体，是指“一个人或一个动物的生理组织的整体”，即“人和动物的躯体。”人和动物的生理组织的整体即躯体，都称之为身体。汉语中的身体，不分人和动物，其躯体都是身体。英语中的body，专指人的身体，与动物的躯体相区别，指人的不是精神的而是肉体的，是肉体的整个构造或附属于身体的所有部分。

法学意义上的身体，专指自然人的身体，是指自然人的生理组织的整体，即躯体。身体包括两部分，一是主体部分，二是附属部分。主体部分是人的头颅、躯干、肢体的总体构成，包括肢体、器官和其他组织，是身体的基本内容。附属部分，如毛发、体液、指（趾）甲等附着于身体的其他人体组织。身体虽然由头颅、肢体、器官、其他组织以及附属部分所构成，但它是一个完整的整体。身体具有完整性和完全性的基本特征。破坏了身体的完整性和完全性，就破坏了身体的有机构成。

研究身体概念，需要注意的问题是：

第一，随着现代医学科学的发展，人类对自身身体的认识不断发展，目前可以做多种器官和其他人体组织的移植手术。最简单的如输血、植皮，复杂的如肾脏移植、心脏移植、角膜移植等。移植以后的器官和其他人体组织与受移植人成为一体的，即成功的移植，应为受移植人身体的组成部分，他人不能再主张这些器官、组织的身体权。值得思考的是，当移植的他人的器官是非法取得的时候，受移植人是否能够主张该种身体权？也就是说，当器官的来源没有合法基础的时候，是否能引起恢复原状、赔偿损失等民事责任？鉴于身体器官的特殊性，建议能够恢复原状的，应该先恢复原状，不能恢复原状的，应该采用损害赔偿的方法，适当增加赔偿数额。

第二，镶装、配置的人工制作的残缺身体部分的代替物，如假肢、假牙、假眼、人工心脏瓣膜、助听器等，能否作为身体的组成部分，应当区别情况对待。对此，已构成身体不可分割的组成部分的，应属于身体，可以自由装卸的则不属于身体。这是一个较准确的标准，但还不够，还应对自由装卸加以限制，即虽可以自由装卸，但需专业医学人员依照严格的医学操作规程进行，否则会造成健康损害或生命丧失的人工装置，应视为身体的组成部分。因而，自由装卸是指普通人可以自由装卸，而非指专业人员的自由装卸。

二、身体权的概念和特征

身体权是自然人维护其身体完全、完整并支配其肢体、器官和其他组织的具体人格权。其特征是：

第一，身体权的主体是自然人。法人不论采人格拟制说，还是法人实在说，或者折衷说，都不具有自然人的身体，不享有身体权。自然人作为民事主体享有身体权。同时，胎儿也可以成为侵害身体权的请求权的主体，因为法律保护自然人的先期法益。胎儿的身体和健康，应当受法律保护。另外，死者的遗体、遗骨也受法律保护。

第二，身体权以自然人的身体及其利益为客体。身体是自然人享受法律人格的物质基础，离开了身体，自然人无任何权利可言，不能具备法律上的人格。生命权是人的第一重要的人格权，但是，生命的物质载体是身体，没有身体，生命则不存在。自然人身体权以身体为客体，最重要的就是保持其身体整体的完全性、完整性。任何人破坏自然人身体的完整性，都构成对自然人身体权的侵害。

第三，在内容上，身体权表现为对自己的肢体、器官和其他组织的支配权。具体表现为：任何殴打、搜查、侵扰、破坏的方式都是侵害自然人的身体权的行为；自然人有权决定是否捐献自己身体的体液、器官、其他组织和死后的遗体；自然人有权拒绝克隆自己的要求等。传统理论并不认为身体权中包含自然人对自己肢体、器官和其他组织的支配权，只承认身体完整性不得破坏，不得将身体的组成部分予以转让。但是随着科学技术的发展和现代法律伦理的进化，允许自然人将属于自己身体组成部分的血液、皮肤、脊髓甚至个别器官转让给他人。这种转让，正是体现自然人对其身体组成部分的器官、组织的支配权。它表明，对于自然人身体的上述器官、组织，只有自然人本人才享有支配的权利，任何人都无权决定其转让。如果他人违背自然人自己的意志，强行索取、使用自然人身体的组成部分，就是侵害了自然人对身体组成部分的支配权。

第四，身体权是具体人格权，具有人格权的固有、专属、必备的特点。身体权属于物质性人格权，表现为自然人对于物质性人格要素的不转让性支配权。其不同于所有权。身体权和所有权同为支配权，但其支配的并非同一种客体。所有权支配的是物，身体权支配的却是自身的物质性人格要素。它的客体，仍然是自然人的人格利益。

第五，侵害身体权的请求权的特殊性。侵害他人身体的，应当承担赔礼道歉、停止侵害、赔偿损失等侵权责任。这是通常采取的责任形式。侵害身体权但未造成严重后果，可以根据情形判令侵权人停止侵害、恢复名誉、消除影响、赔礼道歉。采取侮辱、殴打、非法搜查等手段侵害他人身体的，受害人应该有权请求精神损害赔偿。

应当注意的是，身体权与生命权、健康权既有紧密的联系，也有明显的区别：

身体权与生命权、健康权的联系十分紧密，侵害他人身体达到一定程度，也会构成侵害生命权和健康权。

生命权，为不受他人之妨害，而对于生命之安全，享受利益之权利。它的客体是自然人的生命。生命依附于身体而存在，身体依赖于生命的存在而存活。但是侵害二者的损害事实明显不同，救济权的内容也大有不同，因此，生命权与身体权在法律意义上是十分容易区分的。

比较难以区分的是身体权和健康权。有的国家立法甚至对二者没有加以区分。健康权是自然人以其器官乃至整体的功能利益为内容的人格权，它的客体是人体器官及系统，乃至身心整体的安全运作以及功能的正常发挥。二者的区别：一是身体权的客体是身体，健康权的客体是健康；二是身体权体现的利益是自然人身体组织的完整性，健康权体现的利益是自然人肌体功能的完善性；三是身体权是自然人对自己身体组成部分的支配权，健康权则没有明显的支配性质。

三、身体权的性质

身体权是不是一个独立的权利，其性质究竟是什么，历来有不同看法。加上我国《民法通则》在人身权的规定中没有明确规定身体权概念，因此，很多人怀疑身体权不是独立的人格权。

（一）身体权是独立的权利

我们认为，身体权是自然人的独立的人格权利。理由是：

第一，国外立法通常认为身体权是独立的人格权。《德国民法典》第823条规定："不法侵害他人生命、身体、健康、自由、所有权或其他权利者，对因此而产生的损害负赔偿义务。"我国台湾地区"民法"第193条规定："不法侵害他人身体或健康者，对于被害人因此丧失或减少劳动能力，或增加生活上之需要时，应负损害赔偿责任。"该法第195条第1款前段规定："不法侵害他人之身体、健康、名誉或自由者，被害人虽非财产上之损害，亦得请求赔偿相当之金额。"此外，《瑞士债务法》第46条、《奥地利民法典》第1325条、《日本民法》第710条，都正式确认自然人的身体权。

第二，我国法律对身体权是有规定的。一是我国《宪法》第37条第2款末段规定："禁止非法搜查公民身体"；二是《民法通则》第119条规定："侵害公民身体造成伤害"，应承担民事责任；三是最高人民法院在《关于贯彻执行〈民法通则〉若干问题的意见（试行）》第146条和第147条两次提到"侵害他人身体"。从宪法到民法，直到司法解释，都明文提到"公民身体"，给确认身体权为独立的民事权利提供了直接的法律依据。

第三，认为法律没有明确规定"身体"是一种民事权利，就不能认为其是民事权利的论点，不足以成立。应当说，我国

《民法通则》是一个民事权利的宣言书，它只规定了民法的一些基本的问题，但同时还有很多具体问题没有规定进去。《民法通则》没有规定的权利就不称其为民事权利的论点，在我国民事立法落后的状况下，不具体说服力。〔1〕

综上，在我国，身体权是自然人的一项独立的民事权利，这既有法律的依据，又有客观的依据。最高人民法院在《关于确定民事侵权精神损害赔偿责任若干问题的解释》中明确规定，身体权是独立的人格权，对身体权是不是一个独立的权利的争论作出了结论。

（二）身体权的性质是人格权

对于身体权的性质到底是什么性质，有所有权说、健康权说、人格权说三种不同学说。在这三种学说中，以人格权为正确。其理由是：

第一，身体权的性质不能是所有权。所有权说的错误在于没有认清绝对权、所有权和人格权的联系和区别，把身体混同于物。正如学者指出的那样："人格权乃以与人之存在及活动有不可分离关系之利益即所谓人的利益为内容，而身体为最有此种关系之利益，故应解身体权为人格权之一种，且解其为所有权，则系以自己身体为物界之一部分，亦甚反于一般社会观念。"我们认为，自然人的身体，是自然人人格权的基础，是重要的人格权之一。离开了身体，自然人的任何人格权都不复存在。人的身体与动物的身体不同，动物虽然有身体有生命，但它在社会中不具有权利主体的资格，只具有权利客体的属性，是物的一种，受自然人财产所有权的支配。人的身体是人的物质形态，而人是权利主体，不能以自己的物质形态作为所有权

〔1〕 杨立新：《人格权法专论》，高等教育出版社2005年版，第65～67页。

的客体，即自己所有自己。如前所述，身体权具有支配权的性质，但这种支配权是人支配自身的身体利益，却不是支配物，是行使人格权而不是所有权。

第二，身体权不能为健康权所包含。身体权与健康权是两种独立的人格权。身体权以身体的整体为客体，体现的利益是自然人身体组织、器官的完整性和完全性；而健康权的客体是健康，体现的利益是自然人肌体功能的完全运作及其完善性。二者相比较，前者有明显的支配性质，后者没有明显的支配性质。某一行为侵害身体权，不一定都侵害健康权，如非法剪人毛发、指甲；侵害健康权，也不一定就侵害身体权，如致人患病。将身体权包含于健康权之中，混淆了两种人格权的区别，不仅在理论上是不正确的，而且在实践中，也混淆了对两种人格权法律保护的不同手段，会导致适用法律的错误。学者认为，虽然《民法通则》在“人身权”一节中仅规定“生命健康”而无“身体”，但从其立法意图看，这里的“健康”实际上包括了身体权和健康权两项权利，而且从司法实践看，对身体权的重视程度远甚于健康权。因此，身体权和健康权应作为并列的两种人格权予以保护。这种意见是正确的。

第三，将身体权作为独立的人格权，有利于人身权法律保护体系的协调一致。《刑法》第234条和第235条规定了故意伤害他人身体和过失重伤他人身体的刑罚制裁手段，有关行政法和《治安管理处罚条例》第22条也规定了殴打他人造成身体轻微伤害的行政制裁手段。这些规定与民法对身体权保护是一个有机的整体，发挥不同的作用。刑事立法对伤害罪规定的客体是身体权，行政立法上的殴打行为侵害的也是身体权。为保持人身权法律保护体系的协调一致，也应认为身体权为独立的人身权。

四、对身体权的民法保护方式

（一）认定侵害身体权的行为为侵权行为

民法保护身体权的基本方法，就是认定侵害身体权的行为为侵权行为，并且对侵权行为人责令承担损害赔偿等民事责任，以救济受害人的身体权损害。

侵害身体权民事责任的构成要件是：第一，侵害身体权的行为须有违法性的要件；第二，侵害身体权的行为必须造成身体的损害事实；第三，侵害身体权的违法行为必须与身体权损害事实之间具有引起与被引起的因果关系；第四，受害人在主观上具有过错，只有在法律有明文规定适用无过错责任原则的情况下，无过错才应当承担责任。

（二）侵害身体权的主要方式

凡是具备以上侵害身体权责任构成要件的行为，行为人即应当承担民事责任。归纳起来，构成侵权责任的侵害身体权的行为，主要是以下几种：一是非法搜查自然人身体，侵害了身体的形式完整。二是非法侵扰自然人身体，是对自然人身体以外力进行非法干扰，是对自然人维护自己身体安全以及支配权的侵害。三是对身体组织之不疼痛的破坏，如强行抽取他人血液，对于可以构成身体组成部分的不可以自由装卸的假肢、假牙等的破坏等。四是不破坏身体组织的殴打。五是不当外科手术，不合手术方法或治疗目的及施行过度，致侵害患者身体的，仍属于对身体的侵害。六是损害尸体，破坏遗骨、骨灰。

（三）对身体权的保护方法主要是精神损害抚慰金

对自然人身体权造成侵害，应当主要采用精神损害抚慰金赔偿的方法进行保护。应当采取以下办法进行：

第一，坚持财产损失全部赔偿的原则，对于造成财产损害的侵害身体权行为，责令加害人予以赔偿。对于这种损害，依照《民法通则》第119条规定，造成医疗费、误工费损失以及其他损失的，应予全部赔偿。对此，与侵害健康权的赔偿办法是相同的。

第二，对于难以确定损失价值的身体损害，应当参照相当标准确定适当的赔偿数额。对于侵害自然人身体权，没有造成伤害后果，例如，殴打未致伤害、非法搜查身体、非法侵扰身体等行为，也应当比照相应的标准，确定赔偿的方法和范围。

第三，受害人请求加害人承担赔礼道歉、停止侵害等精神性民事责任的，应当准许。

思考题：

1. 对生命权民法保护的法理基础是什么？
2. 生命权和健康权的联系和区别有哪些？
3. 身体权和健康权的联系和区别有哪些？
4. 思考生命权、健康权、身体权的联系和区别有哪些？

第十四章

精神性人格权

第一节　姓名权和名称权

一、姓名权

（一）姓名

姓名是用以确定和代表个体自然人并与其他自然人相区别的文字符号和标记。姓名包括姓和名两部分，姓是一定血缘关系的记号，标志着个体自然人从属于哪个家族血缘系统；名则是特定的自然人区别于其他自然人的称谓。姓名的组合，才构成自然人的完整的文字符号和标记，因而姓名是自然人的人身专用符号和标记，是自然人姓名权的客体。

姓名的法律意义在于，姓名在法律上使一个自然人与其他自然人区别开来，在一定意义上姓名是主体存在的标志，也是自然人从事民事活动，行使法律赋予的各种权利和承担相应义务的前提条件。

姓名有广义、狭义的区别。狭义的姓名即为登记姓名，在我国姓名的登记通常在各地公安机关的户籍部门。登记姓名是大多数人通常所理解的姓名的含义。广义的姓名包括登记姓名，以及字、号、笔名、艺名等别自然人人身特征的文字符号。在我国古代大多数人除了名以外还有字。例如，李白字太白；苏轼字东坡。此外，有的人还有“号”，如贺知章的号是四明狂客。但是，号的法律意义小于名和字的法律意义，因为其范围有限，区别力小。名和字对于那时的民事主体具有相同的法律意义，都能使民事主体得以区分。在我国大陆地区，自然人的字、号已很少见，但别名、笔名、艺名的使用却很普遍，而且为多数人所熟知，如鲁迅、巴金、茅盾等。这些登记姓名之外的别号，在某些特定的活动中有更为重要的意义。

（二）姓名权概念、性质及特征

自然人的姓名权，就是自然人决定、使用和依照法律规定改变自己姓名的权利。

姓名权的性质是人格权。有人认为，姓名权具有人格权和身份权的双重属性，在这种双重关系中，人格关系与财产没有关系，但身份关系却与财产关系有联系，如身份权中的抚养权、赡养权、继承权都与财产有关系。这种观点不正确。姓名之姓，表明的是血缘关系，但名并非如此。同时，抚养、赡养和继承都依身份关系而发生，但是不是因为叫了什么名字而产生的身份，而是依据亲属关系而产生。姓名表明的是人格，并不是身份关系，将这两个问题混淆在一起，是不准确的。

姓名权具有以下法律特征：

第一，姓名权的主体只能是自然人，法人不享有姓名权。只有自然人人格的文字标识才叫作姓名，因而自然人才享有姓名权。法人人格的文字标识是名称，享有的是名称权，而不是姓名权。有人认为名称就是法人的姓名权，是一种误解。

第二，姓名权的客体是自然人对自己人格的文字标识的专有权。姓名权的核心问题就是专有权，他人不得享有、使用，只能是权利人自己享有和使用。专有的客体，就是自然人的人格文字标识。不仅包括正式的登记姓名，而且也包括其他类似于姓名的笔名、艺名、别号等。

第三，姓名权的基本义务是不得非法干涉、使用他人的姓名。姓名权是绝对权、对世权，除了姓名权本人之外，任何人都是义务主体，都负有不得侵害其姓名权的义务。《民法通则》第99条规定“禁止他人干涉、盗用、假冒”他人姓名，就是姓名权义务人所应当承担的基本义务。

（三）姓名权的内容

姓名权包括以下内容：

1. 自我命名权。自我命名权就是自然人决定自己姓名的权利，任何人无权干涉。自然人的姓，原则上不能选择。在我国现实生活中有子女随父姓的习惯，但我国现行《婚姻法》第22条规定：“子女可以随父姓，可以随母姓。”如果自然人依法重新选择姓氏，法律也不应干涉。即使女子结婚后是在自己的姓名之外再加上丈夫的姓，也是依据当事人自己的意志决定。

姓名一般都是自然人出生时其父母确定，但这不是对自我命名权的否定，实际上是父母亲权的表现，是父母实施亲权的代理行为。自然人成年后，也可以通过姓名变更手续，变更自己的名字。自我命名权的另一个表现是自然人选择自己别名的权利，可以根据自己的意志和愿望，来确定登记姓名以外的笔名、艺名以及其他相应的名字，任何人都不得干涉。

2. 姓名使用权。姓名使用权就是自然人对自己的姓名的专有使用权。使用自己的姓名是自然人姓名权的重要内容，自然人在民事活动中，除法律另有规定的，可以使用本名，也可以使用自己的笔名、艺名或化名等。任何组织与个人都不得强迫自然人使用或不使用某一姓名。

姓名使用权是一种专有的使用权，他人不得故意使用别人的姓名。在现实中有重名的现象，并不是侵权行为。重名也叫姓名的平行，即数人合法取得同一姓名。在这样的情形下，各人都有权使用自己的姓名，也都是正当行使权利，但是故意混同的除外。

姓名也可以转让他人使用。通常情况下，名人的姓名往往蕴涵着巨大的商业价值。因为名人奋斗的历史通常能给人以巨大的激励，人们爱屋及乌的心理使姓名成了名人的象征，因而姓名也就具有了一定的商业价值。例如，李宁牌运动服；乔丹牌运动鞋。这种姓名使用权的转让方式可以通过以姓名入股的方式实现，也可以通过支付事业报酬等方式实现。这其实体现了姓名权的财产利益。姓名权所体现的利益，从以上内容来分析，为精神利益。在现代社会中，姓名权的精神利益也可能带来一定的经济利益，如利用著名作家的笔名发表作品，可以赚取稿费，利用著名演艺员的艺名以提高票房价值。但是，在具体人格权中，自然人姓名权的经济利益不仅与法人、商号的名称权相差悬殊，而且与自然人的其他人格权如肖像权等，也有很大的差距。姓名权的精神利益是其基本、最主要的利益。

值得注意的是，姓名使用权的转让通常限于商业领域，严格要求身份属性的，不能转让姓名使用权，即不得准许他人冒名顶替。如原告周某被某矿务局招收为煤矿工人，因怕艰苦，擅自离矿返家，协议由邹某去该矿务局冒名顶替，邹某以周某姓名在矿上工作。后来周某主张邹某侵害其姓名权，起诉到法院。法院审理认为，原被告原来关于姓名使用的协议是违法的，法律不予保护，驳回起诉。

3. 改名权。改名权就是自然人按照法律规定改变自己姓名的权利，也称为姓名变更权。其含义为，自然人可以按照自己的意愿依照规定改变自己的姓名，不受其他限制。这种变更姓名的行为，虽然仅依单方意思表示就可以生效，但是不经过公示，不得对抗第三人。登记姓名的变更，也必须经过登记，非依变更登记程序不发生效力。

（四）姓名权的民法保护

对姓名权的民法保护，就是认定侵害姓名权的行为为侵权行为，责令行为人承担侵权民事责任。

侵害姓名权的责任构成，须具备违法行为、损害事实、因果关系和主观过错四个要件。首先，侵害姓名权的违法行为一般由作为的方式构成。如盗用、冒用他人姓名，干涉他人行使姓名权的行为，都要以作为的方式实施，不作为不能构成此种侵权行为。以不作为方式侵害姓名权，只存在应使用而不使用他人姓名的场合，范围很狭小。其次，侵害姓名权的损害事实，以盗用、冒用他人姓名、干涉人行使姓名权、不使用他人姓名的客观事实为限，不必具备特别的损害事实，如精神痛苦、感情创伤等。再次，由于侵害姓名权的违法行为和损害事实合一化的特点，因而二者之间的因果关系不需要特别证明。最后，侵害姓名权的主观过错必须为故意，过失不构成侵害姓名权。过失造成与他人姓名混同，不认为是侵权行为，因为命名权为姓名权的基本内容，权利主体有权决定使用什么样的姓名，如果故意使用姓名混同方法，达到某种目的，则为侵权。

侵害姓名权的侵权行为分为以下四种：一是不使用他人的姓名的行为，姓名乃正当之指示手段，指明某人时，应使用其人之姓名。当使用他人姓名而不予使用，是为侵权。主要包括该标表而不标表、应称呼姓名而未称呼、不称呼他人姓名而代以谐音。二是干涉自然人行使姓名权的行为，如干涉命名权，干涉使用权，干涉改名权等。三是非法使用他人姓名的行为，包括盗用他人姓名和假冒他人姓名。四是姓名的故意混同行为，即并非使用姓名权人的姓名，而是使用可能与姓名权人的姓名发生混同的姓名。使用与他人姓名在外观上、称呼上和观念上相类似之姓名，如变更拼音，变更字划，全然不变更文字而发音类似，以及更有语音不同而观念上则属同一者，均成立姓名权之侵害。利用重名即姓名之平行而故意混同，也可以构成侵害姓名权。

我国《民法通则》第120条规定："公民的姓名权、肖像权、名誉权、荣誉权受到侵害的，有权要求停止侵害，恢复名誉，消除影响，赔礼道歉，并可以要求赔偿损失。"

在司法实践中，受害人请求侵害姓名权的精神损害，可以按照以下情形掌握：

第一，侵害姓名权的赔偿责任和赔偿数额，应适用精神损害赔偿的一般标准和一般方法作为基本原则，应当在侵害姓名权具有严重情节，造成较严重后果的情况下，才予以赔偿损失。对于已经侵害姓名权，情节不甚严重，损害后果不甚明显的，可以不予以精神赔偿。

第二，对于侵害姓名权有营利性质的，可以适当参考侵害肖像权损害赔偿的标准，即受害人有赔偿损失请求的，参考营利的数额确定赔偿数额。当然也可以参考允许使用姓名时应该获得的报酬。

二、名称权

（一）名称

1. 名称的概念。名称，语义学解释为事务的名目或者称号，用以识别某一个体或某一群体（人或事物）的专门称呼。在英语中，名称和姓名都使用 name，既指自然人的姓名，又指法人等组织的名称。在汉语，则姓名和名称是不一样的。

法律上的名称，是指法人及特殊的自然人组合等主体在社会活动中，用以确定和代表自身，并区别于他人的文字符号和标记。

名称并不是自然人的文字符号和标记，而仅仅是法人或特殊的自然人组合的文字符号和标记。特殊的自然人组合，是指个体工商户、个人合伙等不享有法人资格，但又不是自然人个体的其他组织。名称的基本作用，在于使上述主体在社会活动中确定自身的称呼，以代表其自身，并区别于其他自然人、法人和其他组织。总之，名称和姓名一样，都是民事主体从事民事活动的前提和基础，是民事主体的文字性区别标志。

2. 字号和商号。与名称相关的还有字号和商号。

字号，既指商店的名称，还指个体工商户、个人合伙所使用的名称；此外，字号往往具有“厂店合一”的特点，往往采取前店后厂的形式，店、厂使用同一字号。

商号，亦称商业名称，是商业主体依法申请登记，用以表示自己营业的名称，亦即商业主体在营业上所使用的名称。它的特征是由商业主体享有，依法登记，在营业上使用。

字号与商号均为名称的一种，并不是名称的全部。字号和商号之间的差别在于：第一，主体种类不同。字号的主体不包括法人，一般是指个体工商户、个人合伙等特殊的自然人组合；商号事实上是企业法人在营业时使用的，主体是从事商业活动的企业法人。但是这并不是绝对的，历史沿用下来的老字号，经工商登记，仍然使用，既是字号，又是商号。第二，确立原则不同。确立字号采自由主义，可以登记，也可以不登记；确立商号，则非经登记不能取得。第三，使用范围不同。字号既可以称其个体工商户或个人合伙自身，也可用于商业营业；商号则仅指商业主体在营业时使用的名称。

字号和商号都是名称的组成部分。除了字号和商号以外，还包括非商业主体法人的名称，如机关法人、事业法人以及其他社团法人等。由此可见，名称概念的外延，包括字号、商号和非商事主体法人的名称这样三个部分。

3. 名称管理。我国《企业名称登记管理规定》第 11 条规定："企业应当根据其主营业务，依照国家行业分类标准划分的类别，在企业名称中标明所属行业和经营特点。"该企业名称登记的基本要求，体现了真实主义的要求。企业名称确定之后，必须进行登记注册，它是法人登记的一个内容，为法人资格取得的一个条件。企业名称由工商行政管理机关核定。准予登记后，在规定的范围内使用，无特殊原因，在 1 年内不准申请变更。变更应该办理名称变更登记，擅自变更名称的，应按规定处罚。

个人合伙的字号，是全体合伙人从事经营的工商业名称，是其营业的外部标记。合伙可以起字号，也可不起字号。字号应该由文字构成，但不得冠以中国、中华、某省市的字样，经核准登记后，享有专有使用权。

个体工商户也可以起字号，字号是其经营业务的名称，也是经营者的外部标记。个体工商户起字号，应进行工商登记注册登记，经核准后，在规定的范围内享有专有使用权。

（二）名称权的概念、性质和特征

名称权是指法人及特殊的自然人组合依法享有的决定、使用、改变自己的名称，依照法律规定转让名称，并排除他人非法干涉、盗用或冒用的人格权。《民法通则》第 99 条第 2 款规定："法人、个体工商户、个人合伙享有名称权。企业法人、个体工商户、个人合伙有权使用、依法转让自己的名称。”

对于名称权的性质，有不同的主张。一种主张是“姓名权说”，认为名称权就是法人、个体工商户、个人合伙的姓名权。另一种主张是“财产权说”，认为名称权具有财产权的一般特征，是一项可以占有、使用、收益、出卖、继承以及作其他处分的财产。因而名称不是营业主体的人格，而是财产权的一种。第三种是“工业产权说”，认为名称权是一种无体财产权，与专利权相同，且有关国际工业产权条约将名称权作为工业产权加以保护。此外，还有认为名称权的性质是身份权或者具有人格权和身份权双重属性的主张。

名称权的性质就是人格权。其理由：首先，名称权的客体是法人等的人格利益，法人及其他组织的人格体现在名称上，只有具有名称，才能够使一个主体与另外一个主体相区别，无名称则无人格。其次，名称权具有人格权的全部特征，是固有权、专属权、必备权，其客体又是人格利益，尽管名称可以转让、继承，但这并不能否认其专属性的性质。再次，名称权虽具有某些无体财产权的性质，但这是它的具体内容的附属性质，而不是其本质属性。因此，名称权的性质是人格权，具有人格权的一切基本属性。它是绝对权、专属权、固有权、必备权，是法人、个人合伙、个体工商户等作为民事主体的基础条件。

名称权具有以下法律特征：

第一，名称权的主体通常不是单个自然人。它的主体包括法人、社会组织和个体工商户、个人合伙等特殊的自然人组合。法人应包括企业法人和其他非企业法人。特殊的自然人组合是指个体工商户、个人合伙和不具有法人资格的私营企业及其他类似的组织。

第二，名称权的客体具有间接的财产利益因素。人格权以不具有直接的财产因素或不具有财产因素为基本特征，名称权属于前者。这主要表现在商业名称上，老字号、老商号、名牌企业效益好、信誉高，必然带来高利润，因而使其商业名称具有较高的使用价值。

第三，名称权可以依法转让。由于名称权通常是商业符号，是商事主体的区分标准，所以它不同于其他人身权，可以依法转让给其他主体。但是，它的商业性决定了转让通常是有偿的。

（三）名称权的内容

1. 名称设定权。法人及特殊自然人组合享有名称权的最基本内容，就是为自己设定名称的权利，他人不得干预。设定名称，分为两种方式，一是自由主义，法律不加以限制，二是限制主义，规定商号、法人的名称应当表明其经营种类、组织形式、非经登记不发生效力。我国采用折中主义，对法人尤其是企业法人，必须设定名称，并须登记，否则不发生效力，不取得名称权，我国《企业法人登记管理条例》规定名称是企业法人登记的必备内容之一；对于个体工商户、个人合伙等，依其自愿，可以设定名称，也可以不设定名称。

2. 名称使用权。名称权主体对其名称享有独占使用的权利，任何个人和组织都不得非法使用。名称经依法登记公示后，即产生名称权主体的独占排他效力。在登记的地区内，他人不得再登记营业性质相同的名称；未经登记而使用的，构成侵害名称权。同一地区内，数个单位曾使用同一名称，其中一方经登记后，其他单位不得再使用该名称，否则为侵权。名称使用的范围，以登记的范围为限。国家级企业的名称，在全国范围内具有排他的效力。名称的独占使用，不排除不同行业使用，但是使用时必须标明行业。

3. 名称变更权。名称权主体在使用其名称的过程中，可以依法变更自己登记使用的名称。名称变更，可以部分变更，也可以全部变更。变更登记，必须依法定程序进行。名称变更登记后，原登记的名称视为撤销，不得继续使用原名称进行经营活动。名称变更应当依照主体的意志而为，他人不得强制干涉。

4. 名称转让权。《民法通则》第99条规定，企业法人、个体工商户、个人合伙有权使用、依法转让自己的名称。非企业法人的名称不得转让。名称转让，包括部分转让和全部转让。全部转让，原名称权人丧失名称权，受让人成为该名称的权利人，享有专有使用权及其他权利。部分转让，名称权人仍享有名称权，仍得自行使用名称权；名称使用人应按照使用名称约定的范围内使用，超出约定范围的使用，为侵权。

（四）名称权的转让

名称权的转让，包括名称使用权部分转让、名称权让与和名称使用权继承。

1. 名称使用权部分转让。让名称使用权部分转让，是名称权人允许其他个人或组织使用其名称，在商业活动中通常要收取一定的费用。至于转让的形式，通常是双方签订合同，以明确使用名称的双方权利和义务。

名称使用合同的主体只能是名称权人和名称使用人，其他人不能成为该合同的主体。就使用第三人的名称而达成协议，不成立名称权使用合同。名称使用合同的客体是对名称的使用，名称权人把自己的名称使用权部分地转让给使用人，使用人在约定的范围内使用名称。此种约定，须采用明示方式，默示不发生效力。对于误认使用人为名称权人而进行交易的，就债务清偿，名称权人与名称使用人负连带清偿责任。这是为了保护正常交易中的善意第三人，最终维护正常的交易秩序。

2. 名称权让与。名称权让与，也称为名称权的全部转让，是名称权人将其享有的权利全部让与受让人，其效力是受让人成为该名称权的主体，出让人丧失名称权。

名称权让与有两种方式，一是绝对转让主义，即名称转让应当连同营业同时转让，或者在营业终止时转让，名称转让之后，转让人不再享有名称权，受让人独占该名称权。二是相对转让主义，又称自由转让主义，即名称权转让可以与营业分离而单独转让，并可以由多个营业同时使用同一名称，转让人也可以继续享有名称权。

我国立法采绝对转让主义，名称权人在转让自己的名称时，应该将名称与其营业一起转让，或者在其终止营业时转让名称权。名称权让与之后，原权利人丧失名称权，受让人取得名称权。对于原营业的债权债务关系如何处理，应当按照双方协商的办法处理，没有明确约定的或者约定无法执行的，营业与名称一并受让的受让人应当承担清偿义务，清偿之后，可以向出让名称人请求追偿。在民间，个体字号连同营业一并转让，常称为“出兑”。一般情况下，营业主体在停业后转让名称权的情况较为少见，因为名称权人在停止营业后，其名称会随着时间的推移而逐渐减少商业价值。

值得注意的是，名称权与营业一起转让后，名称权人不可以在同一地域内再次经营同一行业，这是基于防止不正当竞争的考虑。

3. 名称权继承。与其他人格权不同，名称权虽然不是无体财产权，但却具有某些无体财产的性质。作为名称权人经营的象征，名称在长时间的商业活动中逐渐获得了无形的利益——人们基于交易而产生的信赖。如果让这种无形利益随着自然人的死亡而消灭的话，不符合宪法的根本宗旨。作为私法上的利益，当事人有继承的权利。

名称权继承，一般应连同营业一并继承，也可以在营业终止时继承。在营业终止后的一定时期内，继承人未声明继承并登记的，视为放弃名称权的继承。此外，名称权继承应当进行继承登记。

对于公有制企业法人，因其不具有亲属法上的身份权，因而不发生继承名称权问题。当一个企业撤销而另一企业承受该名称时，其性质是名称权的让与，而不是继承。

（五）名称权的民法保护

民法确认侵害名称权的行为为侵权行为，侵权人应当承担侵权责任，以救济受害人的损害，恢复名称权。

在实务中，侵害名称权的行为主要有以下几种：

一是干涉名称权的行为。非法干涉，包括对名称设定、专有使用、依法变更和依法转让的干涉。干涉名称的行为都是故意的行为，如强制法人或其他组织使用或不使用某一名称，阻挠名称的转让、变更的行为。非法宣布撤销他人的名称，也属于干涉名称权的行为。二是非法使用他人名称的行为。是指冒用或盗用他人登记的名称。盗用他人名称是指未经名称权人同意，以他人的名称从事民商事活动。冒用他人的名称，是以为自己的目的而行为，即冒名顶替。盗用和冒用他人的名称，即为非法使用。三是不使用他人名称的行为。不作为的行为构成侵权的前提是当事人有特定的作为义务。所以，应当使用他人名称而不使用或改用他人的名称，同样构成对名称权的侵害。

根据侵害名称权行为的特点，其赔偿损失的基本方法包括以下几种：

一是以受害人在名称权受到侵害期间的财产利益损失为标准，确定赔偿数额。计算公式是：

$$W = (P - C)(A1 - A2)$$

其中，W 是损失数额，P 单位产品（或服务）的价格，C 是单位产品（或服务）的成本，A1 是指侵权期间受害人应销售的产品数量（或提供的服务量），A2 是在侵权期间实际产品销售量（或服务量）。

二是以侵权人在侵权期间因侵权而获得的财产利益为标准，确定赔偿数额。计算公式是：

$W = A\ (P - C)$

W 是所获利益额，A 是侵权人在侵权期间销售的产品量（或提供的服务量），P 为单位产品（或服务）的价格，C 为单位产品（或服务）的成本。

三是根据有偿转让名称权的一般标准来确定。有偿转让名称权会有通常的标准，当以上两种方法不容易得出结论时，可以根据有偿转让名称权的一般标准来确定。

四是在受害人的财产利益实际损失或侵权人在侵权财产利益都无法计算或不易计算时，也可以采取综合评估的方法确定赔偿数额。

第二节 肖像权

一、肖像

肖像，亦称写照、传神和写真。肖像概念，具有两种意义，一是美学上的意义，二是法学上的意义。美学上的肖像属于造型艺术，是模仿人物造型而塑造形象，是以描绘人物形象为内容的造型艺术、视觉艺术。法律意义上的肖像，则是指一种自然人的人格利益，是指通过绘画、照相、雕塑、录像、电影艺术等形式使自然人外貌在物质载体上再现的视觉形象。

作为法律意义上的肖像具有以下的特征：第一，肖像首先是自然人的外貌形象，是指自然人所具有的客观的、实在的物质实体的外在形态；第二，肖像是自然人外貌所再现的视觉形象，而不是自然人形象的本身；第三，肖像须通过绘画、照片、雕塑、录像、电影艺术等形式，将自然人外貌映像固定在物质载体上，没有固定的自然人形象不是肖像；第四，肖像具有某种物的属性，即肖像固定在物质载体之上，与肖像人物本身在客观上相脱离，但能为人力所支配，并具有一定财产价值。

二、肖像权的概念和特征

肖像权是自然人以在自己的肖像上所体现的利益为内容的具体人格权。肖像权作为一种具体的人格权，是以肖像所体现的精神利益和物质利益为内容的民事权利。

肖像权的法律特征主要是：

第一，肖像权的基本利益是精神利益。肖像权的性质是人格权，维护的是以形象作为自然人标示方式的人格利益。因此，肖像权的基本利益是人格利益，是精神上的利益，而不是财产上的利益。那种认为侵害肖像权必须具备营利目的的主张，是违反了肖像权的这一基本属性的意见。

第二，肖像权具有明显的经济利益。与其他具体人格权有所不同，肖像权是一种具有一定的财产利益的人格权，这种财产利益是从肖像的美学价值产生的，将具有美学价值的肖像应用到市场经济中，肖像的美学价值就会转化为财产利益，创造财产价值。肖像的这种经济利益虽然与其人格利益相比不具有主导的地位，但是也应当予以保护。

第三，肖像权是自然人专有的民事权利。这种专有性首先体现在形象再现的专有性，即自然人享有是否准许他人再现自己的形象的权利。其次，体现在肖像使用的专有性，肖像使用权是权利人的权利，部分转让使用权，是权利人处分自己权利的行为，未经权利人本人的同意而使用他人的肖像，为侵权行为。

第四，肖像权的主体只能是特定的自然人。肖像是自然人有关形象的人格标识，反映的是自然人外貌的人格属性，因而只能为自然人所独有，且须特定的自然人所独有。

三、肖像权的内容

（一）制作专有权

肖像的制作是指通过造型艺术手段将人的外部形象表现出来，并固定在某种物质载体之上的全部过程。只有经过这个制作过程，人的形象才能转化为肖像，以脱离于人体之外的物质形态为人们所传播和利用。这种制作专有权表现为：一方面，肖像权人可根据自己的需要和他人、社会的需要，通过任何形式由自己或他人制作自己的肖像，他人不得干涉；另一方面，肖像权人有权禁止他人非法制作自己的肖像。肖像制作专有权是肖像权的基本权利，是肖像权其他内容的基础。

（二）使用专有权

由于肖像具有美学价值，并在一定条件下可以产生物质利益，因而肖像不仅对本人，而且对他人乃至社会，都具有使用价值。肖像使用专有权的实质含义，就是肖像权人对于自己的肖像利用价值的专有支配权。

肖像使用专有权意味着肖像权人对自己的肖像有权以任何方式进行使用，并有权禁止他人非法使用。其另一项重要内容是肖像使用的转让权。对于肖像利用价值的专有支配权正表现在权利主体可依自己的意志，将肖像利用价值转让给他人，由他人使用。应当注意的是，肖像使用专有权的转让，只能是部分转让，而不能全部转让。因为肖像利益是自然人的人格利益，而人格利益是不准抛弃的。

（三）利益维护权

肖像利益维护权的首要内容，是维护肖像的精神利益，对于恶意毁损、玷污、丑化自然人肖像的行为，肖像权人有权请求行为人停止侵害，并承担相应的民事责任。其次，也包括维护肖像的财产利益。任何人以营利目的使用他人肖像，肖像权人都有权要求赔偿其财产利益的损失。

肖像利益维护权最终表现为在权利受到侵害时，可以请求司法保护。对于所有侵害肖像权的行为，肖像权人都有权向人民法院起诉，要求人民法院保护自己的肖像利益，救济所受到的损害，包括精神损害和财产利益损害。

四、肖像使用行为

（一）肖像使用行为的性质

肖像的使用，是自然人肖像权专有性的最重要内容，是否经肖像权人同意，是判断使用肖像的行为是否构成违法的主要标志。合法的肖像使用行为，除去具有阻却违法事由的以外，是肖像使用合同。这种肖像使用行为，具有合同的一般特征：其一，肖像使用行为是双方或多方意思表示一致的民事法律行为，而这正是合同的基本特征之一。其二，肖像使用行为的基础产生于双方当事人就他们之间设立、变更、消灭肖像使用关系的协议。这种在当事人之间设立、变更、终止某种民事法律关系的协议，正是合同的一种形式。其三，肖像使用行为是当事人在平等、自愿的基础上所进行的民事法律行为。肖像权人和肖像使用人在肖像使用行为中，地位完全平等，绝没有谁受谁支配、谁受谁领导的关系，同时，转让使用和承受使用，都是双方自主自愿，并非是一方将其意志强加给另一方的强迫使用。这也是合同的特征之一。其四，肖像使用行为的约定对双方具有法律拘束力，双方必须遵守，不得违反，非经对方同意，任何一方都不得擅自变更解除。这是合同的另一个特征。

（二）肖像使用合同的特征

肖像使用合同作为具体的合同，它又具有自身的法律特征：一是合同的主体只能是肖像权人和肖像使用人，就他人的肖像使用和就使用他人的肖像所达成的协议，不成立肖像使用合同。二是合同的客体是对肖像的使用，即肖像权人把自己肖像的使用权部分地转让给使用人，使用人在约定的范围内使用肖像权人的肖像。三是合同的内容和形式在于双方约定，既可以是有偿的，也可以是无偿的；既可以是双务的，也可以是单务的；既可以是要式的，也可以是非要式的。四是肖像使用合同是诺成性合同，一经成立，即发生法律效力。五是多数肖像使用合同具有隐蔽性。在实践中，肖像使用合同表现为两种形式，一种是纯粹的肖像使用合同，即就肖像使用本身签订合同，如照片的陈列，用肖像制作广告；另一种是包含在其他合同之中的肖像使用合同，这种肖像使用合同属于从合同，隐蔽在主合同之中。例如，某明星同意为某公司制作商业广告，某模特同意为某美术学校做人体模特，等等，其中就包含了肖像使用的内容。

（三）确认肖像使用行为为合同性质的意义

确认合法的肖像使用行为的性质为肖像使用合同，为肖像权的法律保护提供了有益的启发。即在排除阻却违法事由之外，依照有效的肖像使用合同的约定使用肖像权人的肖像，为合法行为，法律予以保护；那么，没有有效的肖像使用合同作为依据而使用肖像权人的肖像，或者超出肖像使用合同约定范围而使用肖像权人的肖像，必然是违法行为，法律不予保护。

例如，人体模特的肖像权问题，有很大的争论。有的认为人体模特不得主张肖像权，有的主张人体模特可以主张肖像权。认识这个问题的关键就在于正确认识肖像使用行为的合同性质。人体模特肖像权问题的实质，仍然是一个肖像权使用合同问题，只要按照肖像使用合同约定的范围使用，就不构成侵害肖像权。在人体模特肖像使用合同中没有约定使用范围应当怎么办？在通常情况下，应当将这种情况推定为同意以其形象制作的肖像艺术品的买卖、复制、展览的默示形式。一件艺术品，如果创作出来只能锁在画室里，供创作者一人观赏，那么，也就失去了它的艺术价值。从艺术创作这一基本特性出发，可以说，人体模特同意供艺术家临摹、创作，就应当首先推定其同意以其肖像创作的作品进行展览、复制和买卖。如果肖像权人即人体模特不同意上述对艺术品进行处分的活动，需要双方在肖像使用合同中作特别约定，这种特别的约定，应以明示的方式做出，作为合同的禁止条款规定下来。

五、肖像权的民法保护

侵害肖像权责任构成，须具备以下三个要件：

第一，须有肖像使用行为。肖像为肖像权人所专有，他人不得私自制作其肖像。但是，只是制作肖像而不予以使用，尚不足以构成侵害肖像权。侵害肖像权中使用的肖像，包括一切再现自然人形象的视觉艺术作品及其复制品。这种使用，并非仅仅包括商业上的利用，而是包括一切对肖像的公布、陈列、复制等使用行为。

第二，须未经肖像权人同意而使用。未经同意而使用，破坏了肖像权的专有性，具有违法性。同时，未经肖像权人同意而使用其肖像，必须在主观上具有过错；在一般情况下，侵害肖像权行为人的主观形态表现为故意，这是因为肖像使用行为是行为人的有意识的行为，通常不会因为不注意的心理状态而误用他人肖像。但是，并不排除过失侵害肖像权的可能性。

第三，须无阻却违法事由而使用。虽然未经本人同意而使用他人肖像，但如果有阻却违法事由，则该使用行为为合法。肖像使用行为的阻却违法事由主要包括：一是为维护社会利益需要。二是为维护自然人本人利益的需要。三是为了时事新闻报道的需要而使用。四是现代史上著名人物肖像的善意使用，亦为阻却违法。

构成侵害肖像权，侵权人应当承担民事责任。包括停止侵害、消除影响、赔礼道歉、赔偿损失，其中包括财产性质的民事责任方式，如赔偿损失；也包括非财产性质的责任方式，如赔礼道歉等。

在侵害肖像权的民事责任确定上，由于肖像权本身含有财产利益，应当特别重视财产责任方式的适用，即对赔偿损失的适用应当予以特别的重视。

对于以营利为目的擅自使用他人肖像的，应以营利的目的作为赔偿标准，无论情节是否严重，也无论使用后是否赢利，肖像权人请求赔偿的，就应确定使用人的侵权赔偿责任。对于非以营利为目的侵害肖像权的，应以情节严重作为标准，造成较严重后果的，肖像权人请求赔偿，可以按照一般的精神损害赔偿标准，确定赔偿责任。

第三节　名誉权和荣誉权

一、名誉权

（一）名誉

语义学上解释名和誉，都含有誉的意思，指美好的名声，名为令名，誉为美誉，有令名始获美誉，因谓令名曰名誉。名誉即为个人和团体的名声。

法律学上对名誉的界定，大陆法系一般认为，所谓名誉，系指一个人在社会上的评价，并非指名誉感情，是由第三人的评价，为人的评价，不限于道德方面，也包括技术方面。英美法系一般认为名誉是指具有良好的地位、声望，并为人所尊重，或者对于人的道德品质、能力和其他品质的一般评价。

在我国，对于名誉的界定，有不同的主张。例如，“声名说”认为，名誉就是指个人凭其天赋、家世、功勋、财富、品德、学历以及地位等各种人格上之特质，在他人心目中所具有的声名与令誉。这种主张强调名誉是令名，即美好的名誉，不够准确。“社会评价说”认为，名誉是指根据他的观点、行为、作用、工作表现等所形成的关于他的品德、才干及其他素质的社会评价，及社会对他的社会价值的一般评价。这种主张是较为准确的。“社会评价和个人评价综合说”认为，名誉有两种意义，一是内部名誉，指对个人内在的价值，系人格加之本身的评价，如自我的评价；二是外部的名誉，指个人外在的价值，即人格价值的社会评价。这种主张混淆了主观名誉和客观名誉的区别。

名誉是指人们对特定的自然人或者法人的品德、才能及其他素质构成的人格价值的社会综合评价。

从一般意义上说，广义的名誉有两种，一是客观名誉，即外部名誉，一是主观名誉，即内部名誉。外部名誉是指他人对特定人的属性所给予的社会评价，内部名誉是指人对其内在价值的个人感受，即名誉感。名誉权所保护的不是内部名誉，而是外部名誉，即客观名誉，是对特定人的社会评价。

因此，法律上作为名誉权客体的名誉，具有以下特征：

第一，名誉具有社会性的特征。名誉是一种社会评价，无论从内容上还是形式上，都具有社会的属性。评价的内容，源于特定的主体在社会生活中的行为表现，出自公众的社会舆论，都是社会生活的反映。离开公众的社会反映，就无所谓名誉。

第二，名誉具有客观性的特征。名誉是客观的评价，即外部社会对特定主体的评价，而不是个人的自我认识。名誉的客观性是基于特定主体而言，即公众的评价相对于特定主体，是外部的，客观的，它不取决于主体内在的感情、认识和评断。

第三，名誉具有特定性的属性。名誉是公众对特定主体的社会评价，包括特定的自然人和法人。名誉的特定性表现为社会评价的是“这一个”主体，而不是“这些个”主体。不具有民事主体资格的一些人或者这些人不享有名誉。

第四，名誉具有观念性的特征。名誉虽然具有客观性的属性，但是其表现形态却是观念性的形态，存在于公众的观念形态之中，观念属于主观的范畴。在这种特定的场合，名誉的客观性是相对于特定民事主体主观认识而言，名誉的外在性质是客观的，其内容是主观的，是主观与客观的统一。

（二）名誉权的概念与特征

名誉权是指自然人和法人就其自身属性和人格价值所获得的社会评价所享有的保有和维护的人格权。

名誉权有如下的法律特征：

第一，名誉权的主体包括自然人和法人。名誉权是具体人格权，在人格权中，只有少数权利的主体包括自然人和法人，名誉权是其中之一。例如，物质性人格权是自然人所独有，肖像权、人身自由权、隐私权、性自主权等，都为自然人所独有，这些人格权都不能为法人所享有。

第二，名誉权的客体是名誉利益。这种名誉利益，是自然人和法人就其自身属性和价值所获得的社会评价。自身属性包括自然人的品德、才能和其他素质，包括法人的经营能力、履约能力、经济效益等状况。这是名誉权区别于其他任何具体人格权的最基本特征，依此与其他任何权利相区别。例如，荣誉也是一种评价，但却是一种国家、团体或组织所给予的正式评价，而名誉则是一种公众的社会评价。至于其他人格权的客体，则与名誉权的客体毫无相似之处。

第三，名誉权的基本内容是保有和维护自己的社会评价。它不具有肖像权、名称权那样的使用价值，只是在于保有自己的名声，维护其名声不受侵害。称名誉权的内容包括获得权，则违背了名誉权是固有权的人格权法原理，是不正确的。

第四，名誉不具有财产性，但与财产利益相关联。名誉权是非财产的人格权，不具有直接的财产价值，也不能产生直接的经济利益。但是，不能就此否认所有的人格权都没有财产的关联性。最为明显的，是肖像权、名称权和信用权，其财产利益因素很明显；最不明显的，是姓名权、性自主权、隐私权等，几乎不具有财产的关联性。名誉权属于这两者之间，有一定的财产利益因素。这不仅表现在名誉权受损害以后主体会因补救损害而受到一定的经济损失，同时，还可能导致自然人招聘、晋级、提薪受到影响，导致法人社会信誉的降低、利润减少，均可使其财产受到损害。

（三）名誉权的内容

名誉权的内容包括以下几项：

1. 名誉保有权。民事主体对于自己的名誉享有保有的权利。由于名誉是一种客观的社会评价，权利人无法以主观的力量人为地去改变它、支配它，只能对已获得的名誉予以保有。名誉保有权包括，一是保持自己的名誉不降低、不丧失，二是在知悉自己的名誉处于不佳状态时，可以以自己的实际行动改进它。名誉保有权的实质，不是以自己的主观力量左右社会评价，而是通过自己的行为、业绩、创造成果作用于社会，使公众对自己的人格价值予以公正的评价。

2. 名誉维护权。名誉权人对于自己的名誉有权维护。一方面，对于其他任何人有不得侵害的不作为请求权，任何其他人都负有不得侵害名誉权的法定义务。另一方面，对于侵害名誉权的行为人，名誉权人基于维护权可以寻求司法保护，要求司法机关对侵权人进行民法制裁，同时对自己遭受损害的权利进行救济。

3. 名誉利益支配权。名誉权人虽然就社会对自己的评价不能够进行支配，但对于名誉权所体现的利益却能够进行支配。自然人、法人可以利用自己良好的名誉，与他人进行广泛的政治、经济交往，使自己获得更好的社会效益和财产效益；当然也可以不利用它。但是，名誉利益的支配权，不包括抛弃权、处分权，不能将名誉利益任意抛弃，也不得任意转让，更不能由继承人继承。

（四）名誉权与荣誉权的区别

名誉权与荣誉权是最相接近的两种民事权利。这两种权利都是关于民事主体客观评价的权利，都是保持和维护这种客观评价的权利，性质也都是人格权。但是，这两种权利存在非常明显的区别。

1. 权利所保护的客体不同。名誉权的客体是名誉，荣誉权的客体是荣誉，这是名誉权和荣誉权的主要区别。名誉是社会的评价、综合的评价、一般的评价，而荣誉则是正式的评价、积极的评价、肯定的评价、组织的评价。一个组织对所属的特定人予以奖赏，授予荣誉称号，这就是荣誉。而名誉则只能是公众的、社会的、一般的综合评价，不具有褒贬的色彩。

2. 享有权利的主体有所不同。名誉权的权利主体是所有的民事主体，凡是具有民事主体资格的人，就享有名誉权，人人平等。而荣誉权的主体则不是所有的民事主体，而是依据是否获得荣誉的事实而定，因而有的民事主体享有荣誉权，有的民事主体不享有荣誉权。

3. 权利的取得和消灭有所不同。这两种人格权性质相同，但是其取得和消灭有所不同。名誉权是固有权，自然人从其出生、法人从其成立，即享有名誉权，直至其消灭为止，丧失名誉权。荣誉权的产生，则是依据获得荣誉的事实而发生，不仅依据民事主体的消灭而消灭，而且还可以依据国家机关或者社会组织取消或者剥夺其荣誉的行为而消灭。

4. 权利的性质有所不同。名誉权和荣誉权的性质虽然都属于人格权。但是，名誉权仅仅为人格权，而荣誉权既具有人格权的性质，也具有身份权的性质，是具有双重属性的民事权利。

（五）名誉权的民法保护

民法保护名誉权，就是认定侵害名誉权的行为为侵权行为，对侵权行为人予以损害赔偿等民事制裁，保护名誉权不受侵害。

1. 侵害名誉权责任的构成。认定是否构成侵害名誉权的责任，应当根据受害人确有名誉被损害的事实、行为人行为违法、违法行为与损害后果之间有因果关系、行为人主观上有过错来认定。

侵害名誉权的违法行为的基本行为方式，是作为的方式。但是不作为也可以侵害名誉权，例如行为人依其职责负有保护他人名誉权的特别作为义务，违反之，为不作为的侵害名誉权行为；行为人基于前一个行为而产生作为的义务，违反之而不作为，构成不作为的侵害名誉权行为。侵害名誉权的行为应指向特定的人，应具有贬损他人名誉的性质，同时，行为要具有违法性。

侵害名誉权的损害事实，包括以下三个层次：一是名誉利益损害，侵害名誉权的行为为第三人所知悉，即公布，就构成名誉的损害；二是精神痛苦的损害，受害人因加害人的侵害名誉权行为而遭受的感情损害；三是财产利益的损失。

在侵害名誉权的违法行为与损害事实之间必须具有引起和被引起的因果关系。在侵害名誉权的责任构成中，具有损害他人名誉的违法行为被第三人知悉，实际上就造成了损害后果，也就具有了因果关系。

侵害名誉权责任的归责原则，是过错责任原则，不适用过错推定原则、无过错责任原则和公平责任原则。因而，构成侵害名誉权责任，必须具备主观过错的要件，并且须由受害人证明。

2. 具体侵害名誉权的行为。

（1）诽谤。诽谤的方式分为两种：一是口头诽谤，二是文字诽谤。诽谤的内容，包括一切有损于他人名誉的事实，如诬蔑他人犯罪、品德不良、素质能力不高、企业形象不佳等均是。判断的标准是，某种言论如果经社会中具有正常思维能力的成员判断，认为有损于他人的名誉，该言论即为诽谤。诽谤的范围，无须较大范围的散布，以第三人知悉为最低限度。

（2）侮辱。侮辱既可以以行为方式进行，也可以以语言方式进行。当侮辱是以语言方式进行的时候，侮辱与诽谤的区别是，诽谤的言辞是无中生有，“无事生非”；而侮辱则是将现有的缺陷或其他有损于人的社会评价的事实扩散、传播出去，以诋毁他人的名誉，让其蒙受耻辱，可以称之为“以事生非”。以口头语言或动作语言侮辱他人人格的，应当具备“达到一定程度”的条件，才能构成侵害名誉权。

（3）新闻报道失实。最高人民法院《关于审理名誉权案件若干问题的解答》第7条第4款规定：“因新闻报道严重失实，致他人名誉受到损害的，应按照侵害他人名誉权处理。”这一司法解释是正确的。其判断标准，就是新闻报道是否失实，失实的报道是否造成了受害人名誉权的损害。

（4）文学作品使用素材不当。创作文学作品时，故意用小说等文学作品侵害他人名誉权的，为诽谤。作者使用素材不当，损害生活原型人的名誉权的，构成侵害名誉权。

（5）无证据而错告或诬告。错告他人，一般不构成侵害名誉权。确无证据而错告他人，造成被告发人名誉权损害的，构成侵害名誉权。诬告者，为严重的侵权行为。

（6）过失致人名誉权损害的其他行为。过失致他人名誉权以损害，亦构成侵害名誉权责任。

3. 侵害名誉权的精神损害赔偿。侵害名誉权的损害赔偿，除应考虑受害人是否有精神损害赔偿的请求外，还应当有适当的标准。一是从侵害情节来考虑，侵害情节较重，造成较严重的后果的，可以予以赔偿。二是从受害人的谅解程度考虑。如果责令加害人承担非财产责任后，受害人能够谅解，就说明受害人的精神创伤已经平复，可以不予以赔偿。三是从加害人认错态度考虑。如果受害人谅解而加害人仍不认识错误，则不能因为受害人精神创伤的平复而对违法行为不予以制裁，仍应责令加害人承担赔偿责任。

二、荣誉权

（一）荣誉的概念和基本特征

荣誉是社会的褒奖，但奖励和光荣称号只是荣誉的外在表现形式，而不是它的实质，它是具体的荣誉，而不是抽象的荣誉、概括的荣誉。将具体的荣誉，诸如精神奖励、物质奖励、光荣称号、奖金、奖牌、勋章、奖杯等抽象起来，就是社会对于特定民事主体的积极评价。因而，荣誉是特定民事主体在社会生产、社会活动中有突出表现或突出贡献，政府、单位团体或其他组织所给予的积极的正式评价。

荣誉和名誉虽然都是一种评价，在这一点上有共同之处，但荣誉与名誉相比，有自己独特的法律特征：

第一，荣誉是社会组织给予的评价，而不是一般的社会评价。名誉这种评价是社会评价，它的来源是公众，或者是一般的舆论。荣誉不是公众的评价，而是由国家政府、所属单位、群众团体以及其他组织所给予特定民事主体的评价，当然更不是个人的评价。所要区分的有二：一是有些荣誉由特定的领导授予，如董事长授予其属员以荣誉，政府首长授予某人以荣誉称号。这不是个人的评价，而是组织的评价，因为政府首长或法人董事长就是该政府、该法人机关，他所代表的是组织而非个人行为。二是有些荣誉是由公众投票，组织公布，如电影百花奖、十佳运动员等，这种荣誉也不是一般的公众评价，而是由一定的组织主持的，由公众参加的评选活动，其荣誉的授予，仍是由一定的组织进行。

第二，荣誉是社会组织给予的积极评价，而不是消极的评价。名誉这种社会评价，既包括积极的褒奖，也包括消极的批评、贬损，还包括不含有褒贬色彩的中性评价。荣誉获得的前提，必须是民事主体在社会生产或社会活动中做出突出的贡献，或者有突出的表现，确定与众不同，具有应受褒奖性。只有具备这样的条件，才能获得荣誉，否则就没有获得荣誉的资格。因而荣誉这种评价必须是积极的、褒扬性的评价，一般的评价构不成荣誉，消极的评价更构不成荣誉，而是荣誉的对立物。

第三，荣誉是社会组织给予的正式评价，而不是随意性的评价。名誉这种社会评价是公众的自由评价、随意评价，不受政府、组织和团体的意志所左右。荣誉则不同，它必须是社会组织的正式评价。这种正式性，其内容应具有专门性，即荣誉的内容必须有专门的内容，如劳动模范、优秀演员、学习标兵、战斗英雄、世界冠军，等等，而不能笼统地说某民事主体是"好人"，其形式必须定型化，不能随意而为；其授予或撤销、剥夺必须程序化，严格依照法定的或者议定的程序进行，尤其是荣誉的剥夺，应当依照法定程序进行，否则为侵权。

第四，荣誉是民事主体依据自己的模范行为而取得的社会组织的评价，而不是自然产生的。名誉这种评价是自然产生的，无须民事主体依自己的积极行为而取得，如人一出生人们就评价其胖瘦、黑白、美丑等。这是由于名誉这种社会评价的非专门性、非正式性等特点所决定的。荣誉这种评价非依自己的模范行为、突出贡献而不能取得。即使是"选美"，也并非只要参选人自然姿色美就必然当选，还必须评判其修养、举止、谈吐、衣着等综合指标，确实有模范的表现才能当选。任何荣誉都不能自然产生。

（二）荣誉权的概念和法律特征

荣誉权是指民事主体对其获得的荣誉及其利益所享有的保

持、支配的基本身份权。其基本法律特征为：

首先，荣誉权的客体是荣誉的本身及荣誉本身所包含的利益。荣誉的本身是一种正式社会评价，它是荣誉权的客体。同样，荣誉所包含的利益也是荣誉权的客体。例如，获得体育比赛的世界冠军，这种称号是荣誉的本身，因获得世界冠军而得到的奖章、奖金、奖品，以及所获得的尊敬、荣耀，等等，就是荣誉的利益，包括物质利益和精神利益。

其次，荣誉权不是获得权。它不是民事主体的固有权利，也不是每一个民事主体都可以取得的必然的权利。因为荣誉的来源是正式组织依一定程序的授予。荣誉的获得，包括两个因素，一是主体的突出贡献或突出表现，二是组织的承认并授予。如果承认荣誉权是获得权或者包括获得权，那么，就等于任何民事主体都有权获得荣誉，当组织没有授予其荣誉时，就可以依其获得权而主张荣誉。

最后，荣誉权不仅是不可侵犯的绝对权，也是对荣誉及其利益的支配权。荣誉权是一种绝对权，表现为荣誉权人对其已经取得的荣誉及其利益的独占权，其他任何人都对这一权利客体负有不可侵犯的法定义务。除此之外，荣誉权对其荣誉利益享有支配权、自主决定荣誉利益的利用、处分。仅认为荣誉权是保持荣誉的权利，显然不够全面。

（三）荣誉权的性质

对于荣誉权的性质，有不同的看法。一种主张是“人格权说”，认为荣誉权的性质是人格权，而不是身份权，属于尊严型人格权。第二种主张是“身份权说”，认为荣誉权的性质是身份权，不是自然人生来就具有的人格权，而是依据一定的事实而取得的身份权。第三种主张为“双重属性说”，认为荣誉权兼有身份权和人格权的性质，其身份权是其基本性质。

我们认为，荣誉权具有人格权和身份权的双重属性。荣誉权具有身份权的属性。荣誉权的来源是基于一定事实受到表彰奖励后取得的权利，并且还可以经一定程序而撤销，某些荣誉还可依法定程序而予以剥夺，荣誉一经撤销或依法剥夺，荣誉权人即丧失荣誉权。因此，荣誉权是表明荣誉权人与荣誉身份的权利。但是，荣誉权也具有人格权的属性。在《民法通则》中，荣誉权就是规定在人格权中的，其性质就是人格权。在制定民法典草案的过程中，学者进一步讨论了荣誉权的性质，认为其基本的性质还是人格权，况且在一些国家的民法典中，也是将荣誉权规定为人格权的。因而认定荣誉权具有人格权的性质，是有根据的。在荣誉权的双重属性中，人格权的属性是基本属性。

（四）荣誉权的内容

1. 荣誉保持权。荣誉保持权是指民事主体对获得的荣誉保持归己享有的权利。荣誉包括各种荣誉称号，如劳动模范、战斗英雄、先进企业等，各种奖励、表彰，如通报表扬、通令嘉奖等。对于这些荣誉及其体现的利益，权利人有权保持。保持权包括两项：一是对获得的荣誉保持归己享有，体现的是荣誉的独占权，表明荣誉一经获得，为民事主体终生享有，未经法定程序不得撤销或非法剥夺，也不得转让、继承。任何非法撤销、剥夺以及转让、继承荣誉的行为，都是无效的行为，都是对荣誉独占权的否定。二是要求荣誉权人以外的任何其他人负有不得侵害的义务。荣誉的不可侵性，是荣誉保持权的基本内容之一。它不仅要求荣誉权人之外的任何其他人都负有不可侵犯的法定义务，而且规定任何违反这一法定义务而实施侵权行为的人，发生违反法定义务的后果，即应承担法律责任。

2. 精神利益支配权。精神利益支配权是荣誉权人对其获得的荣誉中精神利益的自主支配权。荣誉权的精神利益，是指荣誉权人因获得荣誉而享有的受到尊敬、敬仰、崇拜以及荣耀、满足等精神待遇和精神感受。前者是客观的精神利益，后者是主观的精神利益。这些精神利益是荣誉利益的组成部分之一，由荣誉权人专属享有。

对精神利益的自主支配，是荣誉权的具体权利内容，权利人无需经他人同意或允许，包括对该种利益的占有、控制、利用，但不得将荣誉的精神利益予以处分，如转让他人享有或转让他人利用。精神利益的占有和控制，是权利人保持自己荣誉权的重要方面，同时，也是实现自我价值，使自己主观利益得到满足的重要内容。精神利益的使用，是指权利人利用自己的荣誉身份、地位进行社会活动的权利。这是荣誉权的一项重要的精神利益，受到法律的保护。

3. 物质利益获得权。物质利益获得权，就是权利人对于荣誉附随的物质利益所享有的法定取得的权利。荣誉权的物质利益，是指奖金、奖品、奖杯、奖章等含有价值和使用价值的财物，以及其他具有财产价值的荣誉待遇所体现的财产利益。奖金、奖品、奖杯、奖章等是指一次性颁发的物品，荣誉待遇则是指依据荣誉权而在一定时期内享受物质补贴等方面的给付。

荣誉权的精神利益与荣誉本身相伴而生，取得荣誉权，就取得荣誉的精神利益。荣誉权的物质利益并非任何荣誉都有，而应依颁发荣誉的章程或授予机关、组织的规定确定。对于定期收回的奖杯，是一种有限获得权，只能在规定的时期内，有权获得并占有，这种荣誉利益的性质，更具精神利益的性质。物质利益获得权，意味着权利人在获得荣誉的情况下，有权依照颁奖的章程或授予机关、组织的规定，就应获得的物质利益主张权利。当颁奖章程或授予机关、组织规定获得某种荣誉即应获得某种物质利益的时候，获奖人在获得该种荣誉时，有权获得相应的物质利益。如果颁奖或授予荣誉的机关或组织授予其荣誉，而没有按章程或规定颁发物质利益，权利人可依章程或规定，向颁奖或授予荣誉的机关或组织，主张获得该物质利益。故意扣发、不发、少发物质利益的，均构成对荣誉权的侵害，权利人有权寻求司法保护。

4. 物质利益支配权。荣誉权人对于已经获得的物质利益，享有支配权。这种支配权包括两种形式，一是完整支配权，二是有限支配权。荣誉的一般物质利益的支配权，是完整支配权，它的性质属于财产所有权，即自物权。这种物质利益支配权必须明确规定物质利益完全归权利人所有，获得这种物质利益，即对该物质利益取得所有权，享有完全的占有、使用、收益、处分的全部权能。权利人对其所有的这些物质利益完全自主支配，不受任何拘束，只须符合法律关于所有权行使的一般规定。在物质待遇的利益方面，应当区分获得权和支配权。获得权是主张的权利，如定期发给的补贴，可按期主张。支配权则是获得权实现后所取得的所有权，是直接决定物质利益命运的权利。物质利益的有限支配权不具有所有权的属性，只是享有受时间限制的占有权。各种比赛的流动奖杯，获得者享有有限支配权，包括占有权，适当利用权，同时负有妥善保管义务和按时交回的义务。

（五）荣誉权的民法保护

侵害荣誉权民事责任的构成，必须具备违法行为、损害事实、因果关系、主观过错四个必备要件。

首先，侵害荣誉权的违法行为，是行为人对荣誉权人的荣誉及其利益造成损害的作为和不作为。这种违法行为的基本方式是作为，不作为亦构成对荣誉权侵害的行为，如扣发应得的奖金、实物，拒绝给予权利人应得的物质利益待遇，都构成不作为的侵害荣誉权行为。其次，侵害荣誉权的损害事实，是指违法行为侵害荣誉权，造成荣誉的损害和荣誉精神利益遭受损害。荣誉的损害往往导致财产利益的损害，如荣誉权的物质利益获得权和支配权受到损害的事实。再次，侵害荣誉权的因果关系要件，要求侵害荣誉权的损害事实必须是由侵害荣誉权的违法行为所引起的。最后，侵害荣誉权的主观过错要件，故意、过失均可构成。故意侵害荣誉权构成侵权责任，自不待言。过失侵害荣誉权，也可以构成侵权责任。

按照侵害荣誉权构成要件的要求，下列具体的侵害荣誉权行为，均应承担侵权责任：一是非法剥夺他人荣誉；二是非法侵占他人荣誉；三是严重诋毁他人所获荣誉、严重侵害荣誉精神利益的行为；四是拒发权利人应得的物质利益；五是侵害荣誉物质利益的行为；六是侵害死者荣誉利益的行为。

对于荣誉权遭受侵害的权利人，应当责令侵权人承担相应的民事责任，主要的救济方法是：恢复荣誉，返还物质利益，赔礼道歉，消除影响，停止侵害，赔偿损失。对于侵害荣誉权造成损害的赔偿，其范围包括：赔偿财产直接损失，赔偿因损害荣誉权而造成的财产利益损失，对于自然人造成精神痛苦的，应当予以适当的慰抚金赔偿。

第四节　隐私权和性自主权

一、隐私权

（一）隐私

隐私乃是一种与公共利益、群体利益无关的，当事人不愿他人知道或他人不便知道的信息，当事人不愿他人干涉或他人不便干涉的个人私事和当事人不愿他人侵入或他人不便侵入的个人领域。

构成隐私有两个要件，一为“私”，二为“隐”。前者指纯粹是个人的，与公共利益、群体利益无关的事情，这是隐私的本质所在。后者并非描述某个事情、某个信息不为人知的事实状态，它包括：当事人不愿这种个人私事被他人知悉；按正常的心理和道德水准，这种个人隐私不便让他人知道，否则会对当事人产生各种不利的后果；这种个人私事当事人不愿或不便他人干涉；某些私人领域当事人不愿或不便他人侵入。因此，隐私有三种形态：一是个人信息，为无形的隐私；二是个人私事，为动态的隐私；三是个人领域，为有形的隐私。

与此相关的概念是阴私。阴私除了指男女性关系方面的秘密以外，还包括有关人体的秘密，阴私作为私生活秘密之一种，当然包括在隐私之中。

（二）隐私权的概念、特征和性质

隐私权是自然人享有的对其个人的、与公共利益无关的个人信息、私人活动和私有领域进行支配的人格权。其特点是：

1. 隐私权的主体只能是自然人。隐私权是自然人个人的私的权利，并不包括法人，尤其是企业法人。企业法人的秘密实际上就是商业秘密，商业秘密不具有隐私所具有的与公共利益、群体利益无关的本质属性；隐私并非全是秘密，而商业秘密则全部是秘密，泄露之，将给企业带来不可估量的损失；商业秘密保护的是企业经济利益，而隐私权保护的是自然人的人格利益。如果将商业秘密认定为隐私权的客体，则企业法人易于借隐私权的理由而掩盖其产品质量低劣服务水平低下等情况，不利于保护消费者的利益，就其他法人而言，都具有“公”的性质，都是公众的服务机构，如果让这些法人也享有隐私权，就有可能使他们在法律上找到根据，拒绝人民群众的监督、质询，不利于民主建设和廉政建设。

2. 隐私权的客体包括私人活动、个人信息和个人领域。私人活动，是一切个人的，与公共利益无关的活动，如日常生活、社会交往、夫妻的两性生活、婚外恋和婚外性活动。其中婚外恋和婚外性生活，考虑到当事人和相关人员的人格尊严，不得向社会公布，但并不排除对当事人进行批评教育，同时，如构成破坏军婚罪、破坏婚姻家庭罪的，还应依法追究刑事责任。个人信息，也称为个人情报资料、个人资讯，包括所有的个人情况、资料。诸如身高、体重、女性三围、病历、身体缺陷、财产状况、家庭情况、婚恋情况、缺点、爱好、姓名、住居、家庭电话号码、储蓄、档案材料、计算机储存的个人资料、被罪犯强奸过，等等。个人领域，也称作私人空间，是指个人的隐秘范围，如身体的阴私部位，即生殖器官和性感器官。个人居所、旅客行李、学生的书包、口袋、日记、通信等，均为个人领域。

3. 隐私权的保护范围受公共利益的限制。隐私权的保护并非毫无限制，应当受到公共利益的限制。当隐私权与公共利益发生冲突时，应当依公共利益的要求进行调整。因而，隐私权所保护的范围，应是与公共利益无关的隐私部分。例如，当涉嫌贪污、受贿等财产犯罪的，个人的财产状况、储蓄情况就必须接受调查；个人的性关系涉嫌犯罪，也必须接受调查；当进行征兵、招工、招聘模特等等活动时，应征、应聘者对个人的身体资讯、阴私器官等，则必须接受检查。在这些情况下，个人资讯就与公共利益有关，因而在一定范围内不得为隐私的内容。

现代绝大多数国家的立法和学说均承认隐私权为独立的人格权。而在我国，实务上和学理上对隐私权的认识是不同的。实务上采用间接保护原则，认为隐私权为名誉权，继而认为隐私为独立的人格利益，不认其为独立的人格权。这种情况，主要是司法机关限于现行立法的局限，并非实务工作人员均持此种认识。学理上认隐私权为独立的具体人格权，已为通说。〔1〕

（三）隐私权的内容

隐私权的基本内容包括以下四项权利：

1. 隐私隐瞒权。隐私隐瞒权是指权利主体对于自己的隐私进行隐瞒，不为人所知的权利。对于无关公共利益的隐私，无论是有利于权利主体的隐私还是不利于权利主体的个人资讯，权利人都有权隐瞒，不对他人言明。这种隐瞒，不是不诚实的表现，而是维持自己的人格利益的需要，因为自己的隐私不经隐瞒，一旦泄露出去，将有损于自己的人格尊严，使自己羞于见人，难以保护自己的人格利益。

2. 隐私利用权。自然人对于自己的隐私不仅享有消极的隐瞒权，还享有积极的利用权。隐私利用权是指自然人对于自己的个人资讯进行积极利用，以满足自己精神、物质等方面需要的权利。这种利用权的内容，是自己自我利用，而不是他人利用。例如，利用自己丰富的生活经历创作文学作品，既创造精神价值，也创造经济价值，既满足社会的需要，也满足个人的需要，就是能动地利用自己的隐私。利用自己身体、容貌进行绘画、摄影，亦是合法利用隐私。女性三围是个人隐私，但利用该优势而应聘模特，则正是对该隐私的充分利用。除此之外，对于自己的居所、日记等私人领域，均可以进行合法利用。应

〔1〕王利明：《人格权法研究》，中国人民大学出版社2005年版，第131～132页。

当强调的是，隐私利用权的行使不得违反法律，也不得悖于社会公共利益和善良风俗。违背法律和悖于社会公共利益、善良风俗而利用隐私，为违法行为。

3. 隐私维护权。隐私维护权是指隐私权主体对于自己的隐私所享有的维护其不可侵犯性，在受到非法侵害时可以寻求司法保护的权利。维护隐私的不可侵犯性，包括：一是禁止他人非法收集个人信息资料，传播个人资讯，非法利用个人情报；二是对于私人活动，禁止他人干涉、追查、跟踪、拍照、录影，禁止非法搅扰；三是对于私有领域，如日记、身体、通信，禁止偷看和宣扬，对于他人行李、书包，禁止非法检查，禁止擅自闯入自然人住宅，尤其是卧室，禁止在居所安装窃听、监视装置等。

4. 隐私支配权。隐私支配权是指自然人对于自己的隐私有权按照自己的意愿进行支配。主要内容是：一是公开部分隐私。公开个人隐私，应依权利主体的意志决定公开的内容、公开的方式、传播的范围。这是对隐瞒权的处分。二是准许对个人活动和个人领域进行察知，例如准许他人在自己卧室居住，准许他人看自己的日记，准许他人知悉自己的身体秘密，准许他人了解个人的经历、病史等。三是准许他人利用自己的隐私。例如准许他人利用个人经历创作文学作品，准许他人利用自己的社会关系进行其他活动，等等。

准许他人利用自己隐私的实质，是对自己享有的隐私利用权所作的转让行为。它类似于肖像使用权的转让、名称使用权的转让行为。对于隐私利用权的转让，应以合同形式为主，口头、书面形式不限，有偿无偿凭双方当事人约定。超出约定范围而使用者，为侵害隐私权的行为。至于未经权利人承诺而利用者，为严重侵权行为。

（四）隐私权与知情权的冲突与协调

知情权（the right to know）又称为知的权利、知悉权、了解权。其基本含义，是自然人有权知道他应该知道的事情，国家应最大限度地确认和保障自然人知悉、获取信息的权利，尤其是知悉、获取政务信息的权利。

知情权是一个极其广泛、复杂的概念，既包括公法方面的政治权利内容，也包括属于私法方面的人格权问题。因而，知情权一词属于学理性的权利类称，而非立法层面的专用权利术语，是当今社会的一项基本人权，它从法的角度体现了文明社会对人与信息关系的一种深刻认同，它表明，依法知悉和获取信息，是人按其本质应享有并不容侵犯的一项基本权利和自由。

隐私权的立法宗旨在于自然人有权隐瞒、维护自己的私生活秘密并予以法律保护，防止任何人非法侵犯。知情权的根本目的是保障自然人知的权利，有权依法知悉和获取信息，满足其知的需要。依据这样两个权利，人民一方面希望知道更多别人的事情，另一方面又不希望自己的事情让别人知道，两者之间即产生相当的矛盾与冲突。

恩格斯曾提出一个处理个人隐私与新闻报道相互关系的原则，这个原则是：个人隐私一般应受到保护，但当个人私事甚至阴私与最重要的公共利益——政治生活发生联系的时候，个人的私事就已经不是一般意义的私事，而属于政治的一部分，它不受隐私权的保护，应成为历史记载和新闻报道不可回避的内容。这一论述，说明了个人隐私与新闻自由之间的一般关系，可以作为处理隐私权和知情权冲突的一般原则。

在处理隐私权与知情权的关系上，应遵循三个原则：一是社会政治及公共利益原则。个人隐私原则上受法律保护。但如果涉及社会政治利益及公共利益，则要以个别情况加以对待。

社会政治及公共利益原则并不是对官员隐私权的剥夺或限制，而是为了保障社会政治和公共利益，牺牲个人某些隐私权。二是权利协调原则。在隐私权与知情权发生一般冲突时，应进行某种适当的协调，通过在较小的范围内公开隐私，以满足知情权的需要。遵循这一原则，对某些现象需要诉诸社会，但如果不是十分必要则不宜公开具体当事人及其住所。如果公开必须公开的当事人，也不要牵涉或影射与此无关或关系不大的其他人。三是人格尊严原则。新闻报刊对社会不良现象的揭露，必要时可以涉及某些个人的隐私，但不得以伤害其人格尊严为目的。

（五）隐私权的民法保护

在各国关于隐私权民法保护的立法和实践中，分为直接保护方式和间接保护方式。其中以直接保护方式最利于对隐私权损害的救济；间接保护方式不仅在诉讼上不方便，不利于受害人寻求司法保护，而且在实体上，如果隐私的损害没有可比照的法律规定，则无法进行救济。采取间接方式保护隐私权的国家，其根本原因在于立法上没有确认隐私权为独立的人格权，因而无法进行直接保护。我国对隐私权的法律保护，立法无明文规定，依照最高人民法院原来的司法解释，为间接保护方式。这种保护方式的缺陷显而易见。2001 年 3 月最高人民法院已经做出了新的司法解释，采用直接方式对隐私权加以保护。

侵害隐私权责任的构成，必须具备侵权责任构成的一般要件，即须具备违法行为、损害事实、因果关系和主观过错四个要件。所适用的归责原则是过错责任原则，不适用无过错责任原则和公平责任原则。首先，应当具备侵害隐私权的违法行为要件，侵害隐私权的行为一般为作为的方式，且须具备具违法性。其次，损害事实表现为隐私被刺探、活动被监视、空间被侵入、资讯被公布、私生活被搅扰、行为被干预，等等。再次，侵害隐私权的因果关系，是指侵害隐私权违法行为与隐私损害事实之间的引起与被引起的关系。这种因果关系极易判断，是因为侵害隐私权的行为与隐私损害事实的直接关联性，行为直接导致后果事实的出现。最后，侵害隐私权的行为人在主观上必须具备主观过错，才能构成侵权责任，无过错不构成此种责任。

具体的侵害隐私权行为表现为：一是刺探、调查个人情报、资讯；二是干涉、监视私人活动；三是侵入、窥视私人领域；四是擅自公布他人隐私；五是非法利用隐私；六是侵害死者隐私利益。

侵害隐私权的民事责任方式，包括除去侵害和损害赔偿。除去侵害，包括停止侵害，恢复原状，消除影响，赔礼道歉。这些责任方式，对一般的侵害隐私权行为均可适用。损害赔偿，包括精神损害赔偿和财产利益的损害赔偿。对于侵害隐私权一般的精神损害赔偿，可以参照侵害名誉权精神损害赔偿的计算办法进行；对于非法利用隐私的精神损害赔偿，可以参照侵害肖像权中非法利用肖像的精神损害赔偿的计算办法进行。对于财产利益的损失，应按全部赔偿原则处理，予以全部赔偿。

二、性自主权

（一）性利益

民事主体的性利益是一种独立的人格利益。在过去，一般将性利益称作贞操利益，认为贞操利益作为性自主权的客体，具有三位一体的内涵，即具有生理因素、心理因素和法律因素。就生理因素而言，贞操是指自然人的性自由，即任何人不能以暴力、胁迫或其他手段违背其意志实行性行为；就心理因素而言，贞操是性自主权主体因其保有性自由，通过性交往对象的选择，而获得一种内心快乐体验和美的享受；就法律因素而言，性自由的行使必须在法律范围内进行，超越法律范围的性行为即是不法性行为。贞操所体现的这种人格利益，实际上就是性利益。而使用贞操这个概念容易发生误解，因而，使用性利益这个概念较为准确。

性利益是指男女性纯洁良好品行所体现的利益。其含义是：

第一，性利益是人的品行。性纯洁是法律与道德的共同调整对象。从一般的意义上说，性纯洁为道德的范畴，是人的有关道德的行为。人依照社会高尚道德的要求，保持性的纯洁，使自己具有高尚的道德品行，是性利益的基本内涵。对这种人格利益加以法律的调整，才使其成为法律的规范。

第二，男女都有性利益。性纯洁的良好品行，是男女双方都应保持的节操，就此体现的人格利益，就是男女都享有的性利益。仅仅认为女子有性利益，男子没有性利益的观点，是不对的。

第三，性利益主要表现为性的不可侵犯。由于受我国传统观念的影响，人们习惯上理解性利益是一种义务，并且将其强加给女性，认为女子不贞洁为堕落。性利益的不可侵犯性，具有自然法上的意义。未经过权利人本身的真实意思表示，任何人不得破坏权利人的性利益，以暴力、心理强制等方法侵害他人性利益的行为是为法律所不允许的。

第四，性利益的实质是自然人的性自由。这种自由具有人身自由与精神自由的双重属性。自然人的性的自由，是其对于自己性利益的支配。它通过作为的方式得到实现，通过不作为的方式得到保持。该支配权最基本的内容就是保持性纯洁。但是性利益就权利人本人而言，还在于自己对于性利益选择和支配，而获得自身的幸福和快乐。当权利人真实承诺时，与其发生性关系包括性交和其他性关系的人不构成对性利益的侵害。

（二）性自主权的概念、特征和性质

一般认为，性自主权是指自然人保持性纯洁的良好品行，享有性自由和性尊严等人格利益的人格权。其特征是：

1. 性自主权是一种以性利益为客体的独立人格权。首先，它是以性利益为特定内容的独立的人格权。这是它和身体自由权、婚姻自主权的主要区别。其次，性自主权是一种独立的人格权。现代法上的人格权是以人作为民事主体构成其资格的特定内容，即以确认主体资格在法律上的抽象反映为标志。确认该种内容能否成为独立的法定权利，关键在于观察它所抽象的特定内容能否由民事权益上升为权利和能否完全由其他权利所替代。就性自主权而言，侵害性自主权可能会造成受害人身体健康、自由、名誉等方面的损害，并且可以通过救济身体权、健康权、自由权、名誉权受损害的方法进行救济，但是它们毕竟不能概括性利益所抽象的特定内容。性自主权的核心内容是性的自由与纯洁，这不可能简单地由身体利益、健康利益、自由利益、名誉利益等所涵盖。因而，性自主权以此与其他所有的人格权相区别，为一种独立的以人的性为特定内容的人格权。

2. 性自主权以性体现的利益为具体内容。性的利益，应包括身体利益和精神利益。身体利益是指权利主体在自己真实意志的支配下做或者不做与性有关的行为的自由，包括性爱抚、性接触和性交等与性有关的行为。作为一种人格权，性自主权也具有心理因素基础。这就表现为性自主权的精神利益——以自己的性纯洁为内容的精神满足感，以及社会和他人对权利人性纯洁的某种评价。身体利益和精神利益复合构成形式的特点，是性自主权与名誉权的一个基本区别点。性自主权的精神利益的以自己的性纯洁和性快乐为内容的精神满足感和幸福感，是性自主权与名誉权的另一个区别点。

3. 性自主权是权利人享有适当自由的人格权。“人生而是自由的，但无往而不在枷锁之中。”性自主权也不例外，这种性自由也是要受到法律限制的。权利人行使权利不能超出法律的界限，不能违背公序良俗。权利人可以在法律允许的范围内与异性或者同性亲吻、拥抱以及进行其他抚摸、接触，也可以在自己的意志支配下与异性同居。但是，这种性自主权的适当自由不是一种普遍的自由，它是有一定的范围，并要受到一定的约束。

4. 性自主权的主体是所有自然人。无论男女都具有性利益，都平等地享有性自主权。性自主权是一个权利主体具有独立完整的人格所必须具有的权利。从身体因素和心理因素考虑，成年女子和未成年男女更容易受到伤害。因此，应该注重对这两类主体权利的保护。从司法实践来看，男子的性权利，尤其是未成年男子的性权利同等地受到法律的保护。此外，性自主权不因生活作风、政治表现等法律之外的原因而有所改变。性自主权的性质究竟是不是一个独立的权利，有不同的主张。“肯定说”视性自主权为一种独立的人格权，认为性自主权乃以“保全人之性的品格”利益为内容之权利。“否定说”认为性利益之侵害实质上是侵害一种或几种其他权利，事实上不存在独立的性自主权，或者没有必要设立独立的性自主权。

在学说上尽管有肯定说与否定说的不同争论，但在实务上对侵害性自主权应予以民法救济，则是一致的见解。所不同的是，肯定说直接认侵害性自主权为侵权行为，受害人得依法请求损害赔偿，否定说则采类推法律关于保护其他人格权的规定，对侵害性自主权予以民事救济。

性自主权是否为独立的人格权，除了学说理论和各国立法以外，还必须考虑到民族心理和民族文化。法律是历史和民族的产物，从一定意义上是对的。一个不容否认的事实是我们民族心理中的性纯洁观念是不会在短时间内抹去的。因此我们应该从实际出发，承认性自主权应受法律保护，同时也应该承认它是独立的人格权。性自主权究竟为何种民事权利，学者有五种主张：一是认为性自主权为自由权性质；二是认为性自主权为身体权性质；三是认为性自主权为名誉权性质；四是认为性自主权兼有身体权、名誉权、自由权性质；五是认为性自主权为独立的具体人格权。我们采取第五种主张，认为性自主权为独立的人格权。

（三）性自主权的内容

1. 承诺权。因为性自主权主要体现了权利主体对自己性利益的支配，因而性自主权首先表现为承诺权。权利人与他人进行性方面的接触，原则上依自己的意志而为承诺，经承诺而为性行为的，构成阻却违法事由，不为侵害性自主权。承诺权受到权利主体意思表示的限制，因而并非人人都可以享有，只能是达到一定的认识水平后才能享有。依据我国法律，不满 14 周岁的人为无承诺能力，14 周岁以上不满 18 周岁的人为有部分承诺能力，18 周岁以上的人为有完全承诺能力；不能辨认自己行为的精神病人一律无承诺能力。权利主体在不能辨认自己意志的情况下的承诺无效。

此外，承诺权也不是一种不受限制的权利。其限制，一是法律的约束，二是公共利益和善良风俗的约束，三是已婚男女忠实义务的约束。前两种约束是社会范围内的约束，后一种约束仅局限于夫妻之间，以不为婚外性交为内容，承诺者虽然不构成犯罪行为，但却违反忠实义务。

2. 维护权。权利只有在被侵害的情况下才会体现出来。因此，维护权是性自主权内容的另外一种表现。权利人的性利益受到侵害时，享有维护权，有权实施正当防卫和紧急避险。这既有民法上的根据——权利受到侵害时的自卫行为，也有刑法上的根据——正当防卫。性自主权不同于财产权，一旦遭到侵害，无法“恢复原状”，所以当权利人面临非法侵害时，赋予其维护权是十分必要的。反抗权应包含正当防卫和紧急避险所准许实施的一切保护措施，以不明显超过必要限度为适度。

3. 保持权。保持自己的性利益，是性自主权人最主要的权利。这种保持权是通过不作为的方式行使的。性自主权人以自己的真实意思表示保持自己性纯洁，不为他人所侵害，保持自己坚贞不移的性品格，从而获得自己精神上的满足和充实，获取社会或他人对自己的相应评价。因此，任何性自主权人都享有对自己提出进行性器官接触或发生性交行为要求的拒绝权。并且这种权利为绝对权，任何人都负有不为侵害的义务。

（四）对性自主权的民法保护

民法保护性自主权，确认侵害性自主权的行为为侵权行为，对行为人予以民事责任制裁。

构成侵害性自主权民事责任，必须具备：第一，性自主权遭受损害的事实，表现为自然人性纯洁被破坏和精神痛苦的损害，也会造成身体的伤害和财产的损失，如因奸淫而受孕、生产而支出的财产。第二，侵害性自主权的行为具有违法性，不具有这样的违法性，不构成侵害性自主权责任。第三，侵害性自主权的行为与性利益损害事实有因果关系，要求侵害性自主权的行为是引起损害事实的原因，加害人只对其侵害性自主权行为所引起的损害后果承担责任。第四，行为人故意的要件，只要决意对权利人性自由和性纯洁进行不法侵害，就可以认为其有侵害性自主权的故意。

侵害性自主权的具体行为，如强奸，奸淫幼女及鸡奸儿童等侵害未成年人性自主权的行为，强迫他人卖淫，猥亵，以欺诈手段诱使女子在非正当承诺的条件下被奸淫，利用从属关系奸淫或猥亵，等等。

侵害性自主权的民法救济方法包括以下方面：第一，侵害性自主权所造成的经济损失，应予赔偿。包括损害性自主权对受害人造成身体上伤害，因治疗花费的费用；因侵害性利益而使受害人怀孕，其流产、生育的费用及营养费；因侵害性利益而使受害人感染性病的治疗费；因侵害性自主权造成身体上的其他伤害，以及造成的其他经济损失。第二，侵害性自主权所造成的精神损害，应予赔偿，包括精神利益的损失赔偿和精神创伤的抚慰金赔偿。在侵害性自主权的精神损害中，其赔偿范围应包括上面的两部分，即精神利益或称人格利益的损害，以及精神痛苦和精神创伤。

思考题：

1. 将姓名权侵权行为与人格混同侵权行为进行比较。
2. 比较分析名誉权与荣誉权的联系和区别有哪些？
3. 比较分析名誉权与隐私权的联系和区别有哪些？
4. 分析隐私权与知情权的关系。

第四编 | 侵权责任法

第十五章

侵权责任法的基本体系

第一节　侵权责任概述

一、侵权责任的概念

侵权责任是指行为人因其侵权行为所承担的民事责任，侵权责任法则是以侵权责任为主要内容，以调整民事主体之间发生的合同法上的权利义务关系之外的纠纷为主要射程的法律。传统大陆法系民法理论将侵权行为、合同、无因管理以及不当得利共同作为债权发生的四个基本原因，认为侵权责任是债务的一个发生原因，归属于债权法领域。

请看以下两例：

例1，X在道路上行走时，被Y所驾驶的车辆撞伤。

例2，X与Y同为寝室同学，Y出于一时手头拮据将X的手机偷走贩卖。

以上两个例子中，X与Y之间并不存在任何合同上的权利义务关系，事实上在Y的行为发生之前，两个人可能在民法上没有任何的关联。由于 Y 的行为的发生，使 X 受到了某些方面的损害，因而 X 与 Y 之间发生了损害赔偿请求的权利义务关系，这种关系就是所谓的侵权责任法律关系。

狭义的侵权责任法是指我国 2009 年颁布的《侵权责任法》这部法律，而广义上的侵权责任法，除此之外还包括与侵权责任相关的其他法律法规以及司法解释等诸多法律文件。本书主要以广义上的侵权责任法为研究对象，在狭义上使用侵权责任法的概念时则以书名号标识。

二、侵权责任法在民事法律体系中的地位

民法是以设定民事主体的权利及义务为核心的法律，例如物权法主要是规定一般民众所享有的所有权等相关物权，知识产权法规定了民事主体对智力成果这种无体财产所享有的各种权利以及与此相对的义务，而婚姻法等其他民事法律也均与此类似。但是，侵权责任法则与此不同。

侵权责任法本身实质上并不直接设定民事主体的权利或者义务，尽管侵权责任法赋予被侵权人“请求权”，但其实质上所构建的法律制度是为了解决民事主体所享有的各种权益受到侵害时，应该如何对其加以救济，即以如何保障民事主体的权益为目的而建立的。因此，侵权责任法可以说是保障其他民事法律得以切实运行的法律制度，其功能在一定程度上与刑法颇有类似之处（在大陆法系民法理论发展之初，侵权责任一度是刑法的一个分支），所以侵权责任法也常常被称为“救济法”。

在传统的大陆法系民法理论中，侵权责任法对民事权益的保护，主要是通过赋予被害人损害赔偿请求权而达到目的的，虽然我国对侵权责任的责任形式有所突破，但损害赔偿请求权还是最主要的责任承担方式。这种损害赔偿请求权又被称为

"基于侵权行为的请求权"，它与合同法中"基于债务不履行的请求权"在性质上十分接近，因此，侵权责任法被传统民法理论视为是债权法的一部分，在很多大陆法系国家，侵权责任法的概念常常也被称为"损害赔偿法"。

但是，近年来随着人类社会的发展，侵权责任法的法律后果——即侵权责任的承担方式开始突破损害赔偿的范畴，出现了诸如停止侵害等新的法律后果，而它们在传统民法中通常被认为是属于物权等绝对权的救济方式。因此，考虑到上文提到的侵权责任法与其他民事法律的不同，在我国出现了将侵权责任法从债权法中剥离出来，作为救济民事权益的特殊权利救济体系来认识的学术倾向。〔1〕这种学说目前虽然尚未动摇我国民法理论的基础，但已经成为有力学说，值得注意。

三、侵权责任法的功能

侵权责任法最主要的功能在于对被害人的救济，也就是对被害人所受损害的填补，使被害人的财产回复到未受损害之前的状态。

其次，侵权责任法对被害人的救济是通过将其损害转嫁到行为人身上而实现的，也就是让行为人承担损害赔偿责任，因此，在一定程度上也间接起到对行为人乃至于一般社会民众有所警示的功能，这被称为侵权责任法的预防功能，这是侵权责任法的次要功能。

另外，在极特殊的情况下，例如我国侵权责任法的产品责任中，法律设定了在有限范围内对行为人课以超出被害人所受损害的赔偿，在一定程度上体现了侵权责任法的制裁功能。

---

〔1〕 参见魏振瀛："论债与责任的融合与分离"，载《中国法学》1998 年第 1 期，魏振瀛："论请求权的性质与体系"，载《中外法学》2003 年第 4 期。

四、侵权责任法的法律渊源

我国侵权责任制度最初规定在《民法通则》之中，2009 年颁布《侵权责任法》后，该法成为侵权责任的主要渊源，但《民法通则》中的相关内容在不与《侵权责任法》冲突的前提下依然有效。除此之外，我国在民法领域颁布了较多的单行法律，如《产品质量法》《消费者权益保护法》《道路交通安全法》等，同时也存在着很多单行的行政法规或者部门规章，这些单行法律法规对于《侵权责任法》构成了重要的补充。

另外，我国的法律体系中存在着大量的司法解释，这些法律文件同样构成了侵权责任的法律渊源。

五、侵权责任的分类

（一）一般侵权责任与特殊侵权责任

这是我国侵权责任的基本分类，主要是依据其归责原则而进行的划分。

我国的《侵权责任法》中，对特殊类型的侵权责任做出了单独列举，特殊的侵权责任一般均在其归责原则与构成要件方面有特殊的要求。而除此之外的侵权责任都是按照基本的过错责任原则来处理的一般侵权责任。

（二）作为的侵权责任与不作为的侵权责任

这是从侵权行为的形态而进行的学理性分类。这种区别的主要实益在于不作为的侵权责任一般要求有特定的作为义务存在，如先行义务、法定义务以及职务义务等。例如，在火灾现场，作为普通民众可以袖手旁观，并不会因此而承担法律上的责任，但是消防员如果不积极施救，则违反了其职务上的作为义务。

（三）单独侵权与共同侵权

这是从行为人人数上进行的分类。这种分类对于因果关系等要件的判断有所影响，但其分类的实益主要在于侵权行为成立后，对于责任承担的划分问题上。

第二节　侵权责任的承担方式

一、侵权行为的法律效果

1. 侵权责任法与其他的民法部门法不同，其本身并不为民事主体设定实际的民事权利，而是通过赋予权利人请求权的形式来保护其权利。侵权责任制度整体的核心构造就在于确认行为人的行为是否属于侵权行为，行为人是否应当为其承担侵权责任。

而所谓侵权行为的法律效果，就是一旦侵权行为成立以后，行为人要承担相应的民事责任，即侵权责任。

2. 传统民法理论认为，侵权责任就是行为人的损害赔偿责任。而诸如物权请求权等其他的权利保护的方法，并不是侵权责任的效果，权利人只能从物权法中寻找根据，因为这些权利保护方法被视为是物权本身的效力。因此，传统民法理论是将各种权利保护的方式分别置于不同的法律之中，当侵权行为发生时，如果侵害了物权，可以直接适用物权请求权，如果造成了损害，则适用侵权法的损害赔偿请求权——不过，物权请求权是物权特有的，其他权利不能随便拿来保护自己。

而我国的侵权责任制度显然不是这样。我国的侵权法从《民法通则》时代起，就设定了多种不同的侵权责任，即我国的侵权责任不仅仅是损害赔偿，而是多种权利保护方式的集合体。

这两种不同的立法方式很难说到底哪种更为合理，在我国的民法理论发展中，学术界基本维持着传统的民法理论构造，对于我国侵权责任法与传统民法理论的不同采取了回避的态度，因此在实际的司法实践中造成了比较明显的混乱。由于我国的侵权责任法采取了与传统民法理论不同的立法体例，确实需要民法理论随着立法模式的变化而修正，探索符合我国侵权责任制度的法解释原理。

二、侵权责任的责任形式

我国《侵权责任法》第15条规定了8种承担侵权责任的方式，也就是8种不同的侵权责任，也可以称为侵权责任的责任形式。可以基本划分为以下几种。

绝对权救济方式：停止侵害、排除妨碍、消除危险、返还财产。

一般侵权责任救济方式：恢复原状、赔偿损失。

人格权救济方式：赔礼道歉、消除影响及恢复名誉。

以上的分类是基于传统民法理论进行的划分，学术界对其还有不同的分类方法，都是从学理角度进行的分类，以便于理解。实际上我国《侵权责任法》并没有将某一种救济方式限定于某种权利，而是宽泛的规定可以单独使用一种方式救济，也可以合并适用。至于具体如何适用，没有加以规定，那么我们可以理解为哪种救济方式符合受到侵害的权益的性质，并可以达到需要的救济效果就可以适用其进行保护。

三、我国侵权责任的特色

1. 我国在《侵权责任法》中规定了物权请求权的相关内容，并且在《物权法》中也规定了物权请求权，那么二者的关系如何，具体在什么条件下适用？并且，在什么条件下这些救济方式可以适用于其他权益？这些问题立法并没有给出答案，那么只能依靠学理解释来完成这个任务，迄今为止，学术界并没有一个具有完整体系化的学说得到广泛的认可。

2. 我国的《侵权责任法》中明确规定了惩罚性赔偿的内容（第47条），形成了对传统大陆法系民法理论的突破。

3. 我国侵权责任法明确了将精神损害赔偿纳入侵权责任之中，也是我国民法理论的一个进步。

第三节　侵权责任与其他责任的关系

一、侵权责任与刑事责任、行政责任的竞合

基于优先保护私人权利的理念，我国《侵权责任法》第4条规定了侵权责任与行政责任、刑事责任发生竞合时民事责任优先的原则。

一个侵权行为在被课以损害赔偿责任的同时，可能还会被处以刑事上的罚金或者行政处罚上的财产罚，那么这些不同的责任，行为人究竟如何承担，在行为人的责任财产不足以承担所有责任的时候就显得非常重要。

我国《侵权责任法》第4条明确了行为人因同一行为而需要承担行政、刑事责任时，并不影响其承担侵权责任，并且如果行为人的财产不足以同时支付多种责任的话，要优先保障侵权责任得到履行。

二、侵权责任与违约责任的竞合

如前文所述，侵权责任法是调整民事主体之间合同法上权

利义务关系之外的纠纷的法律制度，这是因为如果行为人与被害人之间具有合同关系的话则可以由合同法进行调整。但是，在现实的司法实践中，很多情形中行为人与被害人之间事先存在合同关系，但行为人的行为也满足侵权责任的构成要件，也形成了侵权行为，这种情况被称为侵权责任与违约责任的竞合。

我国的《合同法》第122条中规定了违约责任和侵权责任竞合时的处理方式，所以在《侵权责任法》中就没有重新规定。《合同法》第122条选择了“严格的请求权竞合理论”〔1〕来处理这种情况，也就是说，具体按照违约还是侵权来处理，由被侵害人自行选择，一旦做出了选择之后，另一个请求权就消灭了。并且，假如被害人按照违约来提起诉讼的话，侵权责任制度中的免责条款等事项就不能再适用。

被害人选择哪种方式来救济自己的权利，要均衡比较侵权和违约两种制度的不同，分析哪种对自己更为有利。由于两种制度在管辖法院、举证责任、诉讼时效以及归责原则等方面都是不同的，所以要具体问题具体分析。〔2〕

我国所采纳的“请求权竞合”理论的出发点是倾向于保护被害人，使其可以自由地选择救济自己权利的方式。不过，如前文所述，侵权责任法实质上是适用于一般民事主体之间的侵权纠纷的法律制度，而违约责任实质上是调整在一般民事主体之中，具有合同关系的特殊主体之间的特殊法律制度，从这个角度来说，实际上二者并没有真正竞合，是各自有其适用范围的。这种观点叫作“法条竞合说”，虽然我国《合同法》明确

〔1〕［日］森岛昭夫：《不法行为法讲义》，有斐阁1987年版，第2~4页。

〔2〕参见杨立新：《侵权责任法》，高等教育出版社2010年版，第121~123页。

采纳了“请求权竞合理论”，但从法理角度来讲“法条竞合说”的立场似乎更有力一些。[1]

思考题：

1. 在我国的法律制度中，物权受到侵害时可以适用哪些救济方式？这些救济方式规定在哪些法律中？

2. 《侵权责任法》与《民法通则》中的侵权行为部分是什么关系？

3. 当侵权责任和违约责任发生竞合时，在什么样的情况下，被害人选择违约责任更有利？

---

〔1〕 参见周友军：《侵权法学》，高等教育出版社2011年版，第65页。

第十六章

归责原则与构成要件

第一节　我国归责原则的体系

一、归责原则的概念

侵权责任法是以确认行为人的加害行为是否构成侵权行为，以及行为人是否应当承担相应的侵权责任为核心内容的法律。因此，如何判断侵权行为成立与否，就成了侵权责任法所面临的首要问题。

如在前文例 1 中，我们直观来看，Y 的行为似乎应当成立侵权行为，X 所受损害应当由其赔偿。但是如果 Y 是由于被飞来物品砸晕，是否应当承担侵权责任呢？如果 Y 是突发心脏病而失去对车辆的控制呢？面对纷繁复杂的社会现象，我们在判断一个行为是否构成侵权行为时，必须要有一个基本的、可预见的准则，以便我们可以预先认知自己的行为带来的法律后果，也可以为法院提供一个统一的判断基准。

归责原则就是判断某一行为是否构成侵权行为，行为人是否应当为该行为所引起的后果而承担相应侵权责任这一问题的基本判断准则。侵权责任的归责原则不仅是立法机关的立法技术思考的结果，同时也是一个国家在一个特定历史时期内的社会价值取向的体现，是立法机关基于这种社会价值取向所做出的立法政策性考虑。

判断一个行为是否构成侵权行为，行为人是否应当承担相应责任，其实质是法律秩序对于该行为作出的否定性评价，归责原则则是这种法律否定性评价的核心体现。

二、归责原则的演变

在民法理论发展之初，罗马法曾经建立了“原因主义”的归责原则，也就是说行为人要对自己行为所引起的一切损害结果负责，因此也被称为“结果责任”。

采取这种结果责任的归责原则对于责任的归属判断虽然比较简明扼要，但是行为人所要面临的赔偿范围过于宽泛。在人类社会进入到资本主义社会之后，社会经济规模迅速膨胀，人与人之间的联系日益紧密，采取这种结果责任来判断责任归属问题严重限制了人们的生产生活的进一步扩大，因而被近代民法理论所废弃。

进入到19世纪以后，以西欧为主的资本主义民法理论建立了“过失责任”（我国民法理论习惯称之为“过错责任”）的新型归责原理，即行为人仅对自己有过错的行为承担民事责任，也就是说将侵权责任的承担与行为人的过错联系起来，以此来限定侵权责任的成立范围。

过失责任的建立一方面使被侵权人所遭到的损害得以转嫁到具有过错的行为人身上，具有保护被害人权益的积极作用，体现了矫正性正义，另一方面也使得行为人可以对自己行为的后果做出提前预判，在最大限度上保障了行为人合法行为的自由，具有从消极层面保护行为自由的意义。因此，在全世界范围内，以过失责任为核心的归责原则体系得到了广泛的认可。我国侵权责任法也采取了以过失责任为核心的归责原则体系。

三、我国的归责原则体系

（一）过错责任——我国归责体系的核心

过错责任原则是指以行为人的过错作为基本的责任归属判断标准。

过错是我国民法理论对于故意和过失的合称，所谓过错责任与过失责任的含义基本上是相同的。

我国《侵权责任法》第6条第1款规定："行为人因过错侵害他人民事权益，应当承担侵权责任。"这是我国关于侵权责任的责任归属的一般条款，意味着我国明确了以过错责任作为我国侵权责任的基本原则，除法律有明确规定适用其他归责原则之外，所有的侵权责任都要依据过错责任来进行判断。

过错责任的建立意味着在侵权责任成立与否的判断过程中，过错要件是法律秩序对行为人进行否定性评价的核心要素，侵权责任是否成立以及侵权责任的范围都要受到行为人过错的制约。但是，过错责任与过错要件本身在概念上是不同的，需要留意。

（二）过错推定——过错责任的分支

过错推定是指在法律有明确规定的前提下，由行为人对其没有过错进行证明，行为人不能证明其没有过错的时候则推定其具有过错。其法律依据是《侵权责任法》第6条第2款："根据法律规定推定行为人有过错，行为人不能证明自己没有过错的，应当承担侵权责任。"

尽管在学术界和司法实务中对于过错推定是否属于独立的归责原则还有争论，但过错推定的实质依然是以过错为责任归属理论的核心，这一点是毋庸置疑的。

在过错责任中，被害人如果想要行为人赔偿自己所受损害，主张自己的损害赔偿请求权的成立，需要对行为人的过错以及其他相关事项（在学理上被称之为“构成要件”）进行举证。这是与民事诉讼的举证责任分配的相关理论相连接的，也就是法律谚语中常常提及的“谁主张，谁举证”的原则。

但是，在一些特殊的情形下，由于行为人从事的特殊行业（例如医疗行业），被害人限于情报和专业技术知识的缺乏难以证明对方的过错，出于保护弱势一方的考虑，立法者将证明过错的举证责任交给了行为人，即由行为人来证明自己不存在过错，否则行为人就要承担举证不能的后果，承担侵权责任。这实际上是出于立法政策性的选择，其关于侵权责任成立与否的证明过程与过错责任是相同的，只是在举证责任层面的变化。

过错推定是出于立法政策性考虑而加重了行为人的举证责任，本质上是对过错责任的一般责任分配原理的突破，因此必须在具有法律明确规定的情形下，方可适用过错推定原则。

（三）无过错责任

无过错责任，是指在法律有明确规定的前提下，无论行为人是否具有过错，只要满足其他构成要件，则行为人就要承担侵权责任。其成文法依据是《侵权责任法》第7条。

如前文所述，过错责任是综合平衡保护被害人权益与保障行为人行为自由的产物，其产生发展的背景是建立在调整平等的民事法律主体之间的关系之上的。但是随着人类社会的发展，最初设想的“平等民事主体”之间的相互关系发生了倾斜，传统意义上的商人演变成了商业帝国，手工业者演变成了跨国集团企业。在这种社会现实下，侵权责任法也面临着调整的必要。

在一些特殊行业中，例如核电产业，行为人从其经营活动中获取了巨大的经济利益，但也蕴含着巨大的危险，一旦发生生产事故之时，所带来的损害后果可能是不可估量的。但是其事故本身如果是不可抗力引起的，根据一般的过错责任归责原理很难认定其应当承担侵权责任。另一方面，例如工矿企业的生产活动必然要排污，可以说其生产活动是建立在持续不断的过错行为之上的，但是社会发展的需要又不可能终止所有的工业活动，如果依据传统的过错责任理论，或者只能认定其没有过错，或者只能认定所有的工业活动都违法。

因此，现代民法理论发展出了“报偿责任”以及“危险责任”。前者的理论核心是指行为人在其活动中获取了利益，那么也就应当承担由其行为带来的损害后果。后者的理论核心是指掌握着危险源头的人，应该为其危险造成的损害承担赔偿责任。二者共同构成了无过错责任的理论基础。因此，无过错责任的原则在一方面强化了特定情形下对被害人损害的保护，另一方面实质上也为工业生产提供了一种合法的理论基础。

由于无过错责任是对过错责任的原则性突破，所以必须在法律明确规定的情形下方可适用。

（四）公平责任

公平责任体现在我国《侵权责任法》第24条中：“受害人和行为人对损害的发生都没有过错的，可以根据实际情况，由双方分担损失。”

公平责任实质上是出于对社会弱势群体的保护的理念而设立的，其本身并没有任何民法理论基础，是在特殊情况下赋予法官的自由裁量权。因此，对于公平责任是否应当作为我国侵权责任法的归责原则，在民法理论界有较大的争议。[1]

---

〔1〕 参见张新宝《侵权责任法原理》，中国人民大学出版社2005年版，第42~45页。

公平责任的社会意义是显而易见的，但是其对归责原则体系带来的冲击也是巨大的，在无形中赋予了法官过大的突破法律规定的权力，需要慎重对待。

第二节　一般侵权责任构成要件概述

一、构成要件的含义

侵权责任制度的核心意义在于确认一个行为是否构成侵权行为，行为人是否应当承担相应的民事责任。因此，如何判断一个行为是否构成侵权行为，就成了侵权责任制度所要解决的首要问题。

如前文所述，归责原则为我们提供了法律秩序认定侵权行为成立的基本原则。而侵权责任的构成要件，就是在判断一个行为是否构成侵权行为时，所要考察的相关要素。因此，构成要件实质上解决的是归责原则的具体适用标准问题。

我们在这个部分中主要针对过错责任——也就是一般侵权责任的构成要件进行探讨，特殊侵权责任根据其类型不同有所变化，将在后文中详细介绍。

二、构成要件的立法体例

在世界范围内，有三种关于侵权责任构成要件的立法体例。〔1〕

第一种是从罗马法时代发展而来，现在主要由英美法系的判例法习惯而继承的类型化侵权法体例。其特点是侵权责任法

---

〔1〕 文中的分类参考［日］四宫和夫：《不法行为》，青林书院 1987 年版，第 274 页。

制度中基本不存在一个统领性的一般责任条款，而是根据各种侵权行为的不同类型而分别加以认定。

第二种是以法国民法为代表的立法模式，其主要特点是在其侵权责任法中存在着一个统领性的一般条款，该条款作为侵权行为成立与否的判断的核心，贯穿整个侵权责任制度。

第三种以德国民法为代表，其侵权责任法中也存在着统领性的侵权责任一般条款，但其判断基准被进一步细分为几个部分，形成了复合性的侵权责任判断基准。

我国的侵权责任法脱胎于前苏联的立法体例，在一般的侵权责任之外还对各种特殊侵权分类型分别加以规定。在侵权责任法中存在着类似于法国民法的统领性一般条款，但是由于我国民法理论后期深受德国民法的影响，又采纳德国民法的立场对该一般条款进行了复合式的解构。因此，我国民法理论对于侵权责任构成要件的问题一直以来争论非常激烈。

三、我国关于构成要件的学说

我国侵权责任法理论中，主要存在着以下两种不同的学说。[1]

“三要件说”：该理论认为，侵权责任的构成要件应当包括“损害”、“因果关系”、“过错”三种基本要素。

“四要件说”：该理论认为，侵权责任的判断应当由“损害”、“因果关系”、“过错”以及“违法性”四个要件组成。

以上的分类是基于我国学术争议的核心问题整理而成，根据各个学者的不同认识，对于各要件的表述稍有区别，例如也有学者将“损害”要件称为“损害事实”，其基本意义大致相

---

〔1〕 这两种学说主要分别以王利明教授与杨立新教授为代表，其余学者各有论述，在这里恕难一一列举。

同。另外，还存在着诸如“五要件学说”等其他观点，但核心的区别基本同上。

从以上分类中可以看到，我国学术界关于侵权责任构成要件的分歧，主要集中在是否保留“违法性”要件的问题上。

“四要件说”主要是基于德国民法理论关于构成要件的认识发展而来，“三要件说”则主要是借鉴了日本民法理论中“过失一元论”的观点。

两种观点的对立在我国侵权责任理论中非常激烈，很难说哪种观点更为普遍。不过，在现实中，“四要件说”因其逻辑结构的严谨性，在学术界似乎更为广泛，“三要件说”因其判断基准简单明了，似乎更为司法实务界所接受。

四、本书的立场

构成要件的基本构造，实际上是人类认知自身行为的判断模式的体现。

判断一个行为是否构成侵权行为，首先“损害”的发生是其判断过程的逻辑起点。只有当被害人的权益发生了切实可知的损害，判断侵权行为是否成立才具有法律上的意义，整个判断过程实质上最终是要为救济被害人权益而存在的。其次，针对被害人遭受的损害，要通过“因果关系”的判断过程而确认引起该损害后果的行为，从而确定一个可供判断是否应对该损害承担民事责任的行为人。这二者是在事实层面进行的符合性判断，而并不直接涉及对行为的法律评价层面判断（当然，既然是归结于侵权责任成立与否的判断之下，就决定了这两个要件中必然也掺杂着法律判断的因素，不可能是如同自然科学一样的事实判断，但其主要作用是集中在事实层面上的），因此也可综合称之为“客观符合性要件”。

而确定客观符合性之后，该行为是否成立侵权行为，实质上是法律秩序对该行为做出的法律价值层面的判断。传统民法理论将这种法律价值层面的评价进一步分解，从两个方面来进行判断。一方面是行为人行为的客观样态方面的“违法性”，另一方面是行为人的主观意志方面的“过错”。通过这两个方面的综合考察，对行为本身是否抵触法律秩序，是否应当受到法律秩序的否定而做出法律评价层面的判断。因此，这二者也可称之为“法律评价性要件”。

关于侵权责任成立与否的判断过程，这样的逻辑结构应当是必需的。我国的“三要件”学说实质上是将后面二者合而为一，综合其最终得到的结论而作为“（三要件说的）过错”。事实上其法律评价体系与“四要件说”并没有太大的区别。

鉴于此，本书将暂且从“四要件说”的立场讨论侵权责任的构成要件问题。一方面有助于我们全面把握各个要件的内容，另一方面也有利于理解构成要件的整体体系。

第三节　损害

一、损害的概念

损害又被称为损害事实，是指被害人因行为人的侵权行为而蒙受的法律上的不利后果。

损害的发生是侵权责任成立与否的判断的逻辑起点，只有行为人侵害被害人的权益而导致了法律上所认可的损害，判断行为人的加害行为是否构成侵权行为才有实际意义，因此，损害是所有侵权责任的构成要件的组成部分。

目前民法理论对损害概念的认识以"差额说"为通说〔1〕，即认为损害的本质是受害人的财产在侵权行为存在前后的变化。这是由于现代侵权责任法主要是以财产法为主建立起的理论体系，而且受害人所受损害最终都要转化为"金钱赔偿"的责任方式。不过，随着人格权相关理论的建立，精神损害的概念也得到了广泛的承认，被纳入到损害的范畴之中。

二、损害的特征

作为侵权责任构成要件的损害概念，尽管是事实层面的判断，但是同样涉及对侵害行为是否成立侵权行为的法律判断的问题，因此需要得到法律秩序的认可。

（一）现实性

传统侵权责任理论将损害赔偿作为侵权责任的唯一救济方式，因此，要求损害必须是已经切实发生的结果。但我国的侵权责任制度中，已经确立了包括排除危险等绝对权请求权的多种责任形式，因此，损害不仅限于已经发生的损害。但是，现实性的特征要求依然有适用的必要。在我国的侵权责任制度下，损害应当是已经切实发生或者已经形成了对被害人权益的切实威胁。

（二）确定性

损害的范围必须是可以确认的，可以认知的。被害人主张行为人的行为构成侵权行为，必须要承担相应的举证责任，而损害的具体范围，应当由被害人加以查实证明。

当然，损害的确定性是为了防止被害人泛泛的提起诉讼而无法证明自己所受损害的具体范围，而并不是死板的要求其一

〔1〕 参见周友军：《侵权法学》，高等教育出版社2011年版，第122页。[日]加藤雅信：《事务管理、不当得利、不法行为》，有斐阁2002年版，第280页。

定证明所有损失的根据。例如被害人将来可能要支出的医疗费用，或者如知识产权的实际损害等等，实际上被害人无法提供完全确切的根据，类似于这种情形是允许被害人在合理范围内估算其损害的。

（三）可救济性

被害人所受损害最终是要由法律认可并强制行为人赔偿的，因此，其损害填补需要可以纳入法律救济的范畴，通过法律手段得以实现。因此，例如过于轻微的损害，或者非法利益所受损害，法律无法为其提供救济，也就难以认定其为损害。

三、损害的范围

我国《侵权责任法》第 2 条对被害人所受侵害的权益作了原则性的列举，可以将这些权益看作我国侵权责任法所承认的权利，但是，无论是在学术上还是在司法实践中，我国侵权责任法所保护的范围其实是相当广泛的，并不限于这些权利。

另外，损害与被侵害权益的概念实质上并不相同，前者是由后者受损而引起的结果，但是我国民法学说以及判例理论经常将二者混同，需要留意。

我国学理和司法实践中所明确确认的权利基本有下面几种。

（一）人格权

包括物质性人格权，如生命权、健康权、身体权等；标识性人格权，如姓名权、名称权等；自由性人格权，如隐私权、人身自由等；评价性人格权，如名誉权、信用权等。

（二）身份权

主要是基于被害人的特殊家庭身份而生成的权利，如监护权、配偶权等。

（三）物权

物权是侵权责任法最主要的一种保护对象，不再赘述。

（四）知识产权

知识产权实质上是权利主体对其智力成果的物权，如著作权、商标权、专利权等。

（五）股权、债权等其他权益

股权的性质一直以来争议很大，但不妨碍其成为侵权责任法的保护对象。

债权的问题比较复杂，合同性权利本来应该由合同法调整，所谓债权的侵权责任专指第三人侵害债权的情形。目前我国民法理论倾向于在满足一些前提条件下，如第三人故意的情形下，可以将其纳入侵权责任法保护范围。〔1〕

第四节　因果关系

一、因果关系的概念

因果关系是指行为人的行为与被害人的损害结果之间，需要具有法律上所认可的联系。

因果关系是侵权责任法中的一个非常复杂的问题。从哲学意义上讲，世界上的所有事物都是有内在联系的，一个简单的侵权行为可能会导致无穷无尽的后果，如果将这些所有的后果都归结于该行为人，由其承担侵权责任，显然是不合理的。因此，在侵权责任理论中必须找一个合理的责任范围，传统民法理论认为，因果关系要件就是限定责任范围的重要手段。

但是，随着因果关系理论的发展，在司法实践中因果关系是否能够担负起这样的功能，是有疑问的。本书也将简要探讨

---

〔1〕 参见王胜明主编：《中华人民共和国侵权责任法解读》，中国法制出版社2010年版，第11页。

相关问题。

二、确定因果关系的理论

1. 在侵权责任理论中，关于因果关系判断的学说非常多，限于篇幅在此不能一一介绍，仅以说明因果关系确定的标准为目的简要分析。

如前文所述，因果关系不仅仅是判断加害行为与损害结果之间的联系，更是要为侵权责任的成立而提供标准，因此，因果关系要件的内容或者说其功能中，应当包括两方面内容，一是要确定事实层面的因果关系，一是要为行为的责任成立提供依据。前者的判断以事实认知的条件即可（所谓“如果没有行为，则不会有该后果”），而后者则是以下讨论的重点。

传统民法理论中关于因果关系的确认有“条件说”和“原因说”，前者是以导致结果发生的所有条件为损害结果的原因，后者则要求必须是引起损害结果的必要条件为原因。一般认为前者过于宽泛，而后者则失于过严。

2. 德国民法理论则提出了“相当因果关系”，它将因果关系分为两个层面，一方面是事实层面的判断，另一方面是归责相当性的判断。前者即为事实层面因果关系，后者则是解决责任成立与否的判断。

“相当因果关系”理论认为“归责相当性”是指在引起结果发生的条件中，或者行为所引起的后果之中，只有该行为与损害结果之间具有法律上所认可的“相当性”，才能认定行为与结果之间具有侵权责任意义上的因果关系。至于这个“相当性”的含义如何，在德国民法理论中也众说纷纭，其判断标准也是借助“一般社会经验”、“客观可能性”等非常模糊的概念构成的。[1]

3. 由于“相当性”的概念依然十分模糊，德国民法理论又提出了“法规目的说”加以完善。

“法规目的说”认为，因果关系的确定只是为了确认事实层面行为与损害之间是否具有联系，而该行为是否要为该损害的发生承担侵权责任，则是属于法律评价的内容，应该按照法律法规所保护的目的而确定。

试举一例：某加油站违规为被害人带来的矿泉水瓶加油，被害人回家后误食死亡。加油站违规加油的行为与被害人死亡之间的事实层面因果关系显然存在，但是加油站是否应当对被害人死亡的后果负责，要看该行为违反的法规的目的。禁止加油站为非专门容器加油，显然是为了防止火灾，而非防止人们食用，因此二者间并不存在法律评价层面的因果关系。

三、我国的因果关系确定标准

我国目前关于因果关系的判断以相当因果关系为通说。

而关于“相当性”的判断，比较通行的理论认为是指“从一般社会经验考察可知”。

本书认为对“相当性”的判断标准提出的比较具有可操作性的学说，是史尚宽先生结合了德国与日本民法理论的立场，该学说认为所谓“相当性”是指：在一般情形下，依据一般人的智力水平和社会经验可以认为该行为会导致该损害发生，则该行为与损害之间存在“相当性因果关系”；如果该行为导致的损害后果发生之中出现了特殊事由，如果这种事由是行为人预

---

〔1〕 参见［日］平井宜雄：《损害赔偿法的理论》，东京大学出版会1971年版，第55页。

先知晓的，则行为与损害之间依然有“相当性因果关系”。[1]

另外，我国目前的侵权责任理论中，“相当因果关系”是几乎没有争议的通说。“法规目的说”虽然很少涉及，但不失为“相当因果关系”的有力补充。

四、“相当因果关系”理论的问题

在我国目前的民法理论环境中，本书赞同采用“相当因果关系”理论来判断因果关系要件成立的基本立场。但是，“相当因果关系”理论在现实中确实存在问题，在此稍作介绍。

如前文介绍，所谓“相当性”的判断，迄今为止标准一直非常模糊，所谓“一般社会经验”也是一个难以确定其实际含义的概念。

在德国侵权责任的司法实践中，也可以看到大量似是而非、相互抵触的案例，近年来在德国的民事、刑事审判中，“相当因果关系”的理论已经很少被提及了。[2]

事实上，德国民法之所以产生大量与因果关系相关的学说，其实质是由于德国民法采取了严格的完全赔偿主义原则，因此，需要借用因果关系来达到确定责任范围的目的。而我国并没有坚持严格的完全赔偿主义，被害人的损害范围的确定受到过错的限制，因此，我国民法理论其实可以抛开法律评价层面上的因果关系，而只在事实判断层面探讨因果即可。行为人的责任范围由其过错的范围所确定，完全可以达到相同的目的。

---

〔1〕（台）史尚宽：《债法总论》，中国政法大学出版社2000年版，第168页。

〔2〕参见［日］平井宜雄：《损害赔偿法的理论》，东京大学出版会1971年版，第56页。

第五节　违法性

一、违法性的性质与功能

1. 从我国《侵权责任法》的法律条文中，很难找到违法性要件存在的直接依据，那么违法性是从何而来的呢？

违法性要件实际上来源于德国民法理论。判断一个行为是否成立侵权行为，其实质是法律秩序对该行为进行的法律评价，那么这种法律评价基于什么标准而行，也就是说，在该行为具有什么样的特征时，法律秩序会对其持否定性的态度，是侵权责任理论要解决的核心问题。德国传统民法理论提出了一个标准，将对行为的法律评价分为了“客观不法”和“主观不法”两个方面分别考察，其中客观不法就是对行为本身法律价值的判断，被称之为“违法性”，而主观不法则是对行为人做出该行为的主观意志的否定，体现出行为人的“可责难性”，被归结到了“过错”要件之上。因此，违法性又被称为“客观要件”，过错又被称为“主观要件”。

2. 但是，所谓对行为本身的否定性评价究竟根据什么标准来判断呢？

德国民法理论最初选择了“结果违法论”的标准。即该行为如果侵害了法律秩序所确认的被害人权益，在没有“违法性阻却事由”的前提下，该行为即满足了违法性要件。

但是，“结果违法论”存在一个理论问题，法律秩序所确认的权益是有限的，如果行为人侵害的权益尚未得到法律的明确确认，那么不管该行为的性质多么恶劣，根据“结果违法”的观念都无法成立违法性，该行为将被否认构成侵权行为。

因此，为了解决这个问题，“行为违法论”的理念被推上历史舞台。其核心理念在于行为是否成立违法性，本质上是由于行为人违反了法律秩序的要求，而权益损害只是其带来的后果。日本学者在此基础之上，结合德国民法的复合型构成要件构造，提出了以被侵害权益的性质、种类和侵害行为的样态、模式进行综合考量，以其结果作为行为违法性的判断基准的学说，这就是“相关关系理论”的核心。

3. “相关关系理论”提供了完善的违法性判断基本模式，对我国民法理论的发展影响深远，但随着过错要件的理论发展，“相关关系理论”开始面临巨大的挑战。

如前文所述，过错要件最初是以行为人的主观意志为考察对象的，即行为人缺乏在社会生活中谨慎行事的注意义务。但随着民法理论的展开，过错要件的判断基准开始向行为人的行为违反注意义务的角度倾斜，也就是说，行为人的心理状态最终是通过其行为违反了法律所设置的“不侵害他人权益的注意义务”而体现出来的。这就是所谓的“过失客观化”的含义。

这样一来，违法性的判断模式中所包含的对侵害行为样态或模式的考察，与过错的判断模式中违反注意义务的考察产生了重合，所以以日本学者平井宜雄为首的一些学者提出将二者整合为一个统一的“过错”要件（也有学者主张整合为“违法性”要件），这就是“过错一元论”立场产生的最主要背景。这种“一元论”学说也得到了我国很多学者的支持，“三要件”学说就是在这种背景下应运而生的。

4. 那么，我们究竟应当如何看待过错和违法性的冲突问题呢？

本书认为，这个问题的产生并不在于二者的判断模式构造问题上，其实质是对违法性要件的性质及功能的认识问题。

基于“相关关系理论”的违法性判断之所以出现纰漏，其实质的原因是由于“相关关系理论”构筑在一种“违法性阶段学说”的基础之上。来源于德国民法的传统民法理论将违法性判断和过错乃至于最终的侵权责任成立与否的判断看作是不同的判断阶段，即：满足了违法性要件，其行为的违法程度达到了一个阶段，而如果进一步满足了过错要件，则其违法性达到侵权责任成立的更高阶段。这种“违法性阶段学说”的产生是由于传统民法将民事权利的救济体系人为的划分成若干不同类型，并将其与违法性的阶段相联系起来。但实际上这种违法性阶段学说不仅其内部的逻辑混乱，而且造成了违法性要件判断模式与违法性性质的混淆，引发了违法性与过错之间的冲突。

5. 因此，问题的核心归结到对于所谓“违法性”要件的实质究竟如何认识的问题上。

违法性的判断模式中虽然存在着对行为模式的考量，但基于这种判断模式的核心，也就是违法性的功能并不在于对行为本身的判断，而是对于被侵害方所受损害的权益是否应当受到法律秩序的认可问题的确认，也就是说，违法性的功能在于对被侵害权益的“法律保护的必要性”问题的判断。

从违法性判断的发展来看，违法性要件所要解决的法律问题是由被侵害权益属于“法律已经确认的权益”的情形，经历“相关关系理论”发展而来的，也就是说，在被侵害权益属于“法律已经确认的权益”的情形下，如果排除了违法性阻却事由，违法性即为成立，而如果被侵害权益属于其他的权益，则需要综合考察行为的样态与模式。因此，违法性的内在逻辑结构是：在被侵害权益是第一种情形下，违法性成立，而如果被侵害权益属于第二种情形，则需要在满足了其他条件的前提下（行为模式的考察），违法性方能成立。

所以，通过这种判断所得到的“违法性”要件的判断结果，其实质是对于被侵害权益的“法律保护的必要性”问题的法律评价，而对于侵害行为本身的否定性评价，是过错要件的主要功能，二者互相结合，完成法律秩序对该侵害行为的法律评价体系。该法律评价结果与其他要件相结合，完成该行为是否构成侵权行为，应否承担相应的民事责任的最终判断。

因此，违法性要件的性质只是侵权责任成立与否的最终判断的一个必要条件而已，而并不构成对于该侵害行为本身的最终法律否定性评价，侵害行为的样态和模式的问题只是为了服务于判断被侵害权益的“法律保护的必要性”而存在。举一个极端的例子，即便行为人意欲谋杀，在大庭广众之下开枪射击被害人，可是如果被害人仅仅被打掉一根头发，该侵害行为在侵权责任制度之中的“违法性”是不成立的（尽管可能成立行政或者刑事法律制度下的违法性），这与过错责任对于该侵害行为的考察性质是完全不同的。这就是因为“违法性”虽然其判断模式中存在对侵害行为的考察，但其判断的实质是结合被侵害权益而确定其“法律保护的必要性”。

另外，基于这种认识，违法性和“违法行为”的概念完全不同，本书反对将这二者概念混淆的立场。

二、违法性的判断模式

基于违法性判断的功能是确认被侵害权益的“法律保护的必要性”的认识基础上，本书在对“相关关系理论”加以修正的基础上，维持复合型的违法性判断模式。

当被侵害权益属于已经由法律所确认的绝对性权利时，违法性要件即为成立。

当被侵害权益尚未构成法律已经确认的绝对性权利时，由被侵害权益的种类、性质与侵害行为的样态、模式的综合考察确定违法性要件成立与否。被侵害权益的性质越趋向模糊，对侵害行为的恶性程度要求越高。

这样的判断模式构造的出发点是由于诸如物权、知识产权以及一些具体人格权的权利性质已经被法律秩序所确认，其“法律保护的必要性”已经在立法层面判断完成，对其进行的侵害行为就可以直接确认“违法性”的成立。

三、“违法性阻却事由”的问题

“违法性阻却事由”在传统民法理论中，是指阻碍认定行为违法性成立的相关事由。

我国法定的违法性阻却事由主要有受害人故意、不可抗力、正当防卫、紧急避险这四种。除此之外学说上提出受害人同意、职务行为和自力救济三种学理性事由，目前也得到了广泛承认。

第六节　过错

一、过错的概念

传统民法理论认为，过错是指行为人的主观可责难性。

但随着侵权责任理论的发展，对过错概念含义的认识，开始向行为人的行为违反注意义务转变。

本书认为，过错的实质是法律秩序对行为人的加害行为的否定性评价。对于被害人主观心理状态的考察，需要借由对其行为是否违反具体的行为注意义务来判断；但行为违反注意义务的后果，也可以归结到其主观缺乏谨慎行事的心理状态之上，因此，过错应该是包含这两方面内容的综合法律评价的体系。

二、过错的判断模式

（一）故意

故意是指行为人明知侵害结果发生的可能性，追求或者放任该结果发生的主观心理状态。

关于故意的认定标准，有两种不同的学说。一是“意思主义”，即行为人在预见损害结果可能发生的前提下，而有意追求这种损害结果的发生。二是“观念主义”，即只要行为人可以预见损害结果的发生即为故意。〔1〕

我国民法理论借鉴了刑法理论中故意的概念，将故意分为直接故意和间接故意，按照这种理论，在我国侵权责任中，应当以意思主义为故意的判断基准。至于直接和间接的区分，在侵权责任领域里并无太多实际意义。

应当留意的是，观念主义标准下的故意概念在工业社会背景下判断工矿企业的公害问题时，存在过于严格的问题。例如企业的排污行为会导致一定的损害结果几乎是必然的，如果在观念主义的理解下，所有造成工业污染的企业都可以认定是“故意”。不过，由于我国《侵权责任法》将环境污染问题列为特殊侵权并采取无过错责任的立场，这个问题在一定程度上得以回避。

（二）过失

如前文所述，过失是过错的核心内容。其含义是指行为人表现为应当预见损害结果的发生而没有预见（违反预见义务），或者已经预见而怠于采取措施避免该结果的发生（损害回避义务）的主观可责难性。

〔1〕参见（台）史尚宽：《债法总论》，中国政法大学出版社 2000 年版，第 115 页。

过失的认定在民法理论中存在不同的标准，有所谓重大过失与轻过失之分。并且根据过失认定标准是以特定行为人自身的智力水平、社会经验，还是以相同的一般社会阶层的人的注意水平为准，可以区分为具体过失和抽象过失。

对于我国侵权责任法的过失标准，学术界普遍认为是“抽象轻过失”的标准[1]，也就是说以行为人所处社会阶层的一般民众的注意义务为标准。

三、责任能力

过错是针对行为人的主观可责难性，因此，其评价的前提是行为人具有责任能力，法律秩序方可展开对其可责难性的判断，否则不仅法律评价失去了意义，也使法律强迫行为人履行其不可能达到的义务，失去了法律的公正性。

责任能力的问题主要涉及两个方面，一是无民事行为能力人、限制民事行为能力人，其行为本身并不应具有可责难性。但是，我国《侵权责任法》第32条规定其民事责任由监护人承担。也就是说采取将这两种人的侵权责任无条件的转嫁到监护人身上的立场，因此实际上我国侵权责任理论并没有真正免除这两种人的侵权责任。二是完全行为能力人在无意识情形下做出的行为。我国《侵权责任法》第33条规定，这种行为人对于自己“无意识的结果”有过错的，应当承担侵权责任。没有过错的，“适当补偿”——这是所谓公平责任适用的一个地方。

这里存在一个法学原理——“原因自由行为”，即虽然行为人已经处于无意识的状态，但是行为人处于这种“状态”是由于自身的原因所造成的，因此行为人应当为自己没有避免处于

---

〔1〕参见周友军：《侵权法学》，高等教育出版社2011年版，第176页。

这种“状态”而承担责任。

思考题：

1. X在参加国家统一考试后，被甲学校录取。Y与甲学校以及其他相关招生管理部门的工作人员共谋，截留了X的录取通知书，并且让Y的女儿假冒X的名义顶替X进入甲学校上学。Y的女儿毕业工作后，X无意中得知事情真相，向法院提起诉讼，要求Y对其违法行为给X带来的损害进行赔偿。请思考：Y是否应当进行赔偿？Y究竟侵害了X的什么权益？（思考提示：X所受到的损害与Y侵害X的权益是不同的，X所受到侵害的权益其实很简单，而其损害由于时间的推移不断加深。）

2. X被Y驾驶的汽车撞伤，导致其一条腿被截肢，不得不依靠拐杖行走，Y就其侵权行为给X带来的损害进行了赔偿。但是，随后二战发生，X在空袭间歇与家人逃往防空洞，但因其行动不便再次摔伤。请思考：X摔伤所受到的损害与Y的侵权行为是否还具有因果关系？（思考提示：二者的关联是显而易见的，是否符合“相当性”的观念？）

3. 过错和违法性的判断模式有什么异同？二者在构成要件中的作用有什么不同？

4. 过错推定责任和过错责任有何异同？

第十七章

多个侵权主体的责任形态

第一节　共同侵权责任

一、共同侵权责任的含义

共同侵权责任，是指两个以上的行为人，因具有共同关联性的行为而造成一个损害结果，因此应当承担的连带责任。

从共同侵权责任的概念中可以看到，共同侵权责任应当具有以下特征：

（1）行为人为多个主体。

（2）多个行为人进行了具有“共同关联性”的一个或数个行为。

（3）多个行为人的行为造成了一个损害结果。

（4）共同侵权责任的法律后果是连带责任。

共同侵权责任是为了解决多个行为人共同进行侵权行为的问题而构建的一种特殊制度。

二、共同侵权责任的根源

如果想要理解共同侵权责任，要从其法律后果的连带责任入手。

（一）连带债务

目前我国尚未颁布债权总则，因此，对于连带债务的问题只能基于传统民法理论来阐述。

在传统的债权法理论中，有单独债务和连带债务之分。例如，甲向X借款1万元，乙为其作保证人，则甲和乙基于甲的借款对X负有连带债务。甲乙之间之所以存在连带债务，是因为两人对“1万元”的债务存在着共同清偿的同一目的，这是连带债务成立的基础。

（二）连带责任

在侵权责任的领域里，如果甲和乙一起将X打伤，并且两人有共同伤害X的意志，那么两人对X的损害则都应当承担赔偿责任，因此，我们可以看到这与连带债务的结构是非常相似的。而且，由于传统民法理论将侵权责任作为债务发生的一个原因，所以，传统民法理论就基于连带债务的理论发展出了“连带责任”的概念，用以调整这种多个行为人共同侵权的行为。

所以，共同侵权责任的理论基础就是来源于“连带债务”的“连带责任”，理解这一点非常重要。

三、共同侵权责任的种类

在现实的司法实践中，多个行为人一起进行侵权行为的形式是多种多样的，那么什么样的情形才能成立共同侵权行为，进而承担连带责任，则是我们要探讨的问题。

如前文所述，共同侵权责任的理论基础是“连带责任”，所以判断多个行为人的行为是否能够构成共同侵权责任，也要从连带责任的认定出发。而通过前文的介绍可以得知，多个行为人承担“连带债务”，其最为主要的标准就是行为人之间有共同承担该债务的共同意志；而多个行为人承担“连带责任”，其最为主要的标准就是行为人的侵害行为之间有“共同关联性”。这个“共同关联性”最初是指行为人共同侵害的主观意思表示，随后扩大到了客观的行为联系之上。[1] 因此，在我国《侵权责任法》中共同侵权行为被划分为了以下几种类型。

（一）共同加害行为

共同加害行为也称为“狭义的共同侵权行为”，是指行为人之间有主观的意思联络而实施侵权行为的情形，也就是说行为人之间的“共同关联性”是存在于主观意思层面的共同故意。共同加害行为是最为基本的共同侵权行为类型。

例如，前文所举的例子中，甲和乙一起共谋将 X 打伤，甲和乙之间存在着共同伤害 X 的主观故意，因而成立共同加害行为。

我国《侵权责任法》第 8 条就是关于共同加害行为的规定。

（二）客观的共同侵权行为

如前文所述，关于“共同关联性”的认定，我国民法理论经历了从主观到客观的扩大的过程。目前我国侵权责任理论的通说认为，行为人之间即使没有主观的意思联络，但只要行为人的过错具有相似性，并且造成了一个损害结果，就可以认定行为人的行为之间具有一种“客观的共同关联性”，从而成立客观的共同侵权行为，行为人应当承担连带责任。

例如，乘客 X 乘坐甲驾驶的汽车，甲和乙发生了交通事故，造成 X 受伤，那么甲和乙的行为具有“在客观上共同关联”，因而要对 X 的损害承担连带责任。

---

〔1〕 参见杨立新：《侵权责任法》，高等教育出版社 2010 年版，第 310 页。

另外，在这里需要解释一下“共同过失”或者“故意和过失结合”等概念。我国的部分学说将这两种情况也作为共同加害行为的类型处理，这种说法值得商榷。现在我国《侵权责任法》语焉不详，并且无论“主观关联性”还是“客观关联性”都似乎作为共同侵权行为——至少是连带责任——来处理了，因此探讨这个问题的实益似乎不大，但是为了学理上的清晰还是有必要说明——尤其在我国学说立场摇摆不定的情况下。

既然数个行为人的主观层面是“过失”或者“故意和过失”，那么实际上就不可能成立“主观意思联络”，其本质上应当是数个侵权行为结合在一起造成了一个损害结果，应该作为“客观关联性”的情形来理解。〔1〕另外从比较法角度附言一句：日本民法理论是将“共同过失”等情形也作为“共同加害行为”来认识的，不过这是因为日本侵权责任中没有按份责任的存在，因此只能将其纳入共同侵权来处理。

我国《侵权责任法》第11条通常被看作是客观的共同侵权行为的法律根据。

（三）教唆和帮助的共同侵权行为

如果前文例子中，甲并没有直接动手和乙一起殴打X，而是通过教唆乙去打X，或者为乙提供了帮助（例如提供凶器），那么虽然甲没有进行直接的行为，但是对于X的损害也是起到

〔1〕这是在以日本民法理论承认“客观关联性”的前提下，做出的解释，如果按照德国民法理论来解释，纳入“共同危险行为”更为合理，无论如何，将其作为“主观关联性”的“共同过错”来认识是存在问题的。如后文所述，本书认为将其作为《侵权责任法》第11条的内容来认识是合理的，至于第11条究竟属于什么责任，则是《侵权责任法》留下的一个难题。根据周友军先生的理论，将其作为“聚合的因果关系”来认识似乎也有一定道理。另外，关于我国学术界在“关联性问题”上的争论，可参见程啸：“论意思联络作为共同侵权行为构成要件的意义”，载《法学家》2003年第4期。

了重要的推动作用，因此也同样受到法律秩序的否定性评价，可以视为甲和乙具有“共同关联性”（尽管可能是甲单方面的），因而也成立共同侵权行为。

我国《侵权责任法》第 9 条的规定就是教唆和帮助的共同侵权行为。

不过，《侵权责任法》第 9 条第 2 款涉及了教唆和帮助无民事行为能力人、限制民事行为能力人实施侵权行为的行为，在这种情况下，实际上该无民事行为能力人、限制民事行为能力人成了“教唆人帮助人”的工具，因此不应当承担责任。只是在该无民事行为能力人、限制民事行为能力人的监护人未尽到监护责任的时候，由监护人承担“相应责任”，这种相应责任应当按照其监护上的过错程度和原因力而定，有学者指出监护人的责任是一种“单向连带责任”，即教唆人、帮助人承担类似连带责任的后果（关于具体后果在后文介绍），而监护人只承担自己的责任份额，[1] 这种观点虽然在民法理论中很少见，但确实有一定道理，值得借鉴。

（四）共同危险行为

共同危险行为由我国《侵权责任法》第 10 条所确定，是指多人共同实施危及他人人身、财产安全的行为，造成了他人的损害，但是无法确定究竟是哪个或者哪几个行为人的行为真正造成了该损害的情形。

如果按照一般的侵权行为构成要件理论，这种情况下因果关系是无法认定的，可是如果因此而否定所有侵权行为人的责任成立，对被害人显然不公平。因此，可以将多个行为人的行为视为一个集团的行为，各个行为人之间的“共同关联性”也

---

〔1〕 杨立新：《侵权责任法》，高等教育出版社 2010 年版，第 320 页。

是显而易见的，所以，共同危险行为也是共同侵权行为的一种典型类型。

另外，需要指出的是，在建筑物上抛物导致他人损害，与共同危险行为有类似之处，但是，由于我国《侵权责任法》将其作为一种特殊侵权规定在第 87 条中，所以排除了共同侵权责任的适用。

以上四种类型是我国侵权责任理论通说所认可的共同侵权行为，它们的法律后果均为连带责任。

四、共同侵权行为的法律后果——连带责任

关于连带责任的来历以及认定问题，在前文中已经有所介绍，不再赘述，此处主要介绍连带责任的具体内容。

连带责任是多个行为人的行为成立共同侵权责任时的法律后果，其实质内容包括以下三个方面。

在外部效力层面：多个行为人共同承担损害赔偿责任。也就是说被害人可以向其中的任意一个或几个行为人主张损害赔偿（《侵权责任法》第 13 条）。

在内部效力层面：多个行为人之间应当按照其责任大小划分各自的负担部分，如果难以确定责任大小的，则平均划分责任。这种内部责任的划分其效力只及于行为人之间，而不能以此对抗被害人的请求，因此，可能会发生某个行为人赔偿数额超过了其负担部分的情况，该行为人可以就超出的部分向其他连带责任人追偿（《侵权责任法》第 14 条）。

实际上，连带责任的内容还包括债权人对部分债务的债务做出的免除、抵销、混同等处理的法律效力的认定。我国《侵权责任法》并没有涉及这部分内容，只是在《人身损害赔偿司法解释》第 5 条承认了免除的绝对效力。

第二节　按份责任——兼论我国共同侵权责任的体系问题

一、按份责任

我国《侵权责任法》第12条规定："二人以上分别实施侵权行为造成同一损害，能够确定责任大小的，各自承担相应的责任；难以确定责任大小的，平均承担赔偿责任。"

该条规定就是对多个行为人之间不存在"共同关联性"的时候，各个行为人分别承担自己的责任，这就是按份责任的适用。

我国《侵权责任法》中设定了按份责任的相关制度，对于处理不成立共同侵权责任的多人侵权行为的竞合提供了一种解决途径，是我国《侵权责任法》的一大特色。

二、我国共同侵权责任体系的理论问题

（一）通说理论中"客观共同关联性"认定标准的混乱

对比《侵权责任法》第11条和第12条的规定，可以看到两个条文在对行为人的行为的描述上，是完全相同的，其区别仅在于每个行为的原因力上是否足以造成全部损害。

原因力的不同只应涉及每个侵权行为人的具体责任的大小问题，而并不影响到行为人之间的客观联系。但是，如前文所介绍，我国目前的通说理论却认为这两种情况的"客观共同关联性"不同，第11条的情况应当成立共同侵权行为，而第12条的情况却不成立。这其中的"客观共同关联性"的含义和判断基准究竟为何，确实存在着很大疑问。可以说我国共同侵权责任制度中所有的混乱都源于这种"客观共同关联性"的理论。

（二）"客观共同关联性"与连带债务的冲突

在前文中已有介绍，连带责任是来源于债权法理论中的连

带债务的。而连带债务是以债务人之间的“主观意志”作为重要标准的，只要我们还把侵权责任作为债权发生的原因，那么二者之间的冲突十分明显。

当然，我国目前尚未制定债权法总则，将来可以在债权法总则的规定中对此问题进行回避，或者将侵权责任从债权制度中剥除，或者对连带债务加以调整，不过，无论哪种方式都将对债权法理论造成冲击。

（三）在传统债权法理论体系内的解决可能性

如果在保持传统债权法的基本理论体系的前提下，是否可以采取一种新的法律解释学说，合理认识《侵权责任法》第11条与第12条的关系，以及《侵权责任法》第11条所设定情形与共同侵权责任理论体系的关系，是可以选择的另一种解决方案。

我国的一些学者如周友军先生提出了将《侵权责任法》第11条和第12条所规定情形从共同侵权责任中分离出来，按照“聚合因果关系”理论进行理解，即将这两个法条中规定的情形按照因果关系的大小区分客观的共同侵权行为的责任成立的立场。[1]

该理论虽然不能完全解释我国立法层面连带责任的体系问题，但是在我国侵权责任法中存在按份责任制度的前提下，具有很高的参考价值。

思考题：

1. 共同危险行为为什么是共同侵权行为？
2. 连带责任和按份责任有何不同？

---

〔1〕 周友军：《侵权法学》，中国人民大学出版社2011年版，第143页、第182页。

第十八章

特殊责任主体的侵权责任

第一节　监护人责任

一、监护人责任的性质

监护人责任是指监护人因其被监护人对他人造成损害的行为而承担的责任，是一种特殊的侵权责任类型，规定在我国《侵权责任法》第32条。

监护人责任是典型的为他人行为而负责的责任，其责任的承担是由于被监护人的加害行为而引起的，而其承担责任的基础是监护人对被监护人的监护行为。因此，监护人责任可以被拆分为两个不同的部分。其一是被监护人的加害行为：监护人责任并没有被列入特殊侵权责任类型，主要的原因就是监护人的责任实质上是基于被监护人的行为而产生的，因此，被监护人的行为并不是法律所单独考察的一种特殊类型，其行为应当满足一般侵权行为的基本构成，只是由于被监护人没有民事责任能力而阻止了过错要件的成立。其二是监护人责任的承担：监护人责任的承担是由于其被监护人的行为而引起的，而其责任的基础是监护人对被监护人负有监护的义务。

二、监护人责任的归责原则

首先需要明确的是：监护人的归责原则与被监护人的行为的归责无关，也就是说，监护人的归责原则解决的是为什么监护人要承担被监护人行为而引起的法律后果的问题。

从《侵权责任法》第32条的条文来看，前半段是典型的无过错责任的描述，但是如果添加上了后半段，则变成了过错推定的形式，即：如果被监护人给他人造成了损害，则监护人应当无条件的承担其行为的法律后果；除非监护人可以证明自己已经尽到了监护责任，则可以适当地减轻。

本书认为，监护人责任应当是一种无过错责任，而第32条后半段则是出于保护监护人的一种政策性的减轻其责任的规定，这种规定实质上是将责任的大小与过错相联系的一种做法，与我国《侵权责任法》中大量使用“相应责任”类似，表明我国侵权责任制度抛弃了完全赔偿责任的原则，而这种规定本身与归责原则并无关系。

三、监护人责任的构成要件

同样需要明确：监护人责任的构成要件与被监护人的行为是否构成侵权行为不是一个问题——虽然与其相关。

监护人责任的构成要件包括：首先，被监护人的行为符合侵权行为的客观符合性要件，即给他人带来了损害，并且行为与损害间有因果关系。其次，被监护人的行为符合违法性要件。而被监护人的过错则不在考察之内。至于监护人的过错，并不在构成要件范围内，监护人可以作为减轻其责任的抗辩事由而举证。

四、监护人责任的承担

我国《侵权责任法》根据被监护人是否有财产，区分了两种不同的监护人责任承担方式。如果被监护人本身有财产，则先用其财产承担，然后由监护人承担其余不足部分；如果被监护人本身没有财产，则由监护人来承担。

另外，如果监护人能够证明其履行了监护义务，可以减轻其责任。

第二节　雇主责任

一、雇主责任的相关概念

雇主责任是指雇主对雇员在从事雇佣活动中致人损害的行为承担的赔偿责任。[1]

我国侵权责任法将雇主分为三种类型：用人单位、劳务派遣的用人单位、个人。

用人单位的外延比较广泛，包括企事业单位、社会团体、个体工商户、合伙等，并且根据立法者解释，国家机关也被纳入到用人单位的范畴。[2] 由于我国对于国家机关工作人员的公法行为致人损害已经颁布了《国家赔偿法》，因此具体处理还要依据《国家赔偿法》。[3]

---

〔1〕人大法工委民法室编：《侵权责任法立法背景与观点全集》，法律出版社2010年版，第571页。

〔2〕参见人大法工委民法室编：《〈中华人民共和国侵权责任法〉条文说明、立法理由及相关规定》，北京大学出版社2010年版，第132页。

〔3〕有学者将《国家赔偿法》和《侵权责任法》解释为特别法和一般法的关系，参见周友军：《侵权法学》，高等教育出版社2011年版，第428页。

而个人则仅指自然人。至于劳务派遣的用人单位，是指接受劳务的用工单位，也就是被派遣人员实际从事工作的单位。

二、雇主责任的归责原则和构成要件

雇主责任是一种替代责任，是典型的为他人行为而承担的责任，其本质上是一种无过错责任的特殊类型。

雇主责任中真正的侵权行为的行为人（雇员）与责任的实际承担人（雇主）是相分离的，因此，在讨论雇主责任的归责原则或者构成要件时，一定要与雇员的行为是否构成侵权行为的归责原则与构成要件区分开，二者是完全不同层面的理论问题。

雇主是否应当承担侵权责任，应从以下几个要件考察。

1. 雇员的行为构成一般侵权行为。也就是说其雇员的行为必须要成立侵权行为，否则也就谈不上雇主的责任了。雇员的行为是否构成侵权行为，则应当依据前文所介绍的一般的侵权行为构成要件进行考察。

2. 该雇员的行为属于执行职务行为。如何判断雇员的行为是否是在执行职务，我国立法机关以及学术界倾向于客观的标准，也就是说只要雇员的行为与履行职务有内在联系即可认定为执行职务行为。[1]

至于雇主的过错，则不在构成要件考察范围之内。[2]

---

〔1〕 人大法工委民法室编：《侵权责任法立法背景与观点全集》，法律出版社2010年版，第575页。

〔2〕 我国关于雇主责任是否应为无过错责任有些争论。不过即便是认定雇主应以过错责任归责，事实上雇主也不可能完成其“没有过错”的证明义务。因为即便雇主在各个方面都考虑周全，既然雇员已经侵害了他人，则至少说明雇主在选任上是存在问题的。日本在雇主责任上就以过错责任为原则，但一百多年来从未有雇主成功证明其没有过错。

三、雇主责任的承担

雇主是用人单位的情形下，因雇员的行为而对他人造成的损害，由用人单位承担。

当雇主是个人的情形下，提供劳务的人对他人造成的损害，由接受劳务的个人承担。

在劳务派遣的用工形式下，被派遣的人员对他人造成的损害，由接受劳务派遣的用工单位承担。不过，如果劳务派遣单位有过错的，应当承担相应的补充责任。

补充责任是我国在处理多个行为主体的行为互有联系时，所创造出的一种特殊的责任形态。在传统的大陆法系民法中，如果多个行为主体的行为成立共同侵权，则承担连带责任，如果不成立，则各自承担责任。但是由于我国的共同侵权责任理论发展一直比较混乱，有些情况下难以认定行为主体之间构成共同侵权责任，但是从保护被害人的角度又觉得力度不够，所以提出了补充责任的概念。其核心是先由实际的侵权责任人承担赔偿责任，如果其资力不足或者已经无法找到责任人的时候，则由补充责任人承担其不足的部分。〔1〕

补充责任的法理根据非常模糊，其责任的大小也是随着前一责任人的事实财产情况而变化，不过对于我国解决现实司法实践中的一些特殊社会问题也确实有着积极的意义。

四、雇员的责任

雇主的责任已经由《侵权责任法》确定，但是雇员是否应当承担一定的责任，以及雇主承担了责任后是否可以向有过错

---

〔1〕 关于补充责任的具体规则可参见杨立新：《侵权责任法》，高等教育出版社2010年版，第326～329页。

的雇员追偿，这些问题《侵权责任法》并没有明确。

我国最高院在《侵权责任法》出台前颁布的《关于审理人身损害赔偿案件适用法律若干问题的解释》第9条规定，当雇员因故意或者重大过失而致人损害时，应当与雇主承担连带赔偿责任，并且，雇主可以在赔偿后向雇员追偿。《侵权责任法》的立法机关也倾向于这种观点。〔1〕

第三节　网络侵权责任

一、网络侵权责任的含义和构造

网络侵权责任是指在网络空间发生的侵权行为所引起的侵权责任，在我国《侵权责任法》中，网络侵权责任的责任主体包括网络用户和网络服务提供者。

我国《侵权责任法》第36条分为了三个部分。

第一部分所针对的是网络用户以及网络服务提供者利用网络而侵害他人民事权益的行为，在这种情形下，用户与服务提供者的行为如果构成侵权行为，则分别承担自己相应的责任即可。例如，游戏玩家利用黑客工具盗取他人账号等行为，或者网络服务提供者管理不善而泄露他人商业机密等情形。该条规定可以说是理所当然，并没有什么特殊性，可以看作是一种确定性或者说宣示性的规定，我们在这里也就不再详细论述。

第二部分则是网络用户利用网络而侵害他人权益的时候，如果网络服务提供者已经接到关于侵权行为的通知，但是怠于行使必要措施而导致损害进一步扩大等情形下，该网络服务提

〔1〕人大法工委民法室编：《侵权责任法立法背景与观点全集》，法律出版社2010年版，第576页。

供者应当就扩大部分与侵权行为人承担连带责任。

第三部分与第二部分类似，规定的是在用户利用网络侵害他人权益时，如果网络服务提供者已经知道这种侵权行为的存在而没有采取措施避免，则与侵权行为人承担连带责任。

后面两个部分所设定的情形中，网络服务提供者并不是直接的侵权行为人，但却要因其没有采取积极措施的不作为，而与直接侵权行为人（侵权的网络用户）承担连带责任，这是基于网络服务提供者这种特殊主体而规定的特殊责任，才是网络侵权责任的主要内容。

二、网络服务提供者责任的性质和法理根据

网络服务提供者只是网络虚拟空间的创立者和进行运营管理的人，在网络侵权责任的后面两种情形中，他并不是实际做出直接加害行为的人，但是，当直接行为人在其提供的空间内进行侵害他人权益的行为时，网络服务提供者在知晓的前提下，有能力也有义务采取必要措施制止这种行为或者防止侵权行为的损害结果进一步扩大。如果网络服务提供者没有履行这一积极的作为义务的话，则属于纵容了这一侵权行为的发生或者持续，因此应当就其不作为的行为而承担责任。

网络服务提供者的这种责任实质上是违反安全保障义务的一种特殊类型。网络服务提供者作为“网络”这个虚拟空间的管理者，本质上与运营一个宾馆或者商场的管理者并无不同。

三、网络服务提供者的责任要件

与前文所介绍的雇主责任的替代责任不同，尽管网络服务提供者并不是直接的侵权行为人，但是其承担的责任是基于其不作为行为而导致的损害后果，而并不是为直接的侵权行为

人——即用户的行为而承担责任，因而要理解这其中的差异。

（一）网络用户的侵权行为

网络服务提供者的责任是建立在对网络用户的侵权行为应当采取措施而没有积极行为的不作为义务之上的，因此网络用户的侵权行为是网络服务提供者责任的先决条件。

（二）网络服务提供者的不作为

网络服务提供者没有针对网络用户的侵权行为而履行作为义务是其责任产生的基础。不过，鉴于网络世界变化的迅速以及平衡各方面利益的考虑，《侵权责任法》为这种不作为义务的产生限定了条件。即当网络服务提供者“知道”这种侵权行为的存在，或者当网络服务提供者已经接到了被侵权人的“通知”后，这种积极作为的义务方才发生。

（三）网络服务提供者的不作为与被侵权人所受损害之间有因果关系

这不仅是《侵权责任法》所设定的网络服务提供者承担侵权责任的构成要件，而且是确定网络服务提供者承担责任的范围的基准，也就是说网络服务提供者承担责任的范围以其不作为而导致的损害结果部分为限。

（四）网络服务提供者的违法性和过错

根据本书的立场，如果被侵害人所受损害是绝对权，则违法性的成立没有问题，但如果是除绝对权之外的权益，则需要考虑网络服务提供者的不作为行为的样态和性质，因为网络世界是一种新兴媒体，对于被害人权益的保护要在一定程度上兼顾对言论自由等行为人的行为自由的保护。

至于过错问题，虽然《侵权责任法》没有明确表述，但既然是确认网络服务提供者与侵权的网络用户共同承担连带责任，那么应当是对网络服务提供者的主观过错有要求的。[1] 至于过错的证明责任，可以结合相关司法解释和行政法规的规定，被侵权人证明自己依照相关要求进行了完善的通知，而网络服务提供者无正当理由却没有履行作为义务即可。

四、网络侵权责任的责任承担

《侵权责任法》第 36 条第 1 款所规定的侵权责任，由网络用户和服务提供者各自承担，应无异议。

而第 36 条第 2 款中，网络服务提供者应当就其不作为行为之后的损害结果扩大部分，与网络用户承担连带责任。而第 3 款中，网络服务提供者应当就其知晓用户的侵权行为后的损害结果，与网络用户共同承担连带责任。

至于网络服务提供者在承担了连带责任后，就其超过责任范围的部分是否可以对做出侵权行为的网络用户追偿，本条没有明确规定，学术界尚有争论，有待立法或司法解释说明。

第四节　安全保障义务的特殊主体责任

一、安全保障义务的概念

我国《侵权责任法》第 37 条中的安全保障义务是指自然人、法人和其他组织因为与他人存在某种特殊关系，而依法负有的使他人的人身或者财产免受侵害的义务。[2]

---

〔1〕 立法者也倾向于认为网络服务提供者的连带责任是要求过错的。参见人大法工委民法室编：《侵权责任法立法背景与观点全集》，法律出版社 2010 年版，第 586 页。

〔2〕 参见人大法工委民法室编：《侵权责任法立法背景与观点全集》，法律出版社 2010 年版，第 623 页。

第 37 条第 1 款所设定的是被害人因义务人自己的行为或自己控制的物而受损害时，义务人所应当承担的责任，而第 2 款所设定的是被害人因义务人以外的第三人行为而受到侵害时，负有安全保障义务的义务人的责任。因此，我国的安全保障义务是广义上而言的。并且，我国将该义务的主体限定在“公共场所的管理人或者群众性活动的组织者”（以下简称为“特殊义务主体”）。

二、违反安全保障义务的归责原则与构成要件

对于《侵权责任法》第 37 条第 1 款所设定的情形，我国通说认为是负有该义务的特殊主体，所承担的是基于不作为义务的过错责任。而第 2 款所设定的情形，被害人所受损害实质上是由第三人的侵害行为引起的，但是，负有安全保障义务的特殊主体所承担的责任依然是基于其不作为义务产生的。因此，两种情形的责任构成要件基本相似，只是对于后者而言，需要客观存在第三人的侵权行为而已。

（一）受害人受到了损害

在第 1 款所设定的情形中，这种损害是由义务人自己的行为或自己掌控的物而引起的，而在第 2 款的情形中，损害则是由第三人行为引起的。

（二）义务人违反了其安全保障义务

我国学者提炼出违反安全保障义务的四种情形：第一，怠于防止侵害行为；第二，怠于消除人为的危险情况；第三，怠于消除经营场所或者活动场所具有伤害性的自然情况；第四，怠于实施告知行为。[1]

---

〔1〕 杨立新：《侵权责任法》，高等教育出版社 2010 年版，第 212 页。

（三）安全保障义务的违反与受害人所受损害有因果关系

无论是第37条所规定的哪种情形，特殊义务主体所承担的责任都是基于自己违反安全保障义务而造成了受害人受到损害。

（四）关于违法性和过错的问题

我国目前通说多在认定违反安全保障义务与违法性或者过错的标准相同的情况下，依然坚持在违反安全保障义务的构成要件中保留违法性和过错。这实质上是对违法性和过错的判断标准与二者的作用认识不清的情况下，对违反行为义务和二者的关系难以判断的理论现实的反映。

实际上，违反了安全保障义务本身就意味着行为人具有过错。而且，在被侵害权益是绝对权的情况下，违法性可以确认成立，而如果是除此之外的其他权益，违反了法定的安全保障义务也就同时意味着构成了违法性的成立。因此，关于违法性和过错的认定，均应以违反安全保障义务为标准，并没有必要将二者区别对待。

三、责任的承担

《侵权责任法》第37条为两种不同的情形分别设定了特殊义务主体的不同责任。如果是因义务人自己的行为或自己控制的物而引起的损害，则特殊义务主体承担一般的侵权责任。而如果该损害是由第三人侵害行为引起的，则特殊义务主体仅承担补充责任。

第五节 教育机构责任

一、教育机构责任的含义和类型

针对无民事行为能力人、限制民事行为能力人的特殊性以及平衡教育机构利益的需要，我国《侵权责任法》第38条至第40条规定了无民事行为能力人和限制民事行为能力人在学校等教育机构受到人身损害时，学校等教育机构的责任构成。

我国《侵权责任法》中关于教育机构的责任与违反安全保障义务的特殊主体责任非常相似，也被区分成两种不同的情况，一种是无民事行为能力人、限制民事行为能力人（以下简称特殊受害人）在教育机构受到侵害时的教育机构责任，分别适用过错推定责任和过错责任的归责方式。一种是特殊受害人在教育机构学习生活期间受到教育机构以外的第三人侵害时，教育机构所应当承担的过错责任。

二、教育机构责任的构成要件

与违反安全保障义务的特殊主体的责任类似，教育机构的责任也是基于其对学生的教育管理职责以及对其所运营教育机构的管理职责而成立的。因此，教育机构责任的成立应当符合一般的过错责任的成立要件，不过，在教育机构以外的第三人侵权的情形下，教育机构仅承担补充责任，因此应当有第三人的侵权行为作为前提而存在。为了叙述上的便利，我们将二者分开进行阐述。

（一）教育机构的一般侵权责任

首先，教育机构责任的成立以特殊受害人受到人身损害为前提。

在教育机构责任中，《侵权责任法》明确规定其责任成立限于特殊受害人所受的“人身损害”。当然，如果就此解释为学生在学校学习期间所受财产损害教育机构不承担侵权责任显然是不妥当的，《侵权责任法》对于所谓“教育机构责任”做出了特殊规定，并不应当影响学校等教育机构的一般侵权责任的成立。[1]

其次，学校未尽到教育、管理职责。学校未履行自己的作为义务即是违反了其行为义务要求，也就是成立了过错要件的要求。因此当受害人是限制民事行为能力人时，需要由被害人一方证明学校未尽该项义务，而如果当受害人是无民事行为能力人时，应当由教育机构举证证明自己履行了该项义务——这就是过错推定责任的内在要求，如果将学校的不作为义务作为"违法行为"而要求被害人一方举证，而由学校证明其"没有过错"，不仅违背了过错责任判断的内在逻辑，也完全丧失了过错推定责任的存在意义。

最后，学校未尽教育、管理职责的不作为与特殊受害人所受人身损害之间有因果关系。

（二）因第三人侵权的教育机构责任

教育机构以外的第三人对特殊受害人加以侵害的，由该第三人承担责任。

对于第三人的侵权行为的成立，当教育机构未尽到管理职责时，应当承担相应的补充责任。这里可以理解为教育机构未尽到管理职责，致使该第三人的侵权行为成立或更加易于成立，从而给特殊受害人造成了人身损害的时候，教育机构方成立补充责任。

三、教育机构责任的承担

对于《侵权责任法》第38条和第39条所规定的情形，教

---

〔1〕如果"财产损害"成立一般的侵权责任，主要区别应当是在无民事行为能力人受到"人身损害"时采取过错推定责任。不过二者本质并无不同，亦可通过条文稍加变化达到区分效果，法条最后为何将"财产损害"排除在外，原因不明。参见人大法工委民法室编：《侵权责任法立法背景与观点全集》，法律出版社2010年版，第641页。

育机构应当承担侵权责任，并无异议。对于第40条所规定的第三人侵权的情形下，教育机构应当承担“相应的补充责任”。

关于补充责任的问题，我们在前文已有论述。本条的规定在补充责任的问题上更加特殊，教育机构所“补充”的责任是与其过错的程度相联系的“相应的补充责任”。那么，在实际的司法实践中，如果第三人足以承担全部的赔偿责任，教育机构就不必赔偿，如果第三人不能赔偿或者不足以赔偿全部损害时，教育机构应当就其过错承担一部分赔偿。

思考题：

1. 请思考：监护人是否承担责任与被监护人的行为是否构成侵权行为有什么区别，二者有什么关系？

2. 补充责任与连带责任有何区别？

3. 网络服务提供者在接到被侵权人的通知后，是否应当立即删除被侵权人要求删除的信息？

4. 学生在学校组织的扫雪活动中被碰伤，学校是否应当承担侵权责任？是应当承担教育机构责任，还是应当承担违反安全保障义务的责任？

第十九章

特殊侵权责任

第一节　产品责任

一、产品责任相关概念

产品责任是指产品生产者、销售者因生产、销售缺陷产品致使他人遭受损害或有致使他人遭受损害之虞时而应承担的特殊侵权责任。

根据我国《产品责任法》的界定，产品是指经过加工、制作并用于销售的动产，因此不包括不动产和智力成果，[1] 并且，未进入流通领域的产品也被排除在产品责任之外。同时，应当注意投入流通领域并不一定意味着一般意义上的买卖，捐赠的物品和赠品也包括在内。

何为产品的“缺陷”，是决定产品责任成立的重要构成要件，需要界定清楚，不过，在我国《侵权责任法》没有明确规

〔1〕 不过，根据我国多数学者的意见，似乎倾向于将计算机软件作为产品责任的调整对象。参见人大法工委民法室编：《侵权责任法立法背景与观点全集》，法律出版社 2010 年版，第 690 页。

定的情况下，立法者倾向于继续适用《产品质量法》所规定的双重标准：一是不合理的危险，二是国家、行业标准。[1] 另外，我国学者将缺陷分类为设计缺陷、制造缺陷、警示缺陷和跟踪观察缺陷，具有很强的参考价值。[2]

二、产品责任的归责原则和构成要件

产品责任是我国《侵权责任法》中一类典型的无过错责任，被害人主张产品生产者和销售者的侵权责任成立无须证明其存在过错。

因此，产品责任的构成要件需要满足以下条件。

（一）损害

被害人需要证明因产品的缺陷而导致其人身或者财产受到损害。

此处受害人的范围不仅包括消费者，同时也包括因产品缺陷而受到侵害的消费者以外的第三人。另外，我国多数学说认为损害的范围不包括缺陷产品本身的损害，不过《侵权责任法》的立法者更加倾向于将其视为产品责任的保护范围。[3] 从法理角度来讲，将缺陷产品的损失作为合同上的救济对象似乎更为合理，不过将其作为产品责任而一并处理亦无不可。

（二）产品缺陷

由于产品责任是无过错责任，因此，产品的缺陷成为责任归属的主要原因。

---

〔1〕 人大法工委民法室编：《侵权责任法立法背景与观点全集》，法律出版社2010年版，第696页。

〔2〕 参见杨立新：《侵权责任法》，高等教育出版社2010年版，第224页。

〔3〕 参见人大法工委民法室编：《〈中华人民共和国侵权责任法〉条文说明、立法理由及相关规定》，北京大学出版社2010年版，第174页。

关于产品缺陷的认定前文已有论述，另外，在学术界倾向于将以下事由从产品缺陷中排除。一是产品本身明显存在的危险，例如刀具可以伤人的特性则无须警示。二是由于受害人的不当使用而引起的危险，例如产品已经超过了使用期限而受害人仍然继续使用。三是由于第三人原因而引起的产品危险，例如因他人损坏产品而致使受害人受伤。不过，这里需要注意与《侵权责任法》第44条所规定的情形加以区分。

（三）损害与产品缺陷的因果关系

由于产品责任是无过错责任，因而因果关系不仅是责任人承担产品责任的要求，还是产品责任范围确定的标准。

三、产品责任的承担

产品责任的责任形态比较复杂，由于产品责任的成因在司法实践中有多种情形，并且出于对被害人的保护和对实际责任人的追究的双重需要，《侵权责任法》在确定责任归属的原理问题上，实际上存在着无过错责任与过错责任的交错，为正确把握这一问题，综合《侵权责任法》的相关法条，可以从对被害人的赔偿和最终责任者的确定这两个层面来理解。

（一）被害人的损害赔偿

首先，被害人可以就其损害向产品的生产者请求赔偿，也可以向产品销售者请求赔偿，无论是生产者还是销售者在面对被害人的求偿时，均以无过错责任为归责原则。

《侵权责任法》第43条第1款的规定是其法律依据。在我国侵权责任理论中普遍认为，这时生产者或者销售者所承担的责任叫作“不真正连带责任”，是其外部效力的体现，也就是说如果产品的缺陷实际上是生产者的原因而产生的话，销售者只是先承担了一种“中间责任”，而后还可以向生产者追偿。[1]

（二）最终责任者的确定

在生产者或者销售者承担了对被害人的损害赔偿之后，最终的责任应当由谁承担，要取决于谁应当对产品缺陷的产生负责。

也就是说，如果产品的缺陷是因生产者的原因而产生的，那么最终就由生产者承担责任，如果产品的缺陷是因销售者的过错，或者运输者、仓储者等第三人的过错而产生的情况下，最终的责任承担者就是这些具有过错的人。因此，如果不应承担最终责任的生产者或者销售者因无过错责任而先行向被害人进行了赔偿，那么他就可以向最终责任的承担者追偿。

我国侵权责任理论普遍认为这是“不真正连带责任”的对内效力的体现。

四、产品责任的责任形式

在产品责任制度中，被害人除了可以向责任人请求损害赔偿之外，我国《侵权责任法》第45条还认可了排除妨碍、消除危险等其他责任形式的适用。这是我国侵权责任制度中一个比较特殊的变化，在前文已经提及。

《侵权责任法》第47条明确规定了责任人在明知产品存在缺陷而仍然生产、销售，造成他人死亡或者健康严重损害的情形下，被害人可以请求惩罚性赔偿，这也是我国侵权责任制度中的一个突破。

另外，我国《侵权责任法》第46条规定了当产品投入流通后发现其存在缺陷的情形下，产品的生产者和销售者应当及时

---

〔1〕 参见杨立新：《侵权责任法》，高等教育出版社2010年版，第229页、第322~326页。

采取警示、召回等措施，在学术上被称为产品的“跟踪观察义务”，[1] 这也可以看作是我国产品责任制度中的一项特殊的责任形式。

五、产品责任的免责事由

我国的《产品质量法》第41条规定了适用于生产者的三项法定免责事由：一是未将产品投入流通领域；二是产品投入流通时，引起损害的缺陷尚不存在；三是将产品投入流通时的科学技术水平尚不能发现缺陷的存在。以上三种针对生产者所设立的免责事由在《侵权责任法》颁布后依然可以继续援用。

第二节　机动车交通事故责任

一、机动车事故责任的相关概念

机动车事故责任是处理在道路交通运行中发生事故时的特殊责任类型，尽管在道路交通中发生事故的主体并不一定限于机动车，但事实上我国《侵权责任法》第六章中只涉及了机动车一方的责任，其他主体的相关责任还要依靠其他法律法规补充。

由于机动车在道路交通运行中处于相对强势一方，并且机动车的高速行驶本身是具有较高危险性的行为，因此，在归责方面机动车事故责任更倾向于保护非机动车一方，这是机动车交通事故责任的基本理念。

所谓机动车的概念主要由《道路交通安全法》来界定，在

〔1〕 杨立新：《侵权责任法》，高等教育出版社2010年版，第229页。

司法实践中有一个比较通俗的判断方法，如果某种车辆被界定为机动车，其驾驶员一般则需要申领机动车驾驶证。

道路是指公路、城市道路以及允许社会车辆通行的单位管辖场所。

二、机动车交通事故责任的归责原则

《侵权责任法》第 48 条将交通事故中责任归属判断的标准交由《道路交通安全法》确定。而我国《道路交通安全法》第 76 条则根据不同的交通运行主体分别规定了归责原则，归纳其主旨主要分为两种情况。一是机动车之间发生的交通事故，依过错责任进行处理。二是机动车与非机动车或者行人之间的交通事故，机动车一方承担无过错责任。

关于后者的归责原则，立法者本意应该是设定一种很特殊的“过错推定原则”，即由机动车一方证明非机动车方的过错而作为其减轻或免除责任的抗辩，但是由于社会舆论影响演变成现在的模样。而如果证明非机动车一方的过错只能作为减轻责任的抗辩，那么只能将其视为过错相抵的要素，而机动车一方在无过错的条件下也要承担百分之十以下的责任，这就是无过错责任的规定了，并且在无过错责任的归责原则中设定责任上限也是一种很普遍的立法模式。

三、机动车交通事故责任的构成要件

机动车交通事故责任的构成要件中损害、因果关系以及行为的违法性相对比较容易认定，需要注意的是在机动车之间的交通事故中，被害人需要对行为人的过错进行举证，但是如果事故发生在机动车与非机动车或者行人之间，被害人无需对机动车的过错进行举证，而作为侵权行为人的机动车一方可以对作为非机动车的被害人的过错进行证明，以作为自己减轻责任的抗辩。

另外，根据《道路交通安全法》第76条第3款的规定，非机动车或者行人故意碰撞机动车可以作为机动车一方的免责事由。

四、机动车交通事故责任的责任承担

《侵权责任法》第48条规定："机动车发生交通事故造成损害的，依照道路交通安全法的有关规定承担赔偿责任。"按照这一规定，我们必须首先掌握《道路交通安全法》第76条规定的规则。

（一）保险优先赔偿

根据《道路交通安全法》以及相关司法解释，机动车发生交通事故时，首先由机动车强制保险赔付。在强制保险范围内，不适用侵权法的归责原则，不问过错，按照机动车强制保险的规则进行。机动车强制保险赔付不足部分，如果机动车投保了商业性质第三者责任险，则由承保的保险公司按照合同进行处理，如果仍有不足部分，则由侵权人按照侵权法规则处理。

（二）机动车驾驶人肇事逃逸的责任负担

根据《侵权责任法》第53条的规定，如果机动车驾驶人发生交通事故后逃逸，该机动车参加强制保险的，由保险公司在机动车强制保险责任限额范围内予以赔偿。而如果驾驶员逃逸的机动车权属不明或者该机动车未参加强制保险的情形下，需要支付被侵权人人身伤亡的抢救、丧葬等费用的，由道路交通事故社会救助基金垫付。并且，道路交通事故社会救助基金垫付后，其管理机构有权就其垫付部分向交通事故责任人追偿。

五、机动车交通事故损害赔偿特殊责任主体

机动车是需要进行登记的特殊动产，由于在司法实践中存在着大量机动车所有人与实际使用人相分离的情形，《侵权责任法》第49条至第52条，对这些特殊情况进行了相应的规定。

（一）租赁、借用机动车损害责任

《侵权责任法》第49条规定：“因租赁、借用等情形机动车所有人与使用人不是同一人时，发生交通事故后属于该机动车一方责任的，由保险公司在机动车强制保险责任限额范围内予以赔偿。不足部分，由机动车使用人承担赔偿责任；机动车所有人对损害的发生有过错的，承担相应的赔偿责任。”

因此，在机动车的使用人与所有人相分离的情况下，应当由机动车的实际使用人承担赔偿责任。但是，如果机动车所有人明知机动车存在缺陷未向使用人说明，或者明知或者应当知道他人不具有驾驶资格等情况下，所有人应当对损害的发生承担相应的责任。

（二）以买卖等方式转让并交付机动车但未办理所有权转移登记

在现实的社会生活中，存在着很多机动车买卖已经完成但出于种种原因而未变更登记的情形，在这种情况下受让方实际上已经完全取得了机动车的支配，因此应当由其承担侵权责任。《侵权责任法》第50条的规定体现了这种认识。

（三）非法转让机动车损害责任

《侵权责任法》第51条的规定是针对转让拼装机动车或者驾驶已达报废标准的机动车而设定的，买卖这种机动车不仅本身其行为是违法行为，而且可以视为双方具有类似的过错，因此，转让人和受让人应当承担连带责任。

（四）盗窃、抢劫或者抢夺的机动车发生交通事故造成损害的责任承担

《侵权责任法》第52条的规定则是针对盗抢车辆的责任主体而设定的。实际上这种情况与买卖类似，机动车的名义上的所有人已经失去了对车辆的占有和控制，因此应当由进行盗窃或者抢劫的行为人承担侵权责任。

（五）机动车培训机构以及试乘车辆提供者的责任

在司法实践中，还存在机动车培训机构——也就是俗称的驾校在培训驾驶员时，会把车辆暂时交由未取得驾驶执照或者刚取得驾驶执照不久的人驾驶，这种情况下如果造成他人损害，根据最高人民法院的司法解释，应当由培训机构承担侵权责任。

另外，购车人在购买车辆前，常常会驾驶销售方提供的试驾车辆在道路上行使，如果在这一过程中对第三人造成损害，根据最高人民法院的司法解释，应当由提供试乘服务者承担侵权责任。但是司法解释同时规定，如果试乘者有过错的，应当减轻提供试乘服务者的责任。那么可以理解为在这种情况下应当由试乘者和服务提供者承担按份责任。

（六）未投保“交强险”的投保义务人的责任

我国明确规定所有机动车都应当投保强制性的责任保险，但是在现实生活中也确实有个别车主未进行投保的情况。在这种情况下，尽管按照侵权责任法的相关规则，未进行投保的车主可能并没有责任，例如机动车被借用或者被盗窃的情况，但是，根据相关司法解释依然要求投保义务人在“交强险”范围内进行赔偿。这是因为如果投保义务人进行了投保的话，被害人本可以在保险责任范围内得到一定的补偿，可是由于其怠于履行法律强制规定的投保义务，而使被害人蒙受了意外的损失，因而应当由其承担部分责任。

第三节　医疗损害责任

一、医疗损害责任的概念

医疗损害责任是指在医疗活动中，医疗机构或者医务人员因其过错给患者带来损害时所应当承担的侵权责任。

在我国的法律体系中，曾经一度存在着两种不同的调整医疗纠纷的法律制度，一个是以医疗机构的行政管理体系为主导的“医疗事故责任”，一个是以民事法律赔偿制度为主导的“医疗过错责任”，这是在我国医疗机构的公益性背景下诞生的特殊现象。这种纠纷解决机制的“双轨制”在司法实践中给双方当事人带来了不必要的麻烦，并且增加了矛盾解决过程中的争议，因此在《侵权责任法》颁布后，将医疗纠纷的解决统一到医疗损害责任的体系中，结束了“双轨制”的局面。〔1〕

二、医疗损害责任的归责原则

在我国《侵权责任法》中，对于医疗责任的成立与否的判断确立了以过错责任为核心的归责原则体系。这是基于对医疗行业的特殊性而做出的规定。医疗行业是一种建立在试行错误的行为模式基础上的特殊活动，医疗过程是否准确具有很强的不确定性，并且医疗又是关系到人民生命健康的基础行业，如果从保护患者的角度出发，对医疗机构的侵权责任课以过于严格的归责原则，虽然在解决纠纷的环节上有利于患者，但是从长远来看这种规定可能会导致医疗机构为避免承担侵权责任而

---

〔1〕关于医疗纠纷解决机制的双轨制背景，可参见杨立新：“中国医疗损害责任制度改革”，载《法学研究》2009 年第 4 期。

在医疗过程中采取过于保守的治疗方案，反而会给医疗行业的发展带来障碍，并且损害到潜在的患者人群的利益。因此，包括我国在内的世界上的大多数国家对于医疗损害责任都采取了过错责任的立法模式。

不过，由于医疗行业具有很强的专业性，普通民众很难真正了解医疗活动中，医务人员是否具有过错，以及医疗活动的进程是否合理，所以，《侵权责任法》在对医疗机构及其医务人员的行为准则方面设置了较多的标准，这些行为准则一方面比较直观，另一方面当医疗机构没有达到这些标准的时候，可以将对过错的证明责任转移到医方，起到减轻患方证明责任的作用。

三、医疗损害责任的构成要件

（一）损害

患者在医疗活动中受到损害，不仅包括其受到的人身损害，也应当包括财产损害，例如因医疗手段选择不当而使患者支出的不必要的费用等。

（二）因果关系

患者的损害必须是因诊疗活动而造成的。在绝大多数情况下，患者就医即意味着其健康状况已经出现问题，因此，患者的损害究竟是否是由于医疗活动而造成的，是一个比较难以判断的、专业性很强的问题。我国的《民事证据规则》曾规定医疗机构应当就医疗行为与损害结果间不存在因果关系举证，应当认为其依然有效。

（三）违法性

医疗活动的开展经常不得不伴随着对患者人身权利的侵害，例如手术等情况，在学术上有例如患者同意说等理论对此加以解释，因此对其违法性的判断主要要以诊疗行为是否符合正当的行为准则为判断标准。

我国《侵权责任法》实质上对医疗活动设置了四种基本义务，作为医疗机构及其医务人员的行为准则。一是说明义务，医务人员应当对患者说明病情和将要采取的医疗措施，主要规定在《侵权责任法》第55条和第56条。二是诊疗义务，医务人员应当尽到与当时医疗水平相当的诊疗义务。三是医疗机构及相关医务人员有填写和保管患者相关病历资料的义务。四是医疗机构及医务人员有为患者隐私保密的义务。违反了这四种行为准则，即可认定医疗机构的行为具有违法性。

（四）过错

对医疗机构及其医务人员的过错的判断，除了一些显而易见的重大过错（例如给患者拿错了药物等）之外，更多的与医疗专业领域相关的过错也还要借助对医疗机构及其医务人员的行为是否违反其行为准则为判断基准。患者的举证责任只能以此为限，在司法实践中可以借助专家等鉴定人的意见。

另外，《侵权责任法》第58条明确规定了在三种特殊情况下可以推定医疗机构的过错。主要是指医疗机构及医务人员违反了法律法规等诊疗规范的情形，以及医疗机构拒绝提供相关病历资料或者伪造、篡改、销毁病历资料的情形。

四、医疗损害责任的承担

我国《侵权责任法》第54条明确规定，医疗机构是医疗损害责任的责任主体，有学者认为这本质上是一种雇主责任，[1]本书也赞同这种立场。

---

〔1〕参见周友军：《侵权法学》，中国人民大学出版社2011年版，第262页。

《侵权责任法》第60条也明确了医疗机构的三种免责事由。一是患者或者其近亲属不配合诊疗；二是在抢救危重病人时医务人员已经尽到合理的诊疗义务；三是限于当时的医疗水平难以诊疗。在第一种情况下如果医疗机构及其医务人员有过错的时候，可以适用过失相抵的原则进行处理。

五、医疗损害责任中的特殊问题

除了一般的侵权责任规定之外，《侵权责任法》在医疗损害责任中还设置了一些特殊的规定。第63条中规定医疗机构及其医务人员不得进行不必要的检查。第64条则规定了医疗机构和医务人员的合法权益受到法律保护。这些特殊规定是针对我国医疗行业中出现的特殊问题而设立的，并不属于侵权责任的体系范围，可以视为一种“努力规定”。

第四节　环境污染责任

一、环境污染责任的概念

环境保护的重要性，已经是不需要论证或说明的一个问题，由于我国的工业发展起步较晚，在我国的工业化发展起步之初，就已经开始意识到了在全世界范围内蓬勃发展的环境保护问题，所以，其实早在1979年我国就已经制定了《环境保护法》。但事实上，由于我国在现代化发展中不得不面临快速提升工业产值与环境保护的矛盾，所以一直以来我国环境保护的现状并不理想，留下了很多“环境债务”。

那么我国的环境保护体系是什么样的呢，或者说我国的侵权责任法中的环境保护制度在整个国家的法律体系中，是一个什么样的地位呢？这涉及我国对于环境这一概念的救济体系的认识。

（一）公法和私法

对于环境的保护，可以大致区分为对“环境”本身的保护，和对身处于环境中的“人”的保护。我国将前者视为公法所调整的领域，而后者才是我们侵权责任法所要解决的问题。

也就是说，环境遭到了破坏，并不是我们一般人作为民事主体可以起诉的理由，只有当环境遭到破坏，给我们身处其中的人带来了损害，我们才可以以此为理由，提起民事诉讼，要求破坏环境的人赔偿损失，或者停止侵害。

（二）工业污染和生活污染（微量物污染）

环境污染实际上是个非常广义的概念，既包括一般意义上的工矿企业所造成的污染，也包括由噪音、煤烟、刺激性气味所带来的污染，后者在德国民法理论中被称为“微量物污染”。根据我国立法者的原意，前者是《侵权责任法》所调整的“环境污染责任”，而后者应当作为《物权法》中相邻关系制度调整的范畴。〔1〕

不过，二者的区分实际上比较困难，并且我国司法实践中有一个不得不面对的现实问题，就是对于物权法内容的调整，往往也经由侵权责任诉讼解决。

二、环境污染责任的归责原则和构成要件

我国《侵权责任法》明确了环境污染责任是一种无过错责任。

因此，环境污染责任的构成要件应当包括以下内容。

---

〔1〕 参见人大法工委民法室编：《〈中华人民共和国侵权责任法〉条文说明、立法理由及相关规定》，北京大学出版社2010年版，第267页。

（一）损害

因环境污染而造成的人身损害和财产损害都包括在内。

（二）因果关系

环境污染的行为与损害结果之间的因果关系，事实上是一个难以确认的要素。虽然有时环境污染行为所造成环境的恶化非常明显，但其后果反映到受害人的人身或者财产损害上是一个比较漫长的过程，而且限于自然科学水平的发展往往并不是十分确定的。基于这种考虑，我国《侵权责任法》第66条将环境污染的行为与损害发生之间的因果关系的证明责任交给了行为人，即由行为人证明其污染行为与损害结果间不存在因果关系。

（三）违法性

根据我国的侵权责任理论通说，往往将违法性要件与违法行为混淆在一起认识。因此，在环境污染责任中，我国理论通说认为行为人的排污行为必须违反国家的法律法规的标准，方可认为其行为“违法”。〔1〕

本书认为，基于对违法性的二元判断模式，在被侵害权利为绝对权的情形下，不应对行为样态和模式进行考察，亦即加害行为的样态如何，并不影响违法性的成立。而对行为本身的法律评价，则是过错要件中所要考虑的问题。因此，在无过错责任原则中，同时也就意味着侵权责任的成立。这种观点本身也符合危险责任的理论构造，即承担危险责任的行为本身是一种附停止条件的合法行为，当危险一旦成就时，即意味着行为人要为其行为带来的损害承担赔偿责任。否则，按照我国通说的理论构造，对于满足了国家标准却带来绝对权受损的行为既

〔1〕 参见杨立新：《侵权责任法》，高等教育出版社2010年版，第249页。

无法阻止其行为进行，也无法要求其赔偿，只能漠视其发生。

三、免责事由与诉讼时效

《侵权责任法》中并没有直接规定环境污染责任中行为人的免责事由，但承认了其他法规关于行为人免责的规定的效力，因此，关于环境污染的各种特别法中，不可抗力、受害人过错、战争等法定免责事由应当有效。

另外，我国《环境保护法》对环境污染责任的诉讼时效规定为3年，比较特殊。

四、环境污染责任的责任承担

多个污染者引起的环境污染责任，应当参考我国侵权责任制度中共同侵权责任以及按份责任的相关原则进行处理。如果环境污染是因第三人原因引起的，被害人可以请求第三人承担，也可以请求污染者承担中间责任，污染者承担责任后可以向第三人求偿。

第五节　高度危险责任

一、高度危险责任概述

高度危险责任是我国《侵权责任法》上对一系列危险责任类型的总括，其责任的成立均是建立在行为人从事特殊的危险行业或者对特殊危险物品的掌控的基础之上。因此，高度危险责任中的各种类型，其归责原则都是无过错责任。不过，高度危险责任并不等同于危险责任，二者是在不同层面使用的概念。

危险责任（包括我国的高度危险责任）是建立在一种特殊

的民法理论上的责任形态。现在比较通行的一种学说认为，从事危险行业或者掌控着危险物品的人其行为本身具有高度的危险性，但人类社会的发展又离不开这种高危行业的运行，因此，法律秩序在一定的条件下许可其活动，并不将其作为违法行为，而所谓“一定的条件”的核心就是当其行为给他人造成损害的时候，行为人在无过错的情况下也要承担赔偿责任。因此，危险责任的责任形式中一般认为仅包括损害赔偿，而不能请求行为人停止运营。换言之，行为人的危险行为在立法阶段已经经过价值判断，许可其行业运营就意味着否定了违法性要件的成立。现实中日本3·11大地震后全国核电站的停运，实质上就是从政策方面对该行业运营行为的一次再评价的过程。

由于高度危险责任均为无过错责任，所以责任人的免责事由需要由法律特殊规定，由于各种责任类型中行为的危险程度以及行业的特殊性不同，各种责任形态的免责事由也均不相同，不能类推适用。

另外，由于高度危险责任的责任人往往并无过错，而且其责任一旦确定很可能会造成大规模的赔偿范围，因此对于高度危险责任的责任人，往往由其他部门法设定了其赔偿责任的上限。

二、民用核设施责任

民用核设施主要包括核电厂、出于科研等目的的民用核反应堆以及与核燃料或核废物相关的民用设施，其危险性要高于后文中的高度危险物责任。

民用核设施责任是无过错责任，因而其构成要件中并不要求过错，只要是核设施发生事故给他人造成损害，其经营者就应当承担赔偿责任。

民用核设施的免责事由是“战争”和“受害人故意”两种。

三、民用航空器责任

《侵权责任法》第71条规定，民用航空器造成他人损害的情况下，航空器的经营者应当承担侵权责任。根据立法者的意见，这里的“他人”，即民用航空器责任的被害人不仅包括地面的第三人，也包括航空器的乘客。[1] 因此，所谓航空器所造成的损害不仅包括航空器坠落或者从航空器上掉落的物品及人员给被害人带来的损害，同时也包括乘客在乘坐途中的人身、财产损害。

民用航空器责任是无过错责任，因此只要被害人的损害是因航空器运营而导致的，其经营者就要承担赔偿责任。

《侵权责任法》中规定的民用航空器责任的免责事由是“受害人故意”。不过在我国《民用航空法》中对旅客的人身和财产损害还规定了一些其他的免责事由，主要是排除了因旅客自身的健康原因或者货物本身的原因造成的损害，以及战争或者政府行为等航空器经营者难以控制的事由。

同时，我国的《民用航空法》也对旅客所受财产损害的赔偿限额进行了一些规定，可以继续适用。

四、高度危险物损害责任

高度危险物责任是处理易燃易爆、剧毒、放射性等高度危险物造成他人损害时的侵权责任处理规则。

高度危险物责任是无过错责任。其免责事由是“受害人故意”和“不可抗力”，另外，被害人对损害发生有重大过失的前

---

〔1〕 参见人大法工委民法室编：《〈中华人民共和国侵权责任法〉条文说明、立法理由及相关规定》，北京大学出版社2010年版，第293页。

提下，可以适用过失相抵的原则减轻责任人的责任。

高度危险物责任是基于行为人占有或者使用该物品而产生的。因此，当物的所有人和实际占有人发生分离的时候，《侵权责任法》分为三种特殊的类型分别加以规定。

首先，如果所有人抛弃或者遗失危险物的情况下，该物品造成他人损害，由所有人承担侵权责任。

其次，如果所有人将危险物交由他人管理的情况下，由管理人承担该物品给他人造成的损害赔偿责任。如果这种情况下所有人有过错的话，例如选任了不合格的管理人，所有人和管理人承担连带责任。

最后，如果危险物被他人非法占有期间造成他人损害，则由非法占有人承担侵权责任。不过，如果危险物的所有人及管理人不能证明自己为防止他人非法占有而尽到了高度注意义务，则应当与非法占有人承担连带责任。

另外，《侵权责任法》第 76 条规定了受害人未经许可而进入到高度危险物存放区域而受到损害的时候，管理人已经采取安全措施并尽到警示义务的话，可以相应的减轻或者免除其责任。

五、高度危险作业责任

高度危险作业责任是指从事高空、高压、地下挖掘活动或者使用高速轨道运输的经营者因其活动给他人造成损害时所应当承担的侵权责任。

高度危险作业责任也是一种无过错责任，其免责事由是“受害人故意”和“不可抗力”，并且如果受害人对损害的发生具有过失的情况下，可以适用过失相抵的原则减轻责任人的责任。

另外，与高度危险责任类似，如果被害人未经许可而进入到高度危险作业的区域而受到损害的时候，管理人已经采取安全措施并尽到警示义务的话，可以相应的减轻或者免除其责任。

第六节　饲养动物损害责任

一、饲养动物损害责任概述

饲养动物损害责任是指责任人因其所有的动物致人损害的责任，是典型的对物而承担的替代责任。我国《侵权责任法》中尤其明确了动物的范畴只包括“饲养的动物”，因而野生动物致人损害不包括在内。

我国《侵权责任法》将“饲养动物损害责任”划分成了五种基本的类型。首先，第 78 条是对普通的饲养动物致害的规定。其次，第 80 条是对饲养了禁止饲养的危险动物致人损害时的规定。再次，第 81 条是对动物园这种特殊主体饲养的动物致人损害时的规定。再次，第 82 条是对被遗弃或者逃逸的动物致人损害时的规定。最后，第 79 条所规定的情形应该认为是第 78 条中饲养普通动物致人损害的一种特殊情形，关于二者的关系主要体现在免责事由的问题上，将在下文中解释。

二、归责原则与构成要件

饲养动物致害责任是对物而承担的替代责任，因而原则上应当承担无过错责任。

不过，由于所谓“动物园”这种特殊主体是国家出于公益目的而设立的，一方面起到保护部分动物的目的，另一方面更多的是为公众创造可以近距离接触到动物的环境，因此，在政策上对其稍加倾斜也并未超出合理的范围。因此《侵权责任法》第 81 条所设立的动物园饲养的动物造成他人损害时，应当适用过错推定责任。

因此，在构成要件方面，饲养动物损害责任中适用无过错责任的各种类型中，只需要考察损害的存在，以及损害的发生是由动物所引起的即可。[1] 这里需要注意因第三人的过错而促使动物致人损害的情况下因果关系依然是成立的，这是第 83 条规定的核心所在。

而对于适用过错推定责任的动物园饲养的动物致害责任中，过错要件依然存在，只是其证明责任由动物园方面承担。

三、免责事由

在适用无过错责任的饲养动物损害责任的各种类型中，关于免责事由的问题规定了两种不同的基本模式。

在第 78 条所规定的普通的饲养动物损害责任中，免责事由是“受害人故意”，严格来说“受害人重大过失”是减轻责任的抗辩，是在责任算定层面上的问题，并不是免责事由。而在其他的禁止饲养的危险动物致害以及遗弃、逃逸动物致害的责任中，不存在免责事由。这是由于在这两种侵权责任中，责任人显然已经使其所有的动物处于更加危险的状态，对其课以更加严格的责任归属条件是合理的。

关于第 79 条中“违反管理规定”而使饲养的动物致害的责任中，究竟是否存在免责事由，在学术界存在一定争议。这种

---

〔1〕 关于违法性要件的问题有必要做出解释，譬如饲养动物损害责任等无过错责任中并非不存在违法性要件，本书的基本立场依然是修正后的四要件学说。只是在这种危险责任中受侵害权益无疑只能是绝对权，因而没有必要涉及通过二元判断模式确认违法性要件的问题。

争议本质上是对《侵权责任法》第78条的规定与第79条乃至于其他以后几条规定之间的关系的认识。有学者认为第78条是饲养动物损害责任的一般规定，因而其免责事由——即受害人故意或者重大过失——应当适用于第79条。[1]

本书认为，将《侵权责任法》第78条作为饲养动物损害责任的一般规定认识也并无不可，但是，第79条本身是对第78条所规定的饲养动物致人损害的一种特殊情形，其本质上与第80条所规定的“危险动物”以及第82条所规定的“遗弃、逃逸动物”的情形类似，都是动物的饲养人进一步加重了动物致人损害的危险的特殊情形。

例如，现在很多城市允许居民饲养一条小型犬，并对饲养方式做出了若干要求，如要求带犬散步时必须使用狗链。如果饲养人遵循管理规定而使用狗链，在狗咬伤他人的情况下应当适用第78条规定，而如果饲养人没有遵循管理规定未使用狗链的话则应当适用第79条规定。这就是第79条独立于第78条而特殊加以规定的要求所在，如果将第78条的免责事由同样适用于后者，也就是第79条的情形，实际上二者已经完全等同，第79条就失去了存在的意义。

因此，对于违反管理规定而饲养动物的情形下，我国《侵权责任法》实际上已经明确了其并无免责事由。

四、第三人过错致使动物致人损害

严格来说，如果由于第三人的过错而促使动物给被害人带来损害的情况下，该动物实质上是第三人行为的一个要素，与工具并无不同，因此侵权责任应当由第三人来承担。但是，我

〔1〕 参见周友军：《侵权法学》，高等教育出版社2011年版，第412页。

国《侵权责任法》第84条规定在这种情形下，被侵权人可以向动物饲养人或者管理人请求赔偿，也可以向第三人请求赔偿，而动物饲养人或者管理人赔偿后，可以向第三人追偿。也就是说增加了动物饲养人或管理人承担中间责任的环节。

第七节　物件损害责任

一、物件损害责任概述

物件损害责任是一类与责任人所有的物相关的责任，严格来说我国《侵权责任法》中的物件损害责任并不都是所谓对物负责的责任，并且物件损害责任中的各种类型的归责原则也并不相同，归责的基础理论也不能一概而论，《侵权责任法》将这些特殊的侵权类型统一为单独一章，只是由于物件损害责任中的各种类型均与物有一些关联。因此，我们不妨对每种物件损害责任的类型单独进行探讨。

二、工作物及其搁置物、悬挂物致害

《侵权责任法》第85条规定的是建筑物、构筑物或者其他设施（这里将以上三种设施简称为“工作物”）及其搁置物、悬挂物发生脱落或者坠落而给他人带来伤害时，该物件的所有人、管理人或者使用人所应当承担的责任。例如建筑物的外墙贴砖脱落；烟囱上的楼梯脱落；楼顶搁置的广告牌掉落等情形均包括在本条规定中。不过，对于自然形成的物体，如北方冬季房檐下的冰柱、积雪或者马蜂窝等物体不宜纳入本条范围，适用安全保障义务更为合适一些。

工作物及其搁置物、悬挂物致害是比较典型的对物负责的

侵权责任类型，我国《侵权责任法》上规定其适用过错推定的归责原则，即由致人损害的物件的所有人、管理人或使用人证明其没有过错，如果证明不能的情况下就要承担侵权责任。

如果工作物或者其搁置物、悬挂物致人损害有其他责任人的时候，其所有人和管理人也应当承担全部责任，而后可以向其他责任人追偿。例如外墙贴砖的脱落是由于水泥不合格，广告牌的掉落是由于设计上不合理等情况，责任人赔偿后可以向水泥厂家或者设计人追偿。

三、工作物倒塌致害

《侵权责任法》第86条规定的是工作物倒塌给他人造成损害时的侵权责任。

第86条对工作物倒塌致害的归责原则的规定内部显得有些冲突，因此学术界对此争论较大。从第86条第1款的规定来看，该责任中建设单位、施工单位所承担的明显是无过错责任的形式，但是如果考虑第86条第2款的内容，如果因为“其他人”的原因——即不可归责于建设单位和施工单位的原因而造成工作物倒塌，则由“其他人”承担侵权责任，从第2款的意思来看则前一款内容又似乎是过错责任。

本书认为，既然《侵权责任法》有明确区分归责原则的意图，还是应当严格执行其立法意图。所以问题的关键在于如何区分第1款和第2款所适用的范围。

首先应当理解的问题是，在现实的司法实践中，当一个工作物倒塌而致人损害时，几乎不可能在没有调查其倒塌的原因的情况下就进入到民事赔偿诉讼中。因此，在工作物倒塌的各方面原因都明晰之后，来分析第86条的适用范围就会清晰一些。

第86条第2款中的表述是“因其他责任人”的原因，显然是针对着第 1 款中的建设单位和施工单位而言的。而第 1 款中同样有“其他责任人”的表述，这里的其他责任人显然与第 2 款中的范围是不同的。

因此，第 1 款中建设单位和施工单位所应当承担的责任是应当限于建设施工的范畴内，即如果工作物倒塌是由于从规划到竣工验收为止的施工阶段的原因而造成的，那么建设单位和施工单位应当承担连带责任，并且其归责原则是基于无过错责任。而如果有“其他责任人”应当对建设施工时的原因承担责任，那么建设单位和施工单位赔偿后可以向其追偿。例如，建设单位和施工单位都没有过错，而工作物倒塌的原因是由于设计缺陷，或者工程材料质量不合格，或者地质勘测结论有错误等情况下，建设单位和施工单位在承担责任后可以向责任人追偿。

而第 2 款中“因其他责任人的原因”的概念中，就应当将施工建设阶段的“其他责任人”排除在外。也就是说如果工作物的倒塌和施工过程没有关系，这时才应当适用第 2 款的规定，由“其他责任人”承担侵权责任。例如百货商场本身的建设没有问题，而由于商场所有人在楼顶设置了超出楼板承重范围外的空调机，致使大楼倒塌，这时应当由商场的所有人承担责任。再如，大楼被他人驾驶飞机碰撞，导致建筑结构被破坏而倒塌的情形；或者桥梁竣工验收后，他人驾驶超过设计承重的汽车行驶在桥面上致使桥梁倒塌的情形，都属于第 2 款的射程之内。

四、高空抛掷物、坠落物损害

高空抛掷物、坠落物损害责任中，虽然被害人的损害一定是该建筑物中的某个人抛落的物品或者是属于某个人的物品坠落而导致的，但是却无法确定具体的责任人。在传统民法理论中，如果没有办法确定行为人，那么被害人的诉讼无法提起，因而也就无法得到救济。

我国《侵权责任法》为了解决被害人救济的问题，同时也为了尽量避免这种不道德的行为发生，从立法政策的角度规定了第87条救济被害人，可以说是特殊价值取向的体现。因此，第87条的规定并不是过错责任，也难以认定为公平责任，只能说是对被害人的补偿。

第87条为“可能加害的”建筑物的使用人规定了免除责任的办法，即证明自己不是侵权人。能够成立的理由可以有证明自己在侵权行为发生时确实不在建筑物内，或者造成被害人损害的物绝不可能属于自己，或者自己无法进行抛物行为等。

五、堆放物责任

堆放的物品倒塌造成他人人身、财产损害，由堆放这些物品的人承担过错推定的责任。应当注意责任人并不是物品的所有人，而是实际进行堆放操作的人。当然，如果堆放操作的人是所有人的雇员，则演变成了雇主责任，实际承担责任的人还是所有人。

六、道路障碍物责任

《侵权责任法》第89条规定了关于在公共道路上堆放、倾倒、遗撒的物品给他人带来损害时的侵权责任。

该责任的主体非常特殊，并不是该物品的所有人，而是“有关单位和个人”。目前学术界及司法解释一般认为所谓“有关单位和个人”可能是行为人，当行为人无法确定时也可能是对道路负有管理责任的人。[1] 因此道路障碍物责任是可能会形

〔1〕 参见杨立新：《侵权责任法》，高等教育出版社2010年版，第268页。

成的两种不同的侵权责任类型的总称。当在公共道路上堆放、倾倒、遗撒物品的人可以确定时，行为人因其物品而承担责任；而如果无法确定行为人时，道路管理人则是因其对道路通畅负有安全保障义务而承担责任。两种不同的类型在第 89 条中均规定了类似无过错责任的条款。但是，对于前者，无过错责任符合对物负责的理论构造，对于后者的情况，实际上应当按照安全保障义务责任而承担过错推定责任更为合适。

七、林木责任

《侵权责任法》第 90 条所设定的林木责任也是比较典型的责任人对自己所有的物给他人带来损害而承担的侵权责任。林木责任不仅包括树木的树枝发生折断等情形给他人带来的人身、财产损害，同时，例如枯木发生整体倒伏，或者树木果实掉落而给他人带来的人身、财产损害也应当包括在内。[1]

八、地下工作物损害责任

《侵权责任法》第 91 条解决了在公共场所或者道路上进行地下施工，以及竣工后的地下设施给他人带来的损害的赔偿责任问题。

第 91 条实际上设置了三种不同的情形，一是在公共场所或者道路上挖坑，二是安装或者修缮地下设施的施工，这两种情形都会造成地面通行的危险。三是地下设施给他人带来损害，这种情况实际上是责任人对其管理的物品而承担的责任。

在第 91 条第 1 款中，关于前两种情形与第三种情形的归责原则所采取的表述不尽一致。第三种情形很显然是过错推定责

---

〔1〕 参见人大法工委民法室编：《〈中华人民共和国侵权责任法〉条文说明、立法理由及相关规定》，北京大学出版社 2010 年版，第 360 页。

任，即由管理人自己证明自己尽到了管理责任。而实际上，在第1款的前两种情形中，“没有设置明显标志和采取安全措施”的行为规则的含义，与“未尽到管理职责”的本质是相同的，只是更加明确了其内容而已。

思考题：

1. 产品责任中生产者以及销售者所承担的“不真正连带责任”与共同侵权中的“连带责任”究竟有什么不同？(思考提示：从二者的对外效力、对内效力、以及责任人的清偿、被害人的免除等行为的影响效力三个方面思考)

2. 甲和乙两个排污企业同时排出两种不同的污染物，这两种污染物本身都是无害的，但是二者却在水中发生了化学反应，产生了一种新的物质，造成农民X的水稻绝收。甲和乙应当承担什么责任？

3. 高空抛掷物、坠落物损害与共同危险行为致人损害的归责原则有何不同，二者为什么不同？

4. 请讨论我国的特殊侵权责任中，受害人所受到侵害的权益都有哪些种类？

5. 请总结一下，我国的特殊侵权责任中哪些种类的侵权行为适用过错推定责任。

6. X的丈夫甲乘坐Y生产的汽车在高速公路上行驶的时候，前挡风玻璃突然发生爆裂，导致甲猝死。X主张甲的死亡是因被告的挡风玻璃存在质量问题而引起的，因此Y应当承担产品质量责任而赔偿损失。当挡风玻璃破裂的原因已经无法查明的前提下，本案应当如何处理？

参考文献

1. 魏振瀛：《民法》，北京大学出版社、高等教育出版社 2010 年版。

2. 房绍坤：《民法》，中国人民大学出版社 2011 年版。

3. 王利明：《民法》，中国人民大学出版社 2012 年版。

4. 江平：《民法学》，中国政法大学出版社 2011 年版。

5. 杨立新：《物权法》，中国人民大学出版社 2010 年版。

6. 崔建远：《物权法》，中国人民大学出版社 2011 年版。

7. 王利明：《物权法论》，中国政法大学出版社 2012 年版。

8. 郭明瑞：《担保法》，中国人民大学出版社 2011 年版。

9. 何志：《担保法疑难问题阐释》，中国法制出版社 2011 年版。

10. 林嘉：《外国民商法》，中国人民大学出版社 2011 年版。

11. 曹士兵：《中国担保制度与担保方法》，中国法制出版社 2008 年版。

12. （台）谢在全：《民法物权论》，台北三民书局 1992 年版。

13. 王利明等：《中国物权法教程》，人民法院出版社 2007 年版。

14. （台）郑玉波：《民法物权》，台北三民书局 1988 年版。

15. 梁慧星、陈华彬：《物权法》，法律出版社 2005 年版。

16. 郭明瑞等：《民商法原理（二）》，中国人民大学出版社 1999 年版。

17. 刘保玉：《中国民法原理与实务》，山东大学出版社 1994 年版。

18. （台）谢在全：《物权法论》（中册），台北三民书局 2004 年版。

19 [日] 近江幸治：《担保物权法》，祝娅等译，法律出版社 2000 年版。

20. (台) 史尚宽：《物权法论》，中国政法大学出版社 2008 年版。

21. 孙宪忠：《德国物权法》，台湾五南图书出版公司 1999 年版。

22. 王利明：《物权法研究》，中国人民大学出版社 2007 年版。

23. (台) 王泽鉴：《民法物权一：通则 · 所有权》，中国政法大学出版社 2001 年版。

24. 郑云瑞：《民法物权论》，北京大学出版社 2012 年版。

25. 刘智慧：《占有制度原理》，中国人民大学出版社 2011 年版。

26. 刘智慧：《中国物权法解释与应用》，人民法院出版社 2010 年版。

27. 温世扬：《物权法通论》，人民法院出版社 2011 年版。

28. (台) 王泽鉴：《民法物权 · 用益物权 · 占有》(总第二册)，中国政法大学出版社 2001 年版。

29. 陈卫佐译注：《德国民法典》，法律出版社 2006 年版。

30. [德] 迪特尔 · 梅迪库斯：《德国债法总论》，杜景林等译，法律出版社 2004 年版。

31. (台) 王泽鉴：《民法学说与判例研究》(第 2 册)，中国政法大学出版社 1998 年版。

32. [英] 亚当 · 斯密：《国民财富的性质和原因的研究》，郭大力、王亚南译，商务印书馆 1974 年版。

33. (台) 王泽鉴：《债法原理》(第一册)，中国政法大学出版社 2001 年版。

34. (台) 黄立：《民法债编总论》，中国政法大学出版社 2002 年版。

35. (台) 史尚宽：《债法总论》，中国政法大学出版社 2000 年版。

36. 张传玺：《中国历代契约会编考释 · 导言》北京大学出版社 1995 年版。

37. [英] 梅因：《古代法》，沈景一译，商务印书馆 1959 年版。

38. [德] 马克思 · 韦伯：《经济与社会》(下卷)，林荣远译，商务印书馆 1997 年版。

39. 梁慧星：《民法总论》，法律出版社 2001 年版。

40. （台）王泽鉴：《人格权法》，北京大学出版社 2013 年版。

41. 杨立新：《人格权法专论》，高等教育出版社 2005 年版。

42. 王利明：《人格权法新论》，吉林人民出版社 1994 年版。

43. 王利明：《人格权法研究》，中国人民大学出版社 2005 年版。

44. 王利明、杨立新、姚辉：《人格权法》，法律出版社 1997 年版。

45. 杨立新：《侵权责任法》，高等教育出版社 2010 年版。

46. 周友军：《侵权法学》，高等教育出版社 2011 年版。

47. 张新宝：《侵权责任法原理》，中国人民大学出版社 2005 年版。

48. 王胜明：《中华人民共和国侵权责任法解读》，中国法制出版社 2010 年版。

49. 王利明：《民法 · 侵权行为法》，中国人民大学出版社 1993 年版。

50. 余能斌、马俊驹：《现代民法学》，武汉大学出版社 1995 年版。

51. 人大法工委民法室编：《〈中华人民共和国侵权责任法〉条文说明、立法理由及相关规定》，北京大学出版社 2010 年版。

52. 人大法工委民法室编：《侵权责任法立法背景与观点全集》，法律出版社 2010 年版。

53. ［日］平井宜雄：《损害赔偿法的理论》，东京大学出版会 1971 年版。

54. ［日］加藤雅信：《事务管理 · 不当得利 · 不法行为》，有斐阁 2002 年版。

55. ［日］四宫和夫：《不法行为》，青林书院 1987 年版。

56. ［日］森岛昭夫：《不法行为法讲义》，有斐阁 1987 年版。